光文社古典新訳文庫

人間の権利

トマス・ペイン

角田安正訳

光文社

Title : RIGHTS OF MAN
1791/1792
Author : Thomas Paine

凡例

（一）本書は、トマス・ペイン著『人間の権利』（Thomas Paine, *Rights of Man*, Part I, 1791; Part II, 1792）の全訳である。

（二）底本には基本的に次の版を用いた。Phillip S. Foner ed., *The Complete Writings of Thomas Paine*, Vol. 1, New York: The Citadel Press, 1945. しかし、このフォーナー版は少なからぬ誤植や単語の脱落を含むなど、およそ決定版とは言いがたいので、随時その他の版と照合した。

（三）ペインがエドマンド・バーク著『フランス革命についての省察』（*Reflections on the Revolution in France*）からの引用として掲げている文は、原文とはしばしば微妙に異なっている。本訳書では基本的に、ペインが示す引用文をベースにして訳した。ごく一部、バークの原文にさかのぼって訳している箇所もあるが、そのような場合は訳註においてその旨断った。

（四）原著第一部では章を設けていないが、本訳書では読者の便宜を図って章を立てた。具体的には、一巻本のペイン著作集（*Thomas Paine*, revised ed. New York: Hill and Wang, 1961）において編者ハリー・クラーク（Harry Hayden Clark）が設けた小見出しを章に見立て、それぞれ第一章～五章とした。第六章～八章は、フォーナー版の小見出しを章名に見立てた。

（五）括弧の使い方

（　）…（イ）原著の丸括弧（および亀甲括弧）は訳文においてもなるべく丸括弧の形で生かすようにしたが、訳者の判断で括弧を外した箇所もある。（ロ）逆に、原文に丸括弧が使われていないにもかかわらず訳出の都合上、便宜的に用いた丸括弧がある。たとえば、論旨の枝葉に相当する記述や挿入句的な表現について、そのような扱いをした箇所がある。（ハ）人物の生年および没年ならびに君主の在位年は訳註であるが、丸括弧に収めた。

［　］…短い訳註は基本的にブラケットの中に収めた。フランス人権宣言の各条に挿入した小見出しも訳註である。原文には、それに相当する小見出しはない。

「　」…題名などを表すために、また、特定の単語やフレーズを他の言葉から際立たせるために用いた。間接話法に類する表現を直接話法に置き換えた場合も括弧で括った。

『 』…（イ）書物の題名を示すのに用いた。（ロ）引用文の中の鉤括弧は二重鉤括弧にした。

（六）ペイン自身による原註は、＊で示して本文に組み込んだ。

（七）原著の編集部註のうち、有益なものは訳註として生かした。

（八）傍点は、連続するひらがなの切れ目を明らかにするなど、基本的には訳者の都合により用いた。ただし、原著における強調を傍点で表現した箇所も若干ある。

（九）原著において強調などの目的で用いられているイタリック体は、基本的には訳文には反映させていない。しかし例外があることは（八）で断ったとおりである。

（一〇）改行は底本（フォーナー版）を参考にしたが、訳者の判断により少なからぬ箇所で段落の設け方を変えた。

（一一）聖書の書名については『聖書　新共同訳』（日本聖書協会）の訳語を借りたが、体裁は少し変えた。たとえば、「サムエル記・上」のように。

（一二）聖書からの引用文については『聖書　新共同訳』のほかに『舊新約聖書』（日本聖書協会）を参照したが、必ずしもそれらの訳文には従っていない。

（一三）原著における数字の誤記や計算間違いは、訳者が気づいた範囲で補正しておいた。たとえば、本書五〇四ページ以降の「第二表」に示されている、年収五百ポンド以上の資産区分に対する税額は、訳者による補正を経ている。すなわち、原著に見られる計算間違いは正してある。五一三ページ以降の「第三表」も同様に補正してある。

人間の権利＊目次

第二部

訳者まえがき

トマス・ペインが本書『人間の権利』を著したのは、イギリスの政治家で近代保守主義の父エドマンド・バークがその著書『フランス革命についての省察』（一七九〇年十一月刊）で展開したフランス革命批判を論駁するためである。そのことさえ分かっていれば、本書を読み始めることは可能である。しかしスムーズに読み進めるためには、最低限、以下の基礎知識も念頭に置いていただいたほうがよいと思う。

フランス革命は一七八九年五月、三部会の招集を発端として始まった。三部会とは、聖職者・貴族・平民の代表者で構成される議会である。十四世紀初め、フランスの王権がローマ教皇の力を抑えるために招集したのが始まりである。王権はその後、新税を導入するためにしばしば三部会に頼った。しかし十七世紀になると、絶対王政の強化にともなって三部会は重要性を失い、一六一四年に招集されたのが最後になった。

その三部会が一七八九年五月に、百七十五年ぶりに招集されたのはなぜか。当時のフランスは、七年戦争やアメリカ独立戦争でイギリスに対抗しようとして莫大な資金を費やし、深刻な財政危機に陥っていた。国王ルイ十六世（在位一七七四〜九二年）は難局を打開するために、特権階級（聖職者および貴族）に新税を受け入れさせようと考え、そのために三部会を利用するという往時の方法に頼ったのである。[1]

しかし三部会は、国王が望んでいたような役割を果たすことができなかった。事態が予想外の方向に展開したからである。すなわち、第三身分（平民）の議員が身分別の部会ごとに議決する議事運営方式に反対し、自分たちこそが国民の代表であると唱え、みずからを国民議会と称したからである。聖職者代表の大半と貴族の一部もここに吸収され、三部会は消滅した。

1　三部会招集に先だつ期間、貴族に対する新税の導入をめぐって王権と貴族のあいだには軋轢(あつれき)が生じていた。一七八七年七月、ルイ十六世は貴族に対する課税を実現するために勅令(ちょくれい)を発したが、貴族の利益を擁護するパリ高等法院の同意を得ることができなかった。このとき高等法院が「税の導入を決めることができるのは三部会に限られる」と主張したことが、三部会招集の伏線となっている。このあたりの事情は本書第一部第五章で詳しく説明されている。

国民議会は憲法制定をみずからの使命として掲げ、手始めに封建的特権を廃止（一七八九年八月四日）、八月二十六日にはいわゆる人権宣言を採択した。ルイ十六世からすれば、新税導入のために便宜的に利用しようとして三部会を招集したのに、それをきっかけに思いがけず既成の支配体制の崩壊が始まった（すなわち革命が本格化した）わけで、それは驚天動地の異変であったろう。しかしルイ十六世には、国民議会の動きを抑え込むような力はなかった。特にヴァレンヌ逃亡事件以後は民心を失い、革命の進展に抗（あらが）うことは不可能になった。ヴァレンヌ逃亡事件とは、ルイ十六世が一七九一年六月、王妃マリー・アントワネットの出身地オーストリアへ一家で逃亡を図って失敗したことを指す。

国民議会はその間、フランスの統治の仕組みにかかわる重要な法令（デクレ）を逐次採択、それら一連のデクレと人権宣言を併せたものを憲法として一七九一年九月に発布した。ここに一院制の立憲君主政が成立した。国民議会は憲法制定の任務を終えたので解散となった。翌十月には、新たな立法機関として立法議会（選挙権は有産市民に限定）が発足した。

『人間の権利』第一部の出版は一七九一年三月で、第二部の出版は九二年の二月である。したがって、今述べた立法議会発足のあたりまでのフランス革命の推移をあらまし頭に入れていただければ、本書を読み通すのは幾らか楽になるのではないかと思う。

もう一点、覚えておいていただきたいことがある。それは、ペインがフランス革命の急進化やそれにともなう血なまぐさい粛清をまったく予想していなかったということである。『人間の権利』第一部の出版は人権宣言採択からおよそ一年半後の、新憲法の完成が間近と期待された時期にあたる。また、第二部が出版されたのは新憲法発布から五カ月後のことで、立憲君主派が「革命は完了した」と考えていたに違いない時期にあたる。要するに第一部も第二部も、フランス革命が明るく輝いていた時期に書かれたということだ。これは是非頭に入れておいていただきたい事がらである。

ついでに細かいことを一点だけ付け加えたい。『人間の権利』第一部においては「フランス憲法」という表現がしばしば見かけられる。第一部が出版された時点ではまだ憲法は採択されていないので少々奇妙に感じられるが、これは、その時点までに採択された人権宣言とデクレの集合体を併せたものを指していると考えればよさそうだ。

まえがきの類は長すぎてはいけない。ここまでで十分であろう。あえて蛇足を付け加えるなら、一七九二年後半以降のフランス革命の重要な事件として、九二年九月に立法議会に代わって国民公会（男子普通選挙にもとづく議会）が成立し、王政が廃止され、共和政が樹立されたことが指摘できる。国民公会では急進的なジャコバン派が台頭し、ルイ十六世の処刑を決めた（刑の執行は九三年）。九三年になると、ロベスピエール率いるジャコバン派政権が公安委員会を中心として反対派を次々に断頭台で処刑するなど、フランスは恐怖政治一色に染まった。当のロベスピエールも九四年にクーデタで権力を失い処刑された。その後もフランスの社会不安は続き、それがようやく解決されたのは、軍事指導者ナポレオン・ボナパルトがクーデタで政権を掌握した一七九九年のことであった。

繰り返しになるが、トマス・ペインは、フランス革命がこのような運命をたどるとはつゆ知らず『人間の権利』を執筆したのである。執筆当時のペインが知っていたのは、立憲君主政を実現するまでの比較的平穏なフランス革命であった。だからペインは、フランス革命の「犠牲者は非常に少なかった」（本書六〇～六一ページ）と、自信たっぷりにフランス革命を擁護しているのである。

人間の権利

アメリカ合衆国大統領ジョージ・ワシントンに献(ささ)げる

自由の諸原理を擁護する小著を、謹んで大統領閣下に献げるものであります。閣下のご人徳は世の鑑(かがみ)であり、自由の諸原理の確立に与(あずか)って大いに力がありました。人間の権利が、閣下が博愛の精神をもってお望みになるとおりにあまねく世に行きわたること。また、新世界が旧世界を更生させる日を、閣下がめぐり合わせよくお見届けくださること。それが著者の願いであります。

大いなるご恩を忘れぬ、従順にして謙虚な、閣下の僕(しもべ)

トマス・ペイン

英語版序文

バーク氏[1]がアメリカ革命のために果たした役割に照らすなら、私が氏のことを人類の友と見なすのは当然のことであった。そして、そのような人物像にもとづいて知り合いになったからには、それを変えるよりはそのまま保つための大義名分があったほうが、私にとってはよかったろう。

バーク氏が過ぐる冬［すなわち一七九〇年二月九日］、イギリス議会でフランス革命および国民議会を非難する激烈な演説をおこなったとき、私はパリにいた（その直前、私は氏に手紙を書き送り、事態はいたって順調に推移していると伝えておいたのだが……）。それから間もなくして私は、氏が出版する予定にしていた冊子[2]の広告を見かけた。

バーク氏のフランス革命に対する攻撃は、英語でおこなわれる予定になっていた。英語を学習するフランス人はあまりいないし、英語が分かるフランス人となると、それに輪をかけて少ない。だからといって翻訳を経ると、何であれ［原文に］見劣りする。そこで私は、フランスの革命支持派のうち何人かに、バーク氏の冊子が出版されたら、［彼らに代わって］いつでも反論すると約束した。

バーク氏の冊子を読んでみると、目を覆いたくなるほど事実が曲げられており、私には右の約束を果たすことがなおさら重要であるように思われた。氏の冊子は、フランス革命および自由の諸原理をひどく歪曲するものであり、同時に、フランス人のみならず世界各国の人びとをも欺こうとするものであった。

バーク氏の所業には驚き、がっかりした。これとは異なる振る舞いを（以下に述べる事情から）期待していただけに、私の受けた幻滅はなおのこと大きかった。

以前から戦争の惨禍についてはよく承知していたので私は、この世に二度と戦争が

1 エドマンド・バーク（Edmund Burke 一七二九〜九七年）。ダブリン生まれ。イギリスの政治家、保守主義の政治思想家。一七六五〜九四年、庶民院（下院）議員で、ホイッグ党の重鎮。主著『フランス革命についての省察』（*Reflections on the Revolution in France*）（一七九〇年）でフランス革命を批判。

2 『フランス革命についての省察』を指す。ペインは冊子と称しているが、同書は、日本語に訳せば四百字詰め原稿用紙で千枚近くになる大部の書物である。

起こらないことを願い、また、近隣諸国との間で往々にして発生する対立を解決するために、戦争以外の何らかの解決方法を見出（みいだ）してもらいたいと願っていた。私の願いは、もし各国の宮廷が誠実な態度で取り組む気になるか、あるいは諸国の民度が向上し、宮廷に丸め込まれることがなくなれば、きっと実現するであろう。

建国前のアメリカ人は、当時イギリス国民に特徴的だったのと同様の、フランスに対する偏見に囚（とら）われていた。だが、その後フランス国民を経験的に知ったことから、アメリカ人はこうした偏見が間違っていることを悟った。米仏間に見られるような、誠意と信頼に満ちた交流は私の確信するところ、いかなる二国間関係にも見られない。

私が一七八七年の春にフランスにやって来たとき、時の宰相はトゥールーズの大司教[3]が務めており、大いに重きを置かれていた。私は宰相の私設秘書と知り合いになった。秘書は度量のある人だった。［意見交換しているうちに］分かったのであるが、彼とのあいだでは、次のような見方で意見が完全に一致していた。戦争は狂気の沙汰である。また、たとえば英仏両国のように二国が絶えず苦しめ合い、その結果としてともに出費がかさみ、［それをまかなうために］増税一辺倒になってしまうのは、政策としては愚の骨頂である――。そこで私は、相互に誤解がないことを確かめるべく私たちふたりの意見の要旨を文字に起こし、それを彼のところに送った。そしてその際、次のように申し添えた。「仮にイギリス国民がこれまでの大勢に反して英仏両国間の理解を深めようとの意向を示した場合、フランスの側でも同様の意向が大勢を占めると述べるとすれば、それはどの程度まで正当化できるであろうか。この点に関しご教示をたまわりたい」。

彼は、いたって率直な筆致で返事を書いて寄越した。彼の断言するところによると、「この手紙は、宰相の了解のもとで書いたのであり、私自身の考えを表明するばかりか宰相の意向をも代弁するものである」とのことであった。

この手紙は三年近く前バーク氏に手渡し、そのまま預けておいたので、今も氏の手もとにある［はずである］。なぜそうしたかと言えば、氏について当初抱いたイメージにもとづいて、次のように願ったからである（ちなみに、そうした期待は当然のことでもあった）。「英仏両国は互いのことをよく知らないことから憶説や偏見に囚われ、そ

3　ロメニー・ド・ブリエンヌ（Étienne-Charles de Loménie de Brienne　一七二七〜九四年）。フランスの政治家、枢機卿。一七六三〜八八年、トゥールーズの大司教。一七八七年五月〜八八年八月、財務総監。一七八七〜八八年、宰相。

のため両国とも損失をこうむっているが、バーク氏はそれを取り除く目的で、機会を見つけてこの手紙を活用してくれるだろう」。

フランス革命が勃発したとき、バーク氏はその気になりさえすれば、きっと何かしら善行を積む機会に恵まれたであろう。だがそうする代わりに氏は、昔からの偏見が消え去ろうとするのを目撃したまさにその瞬間、新たな怨恨の種をまき始めたのである。それはあたかも、英仏両国が互いに仇敵でなくなるのを心配しているかのような態度であった。

どこの国にも、戦争を利用することによって、また、国家間の紛争を長引かせることによって生計を立てる者がいる。それは事実であり、言語道断（ごんご）である。しかし、いやしくも一国の統治に関与する者が国家間に不和の種をまき、偏見を助長することに励むとすれば、それはなおさら許しがたい行為である。

本書には、バーク氏が年金を受け取っていると述べた箇所がある〔本書二三二ページを参照〕。それに関して一言補足すると、この噂はしばらく前から――すなわち、少なくとも二カ月前から――広がっている。最大の関心を寄せるはずの者が最後まで知らされないという事態は、ありがちなことである。私が氏の年金のことを云々（うんぬん）したのは、反駁（はんばく）の機会があったほうが（氏が反駁すべきだと考える場合は）よかろうと思ってのことである。

トマス・ペイン

フランス語版序文

フランス革命がヨーロッパ全域に引き起こした驚愕は、次の二つの見地から考察できる。(一)ヨーロッパ各国の国民に対する影響。(二)ヨーロッパ各国の政府に対する影響。

ヨーロッパ各国はフランス国民の大義を、自国民のそれと同一視している。いや、むしろ、世界全体の利益を包摂するものと見なしている。だが、ヨーロッパ諸国を支配している連中は、それとまったく同じ見解を奉じているわけではない。そうであるからには、私たちはまさにこの違いに最大の注意を払わねばならない。［一般的に］国民をその政府と混同することは許されない。イギリス政府とイギリス国民との関係を考察するときは、特にそうである。

フランス革命の敵はさまざまあるが、イギリス政府はフランス革命に敵意をつのらせているという点で他を寄せつけない。フランス革命に対するイギリス政府の憎悪は、誰の目にも明らかである。一例を挙げよう。時にはイギリス国王［ジョージ三世］とも名乗るハノーファー選帝侯は、虚弱体質と精神疾患に悩まされている人物であるが[1]、バーク氏に対して感謝の念を表明した。それというのも、バーク氏が自著の中でフランス革命を手ひどく攻撃したからであった。また、ピット首相[2]も長時間にわたる議会演説の中で、フランス革命を中傷する侮辱的言辞の数々を放った。

イギリス政府は、フランスに対してあたかも友好的であるかのようにあれこれと装っているが、フランスと実際に接する際の行動は、建前とは露骨に矛盾している。

1 イギリス国王ジョージ三世（在位一七六〇～一八二〇年）は、神聖ローマ帝国（ドイツ）のハノーファー選帝侯を兼ねていた。精神疾患に苦しんでいたとされ、晩年はしばしば錯乱状態に陥った。

2 ウィリアム・ピット（小ピット）（William Pitt, the Younger 一七五九～一八〇六年）。イギリスの政治家。首相（一七八三～一八〇一年、一八〇四～〇六年）。一七八三年に首相に就任したときは二十四歳で、イギリス史上最年少の首相。奴隷貿易の廃止を唱え、経済では自由貿易を支持。一七八六年には、自由貿易主義の原則に則（のっと）ってフランスとのあいだで通商条約（イーデン条約）を締結。八九年に勃発したフランス革命がその後急進化すると、保守的な姿勢で臨（のぞ）み、九三年には対仏大同盟を主導した。

いかにも誠実そうに見えるのは上辺のことにすぎない。イギリス政府の行動が如実に証明しているとおり、フランス重視という公式の政府声明は人目を欺くものである。また、イギリス政府が戴く(いただく)イギリス宮廷は、背信行為をためらわず、軽挙妄動する。そして、異常なまでの浪費の口実として戦争を欲することから、ヨーロッパのどの陰謀、どの紛争においても際(きわ)だった役割を果たす。

ところがイギリス国民はと言うと、政府とはまったく異なる動機によって動かされているのである。イギリス国民はフランス革命を歓呼して迎え、各国における自由の勝利を切望している。もしイギリス国民が、フランス革命の原理ばかりか自国政府の権謀術数をも一段と深く理解するならば、革命と自由を支持する機運は、国全体に広く行きわたり、しかも密度の濃いものとなるであろう。フランス市民には、次のことを知っておいてもらえるとありがたい。イギリスの新聞は、予想に反して政府から補助金を受け取っていない場合でも、政府の影響力によって常に統制されている。当然のことながら、各紙は絶えずフランス革命を攻撃し、フランス革命の目的をまったくゆがめて伝えようとする。念頭にあるのは、イギリス国民を惑わせること。それだけである。だが、真実というものは究極的には必ず勝利する。だからこそイギリス各紙の虚言癖は、もはや意図した効果を上げられずにいるのである。

一般に真実と認められていることであっても、それを公の場で発言すると、イギリス政府から名誉毀損として訴追される。また、［暴露される］真実の度合いが大きければ大きいほど名誉毀損の度合いも大きいというフレーズがある。それは法曹界の決まり文句となっており、裁判官が絶えず適用するところである。そのようなことが広く世に知れ渡っている以上、イギリスでこれまでずっと真実が圧殺されてきたということを世界中の人びとに納得させることは、むずかしいことではないはずだ。公徳心に加えられてきたこの侮辱は、「法律」という名で呼ばれてきた。そして現実に、真実に対して有罪判決を下す悪徳裁判官も実在する。

現在イギリス政府が展開している一大スペクタクルは、まことに奇妙である。かつて英仏両国民間に存在し、両国に貧困と不幸をもたらした敵対感情は、徐々に消え失せようとしている。それに気づいたイギリス政府は他の方面に敵を見出そうとしている。それというのも、どこかに敵がいると証明できない限り、巨額の徴税をおこなうための言い訳が成り立たないからである。

こうしてフランスが敵であることをやめたので、イギリス政府は窮余の一策としてロシアを敵国に見立てることにした。どうやらイギリス政府は次のような調子で考えをめぐらしているようだ。

「どこの国も、対英戦争の労を取ってくれるほどの親切は示してくれないのだろうか。そうだとすれば、海軍も陸軍も必要ではなくなる。そうなると、税金の引き下げに応じることを余儀なくされる。［過去をふり返ると］アメリカとの戦争は、税を二倍にするための口実となった。オランダとの事件も、同じ目的に役立った。あの茶番劇のようなヌートカ湾事件[4]のおかげで、三百万ポンド[3]の資金を調達することができた。時勢が変わり、対露戦争でも仕掛けないことには、戦争による徴税という収穫を取り入れることはできなくなった。トルコをそそのかしてロシアと戦わせたとき[5]、イギリスは主役を演じた。イギリスは現在の［ロシアを仮想敵と見なす］構えを取ることにより、もう一度増税という収穫を取り入れる結果になるだろう」。

戦争が一国に与える荒廃と惨禍を考えれば、浮かれそうな気分になってもその都度歯止めがかかるし、誰しも笑いさざめくよりもむしろ悲しみに襲われるはずである。そうした現実を別とすれば、イギリス政府の常軌を逸した振る舞いも、物笑いの種になるだけであろう。だが、あのような悪の政策が必ず引き起こす災厄には、誰しも無関心ではいられない。さらに踏み込んで言うなら、過去何世紀ものあいだ存続してきた政府を相手に理性的に議論をおこなうことは、口のきけない動物を相手に議論するのと同じようにばかげている。達成される改革はいかなるものであれ、もっぱら国民の手で、政府とは無関係に達成されるのである。目下のところかなりの程度確実視さ

3　一七八〇～八四年の第四次英蘭戦争を指す。アメリカ独立戦争の過程で、オランダが対アメリカ貿易を中止しなかったことからイギリスが戦端を開いた。イギリスはインドや東インド（現在のインドネシア）などオランダの植民地を攻撃し、オランダ経済に打撃を与えた。オランダは一七八四年のパリ条約で、それまでインドに持っていた植民地ナーガパッティナムをイギリスに割譲、また、オランダ領東インドにおけるイギリスの自由貿易権も認めた。

4　バンクーバー島（現カナダ領）の西海岸に位置するヌートカ湾一帯の領有をめぐるスペインとイギリスの衝突を指す。一七八九年夏に起こった。湾内の前哨基地に置かれたスペイン海軍が、毛皮貿易のためにやって来た複数のイギリス船を拿捕（だほ）したのが発端。かねてからこの一帯の領有権を主張していたスペインは、期待していたフランスからの支援を得られなかったことから、イギリス側に要求された補償金の支払いを余儀なくされた。

5　ロシアのクリミア併合宣言（一七八三年）に不満をつのらせたオスマン帝国が一七八七年、イギリス（およびフランス）にそそのかされてロシアに宣戦布告したことを指す。戦争は九一年の末まで続いた。

れるのは、フランス・イギリス・アメリカの、真理に目覚め、真理を広めようとする人民が、世界に対して優れた統治のモデルとなり、また、世界中いたるところでそうした統治の実現に向けて十分な影響力を発揮するという将来像である。

第一部

国でも個人でも相手にけんかを売ろうとすれば、言葉はえてして乱暴になるが、それにしてもバーク氏のフランス革命に関する冊子[1]は、尋常ではない。フランスの人民も国民議会も、イギリスないしイギリス議会の情勢には無頓着であった。それなのに、バーク氏が議会でも公開の場でもフランスの人民と議会に対して、売られてもいないけんかを自分の側から仕掛けるというのは、礼儀作法の点では許しがたい行為であり、政策の点では申し開きのできない行為である。

英語の語彙に見られる罵詈雑言で、バーク氏がフランスの国民と議会に対して浴びせなかったものは、ほぼ皆無である。バーク氏は憤激のあまり四百ページ近くにわたり、ありとあらゆる言葉をぶちまけている。そこには、恨みや思い込みに突き動かされて思いついた言葉もあれば、事情が分かっていないために、あるいは分かっているがゆえに思いついた言葉もあった。バーク氏がそのような筆の勢いに任せて、腹案に従って書き続ければ、それは四千ページにまで達したかもしれない。［だが］激情に駆られるままに言いたい放題のことを言い、書きたい放題のことを書いたとしても、主題を論じ尽くすことはできない。尽きるのはご当人のエネルギーのほうである。バーク氏はフランス情勢についての固定観念に囚われ、これまで判断を誤り、予想をはずしてきた。だが、期待が率直すぎるためなのか、あるいは落胆のあまり憎さがつのるのか、そのいずれかのせいで、長広舌をふるってやろうと意欲を新たにするのである。かつて、フランスにもいずれ何らかの革命が起こるということを、バーク氏に理解させることが不可能だった時代もある。当時氏は、次のように確信していた。「フランスには、革命をくわだてるような気構えもなければ、それを持続させる不屈の闘志もない」。ところが、ひとたび革命が起こってみると氏は、革命を非難することで逃げを打とうとするのである。

国民議会を非難するだけでは飽き足らず、バーク氏は自分の著書のかなりの部分を、毒舌をふるうのに充てている。標的は当代きっての寛大な人物プライス博士[2]と、イギ

1　『フランス革命についての省察』を指す。
2　リチャード・プライス（Richard Price 一七二三〜九一年）。ユニテリアン派の牧師で倫理学者。生命保険の仕組みを考案したことで知られる。

リスの革命協会[3]および憲法知識普及協会[4]である。

プライス博士は一七八九年の十一月四日、いわゆる名誉革命（一六八八年）の記念日にちなんで説教[5]をおこなった。バーク氏はこの説教について次のようにコメントしている。

「この政治的聖職者はとどまる所を知らず、独断的に、あたかもイギリス人民が名誉革命の原理にもとづいて以下の三つの基本的な権利を獲得したかのように主張している。㈠自分たちの統治者を主体的に選ぶ権利、㈡権力の濫用があれば統治者をその任から解く権利、㈢自分たちのために政府を形成する権利」。

プライス博士は述べる。これらのことをおこなう権利は、個々の人間または個々の集団が保有しているのではなく、全体が保有しているのである、と。そして、それは国民に固有の権利である、と。バーク氏はそれに反して、そうした権利は国民の全体にも一部にも、あるいはそのどこにも存在しないとのたまう。これだけでも首をかしげたくなるが、バーク氏はもっと奇妙なことに、こう言うのである。「イギリス人民はそのような権利を完全に放棄し、そのような権利の行使には生命と財産をかけて抵抗する」。

自分の権利を守るためではなく、自分には権利がないということを主張する目的で武器を手に取り、生命と財産を投げ出して抵抗するとは、とんでもない新機軸であり、バーク氏の尋常ならざる学才にふさわしい。

右の権利がイギリス人民には存在しなかったということ、そして、今も国民の全体にも一部にも、あるいはそのどこにも存在しないということ。それを証明するためにバーク氏が用いる論法は、彼の発言そのものと同様に面妖である。なぜ面妖と評するのか。論拠が論拠だからである。バーク氏に言わせるとそのような権利は、それを保

3　一七八八年創設のロンドン革命協会（London Revolution Society）。憲法知識普及協会などと並ぶ急進主義勢力の拠点のひとつ。一七九二年に活動停止。急進主義勢力の活動の舞台は、ロンドン通信協会などに移った。

4　憲法知識普及協会（Society for Constitutional Information）。一七八〇年創設の市民啓蒙組織。「市民の自由」を理解するのに役立つ論文や冊子の出版を支援した。ペインの『人間の権利』の売り込みにも一役買った。

5　オランダのオラニエ公ウィレム（オランダ総督としてはウィレム三世、後のイギリス国王ウィリアム三世）がイングランドに上陸したのは一六八八年十一月五日。本書三十七ページの訳注6を参照。

有していた人びと（ないし世代）の死にともなって消滅したのだという。

　このことを証明するためにバーク氏は、およそ百年前にイギリス議会がウィリアム[6]とメアリーに向けて発した声明から次の言葉を引用する。「上下両院の議員は前条の人民（当時のイギリス人民を指す）の名において、みずからと子々孫々の限りなき恭順を永遠(とわ)に誓う」。氏はさらに、同じくウィリアムの在位期間に採択された別の議会の決議から条文を引用し、次のように述べている。決議の定めにより「私たち（当時の人民のこと）とその子々孫々はウィリアムとメアリーに、そしてその子々孫々に、時の果てるまで結びつけられる」。

　バーク氏は、自説の正しさを立証するにはこれらの条文を示せば十分であると考えている。ところが条文の裏づけとなっているのは、条文によって国民の権利は永久に排除されるという、氏自身の主張なのである。しかもバーク氏は、そのような断言を何度も繰り返すだけでは飽き足らず、次のようなことまで言い放つ。

「イギリスの人民が名誉革命以前にそのような権利を持っていたとしよう（氏は、イギリスのみならずヨーロッパ全体を通じて古い時代はいつでもそうだったと認める）。そうだとしても、名誉革命に臨んでイギリス国民は、この上なくうやうやしい態度で、みずからの権利のみならず後世の人びと全員の権利をも永久に放棄したのである」。

バーク氏は事あるごとに、イギリス国民ばかりかフランス革命と国民議会に対しても、恐るべき原理から抽出した毒を浴びせる。そして、真理に目覚め真理を説く一群の傑物たちを、簒奪者（さんだつしゃ）という名で非難する。そうである以上、氏の原理には遠慮会釈なく別の原理体系をぶつけるべきだ。

一六八八年のイギリス議会は、あるひとつのことをやってのけた。その行為は、もし議員と選挙民だけを代表してのことであるならば、議会の権利の範囲内であった。だから、一見したところ正しいことのように見えた。ところが、ゆだねられて自分のものになったこの権利に加えて、議会はもうひとつ別の権利を、いわば横取りして発動したのである。それは、子々孫々を永久に束縛、支配するという権利であった。

したがって問題は、ゆだねられて自分のものになった権利と、横取りによって発動した権利というふたつの部分に分かれる。前者は認められるが、後者には次のように

6　ウィリアム（William III 一六五〇～一七〇二年）。オランダ総督ウィレム三世。イギリス国王ウィリアム三世（在位一六八九～一七〇二年）。一六八八年の名誉革命を受けて、翌八九年、イギリス議会の招きに応じ、妃のメアリーと共同でイギリス王位に就いた。

反論しておく。

子孫を永久に束縛、支配し、誰にどのような統治をさせるのかについて、未来永劫おのれの意志を押しとおす――そのような権利ないし権能を与えられた議会・集団・世代が、かつていかなる国にあっただろうか。そのようなものは後にも先にも存在しない。そもそも存在するはずがないのだ。したがって、右に挙げたような条文・法令・宣言の類は、本質的にすべて無効である。それらのものに立案者が頼るのは、事をくわだてるにあたり、実行する権利や権能、あるいは執行する権能が欠けているのを取りつくろうためである。

それぞれの時代および世代は、先行する時代および世代と同じように、いかなる場合にもおのれの利益のために行動する自由を認められるべきである。あの世からこの世を支配するというのは、分をわきまえぬ思い上がりである。数ある専制の中でも、これほど不遜で、人を愚弄するものはない。

人間には、人間をおのれの所有物として扱う権利はない。それと同じように、いかなる世代にも、後続の世代をおのれの所有物として扱う権利はない。一六八八年に限らず、いかなる時代の議会も人民も、今日の人びとを意のままに操る権利や、いかなる形にせよ束縛、統制する権利を持たない。それは、今日の議会や人民が、百年後千年後に生きる人びとを意のままにする権利や、束縛、統制する権利を持たないのと同じことである。

それぞれの世代には、時代の要請によって解決を求められるすべての課題に取り組む権限がある。それは当然のことである。配慮されるべきはこの世の人びとであって、あの世の人びとではない。人間が息絶えると、その人間が持っていた権力や欲求も消滅する。この世を去った人間は、もはや浮世の利害関係とは無関係になるのであり、そうである以上、この世を誰に統治させるべきか、また、政府をどのように組織、運営すべきか等の点について、命令する権限を失う。

私は当地の、あるいは他国の、特定の統治形態や特定の政党を擁護しているわけではない。論難しているのでもない。一国の国民は全体として、みずからが望むことを実行する権利をそなえているのに、バーク氏は、そうではないと言う。そうだとすると、その権利はどこに消え去ったのか。私が擁護するのは生きている人びとの権利である。私が責めるのは、生きている人びとの権利が剝奪、支配、制限され、しかもそれが、死んだ人びとの権威をまとう一片の文書を根拠としているという点である。しかるにバーク氏は、死んだ人びとの権威が生きている人びとの権利および自由を支配することを擁護しているのである。

かつては、死の床にある国王が遺言により意のままに王冠の行方（ゆくえ）を決め、人民をあたかも家畜のように、自分の指名する後継者に有無をいわさず引き渡したものだ。このような慣行は今では打破されており、ほとんど思い出されることもない。また、あまりにも奇異なことなので、そのようなことがあったとは、今ではとても信じられない。しかし、バーク氏が政治的宗派を確立するために、その根拠として持ち出す議会の［決議の］条文は、本質的にそれと同じなのである。

いずれの国でも法律はすべからく、ある共通の原理との間で相似関係にあらねばならない。イギリスでは、親の立場にあろうとも雇い主の立場にあろうとも、また、全能を自称する議会の全権限をもってしても、個人の自由を束縛、統制することは許されない。単なる個人であっても二十一歳以上であれば、そのように扱わなければならないのだ。そうだとすると、一六八八年の議会にしてもその他の議会にしても、いかなる権利を根拠にすれば後世の人びとをひとり残らず永久に束縛できるというのか。すでにこの世を去った人びとと、まだこの世に来たらぬ人びと。両者は互いに遠く離れている。ここには、想像を絶するほどの距離がある。そうだとすると、どのようにしたら両者を義務で拘束できるのか。両者はいずれも存在しない。一方はすでにこの世を去り、他方はまだ生まれていない。この世で顔を合わせることは決してない。そうであるにもかかわらず前者に、時の終わりまで後者を統制させるというのか。いかなる規則や原則を設ければ、そのようなことを義務づけられるのか。

イギリスでは、人のポケットからお金を取り出すような行為は、本人が同意しない限り許されないとされている。しかるに、一六八八年の議会には誰がお墨付きを与えたのか。また、与えることができたのか。議会は子孫の自由を意のままにし、奪い取った。また、特定の場合に子孫の行動の権利を制限、限定することを恒久化した。ところがそのとき子孫はまだ生まれておらず、同意を与えることも拒むこともできなかったのである。

バーク氏が読者に対して表明する意見は、ばかばかしい限りである。人間の理解を超えている。氏が読者に向かって、さらには未来の人びとに向かって語っているのは、こういうことだ。「百年前に生存していた人間の一団が法律を制定した以上、その国は現在ばかりか将来も、それを修正する権能を持たない。いや、そもそものような権能はあるはずがないのだ」。これまで狡猾な、あるいは不合理な議論が何度も繰り返され、人類はその純朴ぶりにつけこまれて王権神授説を信じ込まされてきた。

バーク氏は、その種の議論を焼き直して開陳しているのである。氏は右の、今では遠い過去の［氏の言う］絶対無謬の議会を引き合いに出し、その権力に依拠することによって、ローマに至る行程を縮めた[7]。氏が描き出すところによれば、往古の議会が下した決定は神の権威をそなえているという。言い換えるなら、その権力は間違いなく人間の力を超えるものであり、人間の力では永久に変えることができないというのである。

しかし、バーク氏は右の［議会決議の］条文を公にすることによって、みずからが掲げる大義にではなく、自分の祖国に対して幾ばくか貢献した。なにしろ、それらの条文は注意を喚起しているのである。権力の侵食が起きないよう絶えず警戒せよ、権力の侵食が行き過ぎるのを防げ、と。

かつてジェームズ二世[8]が議会によって追放されたのは、正当性のない権力の確立という罪に問われたからであったが、当の議会が、形こそ違えジェームズ二世と同じ罪を再演するとは、いささか異なことである。このことに照らして、名誉革命の時点では人間の権利というものが不完全にしか理解されていなかったことは明らかである。少なくとも以下のことは確かである。議会は正当性を欠きながら後世の人びとの身体と自由を永久に支配する権力を樹立した。なぜ正当性がないと言えるのか。議会は委譲されて権力を手に入れたのではないし、そもそも何者も権力を与える立場にないのだから、それをもらい受けることは不可能だからである。このような権力は専制的で、存立の根拠はない。それは、ジェームズ二世が議会と国民とを支配するために樹立しようとくわだてた権力と同種のものである。ジェームズ二世は、まさにそれを理由にして追放されたのであった。

7　最高権力者の裁定を求めるために長い歳月をかけて苦労するといったような意味。使徒パウロの故事を念頭に置いた表現。エルサレムでキリスト教の布教中に裁判沙汰になったパウロは、ローマ市民権を行使して皇帝の裁きを求めたが、ローマに向かう途中マルタ島で難破するなど、到着までに辛酸をなめた。

8　ジェームズ二世（James II　一六三三〜一七〇一年）。イギリス国王（在位一六八五〜八八年）。兄チャールズ二世の後を襲って即位。兄王のカトリック化政策を引き継ぎ、国王の法律適用免除権を行使するなど絶対王政の復活に力を注いだことから議会の反発を招き、フランス亡命に追い込まれた。

両者には、基本的に違いはない。異なっているのは一点だけ。すなわち、一方が生きている人びとを対象とする簒奪であるのに対して、他方は、これから生まれてくる人びとを対象とする簒奪だということである。拠り所となる権限がないという点では、両者は同断である。したがって、どちらも等しく無効である。効力はない。

バーク氏は、人間にはその子孫を永久に拘束する権利があると証明するにあたり、一体何を根拠としているのか。確かに条文は示してある。しかしバーク氏は、そのような権利がかつて存在したという証拠を挙げ、権利の実態がいかなるものだったのかを明らかにする必要もある。そのような権利がかつて存在したのであれば、今も存在していると言える。人間の本質に属するものは、人為的に抹消することはできないのだから。

人間は人間である以上、死を免れない。そうである以上、生まれる人が絶えない限り、死ぬ人も絶えない。ところがバーク氏は、子孫全員を拘束する政治的なアダム[9]を創造したのである。したがってバーク氏は、政治的アダムがそのような権力ないし権利を持っていたことを証明しなければならない。

丈夫でない紐は、「無理に」引っ張れば引っ張るほど切れやすくなる。だから、そのようなことをするのは愚策である。もっとも、意図的に紐を切断するのであれば話は別である。仮にバーク氏の立論をくつがえそうと試みる者があったならば、バーク氏と同じ論法を用い、論拠となるものをことさら大げさに描いたことであろう。そうすれば論拠の正当性は疑念をもって見られるようになるからだ。そして、正当性が怪しまれるようになったとたん、論拠は見限られていたに違いない。

ある世代で制定された法律が、その後数世代にわたって効力を保つことがある。頭を働かせて事の次第を見ればほんの一目で分かることだが、そのようなことがしばしば起こるのは、生きている人びとの同意にもとづいて効力が発生し続けるからである。廃止されない法律が効力を保つのは、廃止できないからではなく、廃止しないからである。廃止しなければ、すなわち同意したことになるのである。

ところがバーク氏の［決議の］条文は、このような暗黙の了解をみずからの支えにすることすらできない。それらの条文は、不滅であろうとするあまり、最初から効力

9　アダムは旧約聖書の登場人物。神の戒めを破って「知恵の木の実」を食べたためにエデンの園を追われた。この原罪によりアダムの子孫である人類にとって、死と罪は避けられないものとなった。

がないのである。つまり、その本質ゆえに「同意」を最初から排除しており、ありもしない権利を根拠とすることによって、確保できたはずの権利を水の泡にしているのである。不滅の権力などというものは人間の権利ではない。したがってそれは、議会の権利であるはずがない。

一六八八年の議会は、みずからの権能を永久化する決議を採択した。それは、自分たちが永久に生き続けることを是とする決議を採択したのと同じことである。したがって、決議の条文について言えることはただひとつ、それらの条文は儀礼的な言葉にすぎないということである。そこに何の重みがあろう。そうした文言を用いた人びとが、仮に自分自身を祝い、古代オリエント風に「おお、議会よ、永遠なれ！」と祈願したとすれば、むしろそのほうにまだ幾ばくかの重みがあろう。

世界の状況は絶え間なく変化し、人びとの意見もまた変化する。そして、統治は生きている人びとのためのものであって、死んだ人びとのためのものではない。統治に関与する権利を持つのは、生きている者に限られる。ある時代には正しいと考えられるもの、便利だと見なされるものでも、時代が違えば誤っていると考えられ、不便なものと見なされるかもしれない。そのような場合、判定をおこなうべきは誰か。生きている者か、それとも死んだ者か。

バーク氏は［問題の］著作のうちほぼ百ページを費やしてこれらの条文について論じているが、論理的には次のように言える。すなわち、条文それ自体は、簒奪によって子孫に対する支配を樹立するものである以上、［子孫に対する支配を正当化する］典拠とはならず、本質的に効力を持たない。そうだとすれば、氏が紙幅を費やして展開する推論も、それにもとづく熱弁も、ともに無効である。というわけで、この問題についてはここまで論じれば十分である。

今度はフランス問題について詳しく論じよう。バーク氏の著書は体裁上、フランス国民に教訓を与えるものとして執筆された形になっている。しかし、実態が尋常でないことに即して、あえて尋常ならざる比喩を使わせていただくならば、それは、暗黒が光明を投じようとくわだてるようなものだ。

今執筆している私の目の前に、たまたまラファイエット侯[10]の手になる人権宣言の建議書が置いてある（ラファイエット侯という、革命以前の敬称を使うことについては、ご本人にお許しを願いたい。他意はない。別の人物と取り違えられないようにしたいだけだ）。この建議書は一七八九年七月十一日、すなわちバスチーユ監獄が占拠される三日前、国民議会に宛てたものである。ラファイエット侯とバーク氏のそれぞれの主義主張の出発点が正反対であることに気づかされ、驚愕を禁じ得ない。

生きている人びとの権利は失われており、それは、この世を去った人びとが「永久に投げ捨てた」のである――。そう証明しようとしてバーク氏は、黄ばんだ議事録やカビが生えた古文書を持ち出している。それに対してラファイエット侯は、生きている人びとに向かってきっぱりと、次のように断言する。「各市民は、生まれつき心に宿る人間の情を思い起こすべきである。すべての人びとが襟を正してその存在を思い出せば、そこには新たな力が加わる。一国の国民は、自由を経験すればそれだけで自由を愛するようになる。自由を望めばそれだけで自由になれる」。

ラファイエット侯の、明晰にして簡潔で、人心を高揚させる建言とくらべるがよい。バーク氏の長広舌を支える原理は、無味乾燥かつ不毛で、しかも曖昧である。また氏の熱弁と立論は、修辞で飾られてきらびやかでありながら、終始むなしい。「それに対して」ラファイエット侯のほうは、言葉数が少なく簡潔であるが、闊達で人間的な思考をめぐらせるための、広々とした場を提供している。余韻の点でもバーク氏の美文とは異なる。氏の文章は読後、耳に快い音を残すばかりで心には何の感銘も残さない。

ラファイエット侯のことを持ち出したついでに、アメリカ議会における侯の告別の辞（一七八三年）の後日談を、ご本人の許諾は得ていないが、ここに付け加えさせていただこう。そのときのいきさつが脳裏に鮮明によみがえってきたのは、フランス革命に対するバーク氏の大音声の攻撃を目の当たりにしたからである。ラファイエット侯は独立戦争の初期にアメリカに渡り、最後まで義勇兵としてアメリカの軍務に服した。侯が独立という事業の過程全体を通じて見せた［決然たる］行動は、弱冠二十歳の青年の人物伝としてはまず類例がない。官能的な快楽を大切にする国に生まれ育ち、それを享受するだけの資産にも恵まれていながら、わざわざそのような環境をなげうってアメリカの森林と荒野に身をゆだ

10　ラファイエット侯（Marquis de La Fayette　一七五七～一八三四年）。フランスの軍人、政治家。アメリカ独立革命に、義勇隊を組織して参加。帰国後、自由主義貴族の指導者として活動。一七八九年のバスチーユ監獄襲撃後、パリ市の民兵を、司令官として国民衛兵隊に改組。九二年、フランス革命が急進化する中、ジャコバン派から共和政に対する反逆者と見なされ亡命。オーストリアで投獄された。王政復古期に政界に返り咲き、下院議員を務めた。

ね、華やかな青年期を、何の得にもならない危険と困難のうちに過ごす――。そのようなことをあえてする人物がどれほどいるだろうか。だがそれは、まさにラファイエット侯がやってのけたことなのである。

アメリカ独立戦争が終わり、いよいよアメリカに終（つい）の別れを告げようというとき、ラファイエット侯は議会に出席し、真情あふれる告別の辞を述べた。そしてその中で、自分が目撃した［アメリカ独立］革命について考察しつつ、それを次のような言葉で表現した。「この、自由のために建立（こんりゅう）された偉大な記念碑が、抑圧する者にとっては学ぶべき教訓となり、抑圧される者にとっては見習うべき範とならんことを！」。

当時フランスにいたベンジャミン・フランクリン博士[11]はこの告別の辞を受け取ると、フランスの『ガゼット』紙に掲載してもらおうとしてヴェルジェンヌ伯[12]に働きかけた。しかし同意は得られなかった。ヴェルジェンヌ伯は自国フランスにおいては絶対王政を支持する貴族であり、フランスでアメリカ革命が模倣されることを恐れていたのである。それは、今日のイギリスにおいてフランス革命が模倣されることを恐れる人びとがいるのと同じである。バーク氏の、不安をあおる言辞（氏の著書はまさにそのような趣旨で書かれていると考えざるを得ない）は、ヴェルジェンヌ伯の拒絶と軌を一にする。ともあれ、氏の著書をもっと詳しく再検討しよう。

バーク氏は言う。「我々は、フランス人民が温厚かつ法的に正当な君主に刃向かうのを目撃した。彼らは凶暴化をきわめ、暴虐の限りを尽くし、［君主の］尊厳を限りなく踏みにじった。どれほど無法な簒奪者であっても、また、どれほど残忍な暴君であっても、人民の蜂起に際してこれほどむごい仕打ちを受けた君主の例はない」。この一節においてバーク氏は、おのれがフランス革命の起源と原理について無知であることをさらけ出している。こうした例はほかにも数え切れないほどある。

フランス人民が決起して打倒しようとしたのは、ルイ十六世[13]個人ではなく、専制的な統治原理であった。フランスの専制的な統治原理は、ルイ十六世より何世紀も昔、

11　ベンジャミン・フランクリン（Benjamin Franklin 一七〇六～九〇年）。アメリカの外交官、政治家、科学者、著述家。一七七六年、アメリカ独立宣言起草委員。七九年、駐仏全権公使（～八五年）。駐仏公使在任中に米仏攻守同盟を締結。八五年帰米し、ペンシルヴェニア州知事。八七年、アメリカ合衆国憲法の制定に参加。

12　ヴェルジェンヌ伯（Charles Gravier, Comte de Vergennes 一七一七～八七年）。フランスの政治家、外交官。一七七四～八七年、外務大臣。反英政策の一環としてアメリカ独立革命を支援。

既存の体制が発足したときを起源とする。それは深く根を下ろし、除去できないものとなった。そうしているあいだに、社会に寄生し社会を食い物にする連中の「アウゲイアース王の家畜小屋」[14]は、吐き気がするほど不潔になり、徹底的かつ全面的な革命に訴えない限り浄化できないほどになった。

何事（なにごと）かを成し遂げる必要が生じたならば、徹底的に全身全霊をささげるべきである。そうでないなら、最初から行動を起こさないことだ。当時訪れた危機はまさにその種のものであった。したがって、決然たる気構えをもって行動するか、あるいはまったく行動しないか、そのいずれか以外に選択肢はなかったのである。

ルイ十六世はフランス国民の友として知られていた。このような事情は、事を起こすのに好都合であった。ルイ十六世は絶対君主の型に合うように育てられながら、その種の人間の誰よりも、絶対的な権力を行使するのに気後（きおく）れを感じるような「優しい」心根の持ち主であった。

だが、統治そのものの原理は以前と変わらなかった。君主と君主政は別物である。叛乱が始まり革命がくわだてられたとき、標的となったのは後者（すなわち君主政）の既成の専制政治であって、君主の人格や倫理観ではなかった。

バーク氏は、人間と原理との違いに注意を払おうとしない。だから、生身の国王が専制政治の罪を犯していないとしても、原理としての専制政治を打倒しようとして叛乱が起こる可能性があるということが分からない。ルイ十六世は生まれつき節度のある人間ではあったが、それは君主政の、代々引き継がれてきた専制政治を変更するのには一向に役に立たなかった。世襲の専制政治の

13　ルイ十六世（Louis XVI　一七五四〜九三年）。フランス国王（在位一七七四〜九二年）。アメリカ独立革命に介入したことから国家財政の破綻を招き、財務総監にカロンヌ、ロメニー・ド・ブリエンヌらを起用して財政改革を試みるも失敗に終わる。一七八九年、三部会改め国民議会が立憲王政を目指して立ち上がったのを弾圧、民衆の憤激を買った（バスチーユ監獄の襲撃）。これを発端として始まった革命運動の急進化に不安を覚え、九一年に一家で国外逃亡を図って失敗（ヴァレンヌ逃亡事件）、民心を失った。九二年九月の王政廃止により王位を追われ、翌年（九三年）一月には、国民を裏切ったとの理由により、ジャコバン派主導の議会（国民公会）の決定により断頭台で処刑された。

14　アウゲイアース王とは、ギリシア神話に登場するエリス地方の王。三千頭の牛を飼いながら三十年間家畜小屋を汚れるままにしていた。ヘラクレスから、「牛を十分の一（すなわち三百頭）くれるなら家畜小屋を一日で掃除してみせる」と持ちかけられて応諾したが、ヘラクレスが実際に一日で掃除を終わらせると、約束を反古（ほご）にした。

もとでおこなわれてきた歴代国王のあらゆる暴虐行為が、後継者の意のままに再開される恐れが依然として残っていた。当時のフランスはすでに文明国になっていたが、ある国王の治世において専制政治が影を潜めたからといって、それで十分というものではなかった。

実態上の専制政治がたまたま途切れたとしても、専制政治の原理が廃止されたとは言えない。前者は直接権力を握っている個人の人徳によって決まるが、後者は国民全体の道義心と気概によって決まる。イギリスのチャールズ一世[15]とジェームズ二世の場合、叛乱の矛先は両者の個人的な専制政治に向けられていた。それに対してフランスの場合、標的となっていたのは既存の体制の、世襲による専制政治であった。だがバーク氏のように、カビが生えた古文書の権威にもとづいて子孫の権利を手放してしまうような徒輩には、この革命を裁く資格はない。フランス革命は、彼らには見通せないほど遠い未来を視野に入れている。また、力強く理性を働かせて前進し、彼らを置き去りにしている。

それはともかく、フランス革命を考察するための着眼点は幾つもある。ある国（たとえばフランス）で専制政治が幾多の時代を経て確立している場合、果たして国王個人だけが専制政治の責めを負うのであろうか。外観や名目的な権限にもとづくならそう見えるが、実態や事実に照らすなら、そうではない。専制政治の担い手はどこにでも見つかる。

役所ではどの省でもどの部局でも、慣習と慣例にもとづいて形成された独自の専制が横行している。また、どこの地方にも独自のバスチーユ監獄があり、それぞれのバスチーユ監獄は独自の専制君主を戴いている。世襲の専制体制はもともと国王を起点とするのであるが、それは細分化し、そこからさらに無数の下位組織が派生する。そして結局のところ、そうした組織は全体として、国王の名を借りる者たちによって運営されるようになるのである。

これがフランスの実態であった。下位機構の果てしなき迷宮の全体で増殖し、専制体制の根源がほとんど見分けられないほどになっている場合、その種の専制体制を是

15　チャールズ一世（Charles I 一六〇〇～四九年）。イギリス国王（在位一六二五～四九年）。議会が一六二八年に「権利の請願」を可決したのを受け、議会の承認なく租税を徴収しないこと、国民を法律によらず逮捕しないことを約束したが、翌年議会を解散。その後十一年間議会を招集することなく専制政治を断行した。ピューリタン革命を招き、一六四九年に処刑された。

正する方途はまったくない。専制体制は、みずからを強化することがあたかも使命であるかのように振る舞い、そうした使命に従っているという見せかけのもとで圧政を強いる。

フランスが現在の状況に追い込まれているのは、国内の政治制度の本質ゆえである。同国の現状を考察すれば分かるように、叛乱は、ルイ十六世の人格や性格と直接関係する原因だけで引き起こされたわけではない。原因はそれ以外にもあった。フランスには、言うなれば、改革されるべき専制が無数に存在したのである。それらの専制は、世襲君主の専制のもとで成長を遂げ、ついには深く根を下ろし、君主の専制から大幅に独立するまでになった。国王と議会と教会は、専制をめぐって競合関係にあった。それればかりか、地方では封建領主の専制が、また、全国規模では行政当局の専制が、それぞれ幅を利かせていた。

ところが、バーク氏は国王を、叛乱が起こった場合の唯一の標的と見なす。だから氏が語るフランスは、あたかも一個の村落のようである。そこでは、すべての出来事は逐一村長に対して報告され、圧政がおこなわれるとき、それは必ず村長に都合よく制御される。仮にバーク氏がルイ十六世の治世下において、バスチーユ監獄で終身刑を務めたとしよう。ルイ十四世[16]と同じようにルイ十六世も、バーク氏のような人物の存在を知ることはなかったであろう。両国王の治世は、専制的な統治原理にもとづいているという点で違いはなかった。両国王の性向はまったく正反対で、一方は暴虐を、他方は慈愛を特徴としていたけれども。

フランス革命は、歴代の治世よりも寛容な治世になって引き起こされた。バーク氏はそれをフランス革命の汚点のように言うが、そうではない。それはフランス革命の最高の誉（ほま）れのひとつなのだ。これまでヨーロッパ諸国で起こった革命は、個人的な憎悪によって引き起こされてきた。憤激を浴び、血祭りにあげられたのは、君主個人であった。しかし、フランス革命は見てのとおり、人間の権利を理性的に考察するところから発生し、最初から人間と原理とを峻別しているのである。

だがバーク氏は、統治機構について考察しているのに、その原理については考えが

16　ルイ十四世（Louis XIV　一六三八〜一七一五年）。フランス国王（在位一六四三〜一七一五年）。フランス絶対主義を体現する専制君主。太陽王とも呼ばれた。コルベールを始め有能な人材を用い、重商主義にもとづいて国力の充実を図ったが、その一方でスペイン継承戦争など一連の戦争の費用をまかなうために国民に重税を課した。

及ばないらしい。氏は言う。「十年前であれば、フランスに対し『政府を戴いているのはご同慶の至り』などと祝意を述べることもできたであろう。[17] その本質や運営の実態は、吟味するまでもなかった」。

これは、理性ある人間が発する言葉なのだろうか。人類の権利と幸福に然るべく同情を寄せる人間が発する言葉なのだろうか。してみれば、バーク氏は世界中のいかなる政府に対しても、その統治下で苦しむ犠牲者にはまったく目もくれず、お愛想を述べるに違いない。犠牲者の中に、売られて奴隷になる者があろうと、あるいは拷問されて命を失う者があろうと、氏にとってはどうでもよいことなのである。

バーク氏が崇拝するのは権力そのものであって、原理ではない。氏はこのような忌むべき無思慮に支配されており、権力と原理のいずれが鍵を握っているのかという点について判断する資格はない。フランス革命の原因に関する氏の見解については、ここまで説明すれば十分であろう。次に、一歩進んでその他の問題点を論じよう。

私はアメリカの、ポイント・ノー・ポイントと呼ばれる岬を知っている。呼び名にはいわれがある。バーク氏の言葉に劣らず派手で彩り豊かな海岸に沿って進むにつれて、岬は絶えず遠ざかっていくのだ。岬の影は眼前の、少し離れたところに見える。

だがどこまで進んでも、無駄骨折りである。バーク氏の三五六ページから成る著書もこれと同じで、つかみ所がない。だから論駁するのはむずかしい。だが、氏が証明したいと願っている事がらは、彼が罵倒したがっている事がらから推測できるのだから、氏の詭弁を検分することによって氏の立論［の筋道］を見きわめねばならない。

想像力を爆発させるためのはけ口として、また、読者の想像力に訴えかけるための便法としてバーク氏が利用する悲劇的な図について言うと、それは、舞台効果を上げるためにすこぶる巧みに計算されている。そこでは事実というものが、上演のために脚色され、読者の同情心という弱みを衝いて涙を誘うように加減されている。だが、バーク氏は心すべきである。氏が執筆しているのは歴史であって、芝居の台本ではないということを。また、読者が期待しているのは真実であって、大げさな詩句をわざとらしいセリフ回しで朗詠することではないということを。

17　ペインによる引用はまったく不正確で、意味が逆になっている。バークの原文は、以下に示すとおり修辞疑問文（すなわち事実上の否定文）である。「十年前フランスに対し、同国が政府を戴いているからといって『ご同慶の至り』などと述べることができたであろうか（できたはずがない）」。

自著の中で次のようなことを芝居がかった口調で嘆き、読者に信じ込ませようとする男がいる。「騎士道の時代は過去のものとなった。ヨーロッパの栄光は永久に消滅した。お金では買えない人生の優雅さ（この意味を理解できる読者がいれば幸いだ）は、各国の安上がりな国防や、俠気と自己犠牲の精神を育てる環境とともに消え去った」。何もかも、騎士道的な愚行を特徴とするドン・キホーテ的な時代が過去のものになったせいだと言わんばかりである。私たちは男がこのように嘆くのを知るとき、その判断力を高く評価できるだろうか。男の言う事実を尊重できるだろうか。

バーク氏は想像力に任せて支離滅裂な言葉を吐き散らすうちに、風車の世界を発見した。氏は、風車に向かって体当たりするドン・キホーテがひとりもいないということを残念に思っている。しかし貴族の時代は、騎士道の時代と同じように没落を避けられないのではないか。また、両者は本来的になにがしかの結びつきを持っているのではないか。そうだとすれば、旧体制のちょうちん持ちであるバーク氏が、最後まで茶番を続け、「さらば、オセローのこの世の務めは終わった！」[18]という叫び声とともに幕切れを迎えることになっても、それはもっともなことである。

バーク氏が描き出す地獄絵図にもかかわらず、フランス革命には諸外国の革命とくらべて驚くべきことがある。それは、犠牲者が非常に少なかったということだ。しかし、そもそも人間ではなく原理を破壊することが想定されていたことに思いを致すなら、驚きは半減しよう。フランス国民の精神は個人に対する怨念よりも、もっと高尚な動機によって動かされていたのである。また、敵を打倒することによって得られるものよりも、もっと高次元の成果を目指していたのである。

ごく一握りの犠牲者の中には、意図的に狙い打ちにされた者はいなかったように見える。彼らはみな、たまたまその時の状況において悲運に見舞われたのであって、長年にわたってわだかまる、ぞっとするような遺恨をもって血祭りに上げられたわけではない。一七四五年の事件の場合、不幸なスコットランド人はまさにそのような目に遭った[19]のであるが。

18　シェークスピアの悲劇『オセロー』（第三幕第三場）におけるオセローのセリフ。訳文は松岡和子訳に拠る。

19 「一七四五年の事件」とは、ジェームズ二世の孫にあたるチャールズ・エドワード（一七二〇～八八年）が、王位を求めてフランスからスコットランドに上陸したのを受けて、スコットランドのハイランド地方でジャコバイト（ステュアート家に正統な王位継承権があると考える人びと）が叛乱を起こしたことを指す。カンバーランド公率いるイングランド軍は翌四六年、ジャコバイト叛乱軍の鎮圧にあたり叛乱軍兵士を皆殺しにしたばかりか、叛乱軍に関係した集落を焼き払い家畜を没収するなど、スコットランド人に対して暴虐の限りを尽くした。

第二章　バスチーユ監獄の破壊

　バーク氏の著書『フランス革命についての省察』を読み通すと分かることだが、氏がバスチーユ監獄襲撃事件に触れたのは一度だけである。しかもその口ぶりときたら、バスチーユ監獄が破壊されたのは残念だ、再建されればいいのに、と言わんばかりなのである。いわく、「イギリス人はニューゲート監獄を再建し、その巨大な獄舎を利用するようになった。バスチーユ監獄に劣らず堅牢な監獄が整ったわけで、そこにはフランスの歴代王妃を平気で誹謗中傷するような連中が収容された」*。

　＊原註。バーク氏の冊子では右の引用文の後、バスチーユ監獄のことに二カ所触れているが[1]、論調は同じである。一カ所では、回りくどい修辞疑問文の形でバス

1　バークは問題の箇所も含めて合計六カ所でバスチーユ監獄に触れている。光文社古典新訳文庫版（二木麻里訳）の以下のページを参照。一五九、一八三、二八三、二九一、四三五、四六一ページ。

チーユ監獄を持ち出し、次のように問いかけている。「今そのような国王にただうやうやしく仕えている大臣が、いつの日か、国王の名によりバスチーユで獄中生活を余儀なくされたばかりの連中の命令に、心から服することはあるだろうか」。別の箇所ではバスチーユの占拠に触れつつ、同監獄の破壊に手を貸したフランス衛兵隊[2]［の行動］は犯罪にあたるとほのめかしている。いわく、「彼らは、パリに置かれた国王の城塞［すなわちバスチーユ監獄］の占拠を見過ごすことはなかった」。まさにこれがバーク氏の正体である。彼が憲法上の自由を云々するのはポーズにすぎない。

ジョージ・ゴードン卿[3]のように精神疾患に苦しみ、監獄というよりもむしろ精神科病棟としてのニューゲートに収容されているような人物が何を言おうと、その種の発言は、筋道の立った考察には値しない。

中傷したのは狂人だ――。これは十分な弁明である。卿はこれを理由に収監され、世間の望みはかなった。ところが一方のバーク氏は、人から何と言われようと決して自分自身を狂人と認めることもなく、何の非もないフランスの代表権力全体に対し、この上なく乱暴な筆致で下劣きわまる罵詈雑言を浴びせかけたのである。これはまがう方なき事実である。それでいてバーク氏は、イギリス庶民院に議席を持っているのである。

荒々しい語気と悲痛な声音で、ある論点については沈黙し、別の論点については駄弁を弄する。そのような態度に照らすなら、バーク氏の本心は次のようなものであると確信せざるを得ない。「専制的な権力、教皇の権力、バスチーユ監獄。これらのも

2　フランス衛兵隊は、フランス近衛軍所属の歩兵連隊。一七八九年七月十四日までに、衛兵隊を構成する六個大隊のうち五個大隊で兵卒が造反、バスチーユ監獄襲撃に参加した。バスチーユ陥落後、ラファイエット侯率いる国民衛兵隊に吸収される。

3　ゴードン卿（Lord George Gordon　一七五一〜九三年）。一七七四〜八〇年、庶民院議員。一七七八年、カトリック教徒に対する差別が一部撤廃されたことに不満を持ち、ロンドンで反対運動「プロテスタント協会」を組織した。同協会が八〇年六月、議会への請願行進を呼びかけたところ、それに応じた群衆のうち一部が暴徒化し、イングランド銀行やカトリック教会を襲撃。また、ニューゲート監獄を襲って囚人多数を脱走させた。この事件は世上、「ゴードン暴動」と呼ばれている。責任を問われて逮捕されたゴードンは、結局、無罪放免になったが、八六年、フランス王妃マリー・アントワネットを誹謗したかどで有罪を宣告され、ニューゲート監獄に収監された。

のが打倒されるのは残念である。はなはだ残念である」。一縷の希望も持てない人生ほど哀れなものはない。そのような生涯を陰惨きわまりない監獄で寂しく終えた人びとに、バーク氏は思いやりのまなざしも、憐れみの言葉も投げかけたことはない。そのようなものは、氏の著書『フランス革命についての省察』を隅から隅まで読んでも見つからない。

あたらせっかくの才能を、みずからの品性を汚すために使う――。そのような光景を目の当たりにすると心が痛む。バーク氏は物事をありのままに受け入れるよりも、むしろそれを自分に都合よく解釈する。氏が動揺するのは、現実としての苦難に心を動かされるからではなく、人目を引く苦難の様相に想像力をかきたてられるからである。氏は小鳥の羽毛には心を寄せるが、瀕死の小鳥のことは眼中にない。

バーク氏は、貴族にへりくだることに慣れて、おのれの本領を忘れ、血のかよわぬ人造人間と化し、本来の純粋な心を失っている。バーク氏のヒーロー（あるいはヒロイン）にふさわしいのは、これ見よがしに息絶える悲運の犠牲者であって、寂然とした土牢の中で衰弱死する、現実の不幸な囚人ではない。

バーク氏はバスチーユの事件をすっかり無視している（バーク氏が沈黙を保っている

からといって、それは氏にとって有利な材料にはならない)。氏はまた、読者を楽しませようとして、事実をゆがめてまったくの絵空事に仕立て、そうした想像上の事実についてご託を並べている。そのような次第で、事件に先だつ事情についての説明を(氏が怠っているので)私が代行しておこう。そうすれば、反革命派が働いた背信的、敵対的な挑発行為も考察の対象に含められ、あのような事件にともなう災禍を軽微なものにとどめることはまず不可能であったということが分かってもらえるだろう。

バスチーユの占拠時とその前後の二日間、パリ市は恐るべき様相を呈していた。あれ以上に恐ろしい光景を心に描くことはできない。それでいてパリ市がかくも短い期間で平静を取り戻せようとは、想像もできないことである。遠くから眺めていると、バスチーユ占拠事件は単発的な造反劇にすぎないかのように見える。実際にはフランス革命と政治的に密接に結びついているのだが、そのようなことは革命の成果の華々しさの前に影が薄くなる。だがこの事件は、争点をめぐって直接対決する二党派の攻防と見るべきである。バスチーユは、襲撃した人びとの戦利品となるか、さもなければ襲撃した人びとを収容する監獄となるか、そのいずれかの運命にあった。バスチーユと聞いたら専制政治の打倒という構想も含まれていた。この、バスチーユの攻略には、てひらめく連想は、『天路歴程』における「疑惑の城」と巨人ディスペアとのあいだで働く連想にも劣らぬほど、まざまざと像を結ぶようになった。[4]

バスチーユが占拠されたとき、国民議会はパリから十二マイル離れたヴェルサイユにおいてすでに開会中であった。パリ市民の蜂起およびバスチーユ占拠の一週間ほど前のこと、ある陰謀が進められていることが発覚した。首謀者は国王の末弟であるアルトワ伯爵であった。[5] 陰謀の目的は、国民議会を粉砕し、議員団の身柄を拘束することにあった。そうすることによって、自由な政府を形成するという［国民議会の］希望と見込みを、電撃的に押しつぶそうという魂胆であった。この計画が失敗に帰したのは、自由にとっても人類にとっても望ましいことであった。既存の政府は、みずからが叛乱と見なすものを鎮圧すると、決まってひどい復讐心に囚われ、酷薄になるものだ。そのような実例は枚挙にいとまがない。

計画はしばらく前から画策されていたに違いない。なぜならそれを実行に移すためには、パリ周辺に少なからぬ兵力を集め、同市とヴェルサイユの国民議会との連絡を遮断することが必要だったからである。この任務を負った部隊の主力は、フランスが雇っていた外国人傭兵で、ほかならぬこの任務を遂行するために地方の駐屯先から寄せ集められたのであった。集結した兵力の数が二万五千ないし三万人に達したとき、計画決行の潮時と判断された。

時の内閣は、革命に対して好意的であっただけにただちにお払い箱になり、陰謀を画策した連中が閣僚となって新内閣が成立した。閣僚のひとりにブロイ公爵[6]がいた。ブロイ公に、集結した部隊の指揮がゆだねられた。この人物の性格はいかなるものか。ある権威筋が、「私宛ての」手紙の中で披露してくれた人物評を紹介しよう（この権威

4　ジョン・バニヤン著『天路歴程』の前編（一六七八年刊）は、敬虔なキリスト教徒（ピューリタン）である主人公が「破滅の都」を後にして、「落胆の沼」「慚愧（ざんき）の谷」「虚栄の市」など各地で試練を克服、最後に「天の都」に至る道程を描いている。「疑惑の城」は、主人公が遭遇する難所の一つ。そこを守っているのがディスペア。

5　アルトワ伯（Charles-Philippe Comte d'Artois 一七五七～一八三六年）。ルイ十六世の末弟。専制君主政を信奉。フランス革命期は主としてイギリスで亡命生活を送る。王政復古期、シャルル十世として即位した（在位一八二四～三〇年）が、反動的な政策により民心を失い、一八三〇年、七月革命により王位を追われた。

6　ペインは Count de Broglio と表記しているが、ブロイ公（Victor-François, Duc de Broglie 一七一八～一八〇四年）を指していると思われる。ブロイ公はフランスの軍人、元帥。

筋の信頼性については、バーク氏もよく知っている)。それによるとブロイ公は、「野心をたぎらせた貴族政治支持者で、冷酷にして、いかなる悪事でもやってのける」性格だということであった。私はこの手紙の文面をバーク氏に伝えておいた。それは、氏が『フランス革命についての省察』の執筆を始める前のことである。

このような事態にあおられ国民議会は、武力介入が予想される極度に危険で切迫した状況に立たされた。議員たちは不運な囚われ者であった。そして、それを自覚していた。彼らは、国民の同情と好意を味方にしていた。しかし軍事力は何らそなえていなかった。ブロイ公の衛兵たちは国民議会の議場を包囲し、前年パリの高等法院に対しておこなったのと同様に、命令があり次第ただちに議員たちの身柄を拘束しようと待ち構えていた。

国民議会が「国民から寄せられた」負託を放り出すか、あるいは決断をためらい、くよくよ心配するなどの素振りを見せていたら、敵は勢いづき、国民はひるんでいたであろう。国民議会が置かれていた状況や、国民議会が実現を目指していた大義。また、議員諸氏の個人的、政治的な運命のみならずフランス(さらに、おそらくはヨーロッパ全体)の運命をも決するに違いない一触即発の危機――。これらのことを総合的に視野に収めるなら、誰しも国民議会の成否に関心を持たずにはいられない。もっとも、固定観念に囚われて精神が硬直していたり、あるいは［国王への］依存ゆえに精神が腐っていたりするならば、話は別である。

当時、ヴィエンヌの大司教[7]が国民議会の議長を務めていた。彼はかなりの高齢で、数日後、あるいは数時間後にも出来しそうな修羅場を乗り切るのは無理だった。行動力と胆力に優れた人物が必要だった。そこで、国民議会はラファイエット侯を（議長のポストは依然として大司教が握っていたので、副議長という名目で）選んだ。これは、国民議会が副議長を選出した唯一の例である。

ラファイエット侯が人権宣言を提案したのは、風雲急を告げる七月十一日のことであった。これは、本書四七～四八ページで言及した人権宣言にほかならない。大急ぎで起草されたこの人権宣言は、国民議会が後日に合意、採択した拡充版の人権宣言に組み込まれている。このときラファイエット侯が人権宣言を提起したのは、（本人が

7　ポンピニャン（Jean-Georges Lefranc de Pompignan 一七一五～九〇年）を指す。ヴィエンヌの大司教を務めていたのは一七七四年から八九年まで。

後で明かした）当人なりの理由があってのことである。趣旨はこうであった。「もし国民議会が当時突きつけられていた『粉砕してやる』との脅しに屈したとしても、国民議会の奉ずる原理は危難を乗り越え、何らかの痕跡となって［後世に］残る可能性があった」。

今や何もかもが危機に瀕していた。自由が訪れるのか、それとも隷従のままか――それが決せられようとしていた。兵力三万人弱の部隊と対峙しているのは、丸腰の市民の集団であった。国民議会が当時じかに頼らざるを得なかったパリ市民は、現在のロンドン市民と同様に武器もなく、軍事的な訓練も受けていなかったのである。フランス衛兵隊［の兵卒］は国民の大義に肩入れする様子を強く示していた。しかしその兵力は少なく、ブロイ公指揮下の部隊とくらべて十分の一にも満たなかった。しかも、フランス衛兵隊のうち将校たちはブロイ公の側に与していた。

今や決行の機が熟した。新内閣が発足したのはまさにその時のことであった。読者諸賢は忘れずにいてくださるだろうが、バスチーユが占拠されたのは七月十四日。今私が言及しているのは七月十二日時点のことだ。その十二日の午後、内閣更迭の一報がパリに届くや否や、劇場や娯楽施設、個人商店、住宅はことごとく門戸を閉ざした。

内閣の更迭を武力衝突の序曲と見なしたからである。その見方には、もっともな根拠があった。

ブロイ公指揮下の外国人部隊は、パリに向かって進撃を開始した。ドイツ人騎兵部隊を率いるランベスク公[8]は、いくつかの大通りの結節点となっているルイ十五世[9]の宮殿を経由、前進した。その途上で、ランベスク公はひとりの老人に侮辱の言葉を浴びせ、サーベルで一撃を見舞った。フランス人は高齢者を敬うという点で際だっている。この狼藉(ろうぜき)に窺われる、人を人とも思わぬ態度は、民衆全体が興奮状態にあっただけに激烈な反発を招いた。「武器を取れ！」というシュプレヒコールが一瞬にしてパリ全市に広がった。

8　ランベスク公（Charles-Eugène de Lorraine, Prince de Lambesc　一七五一～一八二五年）。フランスの軍人。一七八九年七月十二日（バスチーユ襲撃事件の二日前）、ドイツ人近衛連隊を率いてパリで暴動を武力鎮圧。民衆の憎悪を買い、九一年、オーストリアに亡命した。

9　ルイ十五世（Louis XV　一七一〇～七四年）（在位一七一五～七四年）。ルイ十四世の曽孫。一七四三年から親政。オーストリア継承戦争では戦費がかさんで財政難を招き、七年戦争では北アメリカおよび西インド諸島の膨大な領土を失った。私生活では多数の愛妾をかかえ、奔放な生活を送った。

市民は何の武器も持っていなかった。武器の使い方を心得ている者もほとんどいなかった。しかし希望という希望がひとつ残らず風前のともしびになると、往々にして決死の覚悟が、しばらくの間は武器の不足を埋め合わせるものだ。ランベスク公が部隊を一時休止させると、たまたまその辺りには、新しい橋を架けるために集められた石が幾つも山をなしていた。民衆はその石つぶてを使って騎兵部隊を攻撃した。フランス衛兵隊の中には、銃声を聞きつけると即座に持ち場から駆け出し、民衆の中に身を投じる分隊もあった。夜になると騎兵部隊は退却した。

パリの街路は道幅が狭いので、防御するのには好都合である。しかも住宅は幾重にも階を重ねて背が高く、屋内から大がかりな嫌がらせを仕掛けることもできるので、民衆は敵の夜襲から身を守ることができた。その夜は、作れる限り、あるいは調達できる限り、ありとあらゆる種類の武器で武装を整えようと、徹夜の作業がおこなわれた。それらの武器には、銃や剣ばかりか、鍛冶屋（かじや）の金槌（かなづち）、大工の斧、鉄梃（かなてこ）や槍（やり）、矛（ほこ）、熊手、鉄串、棍棒なども含まれていた。

翌朝、大群衆が繰り出した。人の数もさることながら、それ以上に、人びとが示した決意には瞠目すべきものがあった。敵は困惑、狼狽した。新内閣はこのような手荒い「歓迎」をほとんど予想していなかった。民衆の側でも隷従の状態に慣れていただけに、自由というものにこれほど人間を鼓舞する力があるとは考えていなかった。また、素手の市民が勇気をふるって三万人の兵力と対決するという事態も想定外であった。

人びとはこの日、一刻も無駄にすることなく、武器を集め作戦を練った。また、そのような、にわかに始まった準備作業を通じて、味方の守りをできるだけ固めようと努めた。ブロイ公は依然としてパリ周辺にとどまっていたが、この日はそれ以上の前進を果たせず、その夜は、騒然とした状況下にあった割には比較的静かに過ぎていった。

しかし市民は、防御だけを目的としていたのではない。自由か、それとも隷従か――それを左右する革命運動［の成否］を賭していたのである。市民は、自分たちが攻撃されるのではないか、また、国民議会に対する攻撃の知らせが届きはしないかと、いっときも気が休まらなかった。そのような状況下では、できるだけ早く機先を制することが――いつもそうだとは限らないが――最善策となる。

そのとき彼らの脳裏に浮かんだのはバスチーユであった。これほど大規模な部隊を物ともせずにバスチーユのような要塞を攻略できれば、その劇的な展開は、まだお互いの顔合わせも済んでいない新内閣の面々を戦慄させずにはおかないだろう。この日の朝、敵側［の密使］から奪った通信文書を通じて、味方だと思われていたパリ市長フレッセル氏[10]の裏切りが発覚した。それが明らかになったことから、ブロイ公がその晩バスチーユの兵力を増強することはほぼ確実になった。そこで、日が暮れる前にバスチーユを攻撃することが必要になった。しかしそれをやってのける前に、まず装備を、すでに手にしているもの以上に充実させる必要があった。

パリ市の近郊に、大量の武器が集積してあった。武器庫の代わりになっていたのは、傷痍軍人を収容する病院であった。市民は病院に、降伏せよと要求した。病院は防御しやすい造りではなかったし、頑強な抵抗をくわだてるわけでもなかったので、市民はたちまち所期の目的を達成した。

こうして武器を補充すると、蝟集した市民は大群衆となり、バスチーユ襲撃を目指して行進した。そこにはあらゆる年齢層、あらゆる社会階層の、種々雑多な人びとがいた。彼らはありとあらゆる種類の武器を手にしていた。その行進の光景がどれほど異様なものであったか、また、数時間あるいは数分のうちに発生する可能性のある事態を市民がどれだけ待ち望んでいたか。それをイメージするのは、いかに想像力を働かせようともむずかしい。

市民が何をしようとしているのかは、内閣にとって予想できないことであった。それと同じように、内閣がどのような計画を練っているのかは、パリ市内の民衆には分からなかった。ブロイ公がバスチーユを支援または救援するためにどのような挙に出るのかも、不明であった。何もかも謎に包まれており、成り行き任せであった。

自由というものは、ほかの何よりも人間を奮い立たせる。バスチーユを攻撃し、わずか数時間で攻略したとき人びとは、自由を欲する気持ちに駆られて初めて生じる、自己犠牲をいとわぬ高揚した精神状態にあった。このようなバスチーユ陥落の顛末（てんまつ）は、世界中でよく知られている。したがって私としては、バスチーユ攻撃そのものを詳細に語るつもりはない。むしろそれを誘発し、バスチーユとともに破綻した、フランス国民に対する陰謀を取り上げようと思う。バスチーユ監獄は、新内閣の腹づもりでは

10 フレッセル（Jacques de Flesselles 一七三〇〜八九年）。ペインはフレッセルの肩書きをパリ市長としているが、厳密にはパリ商人頭（一七八九年四月就任）。商人頭就任から三カ月後、バスチーユ監獄襲撃で興奮した群衆によって殺された。

国民議会の面々の投獄先になるはずであった。それはまた、専制政治の厳粛な「犠牲をささげるための」祭壇にして城塞でもあった。したがって、最初の攻撃を浴びせるのに好個の標的となった。バスチーユ攻撃の企てにより新内閣は粉砕された。閣僚たちは今や、自分たち以外の人びとにもたらそうと仕組んでいた破滅がわが身にふりかかりはしないかと、逃げ腰になった。ブロイ公率いる部隊は四散し、ブロイ公自身も逃亡した。

バーク氏はこれまで陰謀一般について非常に多くのことを語ってきた。しかし、国民議会を敵視し、さらにはフランス国民の自由をも敵視するこの陰謀については、いまだかつて語った例がない。しかも、語らずに済ませようとして策を弄している。すなわち、陰謀に言及しないと話のつじつまが合わなくなる出来事は、すべて無視しているのである。

フランスから亡命した人びとは、それまでその主義主張ゆえにバーク氏にとって関心の的となり教訓の供給源ともなっていたのであるが、この陰謀が失敗に終わった結果逃亡したのであった。彼らを打倒しようとする「国民の側の」陰謀など、ありはしなかった。逆にまさに彼らこそが、他の人びとを打倒しようと陰謀をくわだてていたのである。彼らは敗者となり、自分たちが執行するつもりでいた罰をこうむった。それは自業自得であった。

しかし、待ち伏せというものにつきものの狡猾さをもって画策されたこの陰謀が、もし成功を収めていたら「勝った側の怒りはすぐに鎮まったであろう」と、バーク氏は言うのであろうか。そのような問いには、既存の政府が総じてどのように行動するのか、過去の例を調べて答えを出すべきだ。

これまで国民議会によって断頭台に送られた者はいただろうか？　いない。国民議会の議員たちは、この陰謀の不運な囚われ者であって、これまで報復の行動を起こしたことはない。それならなぜ、身に覚えのない報復劇を演じたとして非難されるのか。社会階層も気質や性格もいちじるしく異なるさまざまな人びとが、大群衆となって猛然と飛び出し、自分たちに対してくわだてられた破壊活動から奇跡的な努力によって身を守ろうとしたのである。何も起こらないなどと、どうして予想できようか。

迫害されているという実感に苦しんでいる上に、さらに新たな迫害の見込みが迫っているとき、哲学者風の冷静さを発揮するとか神経を遮断して無感覚になるとかの芸当を演じることはできるだろうか。バーク氏は暴虐に反対して抗議の声を上げるが、最大の暴虐は、ほかならぬ氏が犯しているのである。氏の『フランス革命についての省察』は暴虐の書である。一時の衝動に駆られて書いたという言い訳は成り立たない。なにしろこの書は、十カ月もの間ずっと［著者の手もとで］温められていたのだ。ところがバーク氏は、挑発を受けていたわけではないし、自分の生命や利害を危険にさらしていたわけでもない。

この闘争の過程で犠牲となった市民は、敵側の犠牲者を上回っている。後者についてはたかだか四、五人の人物が民衆によって捕らえられ、その場で殺されたにすぎない。たとえば、バスチーユの司令官や、市民に対して裏切りを働いているところを発見されたパリ市長［のフレッセル］[11]。事後に殺された人物としては、新内閣のメンバーだったフーロン。その女婿で、パリ行政長官の職を引き受けたベルティエ[12]。民衆はこれらの人びとの生首を槍の穂先に掲げ、市内を練り歩いた。バーク氏はこのような処刑方法を材料にして悲劇的光景の大部分を描き出したのである。そこで、民衆がこうした処刑方法をどこから思いついたのか、調べてみよう。

民衆は処刑方法を、自分たちを支配している政府から学ぶ。そして仕返しとして、見慣れた処刑を実行するのである。テンプル・バー[13]の関門上部に突き出た穂先に掛けられ、何年もそのままにされたさらし首は、その光景の恐ろしさという点では、槍の穂先に掲げられて市中を持ち運ばれる生首と同じである。ところが前者はイギリス政府の仕業（しわざ）なのだ。

死体に対して何をしようと、死んだ本人には何の意味もない——おそらく、そのように主張する向きもあろう。だがそうした行為は、生きている人びとにとっては大きな意味がある。それは、人間の情緒を傷つけるか、あるいは神経を麻痺させる。いずれの場合でも人びとはそうした実例に倣（なら）って、権力を手中に収めたときにどのように刑罰を下したらよいのかを学ぶ。

11　フーロン（Joseph Foullon de Doué 一七一五～八九年）。フランスの政治家。七年戦争のとき陸海軍総監。ネッケルの後任の財務総監（一七八九年）、兼ねて宮内大臣。革命前、穀物市場を操作して私腹を肥やしたとの噂があった。バスチーユ監獄襲撃の後（八九年七月二十二日）、憤激した群衆によって街灯に吊されたあと斬首された。

12　ベルティエ（Louis Bénigne François Bertier de Sauvigny 一七三七～八九年）。パリ行政長官（一七七六～八九年）。国王軍のための食糧調達の責任者であったことが災いして、パリの食糧不足の元凶と噂された。バスチーユ襲撃事件後の八九年七月二十二日、暴徒に虐殺された。

13　シティ・オブ・ロンドンへ入るための関門のひとつ。シティの西側に位置している。

だから、悪をその根源から絶ち、各国政府に博愛の精神を教え込むことが先決事項なのだ。人びとを堕落させるのは、政府による残忍な処刑である。イギリスでは「大逆罪などの」特定の場合、絞首後に死体のはらわたをえぐり出し四肢をばらばらにするという処刑方法がとられる。締めくくりに、刑死した者の心臓をえぐり出し、高々と掲げて民衆に見せつける。フランスでも、旧体制のもとでおこなわれていた処刑は、それに劣らず野蛮なものであった。ロベール＝フランソワ・ダミアン[14]に対して執行された、四頭の馬による引き裂き刑のことは、誰しも忘れられない。こうした残酷な見世物を民衆に見せつけると、どのような作用が生ずるであろうか。人びとは心の優しさを失うか、あるいは復讐心をあおられるか、そのいずれかである。残忍な処刑方法は、倣うべき前例となる。理を説く代わりに恐怖によって人びとを支配するという浅ましくも誤った考えが植え付けられるからだ。政府が恐怖政治によって牛耳ろうとする相手は、国民の中でも最下層に属す人びとである。また、恐怖政治が最悪の効果を上げる相手も、最下層の人びとである。彼らは、自分たちが標的になっていると感じるだけの理解力はそなえている。そして、自分たちが刑罰を科す番になると、それまでに教えられてきた恐怖政治の手本を実行に移すという次第である。

その種の人びとは（イギリスではモブと呼ばれているのだが）、ヨーロッパ各国においてそれぞれ分厚い階層を形成している。一七八〇年にゴードン暴動〔本書六五ページの訳註3を参照〕で放火と掠奪を働いた連中も、槍の穂先に生首を掲げてパリ市中を練り歩いた連中も、この階級に属していた。

前述のフーロンとベルティエは地方で身柄を拘束され、尋問を受けるためにパリ市庁舎へと護送されてきた。それは、国民議会が新内閣発足の直後に出した布告を国王と内閣に伝えてきたのを受けてのことであった。国民議会は布告の中で、フーロンを含む内閣が〔国王に〕助言し、実行している措置については内閣に責任をとらせるとの方針を明らかにしていた。しかし群衆は、フーロンとベルティエの姿を見ると激昂し、ふたりを護送人から無理やり引き離し、市庁舎に到着する前であったにもかかわらず、その場で処刑してしまったのである。ところで、なぜバーク氏はそのような狼藉の責任が人民全体にあると主張するのだろうか。氏の論法は、一七八〇年のゴード

14　ダミアン（Robert-François Damiens　一七一五〜五七年）。一七五七年、ルイ十五世暗殺を図ったが失敗、引き裂き刑に処せられた。

ン暴動をロンドンの市民全体に負わせるのと同じである。また、アイルランドにおける同様の出来事を、アイルランド人全体に負わせるのと同じである。

バーク氏の論法とは逆に、私たちの感情を逆なでする所業や人間の品性を汚す蛮行を見聞きしたときは、必ずそれを、非難の声ではなく反省の弁につなげるようにすべきである。その種の蛮行に手を染める人びとですら、私たちに反省を迫る資格を幾分かはそなえているのである。それを踏まえて考えてみよう。伝統のあるどこの国でも、「野卑または無知なモブ」という呼び方で知られる広汎な社会階級が無数の人間をかかえているが、それはどういう訳か。このような疑問をわが身に問いかけるとき、反省するなら答えが見つかるであろう。モブのような下層階級は、イギリスを含むヨーロッパの伝統的な政府がいずれも構造上の欠陥をかかえていることから、その必然的な帰結として発生する。一部の人間が不自然に高められることによって、他の人間が不自然に卑しめられ、ついには社会全体が本来の姿を失う。広汎な大衆層は格下げされて人間社会の構図の背景へと退き、その代わりに、政府と特権階級の演ずる人形芝居が華々しく前面に躍り出る。革命の初期段階では、下層階級の人びとは自由の旗印に従うのではなく仲間に迎合する。彼らは自由をどのように尊重すべきか、それをまだ学んでいない。

バーク氏の芝居がかった言辞をすべて事実として認めた上で、ご本人にお尋ねしたい。「あなたの言っていることは、私が今述べたことの正しさを立証していないだろうか」と。氏の大げさな言辞が正しいとすれば、それは、氏が〔その気になれば〕主張できたはずのいかなる論拠にも劣らず、フランス革命の必然性を証明していることになる。バーク氏が挙げる暴力行為は、フランス革命の原理が生み出したのではなく、革命前から見られた堕落した精神の所産であった。革命はそれを矯正するものと期待されているのである。だから問題の暴力行為を説明するなら、真の原因によって説明すべきであり、非難するならその矛先はバーク氏自身が受け止めるべきなのである。

国民議会とパリ市は、いかなる権力をもってしても制御できないほどの、武力行使と混乱の修羅場にあって、みずから範を示し熱心に説得することによって、事態をあのように抑制してのけた。それは両者にとって名誉なことであった。フランス革命においては、人びとを教化、啓発するために、そして「利益は復讐にではなく徳行にあるのだ」ということを人びとに悟らせるために、多大の努力が傾注された。フランス革命において見られたそのような努力にくらべれば、他のあらゆる類例はかすんでしまう。

さて話を先に進め、十月五日、六日におこなわれたヴェルサイユへの行進に関するバーク氏の記述について、若干の所見を述べたい。

バーク氏の『フランス革命についての省察』は、芝居がかった芸以外の何物とも思われない。私の見るところ氏自身も同書を、まさにその種のものと見なしているはずである。なにしろ詩人にふさわしい奔放ぶりで、ある事実を省略するかと思えば、他の事実を歪曲し、舞台効果を狙って事件の方向を勝手に変えたりするのだから。ヴェルサイユ行進についてのバーク氏の説明もそれと大同小異である。原因とされる事実のうち、真実であることが知られているものは限られているのに、氏は説明を始めるにあたりそれらの事実をすべて黙殺しているのである。それ以外のことは、パリでの出来事ですらすべて憶測にすぎない。氏はかくして、自分自身の気負いと思い込みに適合する物語を捏造しているのである。

『フランス革命についての省察』を読み通せば当然気づくことであるが、革命封じ込めの陰謀について氏は何も語っていない。ところが実際には、すべての災厄の発生源はそれらの陰謀なのである。結果を示すにあたりその原因に触れないというやり口は、氏の目的にかなっている。それは、『フランス革命についての省察』という劇作に見られる手法のひとつである。犯行が犯人の窮状とともに示されると舞台効果はしばしば失われ、観衆は［被害者への］同情を期待されている場面で、むしろ犯行を是認する方向に傾く。この複雑な事件（ヴェルサイユへの行進）は、ありとあらゆる調査を受けたが、依然として謎に包まれたままである。事前の筋書きに導かれたからではなく、むしろ錯綜する事象が同時発生した結果として起こる事件には、そうした謎がつきまとう。

革命の過程で必ず起こることであるが、人物評価が定まるまでは互いに相手に対する不信を晴らすことができず、相互間に誤解が生じる。それとは裏腹に、正反対の主義主張を奉ずる党派が、考え方も期待する結果も大きく異なっているにもかかわらず、互いに協力して同じ運動を推進することもある。この紛糾（ふんきゅう）した事件、すなわちヴェルサイユへの行進の場合も、そうした事例が多数見出されるかもしれない。ところが全体の結末は、誰も予想していなかったのである。

確実に分かっていたことは限られている。それは、国王が国民議会の決定（特に、人権宣言に関する決定と「八月四日」の決定[15]）の裁可および布告を遅らせたことから、当時パリで深刻な不安が起こった、ということだけである。ちなみに、「八月四日」の決定は、憲法樹立の基盤となる原理を含んでいた。国王の緩慢ぶりに関して、できるだけ好意的に、また、できるだけ公正な推測をするとすれば、それは次のようなものになろう。「幾人かの閣僚は、それらの決定が最終的に裁可されて各県に送られる前に一部の決定について発言する意向だった」。しかしこのような推測が当たっているにしても、国王の裁可が遅れたことは、革命の敵にとっては希望の灯であり、革命の味方にとっては不安の種であった。

このような、どちらつかずの状態が続いていたとき、近衛隊はヴェルサイユで、折から到着した外国人部隊を歓迎するために宴を張った（十月一日）。近衛隊はこの種の部隊の通例として、宮廷と縁の深い人びとを構成員としていた。宴たけなわになったとき合図があった。近衛兵は一斉にめいめいの帽子から［革命側のシンボルである三色の］国民記章をむしり取り、それを足で踏みにじり、あらかじめ用意してあった［王党派の］記章に付けかえた。この種の無礼な行為は挑戦状に等しいものであり、宣戦を布告するのにも似ている。挑戦状を投げつけるつもりなら、その結末を覚悟しておかなければならない。ところが、バーク氏はそうした暴挙をすべて、人目につかないよう周到に隠しているのである。氏はその記述を次のように始めている。「歴史には次のように記録されよう。フランス国王とその王妃は一七八九年十月六日の未明、混乱・驚愕・狼狽・虐殺の一日を過ごした後、民心は離れていないとの気休めを聞かされ、疲れと眠気に誘われて身を横たえ、数時間ほど体を休め、不安な、暗澹たる睡眠をとった」。

これは、事実をありのままに述べるタイプの歴史叙述ではない。また、そのように叙述しようという心がけもない。これではすべてを憶測と誤解にゆだねることになる。読者は少なくとも、戦闘があったと思うであろう。確かに、戦闘になっていた可能性はある。ただしそれは、バーク氏に非難されている人びとが宥和的な思慮深さを発揮しなかった場合の話である。氏は、近衛隊の存在を人目につかないように隠すことにより劇作上の自由を得て、国王と王妃の舞台上の立ち位置を勝手に動かし、進撃の標的があたかも国王夫妻であるかのように見せかけているのである。まあ、よかろう。

15　自由主義的貴族の提案にもとづき、領主裁判権や教会への十分の一税など、封建的特権が廃止された。十分の一税については、本書一四七ページの訳註13を参照。

余談はここまでにして本題に戻ろう。

当然予想されることだが、近衛隊の行為はパリ市民を警戒、憤激させた。革命運動のシンボル・カラーと「自由・平等・博愛という」大義とは切っても切れない関係にあり、侮辱的行為の真意を誤解する余地はなかった。パリ市民は、近衛隊を問責する決意を固めた。相手は武装兵の一団で、みずから進んで挑戦状をたたきつけてきたのである。そうである以上、パリ市民が決戦を求めたという言い方をすれば奇異に聞こえるかもしれないが、彼らはまさにそうした要求を掲げて堂々と行進したのだ。そこには暗殺の卑劣さはみじんもなかった。それは確かである。しかし、事態を紛糾させる方向に働いた要因がある。それは、革命の味方と同じく革命の敵も、革命を促したように見えるということである。革命に敵対する勢力は、時機を見て内乱を封じ込め、頓挫に追い込みたいと願っていた。しかるに革命を支持する勢力は、内乱を成就したいと願っていた。前者は、国王を味方につけてその身柄をヴェルサイユからメス市[16]に移し、同市で兵を集め、挙兵するという筋書きに希望を託していた。要するに両者は同床異夢であって、一方は、パリ市民の標的である近衛隊を懲らすことを狙っており、他方は、そのような状況の混乱ぶりを利用して、国王にメス市への出発を思い立たせることをもくろんでいたのである。

十月五日、女と、女装した男から成る大群衆がパリ市庁舎の周辺に蝟集し、ヴェルサイユへ向けて出発した。彼らは、近衛隊を標的にすると公言していた。しかし思慮深い人間ならすぐに思い起こすであろうが、流血の事態は、開始するのは簡単だが終止符を打つのはむずかしい。このことは、「革命の初期段階では」上述したとおり相互不信が拭（ぬぐ）えない上に、こうした大群衆の行進が異例であることから、なおさら切実に感じられた。そこで、ラファイエット侯は十分な兵力を集めると、パリ市行政当局の指示にもとづきパリの市民兵二万人を率い、ただちに大群衆の後を追った。革命側は、混乱からは何の利益も得られない立場にあった。得をするのは反革命側かもしれなかった。穏便に、しかも精力的に事態を収拾する手腕により、ラファイエット侯はそれまでも不穏な情勢を鎮める幸運に恵まれ、その点で未曽有（みぞう）の成功を収めてきた。そこでラファイエット侯としては、この騒ぎを利用しようとする人びとの思惑を打ち砕く必要に迫られた。そうしないと、国王のヴェルサイユ退去とメス市への逃避行が一

16　メス（Metz）。メッスとも。フランス北東部の、ルクセンブルクとの国境近くに位置する都市。

種の緊急措置として正当化されるかもしれなかった。侯はまた、それと同時に、近衛隊と男女の大群衆との間で発生し得る事態を防ぐ必要にも迫られていた。侯はこの二目的のために、国王に至急報を送った。侯はその中で、自分がヴェルサイユに向かって急いでいること、それがパリ行政当局の指示を受けてのことだということ、ヴェルサイユ行きの目的が衝突の回避と安全の確保にあることなどを伝えた。併せて、人民に対する発砲を近衛隊に自制させる必要があるという見解も表明した。*

＊原註。このことは断言しても差し支えなかろう。というのもそれは、親交を得て十四年になるラファイエット侯自身から直接教えてもらったのだから。

ラファイエット侯は夜十時から十一時の間にヴェルサイユに到着した。近衛隊は手順どおりの隊形を組んだ。民衆はそれより多少早く到着していた。しかし、すべては膠着状態のままであった。今や、不測の事態を丸く収められるか否かは、英知と機略にかかっていた。ラファイエット侯は、いきり立つ両勢力の調停役となった。国王は、上述の［裁可の］遅れから生じた社会不安を打ち消さなければならなかった。そこで、国民議会の議長を呼び寄せ、人権宣言に署名した。また、その部分を除いた憲法草案の、すでにできあがっていた章にも署名した。

今はもう午前一時だった。何もかも落ち着いたように見えた。あちらでもこちらでもお祝い一色になった。「ヴェルサイユ市民は同胞であるパリ市民に一宿のもてなしを提供する」という布令が、鳴り物入りで出された。あぶれた人びとは街頭にとどまるか、あるいは教会にねぐらを求めた。こうして午前二時になると、国王と王妃は寝室に退いた。

事態はこのような経過をたどったのであるが、夜が明けると、双方の側で不届きを働く者があり、それがもとで新たな騒動が起こった。ついでに言うと、このときのような不穏な状況が発生すると、決まってこの種の不心得者が出現するものである。一名の近衛兵が宮殿の窓際に姿を現すと、街頭で夜を明かした人びとがその兵士に向かって挑発的な悪罵を浴びせた。このような状況では思慮分別に従って奥に引っ込むべきであったが、その兵士はそうする代わりに小銃を手に取り、発砲し、パリ市民兵のひとりを射殺してしまった。こうして小康状態が破綻し、民衆は下手人を追って宮殿［の敷地内］に乱入した。民衆はそこに設けられていた近衛隊の屯所を攻撃し、並木道に沿って近衛隊を追い、ついには国王の［起居する］広間にまで迫った。

この騒ぎに目を覚まし、不安を覚えたのは、バーク氏が描写するように王妃に限られていたのだろうか。そうではない。宮殿にいた者はみな、同様の気持ちであった。そこでラファイエット侯の二度目の仲裁がおこなわれ、その結果、近衛隊はふたたび国民記章をつけることになった。二、三人が犠牲となった後、事態は、まるで何事もなかったかのように収まった。

混乱が山場を越えると、国王と王妃はバルコニーに姿を現した。国王も王妃も、バーク氏が示唆するのとは異なり、身の安全を求めて姿を隠したままだったのではない。このように事態が収まり、落ち着きを取り戻すと、そこかしこから「国王よ、パリへ！」の大合唱が起こった。それは平和を求める歓声であり、国王の側はただちにこれを受け入れた。この措置のおかげで、国王をメス市におびき寄せ憲法反対の旗を翻すという構想は、いずれも道半ばにして頓挫し、相互不信は解消された。

国王一家はその日の夕刻、パリに到着した。パリ市長のバイイ氏[17]は市民を代表して、一家のパリ到着に寄せて祝辞を述べた。バーク氏は『フランス革命についての省察』の始めから終わりまで、出来事、人物、主義主張の混同を繰り返しているが、バイイ氏の祝辞については時間を勘違いしている。バーク氏は、バイイ氏がその日のことをう「佳日（かじつ）」と称したことをとがめているが、次の点をわきまえるべきである。すなわち、事件は二日にまたがっており、初日は、どう見ても流血を避けられそうになかったのに対し、二日目になると、事件は危ぶまれた犠牲を出さずに終息したのであった。このように無事に事態を収拾し国王のパリ到着を迎えたことを指して、バイイ氏は「佳日」と言っているのである。三十万人以上の群衆がヴェルサイユからパリまで行進したにもかかわらず、全行程を通じて［沿道住民への］迷惑行為は見られなかった。バーク氏は、国民議会を離脱したラリー＝トランダル氏[18]の権威にすがって、次のよ

17　バイイ（Jean-Sylvain Bailly 一七三六〜九三年）。フランスの天文学者、政治家。一七八九年、成立直後の国民議会で議長を務める。バスチーユ襲撃事件後、パリ市長に任命されたが、九一年七月、パリでラファイエット侯率いる国民衛兵が、国王の退位を求める群衆に対して発砲、多数の死者を出した（シャン・ド・マルスの虐殺事件）ことから、引責辞任。九三年、反革命分子として処刑された。

18　ラリー＝トランダル侯（Trophine-Gérard, Marquis de Lally-Tollendal 一七五一〜一八三〇年）。一七八九年、三部会に貴族代表として選出される。革命初期においては自由主義貴族としての姿勢を見せたが、次第に保守的な姿勢に転じ、ヴェルサイユ行進後、国外に逃亡。九二年にいったん帰国したが、その後イギリスに亡命。

うに述べている。「パリに入ってくるとき、民衆は叫んだ。『司教どもをひとり残らず街灯に吊せ！』と」。

ラリー＝トランダル氏を除いてこのことを証言する者がいないというのは驚きである。また、バーク氏を除けば、それを信じる者がいないというのも驚きである。バーク氏が引用する民衆の呼びかけは、ヴェルサイユ行進という事件の「序幕から終幕までの」いずれの部分とも一切関係ない。また、事件を構成する個々の出来事ともまったく無縁である。バーク氏は、芝居がそこにさしかかるまでは、どの場面にも司教など登場させていない。それならなぜ、今になってまったくだしぬけに、しかも一挙に彼らを登場させるのか。バーク氏は司教と街灯を、あたかも幻灯に映る影のように持ち出し、自分の描く場面を「他の場面との」脈絡ではなく対比によって浮き彫りにしようとしている。

しかし、その部分の記述は、『フランス革命についての省察』の残りの部分と併せて、ある教訓を示している。それは、中傷する目的で、あるはずのないことをあったと述べている箇所にはできるだけ信用を置くな、ということである。バーク氏の、騎士道礼賛の独白の代わりに、以上の考察をもってヴェルサイユ行進に関する記述を終えよう。*

＊原註。ヴェルサイユ行進に関しては、『パリ革命』第十三号に説明があり、一七八九年十月三日から十日にかけての事件が網羅されている。

第三章　人権の本質とその起源について

次に私は、バーク氏の後を追わなければならない。そして氏の、理路なき言葉の羅列や擬似統治論を乗り越えなければならない。氏はその擬似統治論において、言いたい放題のことを、信じてもらえるだろうとひとり決めして主張する。だがその実、そうした主張を裏づける証拠も論拠も示しはしない。何事についても立論を展開し結論に達するためには、それに先だって、まず立論の材料となる何らかの事実・評価基準・評価結果を、確立するか容認するか、あるいはまた否定するかしなければならない。しかるにバーク氏は、フランス国民議会が同国憲法の基本原理として公表した人権宣言を、いつものように口汚くののしっている。バーク氏は人権宣言を「人間の権利についての文言で汚された紙くず」と称している。バーク氏は、人間が人権を持っていることを否定するつもりなのだろうか。もしそうであるなら、次のように言うつもりであるに違いない。人権などというものはどこにも存在しない、自分自身も何の人権も持っていない――。氏の主張はこのように解釈できる。それはそうだろう。地球上で、人間以外に誰が人権の持ち主になれるというのか。しかし、もしバーク氏が「人間には人権がある」と認めるならば、問いは次のようなものになる。人権とはどのような権利なのか。また、人間はもともとそれをどのようにして手に入れたのか――。

人権について、古代から前例を引っ張り出して議論する人びとがいる。彼らの誤謬は、十分に遠い時代にまではさかのぼっていないという点にある。彼らは中途半端である。百年前か千年前か、どこかの中間点で足を止め、その頃おこなわれていたことを現代の規範として示す。これでは何の論拠にもならない。さらに時間の旅を続けてもっと遠い時代にまでさかのぼるならば、正反対の見解や慣行が支配的であるのが分かるだろう。したがって、古代を根拠と見なすならば、互いに矛盾する何千もの根拠が出現することになる。だが、もしさらに過去への旅を続けるならば、私たちはついに正しい位置にたどり着く。すなわち、創造主が人間をつくった時点に到達するのである。その頃、人間は何者だったのか。人間である。人間という尊称は、人間にとって高貴な、しかも唯一の尊称であった。それは人間に与えられる至高の尊称である。だがこれについては後述することにしよう。

今、私たちは人間の起源に到達した。それは人権の起源でもある。その日から今日に至るまで、世界はどのように支配されてきたのか。それについては、世界の歴史においてて繰り返されてきた［人権の］侵害と尊重から教訓が得られるのであれば、それで十分である。私たちにはそれ以上の関心はない。百年前あるいは千年前に生きていた人びとは、現在の私たちがそうであるように、当時は現代人であった。彼らが遠い過去をふり返れば、そこには古代人がいる。その古代の人びとがさらに遠い過去をふり返れば、そこにもやはり彼らにとっての古代人がいるのである。そして、私たちもいずれ自分たちの番になれば古代人になる。世の諸事万端において古代という単なる虚名が決定権を持つなら、百年後か千年後に生きる人びとが私たちを先例として仰ぐのはもっともなことである。それは、私たちが百年前か千年前に生きた人びとを先例として仰ぐのと同じことである。

ところが、実のところ古代のさまざまな部分は、そのいずれかを引き合いに出せば、あらゆることが証明可能である。だから、決め手となる根拠を確定することはできない。人権は、天地創造のときに神から授けられたのを起源とする。はるか遠くその時点までさかのぼらない限り、人権について何か根拠を持ち出せば、それは別の根拠によって否定される。人権の起源に到達して初めて、私たちの根拠探しの旅は休止の場を見出し、私たちの主張も拠り所を持つのである。もし人間の権利についての論争が天地創造から百年の時点で発生していたら、当時の人びとはまさにこの根源的な根拠を引き合いに出したはずである。現代の私たちも、それと同じ根源的な根拠に頼るべきである。

私は特定の宗派の教義に触れるつもりはないが、イエス・キリストの系譜がアダムにまでさかのぼれるということは特筆に値しよう。そうだとすると、なぜ、人間の権利の起源を人間の誕生に求められないのか。答えはこうだ。「我が物顔に振る舞い始める統治機構が、臆面もなく間に割って入り、人間から権利を奪おうと励むからである」。

世に、時代を超えて用いるべき統治方法の規範があるとしよう。人類史上、そのような規範に従うよう他に対して命ずる権利を持つ世代があるとすれば、それは、この世に最初に出現した世代である。そして、もし人類最初の世代がそのような命令を発しなかったとすれば、後続の各世代は、同様の命令を発する根拠を示すことも、新たに設けることもできない。人間は平等な権利を持つ——これは人間の蒙を啓く、神の原理である（なぜ神の原理なのかと言えば、創造主に起源があるからだ）。この原理は、今生きている個々人ばかりか後続の世代相互間にも当てはまる。個人が生まれながらにして、同時代の人びとと権利において平等であるとすれば、それと同じ不文律にもとづき、各世代は先行する世代とのあいだで権利を同じくするのである。

天地創造にまつわる歴史叙述や伝説は、文字に記録されて伝わっているにせよ、口承で伝わっているにせよ、いずれも人類の同一性を立証している点で一致している。もっとも天地創造の個々の細部をどう見るか、また、それをどの程度信じるかという点になると、異同はあるかもしれないが。ここで「人類の同一性」という言葉で言っているのは、以下のことである。人間に貴賤はない。したがって人間はみな、平等な自然権を与えられて、平等に生まれる。あたかも生殖ではなく創造によって代が代わり、生殖は創造を次代に順送りするだけであるかのようである。したがって、この世に生まれてくる各新生児は、神から生を与えられたと見なさなければならない。新生児にとって、この世は新たに始まったばかりである。最初にこの世に生まれた人間にとってそうだったのと同じである。そして、この世における新生児の自然権は最初の人間の自然権と変わるところがない。

天地創造についてのモーセの説明は、これを神のお告げと捉えるにせよ、単に史料に残る論拠と捉えるにせよ、人類の同一性ないし人間の平等性という右の結論に完全に到達している。その表現に議論の余地はない。いわく、「神言いたまいけるは、我らのかたちのごとくに人をつくらんと。神そのかたちのごとくに人をつくりたまえり。人を男と女につくりたまえり」[1]。ここでは、男女の差異こそ指摘されているが、それ以外の「人間相互の」差異は示唆すらされていない。この「創世記」の一節は、神のお告げではないにしても、少なくとも史料に残る論拠である。それは、人間の平等性が現代の主義主張であるどころか、記録にとどめられたものとしては最古の教えであることを示している。

世界に知られているあらゆる宗教は、人間に関して、人間に貴賤はないという意味での人類の同一性に立脚している。そのことも特筆されるべきである。来世では、天国にあろうと地獄にあろうと、あるいは「その他の」どのような状況にあろうと、善人と悪人とに二分されるだけで、それが唯一の区別である。いや、国家の法律ですらこの原理の中に引き込まれ、刑罰の軽重は犯人の人格ではなく罪状に照らして決めね

1　旧約聖書「創世記」(一・二十六、二十七)。

ばならない、ということになっている。

それは、すべての真理の中で最も偉大な真理であり、会得すればこの上ない益となる。この真理はみずからを人間考察の観点とし、人間に対してはこの観点から自省するよう教える。それに従う人間は、すべての義務に対して注意深く接するよう仕向けられる。その義務が創造主に対する義務であろうと、人間自身を含む被造物に対する義務であろうと、同じことである。人間が［義務に対して］いい加減な態度をとるとすれば、それはおのれの起源（流行の表現で言い換えるなら、出自）をわきまえない場合に限られる。

人間が創造主以前のはるか遠くの状態へ逆戻りさせられ（そうなると人間を人間と見なしてよいのか疑問だが）、人為的に設けられた［人間相互間の］溝に、一連の障害物が置かれる。それが一種の関所となって人間の自由な通行が妨げられる――。こうした現状は、ヨーロッパ全域の各国の現行体制に見られる悪弊のうちでも悪いほうの部類に入る。バーク氏が人間とその創造主との間に設けた障害物の目録を引用しよう。氏は、［国王の布告を伝える］伝達吏にでもなったかのように言う。「私たちは神を恐れ、国王を畏敬し、議会に好意を寄せる。為政者を敬い、聖職者を崇め、貴族を尊ぶ」。

バーク氏は騎士階級を入れるのを忘れている。十二使徒のひとりペテロを入れるのも忘れている。

無数の関所を、手形を使って次々に通り抜けて行ったからといって、人間の義務を果たしたことにはならない。人間の義務は簡単明瞭で、二点から成る。第一は、各人が自覚しなければならない神への義務。第二は、隣人に関して、おのれの欲するところを人に施すこと。権力を委譲された者が首尾よく義務を果たせば尊敬される。果たさなければ蔑（さげす）まれる。権力を委譲されるのではなく奪い取る者に関しては、理性の世界の関知するところではない。

以上、もっぱら人間の自然権について（しかもそれを部分的に）論じてきた。今度は人間の市民権について考察し、それが自然権からどのように派生したのかを示さなければならない。人間が社会の一員となったのは、自分の境遇を悪化させるためではないし、それまで享受していた権利を目減りさせるためでもない。その目的は、既得の権利を一層確かなものとすることにあった。人間の市民権はことごとく人間の自然権に支えられている。しかし、両者の差異をもっと正確に見きわめるためには、自然権と市民権が質的にどのように異なるのかという点に着目する必要がある。

両者の質的な違いを説明するのに、多言を費やす必要はない。自然権とは、生存しているという理由で人間に与えられる権利のことである。知力を働かす権利、すなわち考える権利はすべてこれに含まれる。また、一個人として行動する権利、すなわち他人の自然権に抵触しない範囲で自分自身の安逸と幸福を求める権利も、すべてこれに含まれる。それに対して市民権とは、社会の一員であるという理由により人間に与えられる権利のことである。いずれの市民権も何らかの自然権にもとづいている。自然権はいずれも、もともと個人にそなわっているのだが、個人の力ではいつも十分に生かしきれるとは限らない。危険を遠ざけること、身の安全を守ることなどに関する権利はすべて市民権に含まれる。

以上の手短な概観に照らせば、自然権を二種類に分かつことは容易であろう。一方は、人間が社会の一員になった後も「手放すことなく」保持する自然権。他方は、人間が社会の一員になるときに投げ出し、社会共通の資産の中に繰り入れる自然権である。

個人が自然権を行使する力を自然権そのものと同じように万全の形でそなえている場合、その自然権はいずれも、「人間が社会の一員になった後も保持し続ける自然権」である。すでに述べたように、知力を働かす権利、すなわち考える権利はすべてこのタイプである（理の当然として、信仰はそうした権利の一つである）。

個人が自然権そのものを完璧にそなえていながら、それを行使する力を欠いている場合、その自然権はいずれも、「人間が社会の一員になるときに手放す自然権」である。行使する力を欠いた自然権は、人間の目的には役立たない。人間は自然権にもとづき、自分自身の利益に沿って判断を下すことが許される。考える権利に関する限り、人間がそれを放棄することはない。だが、不利益をはねのける力がないならば、判断を下したとしてもそれが何の役に立とう。そこで人間は、この権利を社会の共有資産の中に預け入れる。そして、自分自身の力もさることながら、それ以上に、自分を構成員として受け入れてくれる社会の力に頼るのである。社会は人間に何も分け与えはしないが、そこには各自の持ち分があり、各自はその資本を権利として利用するのである。

以上の前提から、二、三の必然的な結論が導かれる。

第一に、それぞれの市民権は、自然権から派生する。別の言葉で言うなら、それは、交換された自然権である。

第二に、社会共同体の力（と見なしても差し支えないもの）は、ある種の自然権の総和である。それらの自然権は、個々人が持っていたのでは実行力が不足することから人間の目的に沿うものにならないが、しかし一点に集めれば各人の目的をかなえるのに役立つ、そういうタイプの自然権である。

第三に、個人に持たせると実行力の不足が問題になる自然権であっても、束ねれば力を合成できる。だが、そのような合成力を用いるならば、個人が社会の一員になった後も手中に保っている自然権を侵害することは許されるのか。個人にそなわった自然権そのものに加えて、それを行使する力も完璧であるならば、そのような侵害は許されない。

以上のとおり、自然人だった人間が社会の一員になるまでを簡潔に跡づけ、次のことを明らかにした。あるいは、明らかにしようと努めた。すなわち、人間が社会の一員になった後も保ち続ける自然権と、市民権と交換される自然権とでは、性質が異なるということだ。さて次に、これらの原理を国家に当てはめてみよう。

世界を一瞥（いちべつ）すれば、社会ないし社会契約から発生した国家と、それ以外の国家とを区別することはいたって容易なことである。しかし、単に一瞥するにとどまらず、それ以上に両者の違いを明瞭に浮かび上がらせるためには、国家一般のさまざまな起源および根源を再検討することが妥当であろう。

国家の起源および根源を求めるとすると、それはすべて三項目にまとめられる。第一に、迷信。第二に、権力。第三に、社会に共通する利益と、人間に共通する権利。

第一のタイプは、聖職者の国家。第二のタイプは征服者の国家。第三のタイプは理性の国家である。

第一のタイプは、聖職者の「世俗権力を獲得しようとする」策謀にもとづく国家で、腹黒い聖職者の一党が、現在ヨーロッパの宮廷において暗躍するのと同じように臆面もなく、神託を根拠に神との交わりを保っていると自称していたとき、世界は完全に迷信の国家の支配下にあった。彼らは神託を伺い、神託として発せられた言葉を無差別に法に仕立てた。この種の国家は、この種の迷信が続く限り、寿命を保った。

これらの国家の後、征服者の王統が出現した。その国家はウィリアム征服王[2]の国家と同じく、権力を基盤としていた。だから武力が、「王の正統性を保証する」王笏(おうしゃく)の代わりとなった。このようにして樹立された国家は、その基盤となる権力が続く限り存続する。ところがこの種の国家は、あらゆる手段を自分に都合よく利用しようとして、欺瞞(ぎまん)と暴力を結びつけ、神権と称する偶像をつくり上げた。この偶像はのちに、聖俗両方の最高権威を自称するローマ教皇に倣い、キリスト教の創始者［の教え］に反し、みずからの形をゆがめることによって別の形をした偶像[3]となった。それは、政教一体の国家と呼ばれた。使徒ペテロの、天国に入るための鍵は国庫に入るために、逆に、国庫に入るための鍵は天国に入るために、それぞれ使われることになった。感嘆のあまり目がくらんだ大衆は、この発明物を崇めた。

私は、人間に生まれつき与えられている尊厳に思いを馳せるとき、そのような尊厳を体現する人間の名誉と幸福をよしと感じる（「感じる」のは、なにしろ無神経な人間に生まれる運命になかったからである）。それだけに、人間をことごとくならず者か愚か者であるかのように決めつけた上で、暴力と欺瞞によって支配しようとする企てが目につくと、穏やかな気持ちではいられない。そして、されるままにつけ込まれている人びとに対しては、嫌悪感を覚えないわけにはいかない。

次に、社会から発生する国家について、迷信や征服から発生した国家と対比して考察しなければならない。「国家は支配する者と支配される者との契約である」という説は、自由の諸原則を確立するという観点からして、大きな前進であると考えられてきた。しかし、これは真実であるはずがない。なぜならこの説は、原因の前に結果を置いているからである。つまり、こういうことだ。人間は国家が出現する前から存在していたはずである。そうである以上、国家が存在しなかった時代が必ずあったはずである。したがって、そのような契約の相手方である支配者は、もともとは存在しなかったはずである。したがって真相は次のようなものであるに違いない。すなわち、個々人が自分自身で、それぞれに固有の、誰にも侵されることのない権利にもとづき、相互に契約を結ぶことによって国家を樹立した——。この手続きに従わない限り、国家樹立の権利は生じない。また、この原理に立脚しない限り、国家存続の権利は生じない。[4]

2　ウィリアム征服王（William I, the Conqueror　一〇二七頃〜八七年）。ウィリアム一世としてノルマン朝を興す。もともとはフランス・セーヌ川流域のノルマンディー公国の君主（一〇三五〜八七年）。一〇六六年、イングランド・ウェセックス家の王位継承に異を唱え、イングランドを攻略（ノルマン・コンクェスト）。同年十二月、ウェストミンスターでイングランド国王として即位した。

3　「ペテロの鍵」はこの場合、教会を預かって自由に出入りできる立場といったような意味。新約聖書「マタイによる福音書」（十六・十九）によると、イエス・キリストは教会を建てるとの意向を伝えたとき、ペテロに天国の鍵を授けたとされる。

国家一般の実像と理想像をはっきりと頭に思い描くためには、国家の来歴を跡づけ、その起源を突きとめなければならない。そのようにすれば容易に理解できることだが、国家というものは人民を母体として出現したか、そうでなければ人民を制圧して出現したか、そのいずれかであるはずだ。ところがバーク氏はその区別をしないままである。氏は何ごとについても、その起源にまでさかのぼって調べた例（ためし）がない。だからあらゆる事がらを混同してしまうのである。それでいて、いつか機会があればイギリスとフランスの憲法の比較を手がけるつもりだと公言している。このように英仏の憲法比較で論争を挑んでくるのであれば、氏が得意とするその領域で挑戦に応じよう。高遠な真実が公認のものとなるのは、高度な反論をかいくぐったときだ。だから私はなおのこと、進んで論争を受けて立つ。というのも論争にともなって、社会を母体として発生する国家という観点から問題を考察する機会が得られるからである。

しかし、それに先だってまず、憲法という用語が何を意味するのか、定義しておく必要があろう。この用語を受け入れるだけでは不十分であり、標準的な意味を確立しておかねばならない。

憲法は名目だけのものではない。実体的なものである。理念として存在するのではなく、現実に存在するのである。目に見える形で示すことができないのであれば、憲法は存在しないということになる。憲法は国家組織に先行して存在するのであり、国家組織は憲法の産物にすぎない。一国の憲法制定は、国家の行為ではなく、国家を構成する人民の行為なのである。憲法は、私たちが常に参照し個々に引用する原則の総体である。そこに含まれるのは、次のものである。国家樹立の根拠となる原理。国家運営の形式。国家がそなえる権力。選挙の方式。議会（パーラメント）（あるいは別の名前で呼ばれるかもしれないが、それに相当する組織）の任期。また、それらのものと並んで、国家の行政府に与えられる権力。そして最後に、行政府の組織全体に関係するあらゆる事項と、政府の行動を時には支え、時には縛る原理。

したがって、憲法と国家の関係は、のちに国家が制定する法律と法廷の関係と同じである。法廷は、法律を制定することはない。それを変更することもできない。法廷

4　この段落は、ジョン・ロックらの社会契約説に対する注釈となっている。おそらく当時も、社会契約論のつもりで「国家は支配する者と支配される者との契約により成立する」かのように唱える論者が、少なからず存在したのであろう。ペインはこれと同様の注意喚起を本書三五九〜三六〇ページでも繰り返している。

は、既存の法律に則って行動するだけである。それと同じように、国家は憲法によって支配されるのである。

第四章　英仏の憲法について

それでは尋ねてみたいものだが、バーク氏は「ほら、これがイギリス憲法だ」と示せるのだろうか。できないとすると、次のように結論づけてもおかしくない。すなわち、これまでかまびすしく憲法論議がおこなわれてきたが、肝心の憲法に相当するものは現在存在しないし、過去にも存在したことがない、したがって人民はこれから憲法を制定しなければならない、と。

すでに提起した見解を繰り返すことになるが、国家というものは人民を母体として発生するか、あるいは人民を制圧して発生するか、そのいずれかである。バーク氏はおそらくこの見解を否定しないであろう。イギリスの国家体制は、社会を母体として発生したのではなく、征服を起源とする。したがって、人民を制圧して発生した体制にほかならない。そしてウィリアム征服王以来、イギリスの国家体制には機が熟して改編されたところも少なくないが、国としてのイギリスはこれまで一度も生まれ変わったことがない。いまだに憲法がないのはそれゆえである。

バーク氏はなぜ、英仏の憲法の比較に踏み込むのを断念したのか。その理由は容易に見当がつく。両者の比較という作業に取りかかるや否や、この問題を自分の側で論じようとしても、そもそも憲法などというものが存在しないということに気づかざるを得なかったからである。彼の著書はまぎれもなく大部であり、この問題についての言い分を思う存分収めることは可能であったろう。人びとに双方の憲法の長所を判断してもらおうと思えば、それに優る方法はなかったであろう。それではなぜバーク氏は、執筆に値する唯一の主題を断念したのだろうか。この主題は、もし論戦に勝つ見込みがあれば、彼の切り札となる。だが、勝算が立たないのであれば、「論敵から狙われる」弱点中の弱点となる。バーク氏がそこに踏み込まなかったという事実は、そもそも優位に立てないか、あるいは「優位に立った後」持ちこたえられないか、そのいずれかであることを示唆している。

バーク氏は過ぐる冬、議会での演説で次のように述べた。「フランスは、三身分（平民、聖職者、貴族）から成る国民議会が初めて招集されたとき、立派な国家体制を持ったのである」。この発言は、そのほかの数々の証拠とともに、バーク氏がコンスティテューションの意味を理解していないということを示している。国民議会として一堂に会したといっても、それは国家体制ではなく、憲法を制定するための代表者会議であった。

現行のフランス国民議会は、厳密に言えば、［人びとが相互に］直接契約をおこなう場である。そのメンバーは、［国家に先だつ］社会的共同体としての国民を代表している。それに対して将来の国民議会のメンバーは、［国家という政治共同体として］組織化された国民の代表である。現行の国民議会の権能は、後世の国民議会がそなえる権能とは異なる。前者の権能は、憲法を制定することにある。後者（後世の国民議会）の権能は、憲法に示された原則と形式に則って法律を制定することにある。そして、今後の経験に照らして憲法改正の必要性が明らかになった場合は憲法をひもとけばよい。そこには改正の手続きが定めてある。そうした手続きは、後世の政府の独断的な権力にはゆだねられていない。

立憲政体が社会を母体として出現するにあたり拠り所とする原理がある。そうした原理に支えられている体制は、みずからを改変する権利を持たない。もし持つというのであれば、その体制は専制的ということになり、自己形成をも意のままにするかもしれない。したがって、そのような権利が確立しているとすれば、それが意味しているのは、そこにはいかなる憲法も存在しないということである。

イギリス議会は、会期を七年とする権限をお手盛りでわが物にした。そのときの議会決議に照らすなら、イギリスに立憲政体が存在しないことは明らかである。それとまったく同じ権限を行使して、議会が会期を七年どころかもっと何年も先まで、あるいは議会の寿命が尽きるまで、延ばしたとしても不思議ではない。ピット氏［小ピット］が何年か前に議会に提出した議会改革法案は、これと同断の誤った原理にもとづくものであった。

改革の権利は、［国家に先だつ］社会的共同体としての国民にある。憲法制定による改革は、改革のために全国民から選ばれる代表者会議を頼らない限り不可能である。しかも、腐敗した組織が自己改革するという構想には、矛盾があるというものである。

以上の前提から出発して、二、三の比較に取りかかろう。人権宣言についてはすでに述べた。くどくなるのを避けたいので、フランス憲法の他の部分に言及することにする。

フランス憲法では、「年間に税金六十スー（二シリング六ペンス）を納める者は、選挙権を有する」と定められている。バーク氏が［イギリスの］どのような条項を持ち出したところで、これには太刀打ちできない。イギリスの参政権は、他のいかなる国とくらべても条件が厳しく、しかも恣意的である。「条件が厳しい」というのは、投票権を認められている者が人口百人につき一人にすら達しないからである（私は大げさな物言いは差し控えている）。また、「恣意的である」というのは、こういうことだ。ある選挙区では、食うや食わずの生活をしている階層の中でも最低レベルに属し、まともな生活を送るための糧（かて）をこれといって持たないにもかかわらず投票権が与えられる。ところが他の選挙区では、多額の税金を納めている名望家ですら有権者として認められない。また、年三百〜四百ポンドの地代で借りた農場から、地代の三、四倍に相当する年収を得る農場経営者も、同じ憂き目にあっている。

バーク氏が別の機会に述べているとおり、こうした奇妙な混沌状況にあってすべてが自然の理（ことわり）から外れ、あらゆる愚行があらゆる犯罪と結びついている。ウィリアム征服王とその子孫はこのようにイギリスを分割し、イギリスの一部をいわゆる勅許状（ちょっきょじょう）で抱き込んだ。そうすれば残りの部分も「勅許状という餌に釣られて」もっと進んで言うことを聞くようになるだろうと、期待を寄せたのであった。コーンウォール[1]に勅許状が多々見られるのは、まさにこのような事情による。イギリスの人民は、征服によって確立された統治体制に反感を抱いていた。だから、全土を隷属させるために、各都市には軍隊が配置され、［勅許状による］懐柔がおこなわれた。古い勅許状はすべてこの征服の痕跡であり、選挙権が恣意的であるのも、まさにそこに起源があるのだ。フランス憲法は次のように定めている。「各選挙区の代議員の定数は、当該選挙区の納税者すなわち有権者の数に比例するものとする」。バーク氏はこれに対抗してどのような条文を持ち出すというのか。ヨークシャー州は百万人近い人口を擁しながら、送り出している州代表は二名である。ところが、人口ではヨークシャーの百分の一にも満たないラットランド州も、同じ数の州代表を送り出しているのである。オールド・セーラム[2]の町は三戸しかないのに、代議員二名を送り出している。マンチェスター市は人口が六万人を超えているのに、代議員はひとりも認められていない。こうした状況が生じたのは、何か原理原則にもとづいてのことなのか。また、ここには自由の痕跡をたどるための、あるいは英知の痕跡を見出すための、何らかの手がかりでもあるのだろうか。このように現実を直視するなら、バーク氏が英仏の比較を拒み、乱暴で一貫性のない支離滅裂な言葉の羅列により、読者を問題の核心から遠ざけようと努めたのは不思議なことではない。

フランス憲法は次のように定めている。「国民議会は二年に一度選挙するものとする」。バーク氏はどのような条文でこれに対抗するというのか。答えるまでもない。なにしろ議会の任期について、イギリス国民は何の権利も与えられていないのである。この点に関しては、イギリス政府は完全にやりたい放題である。だからバーク氏が自分［の立論］を支える論拠として引用できるのは、過去に招集されたいずれかの議会の前例に限られるのである。

フランス憲法は次のように述べている。「狩猟法を禁ずる。野生の鳥獣が利用地にて（そこが餌場となっているがゆえに）見つかるとき、農場経営者は、捕獲し得る限りにおいて、それら鳥獣の所有権を認められる。新規参入者の排除は、分野を問わず禁

1　コーンウォール（Cornwall）。グレートブリテン島西南の突端に位置する州。十八世紀末の時点でも、州内の一部地域ではコーンウォール語（ケルト系）を日常語として使うなど、イングランドにありながら独自の帰属意識を保っていた。

2　オールド・セーラム（Old Sarum）。イングランド南部、ウィルトシャー州にあった町。十三世紀に司教座がニュー・セーラム（ソールズベリー）に移転したためゴーストタウンと化した。腐敗選挙区として知られている。

止する。商取引はすべて自由におこなわれるものとする。何人も誠実に生計を立てる限り、全国いかなる市町村にあっても自由に職業に従事することを許される」。この一節を突きつけられたらバーク氏は、どのような言い分で対抗するのだろうか。イギリスでは［捕獲した］鳥獣の所有権は、餌場の費用を負担していない人びと［すなわち地主］に対して認められている。また、独占について言うと、全土が排他的な単位に細分化されている。勅許状を与えられた区域はそれ自体、排他的な単位である。そして選挙権は、これらの排他的な単位から発生するのである。これが自由というものなのだろうか。これがバーク氏の言う憲法なのだろうか。

このような、勅許状を受けた排他的区域では、よそ者を外敵扱いし、追い立てを食わせる。イギリス人は自分の国にいても自由ではない。これらの排他的区域に行き着くたびに、よそ者は前途を遮られ、「俺は自由人ではない、何の権利もありはしない」と思い知らされる。このような排他的区域では、その内部においてもさらに別の独占がおこなわれている。すなわち、人口二万人ないし三万人を擁する都市（たとえばバース）[3]では、三十一名前後の者が議会の代議員を選ぶ権利を独占している。内部での独占はほかにもある。そこの住民であっても両親が世襲の職業を持たないならば、多くの場合本人も、職に就く自然権から疎外される。才能に恵まれていても勤勉であっても、それを生かすことはできないのである。

フランスのように圧制からの自己変革を図っている国に対して、以上のイギリスの国情を、範として指し示すことはできるだろうか。もちろん、できはしない。イギリス国民はみずからの国情を省みるようになったとき、フランスの人民と同じように立ち上がるであろう。そして、いにしえの圧制の痕跡を一掃し、被征服民のなごりを根絶するであろう。私はそう固く信じている。バーク氏が『諸国民の富』の著者[4]と同じような才能に恵まれていたら、憲法全体を織りなす個々の構成要素をくまなく理解したであろう。また、その立論は、細部から全体へという順序になっていたであろう。

3　バース（Bath）。イングランド西南部、サマセット州にある。ローマ帝国の支配下にあった頃から温泉地として知られていた。

4　アダム・スミス（Adam Smith　一七二三〜九〇年）。スコットランド出身の経済学者。グラスゴー大学教授（一七五一〜六三年）として論理学や道徳哲学を講じる。大学を退いた後、一七七六年刊行の『諸国民の富』（『国富論』とも）（*An Inquiry into the Nature and Causes of the Wealth of Nations*）で、自由主義的な古典派経済学を確立した。『道徳情操論』（*The Theory of Moral Sentiments*）の著者でもある。

バーク氏は、その著作の主題を論じるのにふさわしくない。それは、氏が偏見に囚われているからであるが、そればかりではない。氏の才幹がちぐはぐだからである。才幹ですら均整がとれていないのだ。それは生まれつき放任された才幹であって、「後天的に」形成された才幹ではない。それでいて氏は、何かを言わずにはいられない。だから、地べたを向いている大衆の耳目を自分の方に引きつけたい一心で、気球のように空の高みに飛び上がるのだ。

フランス憲法から学ぶべきことは多い。イギリスには、ウィリアム征服王とともにノルマンディーから「征服」と「圧制」が移し替えられ、いまだにその傷跡が癒えない。だからこそ、フランスの一地方「ノルマンディー」によって滅ぼされた自由が、フランス全体の手本に促されてよみがえることを願う！

フランス憲法は次のように定めている。「国の代議制度を腐敗から守るため、以下のことを禁ずる。国民議会の議員が政府において要職を占めること、政治任用されること、恩給を受け取ること」。ひるがえってバーク氏は、何を持ち出すのか。氏の答えをこっそり教えよう。それは、現世的利益というやつである。嗚呼！　このような、現世的利益の「提供を旨とする」政府は、人びとがこれまで考察してきた以上に災いの種をはらんでいる。フランス国民議会はそのことに気づき、世界に範を示した。諸国の政府が重税で国をやせ細らすことを覚悟してまでフランスに張り合おうとしても、しょせん勝ち目はなかったであろう。

イギリスの統治形態においては万事が、理想像はおろか世評にも反しているように私には思われる。イギリスでは、現状のとおり選挙のやり方が不均一で、「議席の配分が」恣意的である。そうであるにもかかわらずイギリス議会は、国民の財布を国民から委託されたことになっているが、それはイギリス議会の仕組みに毒されて、債務者が同時に債権者を兼ねるのに似たものとなっている。それはまた、背任罪の裁判で被告が裁判官を兼ねるようなものである。国庫からの支出を議会において承認する人びとと、支出された資金を受け取り、その使途について議会に対し説明責任を負う人びと――。前者が後者を兼ねるならば、後者は自分自身に対して説明責任を負うことになり、『間違いの喜劇』[5]は「責任者が」しらを切って幕を閉じることになる。与

5　『間違いの喜劇』（*The Comedy of Errors*）。シェークスピアの戯曲（五幕）。一五九四年以前に書かれたとされる。ふたごの兄弟のすれ違い人生から生じる喜劇を描いている。

党も野党もこの問題には触れようとしない。国民の財布は、全員で使い回す共同の貸し馬と化す。財布の使い方は、田舎の人びとがライド・アンド・タイ*と呼ぶ馬の利用法に似たものとなる。この点ではフランス人のほうが、国庫の管理がよくできている。

＊原註。イギリスの一部地方でおこなわれている慣行。旅行者がふたりいるのに、馬が一頭しかない場合の便法。馬は（国民の財布と同じで）二倍の負荷には耐えられないので、ひとりが先に馬に乗り、二マイルないし三マイル先まで進む。そこで馬を下りて柵につなぎ、歩き始める。もうひとりの旅行者は「柵のところに」到着すると、馬を解き、それに乗って進む。仲間を追い越し、一マイルか二マイル先に行くと、ふたたび馬を柵につなぐ。これを繰り返すのがライド・アンド・タイである。

フランス憲法は述べる。「宣戦と講和の権利は国民にある」と。費用を負担する者を措(お)いて、一体どこにそのような権利があるだろうか。

イギリスでは、宣戦および講和の権利は［王権の象徴である］王冠にあるかのように言われている。しかし王冠のような代物(しろもの)は、ロンドン塔に行けば一個につき六ペンスか一シリングで見物できる。宣戦および講和の権利を持っているのは、同じくロンドン塔で見世物になっているライオンである――そう言ったほうがわずかなりとも理にかなっている。考えてもみよ。血が通っているわけでもあるまいし、王冠のどこが帽子と異なるというのか。アロンの鋳造した仔牛[6]やネブカドネザル王の黄金の像[7]を崇めるのは、愚かしいことである。それは誰にでも分かる。そうであるのに、なぜ人びとは、他人の愚行を蔑みながら、自分ではそれと同じことを続けるのか。

イギリス国民の議員選出方式が現行のままであるならば、誰が宣戦および講和の権利を握っているかは大して重要ではない。国王であろうと議会であろうと同じことである。そう述べてもあながち理不尽ではあるまい。どこの国でも戦争は、国庫金を支

6　イスラエルの民から、新しい神を作るよう懇請されたアロンが、仔牛を象って金で鋳造した像。出典は旧約聖書「出エジプト記」（三十二）。

7　新バビロニアのネブカドネザル王が見た夢の中に出てくる。旧約聖書「ダニエル書」（三）がネブカドネザル王の見た夢として伝えるところによると、王の命令で作られた巨大な黄金の像の落成式で、出席した顕官のうち三人のユダヤ人が跪拝を、偶像崇拝にあたるとして拒否。罰として炉に放り込まれたが、生還を果たした。

弁されている者全員に、共通の成果をもたらす。戦争は、国内を制圧するための奥の手である。その目的は歳入の増加にある。そして歳入を増やすには増税が不可欠である以上、出費がかさむという口実を設けなければならない。イギリス政府はこれまで戦争および課税に対してどのような姿勢で臨んできただろうか。その歴史を調べるなら、次のように断定されよう（もっとも、先入観によって目がくらむとか、利害関係によって判断がくもるとかの事情があれば話は別だが）。「イギリス政府は戦争遂行のために増税をおこなったのではなく、徴税を続けたいがゆえに戦争を引き起こしてきたのだ」。

バーク氏は庶民院の議員である以上、イギリス統治機構の一員である。氏は反戦論者を自称しながら、戦争の粉砕を目指すフランス憲法を罵倒する。そしてイギリスの政体を、すべての部分についてフランスの模範として推奨するのである。だが、氏がまず知るべきは、フランス人がイギリス政体に投げかける批判である。フランス人は自国の統治体制を擁護して次のように論ずる。「イギリス人が享受している程度に自由を許されると、国民は絶妙な隷従状態に置かれ、専制下より高い生産力を発揮する。しかも、専制というものが［支配地域から］金（カネ）を搾り取ることを真の目的とするのを尻目に、イギリス型の統治体制はそれを、公然たる専制体制とくらべても、また、完全に自由な状態にある体制とくらべても首尾よく果たすだけに、どちらの体制とのあいだでも利害の衝突ゆえに対立を招く」。

フランス人はまた、ある種の国に絶えず見られる好戦性の傾向を説明するために、それら諸国を戦争へと駆り立てる個別の動機について述べる。それによると、専制国家の場合、戦争を引き起こすのは［君主の］自尊心であるのに対し、戦争に頼って税収を確保している国は、まさにそれゆえに専制国家以上に絶えず血気に逸(はや)るのだという。

だからこそフランス憲法は、どちらの悪弊にも陥らないように、国王と閣僚たちから宣戦布告の権限を奪い、その権利を、戦費を負担することになる人びとに持たせているのである。

宣戦布告と講和の問題がフランス国民議会を騒がせていたとき、イギリス国民は事の成り行きに多大の関心を寄せ、国民議会が下した決断を歓呼して迎えるものと思われた。国民議会の決断は、英仏どちらの国にも行動原理として適用できるからだ。それ以来ウィリアム征服王は征服者として、宣戦布告と講和の権限を手中に収めた。それ以来王の子孫は、その権限を権利として保有していると主張してきた。

バーク氏の言い分はこうである。「名誉革命当時の議会には、国民とその子孫を永久に束縛、統制する権利があった」。だが氏は、同時に次のようにも主張する。すなわち、王冠の継承（これはバーク氏の表現だ）の手続きを部分的に手直しするか、あるいは若干修正するにとどめるのならともかく、それを全面的に変更する権利は、議会または国民にはなかった——。バーク氏のような立場をとると、考察の対象はノルマン・コンクエスト[8]の時代にまでさかのぼることになる。また、以上のように、ウィリアム征服王から今日に至る王統に一貫性を認めるのであれば、次の二点を調べることが必要となる。第一に、ウィリアム征服王の正体と出自。第二に、いわゆる「国王の」大権の起源・沿革・本質。

何事にも始まりがあったはずであり、それを突き止めるには、長い歳月と風化によってぼやけた実像を見透かす必要がある。そこでバーク氏に、ノルマンディー公ウィリアムとやらの登場を許してもらいたい。というのも氏の議論は、イギリスの王統の起源に行き着くからだ。この系譜をたどると、遺憾ながら、これと並行してもう一つの系譜が出現する。その意味はこうである。王統がノルマン・コンクエストに端を発するとすれば、イギリス国民は被征服者の系譜に連なることになり、国民にとってこのような不名誉を雪(そそ)ぐのは当然のことである――。

しかしこれは反論を浴びるかもしれない。宣戦布告をおこなう権能はノルマン・コンクェストの遺産として世襲されてはいるが、それは議会の、戦費の支出を拒む権利によって抑制されている、と。だが、物事が根本から間違っている場合は世の常として、修正をほどこしたからといって間違いを一掃することはできない。しかも、そうした修正は往々にして、一面では有益であっても他面ではそれと同じ程度に有害である。今論じているケースはまさにそれに当たる。実際のところ、国王が当然の権利として後先(あとさき)を考えずに宣戦を布告したからといって、議会が同じように当然の権利として、かたくなに戦費の支出を拒否したらどうなるであろうか。このような解毒剤を服用すれば、病(や)んでいるのと同様の、いや、それよりもっと悪い副作用を招くことになろう。一方は国民に戦いを強いるのに、他方は国民の手を縛る。最後には両者の対立

8 ノルマンディー公ウィリアム(後のウィリアム一世)率いるノルマン軍が一〇六六年、イングランドを攻略したことを指す。

は［暗黙の］結託へと変容し、双方に隠れ蓑として使われる公算が大である。

この、戦争という問題については、検討事項が三点ある。第一に、宣戦布告の権利は誰にあるのか。第二に、戦費は誰が負担するのか。第三に、宣戦布告後、戦争指導は誰の手にゆだねられるのか。フランス憲法は宣戦布告の権利を、戦費を負担するはずの者に持たせている。このふたつを兼ね備えることができるのは、国民を措いてほかにない。仏憲法はまた、宣戦布告後の戦争の指導を行政部門にゆだねている。各国においてこうした状況が定着すれば、今後戦争が繰り返されるのを耳にすることはあまりなくなるだろう。

引き続いてフランス憲法のその他の部分を考察するのに先だち、議論の骨休めにもなるので、以前ベンジャミン・フランクリン博士から聞いた逸話をここに紹介しておこう。

アメリカ独立戦争のさなか、フランクリン博士がアメリカの特使としてフランスに滞在していた折、あらゆる国のあらゆる山師から数えきれぬほどの売り込みがあった。いずれも、あわよくばミルクと蜂蜜の流れる国アメリカに渡ろうという魂胆であった。中には、アメリカ国王になってもよいと、書面で申し入れてきた者もいた。今パリのボーマルシェ氏[9]の手もとに保管されているその手紙には、次のように御託が並べられている。(一)国王を放逐した以上、アメリカ人は別の国王を求めることになろう。(二)わが輩はノルマン人である。(三)わが輩の家系はノルマンディー公の家系よりも由緒正しい。また、庶子によって汚されていないので誉れ高い。(四)イギリスはノルマンディー出身の国王を戴いた前例がある。

＊原註。この山師が使った単語は renvoyer である。

手紙の送り主は売り込みにあたり以上の点を根拠とし、アメリカ本国に取り次いでくれと博士にせがんだのであった。ところがフランクリン博士がこれに取り合わず、返事も出さずにいたところ、山師は二通目の手紙を送ってきた。そこには、さすがに「海を渡ってアメリカを征服しに行くぞ」などという脅し文句は見えなかったが、そ

9　ボーマルシェ（Pierre-Augustin Caron de Beaumarchais　一七三二～九九年）。フランスの劇作家。代表作は『セビリアの理髪師』（一七七五年）、『フィガロの結婚』（一七八四年）。後者では腐敗したアンシャン・レジームの貴族を鋭く風刺した。アメリカ独立戦争で独立軍に武器を供与するために奔走するなど、劇作にとどまらず政治的活動にも熱心であった。

の代わり、次の趣旨の文言が重々しく連ねてあった。わが方の申し出に応ずる意あらざれば、わが方の寛大なる申し出に感謝されたい。謝意を示すにあたり三万ポンドほどの謝礼をもって臨まれよ！

ところで、世襲に関する議論はすべて必ずその起源に行き着くのだから、この問題に関するバーク氏の議論は次のことを証明するものとなる。イギリスの歴代国王はイングランド人の血を引いているとは言えない。征服によって興ったノルマン人の家系に連なるのである——。というわけでバーク氏には、氏の学説［の修正］に役立つかもしれないので、右の逸話とともに一点伝えておきたいことがある。それはこうだ。イギリス国王が万人の宿命である自然死を迎えるとき、その後継者をふたたびノルマンディーから（ウィリアム征服王よりも円満に）迎えることは禁じられていない。したがって一六八八年の名誉革命当時、善良なイギリス国民は、右に紹介したような「寛大な申し出をしてくる」ノルマン人との間で互いに相手の欲しがっているものが分かっていたら、実際よりはるかに首尾よく念願を果たしていたかもしれない——。交渉相手としては妥協を知らないオランダ人［ウィリアム三世］よりも、バーク氏が大いに礼賛する騎士道精神の持ち主のほうが、はるかに与しやすい。しかし余談はここまでにして、憲法の問題に戻ろう。

フランス憲法では「爵位は、これを廃止する」とされている。それを受けて、ある国では貴族、他の国では華族と呼ばれているところの、起源のあいまいな階級は全廃された。貴族を意味するフランス語は格上げされ、第一人者という意味で使われるようになった。

爵位は名前に添えてあるものにすぎない。それはいずれも貴族の位を表す。それ自体はまったく無害だが、それに狎(な)れると人間の性格は一種の虚栄心を刻印され、堕落する。そうなると男は、偉大な事がらについては矮小化し、些末(さまつ)な事がらについては女性化する。そして、あたかも小娘のように自分の「ガーター勲章の」美しい青いリボンを自慢し、授けられたばかりのガーターを子どもじみた態度で見せびらかす。ある古代の書き手は次のように述べている。「子どものころ私は、子どもらしく思考した。だが成人後、児戯に類することはやめにした[10]」。

爵位などという愚かしいものがフランスの精神的高揚によって廃止されたのは、

10　新約聖書「コリントの信徒への手紙一」(十三・十一)。

もっともなことであった。フランスは精神的に成長を遂げ、伯爵とか公爵とかのような、いわばサイズが合わなくなった子ども服を脱ぎ捨て、代わって大人の衣服を身にまとったのである。フランスは這(は)いつくばるのではなく、立ち上がった。そして半人前を返上し、一人前の存在として身構えたのである。公爵や伯爵などの愚にもつかない称号は無意味なものとなり、そのような称号で呼ばれて喜ぶ者はいなくなった。爵位を持っていた連中ですら、そうした寝言とは無関係を装うようになった。成長の過程で発育不全を克服し、「乳幼児のおもちゃなんぞ阿呆(あほ)らしい」と思うようになったのである。人間の心が純粋であれば、自分の生まれ育った土壌とも言うべき社会に思いを焦がし、それとの結びつきを遮断する飾り物はどうでもよくなる。爵位というものは、魔法使いの杖が人間の幸福の範囲を狭めようとして描き出す円に似ている。人間は、言葉で作られた牢獄に幽閉されて日々を過ごし、羨(うらや)むべき人間の生活を遠目に眺めるのである。

そうだとすると、フランスにおいて爵位が過去のものとなったからといって、何の不思議があろう。むしろ、どこの国でも爵位が維持されているという事実のほうが、よほど不思議ではないだろうか。爵位とは何なのか。その価値は、いや、その真価は、どこにあるのだろうか。

裁判官や将軍というものを頭に描いたり、話題にしたりするとき、私たちはその職務や性格を連想する。前者については謹厳さを、後者については勇猛さを思い浮かべる。しかし、単に爵位として使われる単語は、いかなるイメージも呼び起こさない。アダムの使う語彙のどこを探しても、公爵とか伯爵とかいった代物は出てこない。それでは、また、これらの言葉はいかなるイメージも呼び起こさない。それでは、何を意味しているのだろうか。強さなのか、弱さなのか。思慮があるということなのか、ないということなのか。子どもなのか、大人なのか。騎手なのか、馬なのか。すべては曖昧である。さてそうすると、何も描き出さず何も意味しない言葉に対して、どうして敬意を払えるというのか。これまで想像力のおかげで、ケンタウロスやサテュロス[11]を始め、ありとあらゆる種類の妖精に姿形と人格が与えられてきた。だが爵位というものは、想像力の働きすら骨抜きにするのだ。奇怪な代物である。

11 ケンタウロスもサテュロスも、ギリシャ神話に登場する半人半獣。前者は体軀が馬で、首から上が人間。後者（サテュロス）は、上半身が人間で、腰から下が山羊として描かれることが多い。

しかし、以上ですべてを語り尽くしたわけではない。国民全体が「そんなものは下らないことだ」という気持ちになれば、爵位の価値はすっかり消え失せ、爵位を帯びたいと願う者はいなくなる。爵位は価値があるのか、それともないのか、あるいは有害なのか。それを決めるのは世論である。爵位はわざわざ廃止するまでもない。社会が一致して笑いものにすれば、おのずと廃れるからである。この種の虚構の箔づけは、ヨーロッパのいずれの国においても目に見えて力を失ってきた。そして、理性の世界が表舞台に登場するにつれて、退場の歩調を速めるのである。いわゆる貴族階級の最下層を形成している人びと［すなわちナイト］が、かつては、今日の最上層の貴族よりも重んじられていた時代がある。当時は、甲冑に身を固め冒険を求めてキリスト教世界を遍歴する騎士が、現代の公爵以上に注目を浴びたものだ。だが世の人びとが目撃したとおり、このような愚かな風習は廃れた。物笑いの種になったがゆえに廃れたのである。爵位という茶番も、それと同じ運命をたどるであろう。

社会における地位や格の違いは、新たな基盤を支えとしなければならない。フランスの愛国者たちはそのことを、時機を失することなく発見した。古い基盤は崩壊した。今や社会的地位というものは、爵位という面妖な基盤に代わって、人格という本質的な基盤を支えとしなければならない。そこで、彼ら愛国者は爵位を祭壇へと運び去り、それを燔祭［焼いた生贄］として理性へのささげ物にしたのである。
爵位という愚かな制度は、もし無害なものであったならば、国民議会が命じたとおりにわざわざ真剣かつ正式に破壊するほどの価値はなかったであろう。しかし実際には、有害だったのだ。そうである以上は、貴族という制度の本質と性格をさらに詳しく調べる必要がある。

調べて分かるのは、ある国では貴族と呼ばれ、他の国では華族と呼ばれるものは、征服にもとづいて樹立された統治体制から発生したということだ。貴族は元来、武断政治の維持を目的とする武闘集団であった（ちなみに、征服を経て樹立される統治形態は、おしなべて武断政治になる）。武断政治を維持するためには、貴族という集団を世襲によって存続させる必要があった。そこで、跡目相続に際して分家は一切認めないことになり、長男相続法が制定された。

貴族という制度の本質と性格は、この法律に表れている。長男相続法はあらゆる自然の法則に反しており、自然の理法によって廃止を要求されている。まず、各貴族のお家の正義を確立することが先決である。そうすれば貴族制度は崩壊する。貴族制度を支える長男相続法の定めによれば、六人の子どもがいる家では五人が遺棄される。貴族という制度のもとでは子どもはひとりしか持てない。それ以外の子どもは、生まれても犠牲にされるだけである。すなわち、長男相続法という人喰い人種に供され、その餌食となるのである。筋の通らない生贄として子をささげるのは、ほかならぬ実の親である。

人間の本性から逸脱したものは万事、社会に大なり小なり害をもたらす。貴族制度も例外ではない。貴族制度のもとで実子として認知されない子ども（次男以下はこれに該当する）は通常遺棄され、公的な負担により扶養される。それは、孤児が地元の教会で面倒を見てもらうのに似ているが、手当てはもっと手厚い。認知されない貴族の子弟を養うために、政府や宮廷に無用の官職や役職が官費で設けられる。

両親はどのような思いで次男以下の子弟を見つめるのか。この子らは血のつながりに照らせば実子であり、嫡出であることに照らせば相続人である。しかし貴族制度に照らせば、庶子であり孤児なのだ。一面から見れば血を分けているのに、別の面から見れば赤の他人というわけだ。そこで、両親を子どものもとに返し、子どもを両親のもとに返すことが必要になる。それはつまり、両者の間に親子関係を復活させ、人類を社会の手に取り戻すということである。そうすれば、貴族制度という怪物をすっかり根絶できる。だからこそ、フランス憲法は長男相続法を破壊したのである。その結果がこれ、「怪物、ここに眠る」なのだ。バーク氏は、もしお望みなら墓碑銘を書き込んだらよかろう。

ここまで私たちは貴族制度を、主としてひとつの観点から考察してきた。次に、別の点から考察することが必要である。しかし、見る位置が前であろうと後ろであろうと、あるいは横であろうとそれ以外のどこであろうと、同じことである。内部の仕組みに照らしても公的な役割に照らしても、それが怪物であることに変わりはない。フランスの貴族制度は、その他の国々の貴族制度とくらべて、表看板をひとつ欠いている。つまり、世襲議員から成る議院を設けていなかったのである。フランスのそれは「貴族の同業団体」（ラファイエット氏がイギリスの貴族院を指すのに用いた言い回し）ではなかった。そこで次に、フランス憲法が今般、フランスにおいてそのような議院を設置することを非とする旨を決めた、その根拠を調べてみよう。

第一に、すでに述べたとおり貴族という制度は、貴族の各家庭における専制および不公平にもとづいて維持されてきた。

第二に、貴族階級は、国民のための立法者となるには恐ろしく不適当である。彼ら貴族の描く「分配に関する正義」の観念は、その根元から腐っている。彼らは弟や姉妹を始め、相続権をめぐるあらゆる競争相手を踏みにじることによって人生のスタートを切るのであり、しかも、そうするように教えられ、仕込まれている。一家の子どもも全員の相続権を自分ひとりで吸い上げ、申し訳程度の分け前を割り当てるだけで、あたかも贈り物でもするかのようにもったいぶる。それでいて立法府入りするというのか。いささかなりとも正義感や廉恥心があるならば、どうしてそのようなことができようか。

第三に、世襲の立法者というのは、世襲の裁判官とか世襲の陪審員とかのフレーズと同じで、つじつまの合わない観念である。また、世襲の数学者とか、世襲の賢者とかと同じようにばかげているし、世襲の桂冠詩人と同じように滑稽である。

第四に、何人(なんぴと)に対しても説明責任を負おうとしない団体には、誰も信頼を寄せるべきではない。

第五に、貴族という制度が続いている限り、征服にもとづく統治形態に特有の、野蛮な原理原則も存続する。また、人間が人間を所有し、個人的な権利にもとづいて支配できるとする卑俗な考え方にも終止符は打たれない。

第六に、貴族制度は、人間という種を退行させる傾向にある。人間はどのような人間であっても、わずかな人数で肩を寄せ合い、社会の幹の部分から切り離されて身内で近親結婚を繰り返すと、退行の傾向を免れない。このことは、自然界の普遍的な掟に照らせば合点が行くし、また、ユダヤ人という実例に照らせば証明できる。

貴族制度は、みずからが掲げる目的すら台なしにして、やがては、人間の内にある高貴なものと正反対の方向に堕する。バーク氏は高貴さについて論陣を張る以上は、まずは高貴さの本質を示すべきである。世界史上に登場した偉人たちは、平等な場で揉まれて頭角を現してきた。貴族として甘やかされるのと、平等な環境で鍛えられるのとでは、差は開くばかりである。高貴であっても人造ものは、天然ものの前に出るとメッキがはげる。貴族として甘やかされながら、奇跡的に高貴な天性を失わずにいるケースも稀にはある（ちなみに、どこの国でも若干はそのような例が見られる）。だがその種の人びとは、自分が甘やかされることを嫌悪する。しかし、もう、この問題についてはここまでにして、新たなテーマに転じよう。

フランス憲法は聖職者の境遇を改革した。下層および中間層の聖職者の年収を引き上げ、上層の聖職者の年収を引き下げた。したがって今は、年収千二百リーヴル（約五十ポンド）以下の者はいない。同様に、二千ポンドないし三千ポンド以上の者もいなくなった。これに対してバーク氏は、何を持ち出して対抗しようというのか。氏の言い分を聞こう。

バーク氏は言う。「イギリス国民は大主教が公爵より上に格づけされているのを見ても痛痒や不満を感じない。私たちが知っているように、ダラムの主教やウィンチェスターの主教の年収は一万ポンドであるが、なぜそれが、伯爵某あるいは大地主某が［不労所得として］手にする年一万ポンドの地代とくらべて、汚れた手で受け取ったことになるのか。私たちにはその理由が分からない」。バーク氏はフランスに、以上のことを範として示しているのである。

最初の部分について言うと、主教と公爵のどちらが格上なのかという問題は一般の人びとにとって、スタンホールド[12]とホプキンズを並べる際どちらを先にすべきか、という問題と幾分かは似ているようにも思われる。だが、どちらでも同じである。自分の気に入ったほうを先にすればいい。しかし正直なところ、私にはこの問題の当否は分からない。だから、それについてバーク氏と言い争うつもりはない。

だが後半部分については、釘を刺しておきたい。バーク氏は問題を正しく立てていない。主教を伯爵（または大地主）と比較するのは的外れである。比較するなら、主教を副牧師と比較するのが筋である。だから、正しくは以下のような表現になるはずである。「イギリス国民は、ダラムの主教なりウィンチェスターの主教なりが年収一万ポンドを得ているのに対し、［教区の］副牧師が年三十ポンドか四十ポンド、あるいはそれ以下しか受け取っていないのを見ても、何の痛痒も不満も感じない」。いや、そうではない。氏よ、イギリス国民はそのような事態を目の当たりにすれば、はなはだしい苦痛と不満を感じずにはいられないだろう。これは、万人の正義感に触れる問題であり、声高に憲法制定を求める幾多の問題のうちのひとつなのである。

フランスでも、「聖職者を救え！」というスローガンが、バーク氏の著書も顔負けの頻度で繰り返された。その騒々しさは、イギリス議会に非国教徒救済法案が上程されたときと同様であった。だが、フランスの聖職者層の大部分を占める末端の聖職者

12 スタンホールド（Thomas Sternhold 一五〇〇～四九年）。ヘンリー八世の礼服官。ジョン・ホプキンズ（John Hopkins 一五七〇年没）とともに旧約聖書「詩篇」を英語に翻訳（出版は一五六二年）。その訳文はイギリス国教会で賛美歌に使われた。

は、もはやそのようなスローガンに欺かれるはずがなかった。それというのも、見せかけはともかくとして、それが主として末端の聖職者を懐柔するものだということが分かっていたからである。スローガンを発しているのは高禄の聖職者であり、彼らの目的は「年収一万ポンドの聖職者と小教区の司祭との間で収入を均そうとする動きをすべて事前に阻止すること」にあった。だからこそ彼らは、教会内部の問題をほかの被抑圧階級が抱えている問題と結びつけ、そうすることで不平不満の矛先をかわそうとしたのである。

フランス憲法は十分の一税[13]を廃止した。この税は収税権者と教区民との間で、絶えず不満を呼び起こしていた。十分の一税が適用されている土地は、不動産の権利が当事者双方のあいだで共有されたのと同じことになり、当事者のうち一方が土地の生産物のうち十分の一を、他方が十分の九を受け取る。したがって、その土地を改良し、その結果二倍、三倍、あるいはそれ以上の生産力を享受するようになった場合、そのためにかかった費用は、公平の原理にもとづき生産物の配分と同じ比率で分担するのが筋である。ところが、十分の一税の場合はそうなっていない。農場経営者に土地改良の費用を全額負担させておきながら、収税権者は元々の十分の一に加えて、土地改良による増加分についても十分の一を徴収する。このようなやり方で［土地改良の費用負担を免れることによって］、十分の一ではなく十分の二の価値をわが物にするのである。このような不公平を正すためにも、憲法が必要となる。

フランス憲法は寛容と不寛容の両方を撤廃または放棄し、「良心の一般的権利」を確立した。

不寛容を逆にしたら寛容になるのだろうか。そうではない。寛容は、むしろ不寛容によく似ている。両者は専断という点で同じである。不寛容は、良心の自由を拒む権利を引き受け、寛容はそれを与える権利を引き受ける。一方は火炎と薪束［という異端者に対する刑罰の手段］をそなえた教皇であり、他方は免罪符を販売または下賜する教皇である。前者においては教会が国家を兼ね、後者においては教会が不正取引に手を染めている。

13　穀物や干し草、家畜・卵・乳製品・麦粉・ぶどう酒など、あらゆる収穫の十分の一を納める貢租。七世紀末ごろ、教会の維持、運営のための初穂料を十分の一税と呼ぶようになったのが始まり。徴税権者は司教や修道院長で、小教区の主任司祭が徴収責任者を務めた。その後、教会維持税の意味が薄れ、十分の一税の徴収権は俗界の領主に譲渡されたり買い取られたりした。

しかし寛容というものについては、もっと直截に論ずることもできるだろう。人間は、人間自身ではなく人間を創造した神を崇める。人間が自負する良心の自由は、人間に仕えるためではなく、神に仕えるためにある。だから私たちは、この「寛容という」問題になるとどうしても、命に限りがある人間（すなわち崇める者）と不滅の存在（崇められる者）を表裏一体のものとしてイメージせずにはいられない。したがって寛容は、人間相互間や教会相互間、あるいは宗派相互間ではなく、神と人間とのあいだで、すなわち、崇める人間と崇められる不滅の存在とのあいだで発揮される。具体的に言うと、自称「権威者」が、神に対する人間の崇拝を許し、まさにそうすることによって全能の神に対し、人間による崇拝を受け入れることを許すのである。そのようなことを、しかもみずから買って出るのだから、分をわきまえぬ、神をも畏れぬ所業である。

もし次のような名称の法案が議会に上程されるとしたらどうだろう。「全能の神に、ユダヤ人またはトルコ人の崇拝を受ける自由を黙認ないし授与する法律」。あるいはその逆に、「全能の神に、ユダヤ人またはトルコ人の崇拝を受け入れることを禁ずる法律」。人はみな仰天し、そのような法案を神に対する冒瀆と呼ぶであろう。そして、大騒動になるであろう。宗教の問題に関して寛容を気取ると、やがて馬脚を現すことになる。しかし、右の法案の中で神の名を示していなければ、差し出がましさの度合いは低くなるのか。そうではない。というのも、崇拝する者と崇拝される者という表裏一体の観念は、分割できないからだ。

さて、それでは、むなしい塵芥に等しい存在でありながら、わが身の卑しさを顧みず、人の霊魂と創造主とのあいだに割って入るのは、何者なのか。国王か主教か。それとも教会か国家か、あるいは議会か。何と名乗ってもかまわないが、どこかにおのれの注意を向けるというのであれば、自分自身のことに向けるがよい。人の信仰が自分と異なるということは、自分の信仰が人と異なるということである。どちらが正しいのか、裁定する者は地上にはいない。

個々の宗派について言うと、人がそれぞれ自分自身の帰依する宗教について判断を任されるなら、誤った宗教などというものはなくなる。だが、互いに相手の帰依する宗教について判断を下すなら、正しい宗教はなくなってしまう。ということは、世界全体が正しいか、さもなければ世界全体が間違っているか——そのいずれかということだ。それはともかく、宗教そのものについて一言述べよう。名称はどうでもよい。

ここで言う宗教とは、人類という世界規模での家族に対する道しるべのことである。人類はそれに導かれて、何かを拝む気持ちを一にして神という神聖な対象へささげるのである。その意味での宗教は、人間が創造主におのれの心の実りをささげることにほかならない。それは地上の果実と同じように不ぞろいかもしれないが、各人の感謝の念を表す貢ぎ物として受け入れてもらえる。

ダラムの主教やウィンチェスターの主教、あるいは大主教（公爵より格上）は、十分の一税として運び込まれた小麦を、干し草でないからといって拒否するだろうか。あるいは、逆に、小麦でないからといって干し草を拒否するだろうか。また、小麦でもないし干し草でもないからといって豚を拒否するだろうか。そのようなことはない。だが、人間が別種の［すなわち信仰上の］貢ぎ物を創造主に献上しようとすると、ほかならぬこれらの人びとが横やりを入れてくる。彼らは創造主がそれを受け取るのを、国教会という権威を笠に着て阻むのである。

バーク氏がその著書においてあたかもリフレインのように繰り返すフレーズに、政教一体の国家（church and state）というのがある。氏は特定の教会や国家ではなく、一般論としての政教一体の国家を念頭に置いているのであるが、いずれの国においても教会と国家は必ず一体的であるべきだとする政治的な主張を押し通すために、誰にでも通じる決まり文句としてこのフレーズを用いているのである。氏は、フランスではこれが実現しなかったといって国民議会を責めている。この問題を少し考察することにしよう。

すべての宗教は本質的に穏やかで優しいものであり、道徳律と表裏一体の関係にある。いずれの宗教も、もし最初に宗旨として暴力や嗜虐（しぎゃく）、異教徒に対する迫害、背徳的な儀式などを掲げていたら、信者を獲得できなかったであろう。他のあらゆる事がらと同じように、宗教にはそれなりの起源があった。宗教は、説くこと、勧めること、範を示すことから始まった。そうだとすると、宗教が本来の穏やかさを失い、重苦しくて独善的なものになったのはいかなる事情によるのか。

それは、バーク氏が推奨する「政教の一体化」から発生したのである。教会を国家と合体させると両者のあいだに、「法によって確立された教会」という混血種が生み出される。この動物は破壊的な活動をもっぱらとし、生産的な活動をする能力は持たない。それは生まれつき、生みの母親とは異質であり、やがて時がたつと造反し、母親の息の根を止めてしまう。

スペインの異端審問は、もともと掲げられていた教義のままの宗教を発生源とするのではなく、教会と国家のあいだで生み出されたこの混血動物を発生源とする。スミスフィールド[14]の焚刑（ふんけい）も、やはりこの異種交配の生物を発生源としている。また、後にイギリスでこの奇妙な動物が息を吹き返したとき、それは、住民がふたたび「英国教に対する」憎悪と不敬の念をつのらせ、いわゆるクエーカー教徒や非国教徒がアメリカに逃げ出すのをあおった。

迫害は、いかなる宗教においても本来の特徴ではない。それは常に、すべての法定宗教（法によって制定された宗教）に共通する歴然たる特徴である。法による制定をやめれば、それぞれの宗教はもともとの穏やかさを取り戻す。アメリカではカトリックの司教は善良な市民、善良な社会人、善良な隣人である。アメリカ聖公会の牧師も同様である。アメリカの聖職者のこのような性向は、個人の人柄とは無関係である。それはむしろ、アメリカが法によって制定された教会を持たないことの帰結である。

世俗的な観点から眺めれば分かることだが、政教の一体化は諸国民の繁栄に悪影響を及ぼしてきた。教会と国家が一体化しているために、スペインは富を失った。フランスでは、ナントの勅令[15]が廃止されたために絹織物業がイギリスへ流出した。そのイギリスでは現在、政教一体の国家を嫌って、綿織物業がアメリカおよびフランスに流出しつつある。

さて、バーク氏には、政教分離に反する教説を引き続き唱えてもらおう。氏の教説には多少の効用もあるだろう。それは、フランス国民議会が氏の勧めに従うということではなく、彼の愚かさを反面教師として教訓を得るだろうという意味である。これまでも、アメリカが教会と国家の一体化を警戒するようになったのは、イギリスでの悪影響を観察したからであった。また、フランス国民議会が政教を分離し、アメリカと同様に「良心の普遍的権利および市民としての普遍的権利」を確立したのも、政教癒着［の悪影響］を体験したからであった。*

14　スミスフィールド（Smithfield）。シティ・オブ・ロンドンの北西方向、シティの城壁のすぐ外に位置する地区。カトリック教徒だったメアリー一世（在位一五五三〜五八年）がプロテスタントを大量処刑した場所として知られる。

15　フランス国王アンリ四世が国内の宗教的紛争を解決することを目的として、一五九八年に発した勅令。これにより、フランスのプロテスタント（ユグノー）は信仰の自由を認められた。しかし一六八五年、絶対主義強化のため宗教的統一を狙ったルイ十四世がこの勅令を廃止したため、ユグノーの商工業者が大量に国外に脱出、フランス国内産業の発達が阻害される結果となった。

＊原註。いくらかでも観察、調査する能力があるならば、どこかの国で異常事態が発生するのを目撃すると、そうした事態の原因を究明したいという気持ちに駆られるものだ。マンチェスター、バーミンガム、シェフィールドの製造業はイギリスの基幹産業であるのに、どうしてこのようなことになったのか？　少し観察しただけでも、事態を説明できるだろう。

これらの都市の支配層および一般住民は、イギリスで言うところの「法によって制定された教会」には属していない。彼らとその父親たちは（それより上の世代を含めないのは、遠い昔のことではないからだ）、審査法[16]が厳しく適用されている勅許都市から迫害を逃れ、これらの都市を一種の避難先としたのである。当時、逃げ込む先はここしかなかった。というのも、ヨーロッパ各地の状況はそれ以上に劣悪だったからである。

しかし事態は今、変わりつつある。フランスとアメリカでは、よそから来る者なら誰でも招き入れ、それらの人びとに市民としての権利を遺漏なく手ほどきしている。したがってイギリスでも、理性と正義を突きつけられたのでは受け入れない政策を、打算や私利私欲に駆られれば、導入するであろう。だが、おそらくは手遅れである。マンチェスターを始めとする製造業は、イギリスから撤退し外国で台頭しようとしている。現に今もパリから三マイル離れたところにあるパッシーで、大規模な綿織物工場が建設されつつある。アメリカではすでにその種の工場が幾つか完成している。資格審査法の廃止を求める法案が否決された直後、イギリス屈指の富裕な工場主のひとりが私の聞き取りに答えて次のように語ったものだ。「イギリスは、非国教徒が住むべき国ではない。私たちはフランスに渡らざるを得ない」。

次のことは真実であり、それを直言することは国教徒・非国教徒いずれの側に対しても公平である。イギリスの製造業を現在の高みにまで持ち上げたのは主として非国教徒であり、非国教徒がそれら製造業を国外に移転させるとしても、そ

16　審査法（Test Act）。審査律とも。文武の官職を国教徒に限定することを定めた。一六七三年制定。本来の目的は、当時の国王チャールズ二世の親カトリック政策を阻止することにあったが、その後、非国教徒を差別する口実として用いられるようになった。自由主義の高まりにともなって一八二八年に廃止された。

れは止めだてできない。跡地には引き続き工場を建設することもできようが、海外の市場は失われるだろう。『ロンドン・ガゼット』紙上にしばしば、ある種の法令の抜粋が掲載される。それら法令の目的は、機械の国外移転を防ぎ、その波及効果としてマンパワーの国外流出にも歯止めをかけることにある。

以上のことから明らかであるが、審査法と国教会の悪影響がはっきりと認識され始めている。しかし、「機械の国外移転を禁止するという」強硬策では、理性にもとづく「政教分離という」解決策の代わりにはならない。イギリス全国のすべての宗派のうち、立法府に代議員を送り出していない宗派の信徒はその数を合計すれば、最も多くの代議員を送り出している宗派の信徒の、少なくとも百倍に上る。彼らは一世紀も経たないうちに、憲法の必要性を痛感するようになるであろう。そうなれば、右に挙げた問題はすべて、憲法に則って彼らが審議することになるのだ。

以上で、フランス憲法の原理に重きを置いての比較を終え、最後に英仏それぞれの政府を公式に構成する要素全体の仕組みを少しく観察して本章を締めくくろう。

英仏いずれにおいても行政権は、国王と称される人物の手中に置かれている。だがフランス憲法は、国王と主権者とを区別し、国王の地位を職務上のものと見なし、主権を国民に見出している。国民議会を構成し立法権力を担う国の代表は、人民に固有の権利としての選挙を通じて、人民が人民の中から送り出すのである。

イギリスでは、そのような仕組みになっていない。これはイギリスの君主政（と称されているもの）の、そもそもの成り立ちに由来する。それはこういうことだ。ノルマン・コンクェストにより征服者が人民ないし国民のすべての権利を手中に収め、征服者という肩書きに加えて国王という称号をも使うようになり、その結果、現在のフランスであれば人民ないし国民の権利とされるものが、イギリスでは国王と呼ばれる者から下賜されたと見なされる、ということなのだ。イギリスの議会は上下両院とも、征服者［ウィリアム一世］の子孫が発する勅許状にもとづいて設立された。庶民院［下院］は、代表の派遣や議員の選挙など人民の権利の発現としてではなく、国王から下されたもの、恵まれたものとして始まったのである。

フランス憲法は常に国民を国王の前に挙げる。人権宣言の第三条は次のように述べている。「国民は本質的に一切の主権の根源（源泉）である」。それに対してバーク氏は、イギリスにおける源は国王である、国王こそがすべての栄誉の源である、と主張している。しかし、このような考えは明らかにノルマン・コンクェストに由来するものである。そうである以上それに関しては、ただ次のように述べておこう。あらゆる事がらの上下をひっくり返すことが、征服というものの本質である、と。バーク氏は、［議員として］発言を再度おこなう特権を行使できるし、氏の比喩的表現を構成する要素はふたつだけ（いかなる源から何が注ぎ出されるのか）なのだから、次こそは正しい発言をなさるであろう。

フランス憲法は行政の前に立法を、国王の前に法律を置く。これも自然の摂理にかなっている。なぜなら法律は、執行されるためには、それに先だってまず存在しなければならないからだ。

フランス国王は国民議会で勅語を発するとき、イギリス国王とは異なり、「朕の国民議会」に類する言い方はしない。仮にフランス国王がそのような言い回しを使うならば、それは憲法に抵触するし、正当な行為とは認められない。だがイギリスであれば、「朕の議会」という言い方をしても不当にはあたらないかもしれない。なぜならば、すでに述べたとおり上下両院は、国王と呼ばれる者の勅許ないし下賜を起源としており、人民の固有の権利に由来するものではないからだ。フランス国民議会はそれとは異なる。国民議会という名称は、その起源を示している。

フランス国民議会の議長は、議会に言論の自由を与えてほしいなどと国王に請願することはしない。憲法で定められた国民議会の尊厳を、国民議会みずからが損なうことは許されない。そもそも言論［の自由］は、人間がいかなるときも手放すことのない自然権のひとつである。国民議会がそれを行使することは義務であり、その後ろ盾となっているのは国民なのである。

フランス国民議会の議員は、ヨーロッパで過去最大の数の選挙民が投票権を行使して選んだのである。彼ら議員は腐敗選挙区[17]の汚穢（おわい）の中から出てきたのではない。また、貴族が私物化している選挙区の御用議員というのでもない。彼らが自分たちの立場に固有の尊厳を保とうとするのは、それを自覚しているからである。議場での彼らの議論は、賛否いずれの立場にあろうとも闊達である。臆するところがなく、雄々しい。

17　イギリスで産業革命の結果、有権者が激減したにもかかわらず、従来の議員定数を保っていた選挙区。ロットン・バラ（rotten borough）と呼ばれる。一八三二年の第一回選挙法改正まで放置されたままであった。

そして、問題のすみずみまで網羅して見落としがない。行政部門ないしそれを統括する人物（国王）にかかわる問題や案件が〔審議事項として〕回されてくると、彼らは気後れすることなく、品位ある言葉遣いで議論を戦わせる。彼らは〔行政部門に対する〕回答なり建議なりを、議場での論戦と同じ態度で相手方に伝える。彼らは、無知蒙昧ゆえの、底抜けのうすのろぶりで高みの見物を決め込むことはない。また、阿諛追従の徒にありがちな、卑屈な態度で屈服することもない。真実を奥ゆかしく誇る姿勢は、どこまでも徹底している。そのような姿勢に支えられていればこそ生活のあらゆる領域において、是は是、非は非とする性向が保たれるのである。

さて次に、問題のもうひとつの面に目を向けてみよう。イギリス国王に対する議会の上奏文を読んでみても、フランスの旧議会が持っていた闘志や、現在の国民議会がそなえている物静かな威厳は見当たらない。また、イギリス人に特有の、どことなく無骨な（と言えなくもない）物腰は、いささかも窺えない。

イギリスの歴代議会は舶来ではないが、もともと国産というわけでもない。そうであるからには、その起源は別のところ、すなわちノルマン・コンクェストに求めなければならない。イギリス議会は明らかに、あたかも主君に対する家来のごときへりくだった態度を身上としており、征服者に対する被征服者という立場でなければあり得ないような、卑屈な遠慮を如実に示している。この、［議会は国王に対して］家来のように接するものという通念と行動様式は、一六八八年の名誉革命のときですら改まらなかった。そのことは、ウィリアムとメアリーに対する議会の宣言から明らかである。その文言は以下のとおりである。「我らは、みずからも子々孫々も、永久に、謹んで二心なく臣従する」。臣従（submission）とは、まったく卑屈な、自由の尊厳とは相容れない言葉である。それは、ノルマン・コンクェストの際に使われた言葉の受け売りである。

すべて物事の評価は相対的であるので一六八八年の革命は、めぐり合わせによりこれまでどれほど過大評価されてきたにしても、その評価はいずれ相応のところに落ち着くであろう。名誉革命はすでに輝きを失い始めている。理性の存在が大きくなり米仏の革命が起こったために、影が薄くなったのである。それは今から百年も経たないうちに、バーク氏の著作とともに過去のものとなるだろう。そのようになったとき人類は、「自由の国」を自称する国がかつてオランダから人を迎え、権力を引き渡し、みずから進んで恐懼（きょうく）する立場に身を落としたと、本気で信じるであろうか。また、迎え入れた人物に毎年百万ポンド近くを与え、しかもそれが、子々孫々永久に奴隷のごとく服従するとの願い出を許可してもらうためだったと、本気で信じるであろうか。しかし知っておくべき真実がある。それは、これまで私が自分の目で見る機会があったことなのだが、見かけとは裏腹に宮廷人以上に君主政を蔑む人種はない、ということである。しかし彼らは、他人に内幕を直接覗かれたら「舞台裏の」トリックを見破られるということをよくわきまえている。宮廷人は、見世物で生計を立てている人びとと同じ立場にある。つまり、見世物のばからしさが分かっているだけにそれを笑いものにしているが、観客までもが同じように内情を知ろうものなら見世物は打ち止めになり、それにともなって自分たちの儲けも失うのである。君主政に関して共和主義者と宮廷人とのあいだに見られる唯一の違いは、前者が君主政になにがしかの価値を見出しながら反対しているのに対し、後者はそれを、何の意味もないと知った上で笑いものにしているというところにある。

かつて私はバーク氏と文通していた。当時は氏が――今でこそ著書を通じて馬脚を現したが――健全な主義主張の持ち主だと信じていたからである。だから過ぐる冬、私は氏にパリから手紙を送り、事態が順調に推移していると伝えたのである。その手紙の中で私はほかの問題とともに、フランス国民議会が置かれている幸運な状況に触れ、国民議会は、道義的な義務が政治的な利害と合致しているだけに［有利な］立場にあると指摘した。国民議会は、自分でも信じていない言葉を発して他人にそれを信じ込ませるという詐欺まがいの目的をめざす必要はない。その地位は、わざわざ策略を用いるまでもなく、人類を啓蒙するだけで保持することができる。無知を放置するのではなく、無知を清算することこそが国民議会の利益なのだ。イギリスの与野党であれば、互いに対立しているにもかかわらず共通の秘密を守るために手を結ぶが、国民議会はそのようなことをする立場にはない。国民議会は、とめおかれていた光を放出しなければならない。そして人間に対して、人間本来の品性を示さなければならない。人間を理想像に近づけるにしたがって、国民議会はますます強力になってゆく。

フランス憲法を熟視すると、そこには物事の合理的な秩序が見て取れる。フランス憲法の原理は形式と調和しており、また、原理と形式の両方がその起源と調和している。欠点のある形式を言い訳するために、「それはしょせん形式にすぎない」という言い方をすることがあるかもしれない。しかし、これは間違いである。形式は原理から発生し、その発生源である原理を持続させる方向で作用する。悪しき形式は、悪しき原理に支えられて初めて出現する。それを正しい原理に接ぎ木することは不可能である。統治形態に瑕疵があるとき、それは常に、原理にも瑕疵があるということの確かな印となる。

いよいよこれをもって本章を締めくくろう。私は冒頭、次のように切り出した。「バーク氏は英仏両国の憲法の比較に踏み込むことを、自分の意志で拒んだ」。バーク氏はそれについて、時間がなかったと言い訳している。だが氏の著書は八カ月以上も氏の手もとにとどめおかれていたのだし、しかも、それは三六六ページという大部の書物なのだ。バーク氏の言い分は、英仏の憲法比較を省いたことによって損なわれ、言い訳したことによってさらに深手を負った。イギリス人は次のように疑い始めるであろう。「いわゆるイギリス憲法には、何か根本的な欠点があるのではないか。バーク氏は、それが人目につくことを恐れて比較を差し控えたのではないだろうか」と。

第五章　革命に至る諸段階

バーク氏は、これまで憲法一般について著述したことがないのと同様に、フランス革命についても語ったことがない。フランス革命がどのように始まり、どのような推移をたどったのか、氏は何も説明していない。ただ驚きを表明するばかりである。「私は今、フランスのみならずヨーロッパ全体の、いや、おそらくはヨーロッパにとどまらず世界の情勢が、重大な危機に直面しているかのように感じる。事の次第を細大漏らさず考え合わせると、フランス革命はこれまで世界で起こったいかなる事件よりも衝撃的である」。

理知的な人士は、理が通らない出来事に驚く。愚昧の徒は理にかなった出来事に驚く。バーク氏が受けた衝撃は、どちらの理由で説明すべきであろうか。私には分からない。だがひとつだけ確かなのは、氏がフランス革命を理解していない、ということである。フランス革命は一見したところ、混沌の中から宇宙が出現するのと同じく、突発的に起こったかのように見える。しかしフランス革命は、それに先だって起こった精神的革命の所産として起こったのである。フランス国民の精神は、すでに革命以前に変化を遂げていた。新たな思想の秩序が形成されるのを受けて、自然の成り行きとして新たな物事の秩序が形成されたのである。以下、できるだけ簡潔にフランス革命の進展を跡づけ、革命の勃発を促した諸要因に注意を払うことにしたい。

華やかな宮廷を擁し、しかも国王の人物像を［太陽王として］派手に演出したルイ十四世の専制政治に対して、フランス人は気後れと同時に憧れを抱くようになっていた。フランス国民は偉大な君主の尊厳を忖度するあまり、自分たち自身の尊厳をまったく感じなくなっていたように見える。次のルイ十五世の治世は、最初から最後まで優柔不断ばかりが目立ち、国全体に一種の無気力状態が瀰漫した。それ以外の変化は何もなかった。国民の側も、そのような状態から立ち上がろうとする気構えを見せなかった。

ルイ十四世および十五世の時代には、自由の精神が発揮されたわずかな形跡は、フランス哲学者の著作の中に見出される。ボルドー高等法院[1]の院長だったモンテスキュー[2]は、専制政府の支配下にある著述家としての限界に肉薄した。主義主張と保身との間でバランスをとらざるを得なかっただけに、彼は本心をベールに隠すことが多いが、その発言には額面以上の価値があると認めるべきである。

ヴォルテール[3]は、専制政治をほめ殺しにするのを常とし、モンテスキューとは行き方が違っていた。彼の得意技は、教会が政略ずくで政府と結託して政教癒着の事態を招いているのを、時には暴（あば）いたり、時にはあざ笑ったりするところにあった。ヴォルテールが専制政治に対してそのような攻撃を仕掛けたのは、道義的に純粋だったから、というわけではない。また、人類を愛していたから、というのでもない（それはそうだろう。皮肉と博愛は本来、両立するものではない）。それはむしろ、彼が愚を愚としてありのままに直視する優れた能力と、それを暴かずにはいられない気性の持ち主だったことによる（もっとも専制政治に対する彼の攻撃が、道徳的な動機に根ざしていたの

1　高等法院は、司法権のみならず行政権もそなえた機関。パリの高等法院を頂点として、フランス全国に合計十三の高等法院があった。

2　モンテスキュー（Montesquieu　一六八九〜一七五五年）。フランスの啓蒙思想家。主著『法の精神』で三権分立の意義を説いた。

3　ヴォルテール（Voltaire　一六九四〜一七七八年）。フランスの啓蒙思想家。詩人、劇作家、歴史家、文芸評論家。

ではないかと思いたくなるほど迫力にあふれていたのは事実であり、ヴォルテールが人類にとって、人物批評の対象というよりもむしろ、感謝をささげるべき相手であるのは確かである)。

ヴォルテールとは対照的にジャン＝ジャック・ルソー[4]やレーナル師[5]の著作には、自由を支持する心意気のようなものが窺われる。自由があればこそ人間は、人類の能力に対して尊敬の念を覚え、その向上を図ろうとする。しかしルソーらは、自由を求める機運を盛り上げながら、それをどうやって行動に移すかは指示していない。何かをねだる気持ちにさせておきながら、それを手に入れる方法は教えてくれないのである。

ケネー[6]やテュルゴー[7]らの一派は真摯な労作を著している。だが彼らは、モンテスキューと同様の厄介な状況にあえいでいた。彼らの著書は、統治に関する道徳的な格言を満載しているが、統治そのものよりもむしろ、行政にかかる経費を削減し行政そのものを改革するというところに主眼を置いている。

しかし、以上のすべての著作は(それらの著作に限ったことではないが)、いずれも独自の重要性を持っていた。それぞれの著者が統治という問題を考察するにあたって用いた手法は、まちまちである。モンテスキューは法律に関する見識と知識に頼った。

ヴォルテールは機知に、ルソーとレーナルは機運の醸成に、ケネーとテュルゴーは倫理的な格言と節約の体系に頼った。そのおかげでフランスの各階級の読者は何かしら自分の好みに合うものと出合った。そして、イギリスとアメリカ十三植民地との間で紛争が始まった頃、フランス全体に政治的探求の精神が広まり始めたのである。フランスが遅れて参戦したアメリカ独立戦争において、非常によく知られていること

4　ジャン＝ジャック・ルソー（Jean-Jacques Rousseau　一七一二～七八年）。フランスの思想家。『人間不平等起源論』（一七五五年）、『社会契約論』（一七六二年）などの著書で唱えた「万人の平等にもとづく人民主権」は、フランス革命の基本的理念となった。

5　レーナル（Guillaume Thomas François Raynal　一七一三～九六年）。フランスの思想家、作家。もともとはイエズス会の聖職者。東西インド諸島および南北アメリカにおけるヨーロッパ人の植民地政策を、人間の自由という観点から研究し、その成果を四巻本にして出版（一七七〇年）。九一年五月、三部会から衣替えした国民議会へのメッセージ（代読）で、暴力による改革に異を唱え、立憲君主政の導入を求めた。

6　ケネー（François Quesnay　一六九四～一七七四年）。フランスの経済学者。もともとは外科医で、国王顧問医。五十九歳から経済学の研究に取りかかり、一七五七年に『穀物論』、五八年に『経済表』を著し、穀物取引の自由を説いた。重農主義の始祖。自由主義経済学の先駆者として位置づけられる。

とだが、フランス政府はフランス国民に先を越されている様子だった。どちらの側にも考えがあったが、その狙いは別々のところにあった。国民は自由を求め、政府はイギリスへの報復を求めていたのである。この後アメリカに渡ったフランスの将兵は、結局のところ試練を経て自由を学び、原理と実践の両面で自由を体得したのであった。

アメリカで起こった軍事的な事件は、アメリカ独立革命の原理とは切っても切れない関係にあった。したがってそれらの事件は、フランスで報道されると必然的に、事件を引き起こした原理に結びつけられた。事実がそのまま原理となることも稀ではなかった。アメリカ独立宣言やフランスとアメリカの同盟条約はその一例である。いずれも人間の自然権を認め、抑圧に対する抵抗を正当化している。

当時フランス外相だったヴェルジェンヌ伯は、アメリカの味方ではなかった。アメリカの大義をフランスの宮廷に流行させたのはフランスの王妃である。そう述べたほうが当を得ているし、恩義をわきまえているというものだ。ヴェルジェンヌ伯は公私にわたってフランクリン博士の友人であり、どこか博士の意を迎えるところがあった。機略と品のよさに心酔していたからである。しかし、主義主張のことになるとヴェルジェンヌ伯は、人の言うことには耳を貸さなかった。

フランクリン博士がアメリカからフランスに派遣された特使の立場にあったことは、「フランス革命の前史を構成する」一連の事象のひとつと見るべきである。外交官という仕事ほど、人間の活動の場としての世間を狭くするものはない。外交官の立場に置かれると、相互の猜疑心によって交際が妨げられる。外交官は孤立した原子のようなもので、絶えず互いに撃退し、撃退される。しかし、このことはフランクリン博士には当てはまらない。博士は宮廷外交官タイプではなく、むしろ「人類普遍の外交官」の趣(おもむき)があった。哲学者としての名声がすでに久しい以前に確立していたことも手伝って、フランスでの博士の交際は広い範囲に及んだ。ヴェルジェンヌ伯はアメリカ憲法(合衆国憲法および各州憲法)のフランス語版をフランスで刊行することに、かなり長いこと抵抗した。しかしこの点においてすら伯は、

7　テュルゴー(Anne-Robert-Jacques Turgot　一七二七〜八一年)。フランスの経済学者。リモージュの知事(一七六一〜七四年)。一七七四年、即位したばかりのルイ十六世によって財務総監に任命され、穀物取引の自由化、ギルドの廃止など、自由主義的な改革に取り組んだ。特権階級の抵抗に遭って、七六年に辞任。主著に『富の形成と分配に関する省察』(六六年)。ケネーと並ぶ重農主義の理論家。

世論に対する譲歩を迫られ、かつてみずから先に立って禁書扱いにしたものを、公刊することが妥当であると認めざるを得なくなった。自由とアメリカ憲法の関係は、言語と文法の関係と同じである。アメリカ憲法は個々の自由（言語にたとえるなら「品詞」に相当する）に定義を与え、それらの自由を実際に組み合わせて体系的に配列している。それは、言語であれば統語法（シンタックス）に相当する。

ラファイエット侯爵（当時）の独特の立場も、「フランス革命に至る」滔々（とうとう）たる歴史の、これまたひとつの歯車である。氏はアメリカで、アメリカ議会の辞令により将校として勤務した。交友関係が広く、アメリカの政府と軍部のいずれとも親密な交友関係を築いた。彼は物事をアメリカの思考様式で判断し、統治の原則に関する議論に加わり、どの選挙においても決まって支援者として歓迎された。

アメリカ独立戦争が終わると、フランスの将兵が帰国したことにより、自由の大義を目指す増援部隊が大挙してフランス全土に展開する形になった。理論に経験が結びつき、それを生かすのに足りないのは機会だけ、という状況になった。厳密に言うならば人間は、事態を自分に都合よく作り出すことはできない。しかし新たな事態が発生すると、いかなる場合でも人間はそれを活用する力をそなえている。フランスではまさにそうであった。

ネッケル氏[8]が一七八一年五月に財務長官を解任された後、特にカロンヌ氏[9]が放漫な財政運営をしているあいだ、ずさんな財務管理に祟(たた)られてフランスの歳入(年間二千四百万ポンド相当)は歳出をまかなえなくなった。歳入が減ったからではない。歳出

---

8 ネッケル(Jacques Necker 一七三二〜一八〇四年)。ジュネーブ生まれの財政家。銀行家としての手腕を買われ、一七七七年、財務総監だったテュルゴーの後任として抜擢される(肩書きは財務長官)。税制の改革、官職の整理など緊縮財政を目指した。国民の支持は得られたが、宮廷(特に、王妃マリー・アントワネットとその取り巻き)の反感を買ったことが一因となって、八一年に罷免された。八八年八月、ブリエンヌの後任として財務長官に返り咲いたが、八九年七月十一日、ふたたび罷免された。これに憤慨した民衆がバスチーユ監獄を襲撃したことから、七月二十一日に急遽復職を命じられた。結局、財政再建の実を上げることができないまま、翌年(九〇年)辞任した。

9 カロンヌ(Charles-Alexandre de Calonne 一七三四〜一八〇二年)。フランスの政治家。一七八三年、財務総監に任命され、財政再建に取り組んだ。八六年、特権身分の免税を廃止して課税の平等を実現しようとしたが、高等法院の抵抗により失敗。八七年二月、行き詰まりを打開するために名士会(国王の諮問機関)を招集したが、逆に放漫財政を非難され、四月、辞任に追い込まれた。

がかさんだのである。フランス国民は、この機をとらえて革命を前に推し進めた。

イギリス首相のピット氏［小ピット］は同国の予算案の中で、しばしばフランスの財政状況に言及することがあったが、その問題に通暁しているわけではない。肝心なことは、もしフランス高等法院[10]がイギリス議会と同じように増税の勅令を進んで承認するのを習いとしていたならば、財政の混乱はもちろんのこと、まして革命など起こらなかったということである。いずれにせよこれについては、話を先に進めるときにもっと行き届いた説明ができるだろう。

ここではさしあたり、フランスではかつて［すなわち一七八九年以前］、増税がどのようにおこなわれていたのか、その実態を示しておく必要があろう。当時は国王が、いや、正しくは国王の名のもとに宮廷または内閣が、みずからの裁量により勅令を立案し、それを高等法院に送って登記してもらうことになっていた。勅令に効力を持たせるには、高等法院に登記してもらう必要があったからだ。

この問題に関して高等法院の権限はどこまで及ぶのか。その点をめぐって、宮廷と高等法院とのあいだで長いこと論争が続いていた。宮廷の主張は次のようなものであった。高等法院の権限は、新税に異議を唱えるか、あるいは反対する論拠を示すか、そのいずれかにとどまる。高等法院の示す論拠が正しいか否かを決定する権限は、宮廷にある。したがって問題の勅令を、自由裁量事項として撤回するか、または職務権限事項として登記を命ずる権利は、これもまた宮廷にある――。

それに対して高等法院の側では、異議を唱える権利のみならず却下する権利も持っていると主張していた。そして、このような立場ゆえに、常に国民に支持されていた。ともあれ、本来の叙述の流れに戻って話を進めよう。カロンヌ氏は財源を必要としていた。だが、新税については高等法院が頑強な態度に終始することが分かっていたので、権限を直接行使するよりも穏やかな手段で臨むか、あるいは策略を用いて出し抜くか、そのいずれかの方途を巧妙に追求した。そしてこの目的のために、名士会[11]の

10 ここでは、フランス王政の最高司法機関であるパリの高等法院を指している。当時、国王の勅令は高等法院の「登記」を得て初めて効力を発する仕組みになっていた（「登記」を拒否された場合、国王は親臨会議を開催しなければならない）ことから、高等法院は司法権のみならず行政権をも支配していた。

11 名士会（Assemblée de notables）。三部会の代行機関。三部会が招集されていないときに国王の諮問に答える。名士とは、有力な聖職者、貴族、上層ブルジョアジーを指す。国王によって指名された名士が名士会を構成する。

名を冠して各県から名士を一堂に招集するという、廃れて久しい企てに頼った。名士会は一七八七年に招集された。任務は、高等法院に増税を勧告するか、さもなければみずから高等法院に成り代わって行動するか、そのいずれかであった。これと同じ名の団体がかつて招集されたのは、一六一七年のことである。

名士会の招集は革命への実質的な第一歩と見るべきである。したがって、それについて細かく検討するのが妥当であろう。この名士会を三部会と取り違える向きもあるが、両者はまったくの別物である。三部会は常に選挙で選ばれていた。名士会を構成するメンバーは全員、国王によって指名され、総員百四十名であった。しかしカロンヌ氏は、自分を支持してくれるメンバーだけで過半数を制することは望めなかったので、四十四名で百四十名の過半数を支配することができるよう、極めて巧妙な仕組みを考案した。狙いを達成するために、名士会のメンバーを七つの委員会(それぞれ二十名)に割りふった。そして一般的な問題は、全メンバーの過半数ではなく、七つの委員会のうち半数以上の委員会が賛成すれば決定できることにしたのである。各委員会における過半数は十一票で、七つの委員会の過半数は四。四十四票であらゆる一般的問題を決定できるのだから、カロンヌ氏にしてみれば「票決で負けるはずはない」

と結論づけるに足る十分な理由があったわけである。しかし計画はことごとく裏目に出た。氏はそのために、結局のところ辞任に追い込まれた。

ラファイエット氏（当時は侯爵）は、アルトワ伯を委員長とする第二委員会のメンバーとなった。第二委員会は財務をつかさどっていたので、当然のことながら、それに関連するあらゆる事項が審議の対象となった。ラファイエット氏はカロンヌ氏に、総額二百万リーヴルに及ぶ王領地を売却するにあたり国王には無断だったように見受けられるとして、口頭で異議を申し立てた。アルトワ伯は侯爵を脅すかのように（なにしろその頃はまだバスチーユ監獄が健在だったのだ）、文句をつけるなら文書にしたらどうかと尋ねた。ラファイエット侯は「それでも構いません」と返事した。アルトワ伯は強要することは避け、代わりに、言いたいことがあれば書面で訴えよという趣旨の、国王の指示をもらってきた。それに対してラファイエット侯は、国王の目に触れることを見越して「伯に対する」非難を書面にした。侯は自分の言い分を裏づけるために勝負に出たのである。これについては以後沙汰はなく、逆に間もなくカロンヌ氏のほうが国王によって解任されることになった。

ラファイエット氏はアメリカでの経験があったので、氏はイギリスに高飛びした。共和政治の要諦に通じており、当時はその点で名士会の大半のメンバーを圧倒していた。そのため、主要な仕事のうちかなりの部分は、氏が受け持つことになった。憲法の制定を目指していた人びとは、税を理由に宮廷と闘うことをもくろんでいた。中には公然とその目的を口に出す者もあった。アルトワ伯とラファイエット侯とのあいだで、さまざまな問題について頻繁に論争が起こった。すでに返済期限が過ぎている債務についてラファイエット侯は、歳入を歳出に合わせるのではなく、歳出を歳入に合わせることによって債務を減らすべきであると提案した。また改革の一環として、バスチーユを始めとする（維持するのに莫大な経費がかかる）全国の国事犯監獄を全廃し、［国王が発出する］拘禁令状を禁止してはどうかと提案した。しかしそれらの事がらはあまり注目を惹かなかった。名士会の貴族は拘禁令状を支持しているような様子であった。

新税によって国庫を潤すという案については、名士会はそれを審議事項として引き受けるのを拒んだ。そのような権限はないという意見で一致したのである。この問題を議論した際、ラファイエット氏は次のように述べた。「増税による財源拡大を許されるのは、人民の自由な選挙で選ばれ、人民の代表として行動するような議会だけである」。アルトワ伯から「三部会のことか」と問われ、ラファイエット氏は「そうです」と答えた。そして、「貴下の発言に署名を添えて国王陛下に奉呈なさるのか」との問いに対し、ラファイエット氏は次のように述べた。「署名するばかりではなく、さらに踏み込んで、こう直言させていただきます。『陛下が憲法制定に賛成なさること以上に有効な切り札はありませぬ』と」。

こうして、名士会に議会一般の代役を務めさせるという計画は破綻した。そこで、残るもうひとつの、名士会に高等法院への勧告をやらせるという計画が浮上してきた。名士会はこの問題に関して、二種類の新税、すなわち印紙税と領地税（一種の地租）を登記するよう高等法院に勧告することで合意を見た。このふたつの税は［併せて］年間五百万ポンド相当の収入をもたらすと見積もられていた。ここで、進展する事態の舞台となった高等法院に注意を向けなければならない。

カロンヌの解任直後、トゥールーズの大司教であったロメニー・ド・ブリエンヌ（その後サンスの大司教を経て、現在は枢機卿）が財務総監に任命され、同時に宰相を兼任した。宰相職はフランスでは常設のポストではない。それが空席の場合、事務は主要省庁の各長官が直接国王とのあいだで処理する。だが宰相が置かれると、省庁の事務はもっぱら宰相と相談して処理される。大司教はショワズール公[12]以来いかなる大臣にも劣らぬほどの強大な国家権力を握り、国民も彼に強く傾倒した。ところが大司教は、ほとんど説明できないような行動方針に従ってあらゆる機会を悪用し、暴君へと変貌し、民心を失い、枢機卿になったのである。

名士会の解散を受けて新宰相は、名士会が推奨した二種類の新税に関する勅令を登記手続きのために高等法院に送った。それを最初に受け取ったのは、言うまでもなくパリの高等法院であったが、その回答はこうであった。「国民が今日かような歳入を支えている以上、税という言葉は、それを引き下げる場合を別にして、安易に口に出すべきではない」。かくして、勅令は両方とも却下されたのであった。*

＊原註。イギリス首相ピット氏がイギリス議会でフランスの財政についてふたたび言及する場合は、このような事実を、仰ぐべき範として紹介するのが妥当であろう。

高等法院は、勅令を却下するとただちにヴェルサイユへ呼び出された。国王は慣例に従い、旧体制時代に親臨法廷と呼ばれていた［再審の］場を設けた。ふたつの勅令は国事の議事規則どおり高等法院の面前で改めて承認された。これは、前に［本書一七四ページで」述べた手続きに沿っている。親臨法廷の閉会後、高等法院はただちにパリに戻り、正式に審議を再開した。そして、「ヴェルサイユでおこなわれたことはすべて違法である」と宣言し、勅令の抹消を命じた。そのような次第で、高等法院の司法官は全員、拘禁令状を送りつけられ、トロワ[13]に追放された。しかし彼らは、追放後も折れる様子はなく、また、懲らしめたからとて税収の代わりにもならないので、しばらくするとパリに呼び戻された。

勅令はふたたび高等法院に回された。そして、アルトワ伯が国王の名代を引き受けた。任務を果たすために伯は、行列を仕立ててヴェルサイユからパリへと行進した。伯を迎えるために高等法院が招集された。しかし、その頃までにフランスでは、示威

12　ショワズール（Etienne-François, Duc de Choiseul 一七一九～八五年）。ルイ十五世時代のフランスの軍人、外交官、政治家。一七五八～六一年、六六～七〇年、外相。陸軍大臣（一七六一～七〇年）、海軍大臣（一七六一～六六年）として、陸海軍の組織を改革。また、事実上の首相として商工業を発展させた。

13　ペインは Troys と綴っているが、フランス・シャンパーニュ地方の古都トロワ（Troyes）を指していると思われる。同市はセーヌ川に面し、パリの東南約百五十キロの地点に位置する。

行進などというものは影響力を失っていた。出発するときにはどれほどの誇大妄想に取りつかれていたか知らないが、アルトワ伯は帰路、屈辱と落胆に押しひしがれて引き返す羽目になるのであった。馬車から下りて議事会館の階段を上がろうとしたとき、そこに集まっていた大群衆が常套句を投げかけてきた。「アルトワの旦那だ、俺たちの金をもっとたくさん使いたいってぇお方だ！」。伯はそこに露骨な不満を見てとり、不安な気持ちに襲われた。そこへもってきて、付き添いの護衛兵が「武器を取れ！」との言葉を発した。その叫び声は議事会館の通路にこだまし、そのため一時的に混乱が起こった。そのとき私は、伯が通り抜けなければならない一角に居合わせたのだが、尊敬を失った男の立場がどれほど惨めなものか、考えないわけにはいかなかった。

アルトワ伯は仰々しい言葉で高等法院を威圧しようと努め、自分の権威を説くにあたり、冒頭、「わが主君たる国王は！」と切り出した。高等法院は彼の発言を極めて冷ややかに受け止めた。高等法院はいつもながらの決意をもって、今度の新税は承認しないぞという構えであった。会見はこのような雰囲気のうちに終わった。

このあと、新たな問題が発生した。税金問題について宮廷と高等法院とがさまざまな議論や論争を重ねているうちに、パリ高等法院がたまりかねて次のように宣言したのである。「高等法院はこれまで便宜上、税を導入するための勅令を登記することを慣例としてきたが、その権利はもっぱら三部会に属す。行動する権限を持っていないものについて議論を続けるとすれば、それはもはや適切ではない」。このあと国王はパリに出向き、高等法院とのあいだで会談をおこない、午前十時から夕方六時頃までずっとその場にとどまっていた。国王は内閣と相談する気配もなく、独断を思わせるような態度で、三部会を招集すると高等法院に約束した。

これで一件落着かと思いきや、そのあと別の原因によりまた一悶着（ひともんちゃく）が起こった。宰相と内閣が三部会の招集を快く思わなかったのである。彼らは、もし三部会が開かれたら自分たちの立場が弱くなるということをよく心得ていた。そして、国王が期限を切らなかったのをいいことに、［三部会の招集に］反対しているという様子を呈することなく身をかわそうと、一計を案じた。

この目的のために宮廷は、憲法なるものの立案にみずから乗り出した。主としてその任に当たったのは、国璽尚書（こくじしょうしょ）ラモワニョン氏[14]（後にピストル自殺）であった。［新憲法の］仕組みは工夫されていて、全国裁判所（Cour plénière）という名の機関を設置し、そこに政府が行使する可能性のある権力をすべてゆだねることになっていた。この機関を構成する人びとは国王によって指名されることになっていたが、国王の側では懸案の徴税権を放棄した。また、従来の刑法および刑事訴訟法は新しいものに置き換えられた。新憲法はさまざまな点で、それまで政府運営の基準となっていた基本原理よりも優れた原理を含んでいた。だが全国裁判所に関して言えば、それは、専制政府が天下に号令するための梃子にすぎなかった。全国裁判所は同時に、専制政府がみずから直接力をふるっていることを隠すための隠れ蓑でもあった。

内閣は自作の新たな仕組みに多大な期待を寄せていた。全国裁判所を構成するメンバーの指名はすでに終わっていた。公正な外観を装うために、フランス屈指の優れた人士が多数メンバー入りしていた。全国裁判所は一七八八年五月八日にスタートを切る予定になっていた。しかし、それに対して異論が噴き出した。原理原則と形式の両方が問題視されたのである。

原理原則を根拠とする異論は、次のようなものであった。「国家体制は自己改編の権利を持たない。そのような慣行がひとたび認められると、それは原理と化す。そして、現行政府が断行しようと望むあらゆる改編の前例となる。国家体制を改編する権利は、国民の権利であって体制側の権利ではない」。一方、形式を根拠とする異論は全国裁判所を、拡大版の内閣にすぎないとして一蹴した。

ラ・ロシュフコー、[15] リュクサンブール、[16] ノアイユ[17] の諸氏（当時はいずれも公爵）を始め、少なからぬ人びとが任命の受諾を拒否し、計画全体に精力的に反対した。全国裁判所を設立するための勅令が、登記と履行を求めて高等法院に回されてきたときも、

14　ラモワニョン（Chrétien-François de Lamoignon de Bâville 一七三五〜八九年）。フランスの、玉璽の管理を任務とする国璽尚書（一七八七〜八八年）。一七八八年、勅令登記権を高等法院から新設の全国裁判所に移すとの決定を下し（ラモワニョンのクーデタ）、グルノーブルを始めとする高等法院の所在都市で暴動を招いた。

15　ラ・ロシュフコー＝リアンクール（François-Alexandre-Frédéric, Duc de La Rochefoucauld-Liancourt 一七四七〜一八二七年）。フランスの政治家。救貧対策に関心をもち個人の自由を主張する自由主義貴族。一七八九年、三部会の貴族身分代表に選ばれる。『箴言』で有名なラ・ロシュフコーは別人。

16　リュクサンブール（Anne-Charles-Sigismond de Montmorency, Duc de Luxembourg 一七三七〜一八〇三年）。一七八九年の三部会の貴族身分代表。

17　ノアイユ（Louis-Marie, Vicomte de Noailles 一七五六〜一八〇四年）。フランスの軍人、政治家。アメリカ独立革命にラファイエットらとともに義勇兵を率いて参加。一七八九年、貴族代表として三部会に選出される。自由主義貴族のひとり。

彼らはやはり抵抗した。パリ高等法院は勅令の権威に服従しなかったばかりか、勅令に権威があることすら認めなかった。こうして高等法院と内閣との抗争は、以前にも増して激しく再燃した。高等法院がこの問題を審議していると、内閣は一個連隊の兵士に命令を下し、議事会館を包囲、封鎖させた。高等法院の司法官たちは「使いを出して」寝具や食糧を取りにやり、籠城生活で対抗した。封鎖の効果が上がらないのを見て、内閣は現場の指揮官に、議事会館に突入して司法官の身柄を拘束せよと命じた。指揮官は命令に従い、有力司法官のうち何人かをそれぞれ別の監獄に放り込んだ。

ほぼ同じ頃、全国裁判所の設置に抗議するためにブルターニュ地方から代表団がやってきた。大司教は代表団一行をバスチーユに投獄した。しかし国民は、そのようなことでへこたれるはずがなかった。しかも国民は、自分たちが増税反対の構えで守りを固めているということを、申し分なく自覚していた。国民は一種の「静かなる抵抗」を続けるだけにとどめていたが、そうすることによって事実上、当時国民を黙らせようとして仕組まれた企てをすべて粉砕したのであった。全国裁判所は計画の放棄を余儀なくされた。その後間もなく、計画と同様に宰相も見捨てられた。後任にはネッケル氏が呼び戻された。[18]

全国裁判所を設置しようとする企ては、国民に対して思いがけない作用を及ぼした。全国裁判所は一種の、新しい形態の統治機構であった。それは図らずも国民をあらぬ方向へ押しやることになった。国民は既存の統治機構に対し、注意を払わなくなった。また往時の、迷信ゆえの畏敬の念も忘れ去った。全国裁判所は、いわば「統治機構を廃止に追い込む統治機構」であった。旧統治機構は新たな統治機構を設けようとして、［権力の］空白を設けてしまったのである。

全国裁判所の設置という企てが失敗に終わったために、三部会招集の問題が再燃した。これをきっかけとして、新たな駆け引きに火がついた。三部会招集のための規定は存在しなかった。三部会が明確に意味していたのは、いわゆる聖職者、貴族、平民の代表によって構成されるということだけであった。しかし、身分ごとの議員の数やその相互の比率は、常に一定だったわけではない。三部会は特別の場合にだけ招集され、最後に招集されたのは一六一四年であった。このとき三身分の議員数の比率は相

18　フランスの、北西に突き出た半島にある。十九世紀を迎えるまではブルトン語を使うなど、ケルト系の土地柄。かつては独立国（ブルターニュ公国）で、一五三二年にフランスと連合したあとも一七八九年までは一定の自治権と特権を保っていた。

互に対等であった。投票は身分ごとにおこなわれた。

一六一四年の方式は、当時［一七八八年］の政府の目的にも人民の目的にも合致していなかった。慧眼なネッケル氏がそれを見逃すはずはなかった。当時は状況が状況だっただけに、何事についても議論が百出し、合意形成はできなかったであろう。特権と課税免除をめぐる論戦を始めていたら、それは果てしなく続いたことであろう。その際、［税収の］不足を補おうとする政府の意欲も、憲法を望む国民の気持ちも、ともに蔑ろにされたであろう。そこでネッケル氏は、ふたたび名士会を招集し、そこに決定をゆだねた。三部会招集の決断を自分の責任で下そうとは思わなかったのである。名士会は主として貴族と高禄の聖職者によって構成されていたので、三部会を招集すれば概して得をする立場にあった。かくして名士会は一六一四年の方式を選ぶことになった。

この決定は国民感情に反すると同時に、宮廷の希望にも反していた。問題は貴族である。貴族は国民と宮廷の双方と対立し、どちらの側からも独立した特権を求めて闘っていたのである。そこでこの問題は、高等法院が取り上げるところとなった。高等法院は次のように勧告した。平民代表の議員数は、他の二者を代表する議員と同数にせよ。議事は、議員全員が一堂に会しておこなうものとせよ。投票は三者一体で実施せよ。

最終的に決まった議員総数は、千二百人であった。そのうち六百人は平民が選出することになった（平民の真価と重要性を全国規模で考慮するなら、この割合では低すぎる）。また、残る六百名については、聖職者と貴族がそれぞれ三百名ずつ選出することになった。しかしそれ以外の問題については、決定は先送りにされた。すなわち、議事を合同でおこなうか、それとも「身分ごとに」個別でおこなうか、あるいは票決をどのような方式にするかは、決定に至らなかった。*

＊原註。バーク氏は（非礼を顧みずに言わせていただくと、フランス事情にすこぶる不案内であるにもかかわらず）この問題について、次のように述べている。「三部会の招集に関して何よりも驚かされるのは、それが往時の慣行から大きく逸脱しているということだ」。バーク氏はその少し後の段落でこう述べている。「議員名簿[19]を読んだ瞬間に、以後の事態の一部始終がくっきりと目に浮かんだ。そして、実際にほぼその通りになった」。だがバーク氏は、その後の事態をすべて見通し

ていたわけではない。それは確かである。私は三部会の招集後はもちろんのこと、それに先だつ段階でも、「やがて革命が起こる」ということを肝に銘じてもらおうと躍起になった。だが、分かってはもらえなかった。氏のほうでも信じる気がなかった。全体像を視野の外に置いていたのに、氏はどうして一部始終をくっきりと見通せたのか。理解に苦しむ。また、往時の「慣行」からの「逸脱」について言うと、それは、バーク氏の発言が本質的に誤っているばかりか、氏がそもそも事情通ではないということを示している。往時の慣行が誤りであったということを経験から学んだ以上は、そこから脱却することは避けられないことだったのである。

一六一四年の三部会は、まだルイ十三世が未成年だった頃、内乱[20]が起こったときに招集された。しかし三部会は、身分別の編成をめぐって衝突を招き、紛争を裁定するために招集されたにもかかわらず逆に紛争をあおる結果となった。『内閣の陰謀』の著者[21]は、フランスにおいてまだいかなる革命も想像できなかった頃に同書を執筆し、一六一四年の三部会について次のように述べている。「三部会は五カ月のあいだ、世間をはらはらさせ通しであった。その間に投げかけられた問題や、それらの問題が提起されたときの熱気から判断して、重鎮たちは国民の福利を二の次にし、自分たちの個々の執念を満たすことを優先していたように見える。すべての時間は、論争と儀式とパレードのうちに空費された」。

続いておこなわれた選挙は、議席を争奪する選挙ではなく、選挙の魂を吹き込む選挙であった。立候補していたのは人間ではなく、原理であった。パリではさまざまな協会が結成された。全国各地に通信連絡委員会が設立された。その目的は人民の蒙を啓き、国政の原理原則を説明することにあった。選挙はいたって秩序正しく実施されたので、騒擾（そうじょう）が起こるなどということは、噂にさえならなかった。

19　原文では国民議会の議員名簿だが、ペインはそれを三部会の議員名簿と勘違いしている。

20　一六一四年初め、コンデ親王アンリが他の有力大貴族とかたらって国王に対して反旗を翻したことを指す。政府側はコンデ親王の要求を容れ、同年十月、国政改革を議論するために三部会を招集した。

21　ルイ＝ピエール・アンクティル（Louis-Pierre Anquetil 一七二三〜一八〇八年）。フランスの聖職者、歴史家。著書に『ランス市政史』（一七五六〜五七年）など。

三部会は一七八九年四月にヴェルサイユで開かれる運びになっていたが、実際に開催されたのは五月になってからであった。三部会の議場は三つに分かれていた。というよりも、むしろ聖職者と貴族がそれぞれ個別の議場に退いたと言うべきであろう。貴族の大多数は、特権なるものを要求した。すなわち身分ごとに採決し、賛成または反対の意思表示を身分ごとにおこなうことを求めた。また、司教や高禄の司祭のうち少なからぬ者たちも、それと同じ特権を聖職者部会に対して認めるべきであると要求した。

第三身分（当時の呼称）の人びとは人為的な身分や特権を、自分たちの与り知らぬこととして一蹴した。彼らはこの点に関して断固たる姿勢を貫いたばかりか、幾分尊大ですらあった。彼らは次のように考え始めていた。貴族は、社会の腐敗から発生する菌糸類のようなものであって、社会［の根幹］から派生する枝ですらない。そして、貴族が拘禁令状を支持するなどのさまざまな実例によって示した傾向に照らして言えるのは、人びとを［一体的な］国民として等しく扱うのでなければ、憲法の形成は不可能だということである――。

この点については甲論乙駁の末、第三身分すなわち平民（いずれも当時の呼び方）

は次のように宣言した（それは、シェイエスがわざわざそのために提起した動議を受けてのことであった）[22]。「我々こそが国民の代表である。他の二身分は［職能］団体の代表としか見なすことができない。この二身分が発言権を持てるのは、国民の代表とともに国民という資格で集合している場合に限られる」。この動議が受け入れられたことによって、三部会という議事スタイルは廃止された。三部会方式は、同じ動議にもとづく新方式、すなわち国民議会という議事スタイルへと格上げされた。

右の動議は、短兵急に提出されたわけではない。それは冷静な議論の結果であり、国民の代表が他のふたつの部会の愛国派メンバーと協議、調整して成立させたのである（後者すなわち愛国派メンバーも、人為的な、特権から生ずる差別が愚劣かつ有害で、不当であることを見抜いていた）。

22　シェイエス（Emmanuel-Joseph Sieyès　一七四八～一八三六年）。フランスの政治家。もともとは聖職者。一七八八年に著した冊子『第三身分とは何か』がフランスのブルジョア層の自意識覚醒を促した。一七八九年、三部会代表に選ばれる。九二年、国民公会議員。ブリュメール十八日のクーデタに参画、第二執政となる。ナポレオンが権力を握ると、政治の第一線から退いた。王政復古後、国外に追放されたが、七月革命で帰国を果たした。

すでに明らかになったとおり、国民という基盤にもとづくのでなければ、名実相ともなう憲法を制定することは不可能である。貴族はそれまでも宮廷の専制に反対し、愛国的言辞を好んで用いていた。しかし貴族が宮廷の専制に対抗していたのは、それを競争相手と見なしていたからである（ちょうどイングランドの諸侯がジョン王に対抗した[23]のと同じことである）。今や貴族は同じ動機から国民に対抗していた。

右の動議を通すにあたり国民の代表は、事前の手はずどおり貴族と聖職者の両部会に招請状を送り、国民という［共通の］立場で合流してから審議にとりかかりたいと申し入れた。聖職者のうち過半数の者は――主として教区の司祭であったが――聖職者の部会を脱退し、国民代表の側に加わった。貴族の部会からは、四十五名が同様の行動をとった。

貴族の部会からの鞍替えについてはちょっとした裏話があり、鞍替えの実情を説明するにはそれを明かす必要がある。実は、「貴族部会」を名乗る部会から愛国派メンバー全員が一斉に脱退するとしたら慎重さを欠くとの判断が働き、そこを案配した結果、常に誰かを残したまま徐々に議場を出て行くことになったのである。そうしておけば、要注意人物を監視することもできるし、議題を審議するのにも不自由しないというわけであった。出て行った者の数が四十五名から八十名に達するまでに時間はさほどかからなかった。そして、その直後にも鞍替えした者の数はさらにふくらんだ。聖職者の過半数と国民の代表全員を合わせた勢力に圧倒され、貴族部会に巣くう不満分子の勢力は、はなはだしく弱体化した。

国王ルイ十六世は、国王と呼ばれる階級一般の例とは異なり、心の温かい人物であった。そして、国民議会が持ち出した根拠にもとづいて三つの部会を一本化するよう勧告する意向を示した。だが不満分子ども［すなわち特権貴族ら］はそれを妨げようと躍起になり、今や、もうひとつの計略を巡らせ始めた。彼らの一派は貴族部会の多数派と聖職者部会の少数派から成り（後者は主として司教と高禄の司祭）、何ごとについても、計略のみならず暴力を使ってでも決着を図る気構えであった。憲法には反対しないが、「憲法は我々自身が要求するとおりのものでなければならない、また、我々

23　一二一五年にイングランドのジョン王（在位一一九九～一二一六年）が財政難を切り抜けるために重税を課したことに貴族が反抗、逆にマグナ・カルタ（大憲章）を国王に突きつけたことを指す。マグナ・カルタを受け入れたことにより国王は、以後、高位聖職者と大貴族の会議の承認を得ない限り、新たな税を導入することができなくなった。

自身の意向と特別な地位にふさわしいものでなければならない」という姿勢であった。

一方の国民代表は、貴族に対して市民という身分しか認めず、増長は一切許さないという決意を固めていた。貴族は、跳ね上がれば跳ね上がるほど、ますます軽蔑を買った。大半の連中は明らかに愚鈍で知性を欠いていた。その正体は一種の鵺であって、市民より上の存在であるかのように装っていながら、その実、人間以下の存在であった。そして、憎悪というよりもむしろ軽蔑を買ったために地歩を失い、ライオンとして畏怖されるよりもむしろロバとして嘲笑されていた。これこそが貴族の、あるいはいわゆる貴人(ノウビリティ)すなわち能なし(ノー・アビリティ)どもの、一般的な人物像である。

不満分子の計略は今や次のような二段構えになっていた。まず、議題の中でも特に憲法に関連する事項は、すべて部会ごとに(つまり身分ごとに)審議、採決する(そのようにしておけば貴族部会は憲法のあらゆる条項に対して拒否権を持てる)。そして、この目的を達成できない場合は、国民議会を丸ごと始末する。

彼らは今や、この二目的のうちいずれかを達成しようとして、専制政府という、それまでしのぎを削ってきた競争相手とのあいだで友好関係を模索し始めた。先頭に立ったのはアルトワ伯であった。国王は（後になって、だまされて彼らの策に乗せられたと断言しているが）、旧来の慣例に従って親臨法廷を開いた。国王は、一部の問題については一人一票で審議、採決することを容認した。しかし憲法に関するすべての問題については、三つの部会ごとに審議と採決をおこなわせることにした。

国王が表明したこの方針は、ネッケル氏の進言を無視するものであった。氏は今や、自分が宮廷において寵（ちょう）を失い始めていること、また、自分に代わる宰相［の起用］が検討されていることを悟り始めた。

部会ごとに個別に議事をおこなうという慣行は、実質的にはすでに破綻していたが、外見上はまだ維持されていた。そこで国民代表は、国王が右の方針を表明した後、それに対してどのように抗議するかを協議するために、ただちに自分たち専用の議場に下がった。貴族部会（自称）のうち国民代表の側に合流していた少数派も、同様の協議をおこなうために自前の会場に引き揚げた。一方、不満分子どもはこのときまでに、宮廷とのあいだで善後策を協議、調整済みであった（実行役はアルトワ伯が引き受けた）。しかし国王が表明した方針が不平を呼び、反発が起きたことから、部会ごとに採決をおこなったとしても意図したとおりに憲法［の策定］を操ることはむずかしそうであった。それを見て取った特権貴族らは、最終目標に向けて態勢を仕切り直した。国民議会を相手に陰謀を仕掛け、打倒することにしたのである。

翌朝、国民議会の議場はロックアウトされ、軍隊の警備下に置かれた。議員たちは締め出しを食った。彼らはただちにその場を退き、ヴェルサイユ近くの球戯場へ向かった。議場として使える場所で、ここよりましなところは見つからなかったのである。そして議事を再開すると議員たちは、「憲法を制定するまでは、(死に別れの場合はともかくとして)いかなる状況に置かれても離ればなれにはならない」と誓い合った。議場を閉鎖するという試みは何の効果も上げられず、逆に議員相互の団結強化を招いただけであった。そこで議場は翌日ふたたび開放され、通常の場所で議事が再開された。

さて次に取り上げねばならないのは、国民議会の打倒を事とする新内閣の発足である。だが、そこには裏事情がある。まず、実力行使が必要になるだろうと思われたので、三万人の軍勢を集めよとの命令が発せられ、その指揮は、次期内閣の一員に擬せられていたブロイ公に託された。ブロイ公はこの目的のために在所から呼び出された。しかしこの計画は、実行の用意が整うまで伏せておかねばならず、そうするためにはある種の手練手管が必要であった。したがってアルトワ伯が発した声明はまさにこのような狡猾さに沿うものと見るべきであり、ここにそれを紹介しておくのが妥当であろう。

不満分子どもは、自分たちが国民議会から離れて自分たちの議場に退いたままでいれば、国民議会と席を同じくする場合にくらべて相手の警戒心を刺激することになり、謀略が察知される可能性があるということを頭に思い浮かべずにはいられなかった。だが、みずから選んだ立場に身を置きながら、今度はそこから退去する口実が欲しくなったからには、何か体のよい口実を考え出すことが急務となった。それは、アルトワ伯が発した以下の声明によって首尾よく解決された。「諸君が国民議会に参加しなければ、国王の生命が危険にさらされるであろう」。この声明を受けて不満分子どもは即座に議場から退出した。そして国民議会に合流し、一体となった。

この声明が発せられたとき世間一般ではそれを、アルトワ伯の不見識を露呈するものと受け止め、貴族と聖職者というふたつの部会の有力メンバーを、勢力減少の事態から救うことを目的としているにすぎないと推測した。もし引き続き何事も起こらなかったら、この結論は正しかったということになるのだが、物事の意味を鮮明にするのは、何よりもその結末である。この、合流のように見えるものは、ひそかに進行しつつあった陰謀の隠れ蓑にすぎなかった。そしてアルトワ伯の声明は、その目的をかなえるための、融通無碍（むげ）の方便であった。

それから間もなくのこと、国民議会は気がつくと軍隊に包囲され、しかも包囲網には連日、新手（あらて）の兵士が数千人ずつ加わった。このような事態に接して国民議会は、恐ろしく強硬な異議申し立てを国王に突きつけ、「こうした措置は不適切である」と抗議し、事情説明を求めた。国王は（自身が後になって言明したところによると、この陰謀の秘密を共有してはいなかったのだが）、おおむね次のとおり回答してきた。「はなはだしく紊乱（びんらん）している観のある治安を維持したい。それだけが目的であり、それ以上のことは考えていない」。

しかしそれから幾日も経たないうちに、陰謀は正体を現した。ネッケルの内閣が退陣し、代わって革命の敵から成る新内閣が発足した。新内閣を支援するためにブロイ公が、二万五千人ないし三万人の外国人［傭兵］部隊を率いて到着した。今や陰謀はみずからの仮面をかなぐり捨て、事態は一触即発の危機を迎えた。その結末はどうなったか。それからわずか三日のうちに新内閣は、陰謀を教唆した連中全員とともに態度を翻し、国外へ高飛びしたほうが賢明と判断した。バスチーユは占拠され、ブロイ公と指揮下の外国人部隊は算を乱して逃げ出した。これについては本書ですでに述べたとおりである。

この短命内閣と、あっけなく未遂に終わった反革命。その顚末をふり返ると、そこにはいくつかの椿事（ちんじ）が見られる。宮廷が置かれているヴェルサイユ宮殿は、国民議会の議場となっている公会堂から四百ヤードも離れていなかった。この二つの場所はこのとき、対峙する両陣営のそれぞれの本部のような役割を果たしていた。ところが宮廷は、パリから国民議会に届いていた情報について何も知らなかったのである。あたかも百マイルも離れた所在地に置かれていたかのようであった。

こうした緊急事態に臨んで国民議会の議長［正しくは副議長］に選ばれたのが、当時侯爵のラファイエット氏であった（これについてはすでに述べた）。国民議会からの命を受けて氏は、バスチーユが占拠された日、夕方までに自分の代理を次々に三名指名し、国王のもとに差し向けた。それは、現状を報告し善後策を協議するためであった。ところが内閣はというと、（バスチーユが襲撃されたことすら知らないまま）すべての情報に耳をふさぎ、「首尾は上々」と元気づいていた。ところがものの数時間も経たないうちに一連の至急報が続々と届くと、一同は居ても立ってもいられなくなり、席を立って逃げ出した。逃亡に際しては誰もが何かしら変装し、素顔のまま逃げる者はいなかった。彼らは、足止めを避けるためには続報に先を越されるわけにはいかないと、焦燥に駆られた。彼らの逃げ足は、続報が届くのよりも速かった。

国民議会は、陰謀に失敗して逃亡する者どもを追跡することはなかったし、意に介することもなかった。いかなる形にせよ報復を求めることもなかった。このことは特筆に値する。国民議会が憲法制定の事業に取り組むにあたり依拠していたのは、人間の権利と人民の権威であった（人民の権威はどこの国でも、国を治める理由を支える唯一の権威である）。したがって国民議会は、不遜な統治の性格を特徴づけるあさましい情念とは無縁であった。不遜な統治とは、自分自身の権威や世襲という愚行を存立基盤として国を治めることにほかならない。人間の心というものは、心の中でイメージしたとおりになる。また、心の振る舞いは、目指す目標に合わせて高貴にも下劣にもなる。それが人間の心の働きというものである。

第六章　フランス人権宣言およびそれについての所見

こうして陰謀が立ち消えになったとき、フランス国民議会は最初の仕事のひとつとして、新憲法の基礎となる人権宣言を発表した。それは、過去［同様の立場に置かれた］各国政府が報復声明を発したのとは対照的な措置であった。以下、人権宣言の条文を示しておく。

フランス国民議会起草「人間の、また市民の権利に関する宣言」

［前文］

人間の権利を知らないこと、また、知っていながら無視あるいは軽視すること。社会の不幸と政府の腐敗をもたらす原因は、それに尽きる。国民議会として構成されたフランス人民の代表者は右を念頭に置き、人間が生来持っている、固有の、奪われることのない権利を、厳粛な宣言という形で［ここに］提示することを決意した。その目的は次の点にある。この宣言を絶えず示すことによって、社会全体のすべての構成員におのれの権利と義務を常に思い起こさせること。また、立法権および執行権の行為を、すべての政治制度の目的といつでも照合できるようにして、一層尊厳あるものにすること。また、市民の要求を今後、簡明で論争の余地のない原理にもとづかせることによって、常に憲法の保全と万人の幸福［の向上］に役立つものにすること。

右の理由にもとづき国民議会は、至高の存在［である神］を前にして、かつその祝福と加護を求めつつ、人間の、また市民の、以下の神聖な諸権利を［ここに］承認し、宣言する。

第一条［自由および権利の平等］

人間は生まれてから一生のあいだ常に自由であり、かつ人間の権利の点で平等である。したがって、社会的な差別を設けることが許されるのは、公共の利益に役立つ場合に限られる。

第二条［政治的結合の目的と権利］

あらゆる政治的結合［すなわち国家の樹立］は、人間が生まれつき持っている固有の権利、すなわち自由・所有・安全を求める権利や圧制に抵抗する権利を保全することを目的とする。

第三条［主権在民］
国民は本質的に一切の主権の根源である。したがって、いかなる個人もいかなる団体も、国民に由来することが明らかでない権能を行使することは許されない。

第四条［自由の定義、権利行使の制限］
政治的自由とは、他人の権利を侵害しない限り何をしても許されるということにほかならない。したがって各人の自然権の行使は、他の人間が同じ権利を自由に行使するのを保証するのに必要な制限を別とすれば、何ら制限を課されない。そうした制限は、法律に拠らない限り課すことはできない。

第五条［法律による禁止］
法律によって禁止されるのは、社会にとって有害な行為に限られる。法律によって禁止されていない行為は、これを妨げてはならない。また、何人(なんぴと)も法律によって要求されていないことは強制されない。

第六章［一般意思の表明としての法律、市民の立法参加］
法律は一般意思の表明である。すべての市民は本人みずから、あるいは代表者を通じて、法律の制定に参画する権利を有する。法律は、保護を与える場合も処罰を加える場合も、万人にとって同一でなければならない。法律の面前では誰もが平等であり、それぞれに異なる能力に応じて平等に、いかなる名誉・地位・職業にも与る(あずか)ことができる。その際、本人の長所と才能によって生じる違い以外のいかなる差別も許されない。

第七条［適法な手続きと身体の安全］

法律が定めた立件の事由に該当し、かつ法律が定めた手続きを適用されるのでなければ、何人も訴追・逮捕・拘禁されない。恣意的な命令を要請・発令・執行する者、あるいは執行させる者は、処罰される。法によって召喚または逮捕される各市民は、ただちに服従しなければならない。抵抗すれば罪に問われる。

第八条［罪刑法定主義］

法律は、絶対かつ明白に必要な刑罰以外の刑罰を科してはならない。また、何人も、犯行に先だって公布され、合法的に適用される法律に拠るのでなければ罰せられない。

第九条［無罪の推定］

何人も、有罪判決を下されるまでは無罪と推定される。勾留が避けられない場合は、身柄を確保するのに必要とされる以上に厳しい扱いが一切おこなわれないよう、法律によって定めておかねばならない。

第十条［意見の自由］

いかなる意見も――すなわち、信仰上の信念ですら――それを受け入れている者を人身攻撃する理由にはならない。ただしそれは、その意見の表明が法律の定める社会的秩序を乱さない限りにおいてである。

第十一条［表現の自由］

思想および意見の自由な伝達は、人間のもっとも尊い権利のひとつであり、各市民は自由に演説し、著述し、出版することが許される。ただし、法の定める［特定の］事例については、この自由を濫用すると責任を問われる。

第十二条［警察等の実力機関］

人間の、また市民の権利を保障するためには［警察を始めとする］実力機関が必要となる。それを設置するのは社会全体の利益のためであって、その運用を請け負った人びとの特定の利益を図るためではない。

第十三条［租税の分担］

公的な実力機関を維持し、政府のその他の歳出をまかなうためには、社会全体で租税を負担することが必要である。租税は社会の構成員のあいだで、各自の資力に応じて平等に分担しなければならない。

第十四条［納税にかかわる市民の権利］

各市民は以下のことを決定するにあたり、本人みずから、あるいは代表者を通じて、自由に発言する権利を持つ。公的に税負担する必要があるのか。［徴収した］税を何に充当するのか。税額をいくらにするのか、また、どのような方式で査定するのか。納税の期限をいつにするのか。

第十五条［行政報告を求める権利］

いずれの社会もすべての公僕に対して、行政に関する報告を求める権利を持つ。

第十六条［権力分立と権利の保障］

いずれの社会も、もし権力の分立と権利の保障が規定されていないのであれば、憲法を持たない［のと同じことである］。

第十七条［所有権の不可侵性］

所有権は不可侵にして神聖である。何人も所有権を奪われることはない。ただし例外はある。すなわち、法律で規定された明白にして公的な必要が生じ、かつ事前に公正な補償を受けた場合は別である。

人権宣言についての所見

冒頭の三カ条は、一般的な用語で人権宣言の全体を包摂（ほうせつ）している。それ以降の条文は、いずれもそれら三カ条から派生しているか、あるいはその解説として続くものである。第四～六条は、第一～三条において一般的にしか表現していないことを個別に明確化している。第七～十一条は、法律の当否を判断するための諸原則を宣言するものである。法律はそれらの原則に照らして、第六条までの条文で宣言された権利と整合していると解釈できるものでなければならない。

だがフランスでは（実はフランスに限ったことではないのだが）、一部の非常に善良な人びとは次の点を疑問視している。第十条は、本来保障しなければならない権利を十分に保障しているのか。第十条は宗教から神聖な尊厳を奪っているのではないか。第十条はまた、宗教が人間の心に働きかける効力を弱め、宗教が法律の主題になるのを妨げているのではないか。そうだとすれば人間にとって第十条は、雲によってさえぎられた光と同じようなものではないのか。なにしろ光源は、雲の中に入るとかすんでしまい、人間の目には見えなくなり、そうなると人間は薄暗い光線の中に崇めるべきものを何も見出せなくなるのだから。*

＊原註。宗教問題については、正しい認識はひとつしかない。それを然るべく肝に銘ずるならば、いかなる個人・集団・政府もそうした問題について、法律上または宗教上の意味で道を誤ることは避けられるであろう。正しい認識とは、次のようなものである。統治機構という人間の制度が世に知られるようになる以前、時間が始まったときから神と人間とのあいだには（もしそう呼ぶことができるならば）契約があった。個人としての人間の、創造主に対する関係および立場は変えようがないし、それはいかなる人間の法律をもってしても、また、いかなる人間の権威をもってしても変更できないのだから、（そうした契約の一部である）神への帰依は人間の法律の主題にすらなり得ない。法律はすべからく、法律以前から

存在するこの最初の契約に見合ったものでなければならない。神との契約を法律に見合うものにするなどという考えを起こしてはならない。法律は人間のものであって、それが出現したのは神との契約の後のことである。

人間が周囲を見回して、人間をつくったのは神であって人間自身ではないということを悟り、また、人間を受け入れるために世界が用意されていることを悟ったとき、最初にしたことは神への帰依だったに違いない。そして、それぞれの人間にとって信仰することは、正しいことに思えるがゆえに今も依然として神聖なことであるに違いない。国家がそれに介入するとすれば有害である。

第十二条以下、残りの条文は実質的に、それに先だつ各条に示された諸原則の中に含まれている。しかし当時、フランスは特殊な状況下に置かれており、義を実現するばかりか悪を正す必要にも迫られていた。したがって条文を、別の状況下で求められるよりも網羅的にしたのはもっともなことであった。

人権宣言を国民議会で審議しているとき、次のように発言する議員もあった。「人権宣言を公表する以上、それは義務宣言と抱き合わせにすべきだ」。この所見は、頭を使って考察したということを示している。ただ、考察が十分に行き届いていなかったために間違いを犯しただけだ。人権宣言というものは、一般的に権利を相互に認めるものであるから、同時に義務宣言にもなる。自分が人間として持つ権利は何であれ、同時に相手の権利にもなる。権利を［相手に］与え、保障してやることも自分の義務となるのである。

冒頭の三カ条は、国民の自由および個人の自由の基盤となる。政府がこの三カ条に含まれている諸原理に立脚せず、それら原理の純粋性を保っていないとすれば、そのような政府に支配されている国はいかなる国であれ、自由な国とは呼べない。人権宣言という体系はこれまで公布されてきたあらゆる法令を束ねたもの以上に、世界にとって貴重で有益なものとなろう。

人権宣言の前文を読むと、厳粛かつ荘厳な場面が目に浮かぶ。一国の国民が神の庇護のもとに国家体制を樹立する事業に着手する図である。それはきわめて斬新で、ヨーロッパ世界のどこにもまったく類例が見られない光景である。これを革命と称したのではその特質は言い尽くせない。それは、人間の復活という高みにまで達するものなのだ。

ヨーロッパの現行の各国政府は、不法と圧制の場以外の何物でもない。イギリス政府はどうか。当のイギリスの住民ですら、次のように言うのではないか。イギリスは、住民一人ひとりが値段のついた商品として扱われる市場である。ここでは、贈収賄が当たり前のようにおこなわれ、欺かれた人民がその犠牲となっている——。それだけに、フランス革命が悪しざまに言われるのは不思議なことではない。もしフランス革命が目に余る専制体制を打倒するだけにとどめていたならば、おそらくバーク氏ほか数名は黙っていたことであろう。ところが今や彼らは叫ぶ。「やり過ぎだ！」。これは、彼らにとってやり過ぎだという意味である。フランス革命は腐敗を直視する。賄賂に目のない連中はみな、恐慌をきたしている。彼らの不安はその憤懣に現れている。それは、おのれの悪徳行為に痛撃を加えられ、それゆえにうめき声を上げているだけのことである。

しかし、このような抵抗に直面したからといってフランス革命は、挫折することはなかった。逆に、革命のために尽くそうとする機運が高まった。今後フランス革命は試練ゆえにますます活性化するであろう（懸念されるのはむしろ、試練が不十分なものにとどまるのではないかという点である）。攻撃されても恐れるべき相手はいない。フランス革命は真理によって支えられており、永遠不滅の名を歴史に残すであろう。

以上、フランス革命の進展を跡づけた。革命の発端から、バスチーユの占拠を経て、人権宣言によって革命が不動のものとなるところまで、革命の主要な段階はほぼ網羅した。この問題を締めくくるにあたり、ラファイエット氏の力強い呼びかけの言葉を引用しよう。「この、自由のために建立された偉大な記念碑が、抑圧する者にとっては学ぶべき教訓となり、抑圧される者にとっては見習うべき範とならんことを！」[*]。

＊原註。本書五〇ページを参照されたい。次のことに注意されたい。バスチーユ占拠以来、事件という事件はいずれも公になっている。だが、ここに記した重大事は、それに先だつ時期にかかわる。容易に察しがつくことだが、その中には、これまでほとんど知られていないものも含まれていよう。

第七章　雑記

本書のここまでの議論および後続の叙述を遮ることになってはいけないので、幾つかの所見をあえて述べずにおいた。それを本章に雑記という形でまとめておく。このようにすれば、種々雑多なことを取り上げても、「混乱を招く」とのそしりは受けずに済むかもしれない。［しかるに］バーク氏の著書は、最初から最後まで雑記帳そのものである。彼の意図はフランス革命に攻撃を加えることにあった。ところが彼は、整然と理論武装して進撃したのではない。さまざまな観念が［頭の中で］ひしめき合い、互いに衝突し、力を奪い合う――そのような状態のままフランス革命を急襲したのである。

しかし、バーク氏の著書に見られるこうした混乱や矛盾は、容易に説明がつく。いかなる申し立てをおこなうときにも、北極星のような不動の真実、不動の原理を道しるべにすべきである。それ以外のものを頼って針路を定めると、必ず道に迷う。そこから目を離したのでは、議論のすべての部分を齟齬のないように統一し、一個の結論へと導くことは、力の限りを尽くしても不可能である。記憶力も創意工夫も、この道しるべの代わりにはならない。前者は不確かであるし、後者は思いどおりになるものではない。

バーク氏は世襲の権利や世襲の王位継承についてナンセンスな（としか言いようがない）ことを主張し、「国民は自分で統治の仕組みをつくる権利を持たない」などと述べているにもかかわらず、行きがかり上、国家統治がどのようなものか、何らかの説明をせずに済ますわけにはいかなくなった。氏の説明はこうである。「統治体制は人知の産物である」。

統治体制を人知の産物と認めるならば、必然的に次のような結論が導かれるはずだ。世襲による王位継承や世襲にもとづく権利とやらを、統治体制の中に組み込むことはできない。なぜならば、英知は世襲の対象にはならないし、他方、実態的に国政を白痴の知恵にゆだねる可能性がある仕組みは、賢明な仕組みにはなり得ないからだ。

バーク氏が頼りにする論拠は、氏の主張のどの部分にとっても致命的である。議論［の的］は、世襲の権利から世襲の英知へと移る。問題は、賢人の中の賢人は誰かということになる。バーク氏は今や、世襲によって王位を継承してきた歴代の王が、ソロモン王[1]のごとき賢者であったということを示さなければならない。さもないと、王という称号だけでは王たるには不十分になってしまう。ここでバーク氏は何たる挙に出たことか！　氏はあたかも水夫がモップで甲板を拭き掃除でもするかのような調子で、歴代国王の名前を消し去り、ほとんど誰ひとりの名前も読み取れないほどにしてしまったのである。氏はまた、貴族の家系図を、死神や時の翁（クロノス）[2]が持っているのと同じほど恐ろしい大鎌でなぎ払い、枝葉もまばらな姿に変えたのである。

だがバーク氏は、右の反論を予期していたように見える。氏が「統治体制は人間の英知によって考案されたものであるばかりか、英知を独占するものでもある」と見なすのは、反論にそなえるために意を用いているからである。氏は国民を愚者の集合体と位置づけ、その対極に英知あふれる政府を対置する（その実、閣僚は全員せいぜい

1　ソロモン（**Solomon**　在位前九六〇頃～九二二年頃）。イスラエル王国第三代の王。非凡な知恵の持ち主だったと伝えられる（旧約聖書「列王記・上」など）。

2　時の翁（クロノス）とは、神格化された「時間」のこと。死の象徴である大鎌と時計を携えた、前髪のない、髭をはやした老人の姿をしている。紀元前六世紀のギリシアの思想家、シュロス（シロス島）のペレキュデースが想定した神に由来するといわれる。

ゴータム村の賢者[3]程度にすぎないのだが）。氏はさらに次のように宣明する。「人びとは、自分たちの足りないところを政府の英知によって補ってもらう権利をそなえている」と。

　このように断言した後、氏はそれに続けて、人びとに何が不足しているのか、また、どのような権利があるのかを説明する。

　この点、バーク氏の論法は巧妙で、次のような組み立てになっている。まず、人びとに足りないものとして、知恵が不足していると言い立てる。しかし、それでは慰めにもならないので、氏は言葉を続けて、人びとには（自分の知恵を行使する権利ではなく）英知によって支配される権利があると慰撫する。そしてさらに言葉を継いで、政府への畏敬の念を人びとにすり込もうとする。いわく、「政府というものは英知そのものと、英知の巨大な力を独占しており、できそうにないことや正しくないことをも含め、いかなる目的にも対応できる」と。そのような政府の権力について、バーク氏は占星術師を思わせる神秘的な重々しさをもって、次のような言葉で教えさとす。

「国家の統治下では、人びとの権利は利益という形をとる。そして人びとの利益は、相異（あい）なる善と善とのバランスのうちに得られる。それは、ときには善と悪とのあいだで、ときには悪と悪とのあいだで、妥協を図ることによって得られる。政治的理性とは計算の原理である。それは、まがう方なき道徳上の数値を、[4]道徳を基準として（すなわち、哲学や数学とは無関係のところで）加減乗除するものである」。

バーク氏の話をいぶかしそうに聞いている人びと（正確に言うなら、氏が聞き手として想定している人びと）には、右のたわ言はよく呑み込めないだろうから、私がその意味を通訳することにしよう。実は、バーク氏があれこれ述べたことは、次のような意味なのである。「統治という営為はいかなる原理原則にも服さない。それは意のままに悪を善に、また、善を悪に変えてのける。要するに統治とは、恣意的に権力をふるうということだ」。

だが、バーク氏は幾つかの点を言い忘れている。第一に氏は、政府の独占的な英知とやらが、そもそも何に由来するのかを明らかにしていない。第二に氏は、それが最

3　ゴータム（Gotham）は、ノッティンガム近郊の実在の村。村人全員が愚鈍だったという昔話や童謡にもとづき、「ゴータムの賢者」は「愚か者」の代名詞となっている。

4　ペインは denominations を demonstrations と読み間違えている。ここではバークの原文に沿って「道徳上の数値」と訳した。

初に発動されたときどのような権限にもとづいていたのかも明らかにしていない。氏の問題提起の仕方に照らすなら、その実態は、知恵を盗み取って統治をおこなっているか、あるいは悪知恵を働かせて統治という営みを盗み取ったか、そのいずれかである。政府が独占する英知は、「独自に」発生したわけではない。そして、権力を行使するにあたり権威による裏づけを得ているわけでもない。要するにそれは簒奪にほかならない。

恥だと思うからなのか、統治の仕組みに何らかの欠陥があって隠しておく必要があるからなのか、あるいはその両方の理由によるのか、はたまた別の理由によるのか、私はあえて断定するつもりはないが、いずれにせよ次のことは事実である。すなわち、君主政を是とする論者は、統治というものをその起源にまでさかのぼって追究することは決してないし、また、起源を出発点として「時系列に沿って歴史を」たどることもしない。統治の起源という問題は、統治を論ずる者の正体を暴く試金石である。

今から一千年後、アメリカまたはフランスに生きる者は、しみじみと心の中で誇りを感じながら自分たちの統治体制の起源をふり返り、次のように述べるであろう。「これは光栄ある我らの父祖の事績である！」。だが、君主政を擁護する論者となると、どうであろう。何か自慢できるもの、自負できるものはあるだろうか。嗚呼！　何もありはしない。禁忌に触れるわけにはいかないので、彼らは統治体制の起源をふり返らない。あえてそのようなことをすれば、追いはぎかロビン・フッドのような、身元不明の徒輩が、時間という長い暗闇の中から「我こそは始祖なり」と名乗って出るかもしれないのだ。バーク氏は二年前、摂政法案と世襲による王位継承のために大いに奮闘し、前例を収集するために懸命に励んだが、ノルマンディー公ウィリアムのことを取り上げて、「この方こそ王統の祖にして栄誉の源」と言挙げするだけの大胆さは持ち合わせていなかった。それはそうだろう。ウィリアムは売春婦の息子として生まれ、イングランドを掠奪した人物なのだから。

　国家統治についての人びとの考えは、どこの国でも急速に変化しつつある。アメリカとフランスにおける革命が世界中に一条の光芒を投げかけ、それは人類にも届いた。政府の莫大な出費が神経にさわったことから人びとは目覚め、自分の頭で考えるようになった。その一方、無知というベールは、ひとたび破れ始めるともはや繕うことはできない。無知は独特の性質を帯びている。ひとたび無知が解消されると、ふたたび無知で覆うことはできない。無知はそもそも、それ独自の実体として存在するわけではない。「知らずにいる」というだけのことである。人を、知らない状態にとどめておくことはできるが、知らない状態に引き戻すことはできない。真実を悟ったとき人間の頭脳は、目で物体を見出したときと同じ仕組みで働く。何であれ物体をひとたび見てしまうと、頭脳は、見る前の状態には戻らない。フランスにおいて反革命が起こるなどと語る人びとは、人間というものを理解していないことを白状しているのに等しい。

反革命を遂行しようにも〔既存の〕言語では、そのための手段すら表現できない。反革命を遂行するための言葉（の組み合わせ）が存在しないのである。反革命を遂行するための手段は、知識を抹消することにあるはずだ。しかし、ひとたび知ってしまった人間を、また、ひとたび考えを持った人間を、白紙の状態に引き戻すことはできるだろうか。そのような手だてはいまだ発見されていない。

バーク氏は知識の進歩を押しとどめようとして躍起になっているが、それは無駄な抵抗である。氏の徒労がなおさら見苦しく感じられるのは、ある種の取引がシティで成立したことが知られているからである。氏はその取引により偽名で年金を受け取っているのではないかと疑われている〔本書二一一ページ参照〕。このような事情が分かれば、氏がその著書においてどこかの奇矯な学説を持ち出し、その矛先を［表向きは］革命協会に対して向けていながら、実際には国民全体に向けている理由も納得できるだろう。

バーク氏は言う。「イギリス国王はみずからの王冠（国民の王冠ではないという含みである――ペイン註）を保持し続けるにあたり、自分が革命協会の意向にかなっているか否かを顧慮することはない。なにしろ革命協会は、個々の構成員においても、また協会全体としても、国王を選ぶための投票権を一票も持たないのだから。そして今上陛下の後を継ぐ方も、そのまた後を継ぐ方々も、やがてそれぞれにご自分の時と順番を迎えて即位される際、革命協会の意向を意に介することはない。それは、今上陛下の即位のときと同じである」。

イギリス（あるいは他の国）の国王が誰であろうと、また、そこに国王なるものが君臨しようがしまいが、そのようなことはどうでもよい。また、そこの国民が国王として選ぶのがチェロキー族[5]の首長であろうとヘッセン[6]の軽騎兵であろうと、それは私の知ったことではない。そうした問題は当の国民に任せておけばよい。しかしバーク氏の所説となると、話は別だ。地上で最も圧制的な奴隷制の国においてすら、人間および国民の権利に関してこれほどおぞましい言葉が発せられた例はない。私は、このような苛酷な専制体制について聞き慣れていないために、人一倍それをひどいものに感じるのだろうか。よくは分からない。しかし、そうした専制体制のおぞましい原理については、判断に困ることはない。

バーク氏が念頭に置いているのは、革命協会ではなく国民である。もっと言うなら、革命協会に代表を送り出している国民であり、革命協会の母体としての国民である。バーク氏は「革命協会は、個々の構成員においても、また協会全体としても、国王を選ぶための投票権を持たない」と述べることによって、真意を明らかにすべくその意を用いている。革命協会は、あらゆる階級の市民と上下両院の一部議員で構成されている。したがって、革命協会がいかなる資格においても投票権を持たないとすると、国民の投票にせよ議会の議決にせよ、誰にも投票権がないということになる。どこの国にしても、どのように外国の一家を国王として迎え入れるのかという問題には慎重を期すのが当然である。イギリス国民は国王［の家柄］を話題にする習慣があるが、それはいずれの場合も外国に起源がある。外国人を嫌いながら外国人によって支配されているわけで、これは、考えてみればいささか奇妙なことである。今の［ハノーヴァー朝」はドイツの弱小貴族ブラウンシュヴァイク家の血統に連なる。

これまでいわゆる王位継承の調整は、イギリス議会が実行してきた（国民はそれを受けて、外国の王朝からその分家を自分の国に迎えるという形式に同意するのが当然とされていた。そうでない限り議会は、［国王を迎えるために］オランダや、ドイツのハノーファーに人を遣る権限も、国民に有無を言わせず国王を押しつける権限も持てるはずがなかった）。[7] そして、王位継承問題に関して議会が踏み込めるのはここまでとなろう。だが、国民の権利はこの問題全体に関わっているのだ。なぜならそれは、統治の形態全体を変える権利だからである。議会の権利は、委任された権利、あるいは移譲による権利にすぎない。しかもそれは、国民のうちほんの一握りの人びとから託されているだけであ

5　アパラチア山脈南部に住んでいたアメリカ先住民。アメリカ独立革命ではイギリス側に立ってアメリカの愛国派と戦った。

6　ヘッセン（Hessen）。現在はドイツを構成する州の一つ。アメリカ独立革命時は、この地を治めるフリードリヒ二世がイギリスとのあいだで傭兵を提供する協定を結び、ヘッセン兵をアメリカに派遣した。

7　名誉革命の際にオランダ総督を国王ウィリアム三世として、また、一七一四年にドイツからハノーファー選帝侯を国王ジョージ一世として迎えたことを指す。

り、上下両院のうち一方［すなわち貴族院］に至っては、そのような権利すらそなえていない。ところが国民の権利は、国民に固有の権利であって、国民はそれを広く国民全体で分かち合っている。税負担を国民全体で分かち合うのと同じである。国民が［税金で］すべてをまかなっている以上、すべては国民の総意に一致していなければならない。

私は、イギリス貴族院でのシェルバーン伯[8]（当時）の演説に注意を惹かれたことを覚えている。それは、シェルバーン伯が［一七八二〜八三年に］首相を務めていたときのことだったと思う。シェルバーン伯の演説はここでの議論に適用できる。あらゆる点を正確に記憶しているわけではないが、彼の言葉と演説の趣旨をできるだけ詳しく思い出してみると、それは次のようなものであった。「統治の形態はいかなる時代にあっても、全面的に国民の意志にかかっている。もし国民が君主政を選ぶならば、国民には統治形態をそのようにする権利がある。その後、共和政に鞍替えしたくなれば国民は、共和政を採用し国王に対して『もはや用はない』と告げる権利がある」。

バーク氏の言い草はこうだった。「今上陛下の後を継ぐ方も、そのまた後を継ぐ方々も、やがてそれぞれにご自分の時と順番を迎えて即位される際、革命協会［すなわち国民」の意向を意に介することはない」。これは、発言の相手がイギリスの最下層の人間であったとしても言い過ぎではないだろうか。なにしろ、そのような人間一人ひとりの日々の労働から差し引いたものを寄せ集めて、国王なる人物に支給する国費（年額百万ポンド）に充てているのだから。横暴な統治はすなわち専制であるが、その上さらに国民を眼中にも置かないとすれば、それは最悪の統治である。お金を出していながら一顧だにされないのでは、隷属の極致である。

この種の統治はドイツに由来する。それを目の当たりにすると、アメリカ独立戦争でアメリカ側の捕虜になったブラウンシュヴァイク公国出身のドイツ兵が、次のように語っていたのが思い出される。「アメリカは素晴らしい自由の国だ。このような国を守るためなら、人民は奮闘する甲斐がある。私は自分の国を知っているので、彼我の違いが分かる。わが国では、主君から『麦わらを食べよ』と命じられれば、唯々諾々と麦わらを食べる」。これを聞いて、私は心の中で祈った。「神よ、イギリスやそ

8　シェルバーン伯（William Petty, 2nd Earl of Shelburne and 1st Marquess of Lansdowne 一七三七〜一八〇五年）。イギリスの政治家。一七八二〜八三年、首相。アメリカ独立を認める仮条約が議会の批准を得られず、退陣に追い込まれた。

の他の国に限らず、自由を守るにあたりドイツの統治原理とブラウンシュヴァイク大公を頼らずに済む国にご加護を！」。

バーク氏は時にはイギリスのことを語り、時にはフランスのことを語る。また、時には世界全体を語り、統治一般を語る。したがって、同一の土俵に立って公然と相まみえるのでない限り、彼の著書を相手に論戦を挑むのはむずかしい。確かに統治の原理は一般的な問題ではあるが、多くの場合、どこの国のことなのか、またその国がどのような状況に置かれているのかについての認識から切り離すことはほとんど不可能である。しばしばバーク氏がするように「その国を取り巻く」状況を議論の俎上に載せるのであれば、なおさらである。

バーク氏はその著書の前半部分で、フランス国民に呼びかけて次のように述べている。「私たち（すなわちイギリス人）が経験から学んだところによれば、王位の世襲という道（方法）をとらない限り、私たちの自由は、世襲の権利として途切れることなく［次代へ］引き継ぐことも、神聖なまま保つこともできない」。バーク氏に尋ねるが、誰がそうした自由を奪うというのか。ラファイエット氏はフランスについて次のように述べているではないか。「ある国民が自由であるためには、その国民が自由を望むだけで十分である」。

ところがバーク氏が描くところによれば、イギリスはみずからの身を処する能力を欠いており、その自由は、国民を侮っている国王が管理しなければならないという。そこまで身を沈めたとすればイギリスは、ハノーファーやブラウンシュヴァイクに倣って麦わらを食べることも覚悟しているということになる。しかし氏の主張は愚かしいし、事実はことごとく氏にとって「あいにくなことに」不利に働いている。イギリス国民の自由が危険にさらされたのは、統治形態が世襲にもとづいているからである。これが真実であることは、チャールズ一世とジェームズ二世という証拠に照らせば分かる。もっとも両者はいずれも、国民を侮るというところまでは行かなかったのであるが。

ある国民にとって、他国の人びとから本音レベルでどのように評されているのかを聞き知ることは、時には有益である。だから、フランス国民はバーク氏の著書から何かを学ぶかもしれないし、イギリス国民も、氏の著書が引き起こすであろう反論から何かを学ぶかもしれない。自由をめぐって他国民と論戦するとき、そこには幅広い議論の場が開ける。そうした論戦は、遠慮会釈のない攻撃をもって始まるが、戦争の惨禍はともなわない。しかも知識を戦わせるのだから、戦利品を手に入れるのは敗北を喫した側だ。

バーク氏は自分の言う「世襲による王位」を、何か自然の産物であるかのように語る。あたかも次のことが本当であるかのような口ぶりである。「世襲による王位」は時(クロノス)の翁と同じように、人間におかまいなしに作用する力に加えて、人間に逆らって作用する力も持っており、万人の賛同を得ている仕組みなのだ――。いやはや、呆(あき)れたことを言うものだ。そのような特性は、何ひとつありはしない。「世襲による王位」はむしろ、それらの特性のいずれにも相反(あい)する。それは想像の産物であって、妥当性を大いに疑われる。その合法性はいずれ何年か経てば否定されよう。

しかしこの問題を組み替えて、通常の表現で伝えるよりも鮮明に描き出すとすれば、ふたつの別個の項目を立てて、そのもとでいわゆる「世襲による王位」を――あるいはもっと厳密に言えば、世襲による国家統治の継承を――考察する必要がある。その二項目とは次のとおりである。

第一に、ある一家がみずから王統の祖として立つ権利。

第二に、国民がある一家を立てて王統の祖とする権利。

まず、第一項の権利について。ある一家が独断で、国民の同意を得ることに意を用いず、世襲の権力をそなえた家系［すなわち王朝］を創始する権利を持つとすれば、人はみなそれを専制と呼ぶことで一致するであろう。そのような分かりきったことをわざわざ証明しようと試みるなら、それは、人びとの理解を得ようとして余計な干渉をするのに等しい。

だが第二の項目、すなわち一国の国民が特定の家系を創始し、そこに世襲の権力を与えるということは、一考した限りでは専制であるとは思えない。だが、もし人びとが再検討の余地を認め、考察を、ほんの一歩でも進めて自分たち自身の身から子孫の身へと向ければ分かることだが、権力の世襲を認めればその結果として、自分たち自身は専制を願い下げにしておきながら、子孫にはまさにその専制を押しつけることになるのである。それは、後続の世代の同意を排除する方向に働く。同意を排除するということは、専制にほかならない。

今すぐにも統治権を握ろうとする者や、その後継者の立場にある者が国民に向かって、「この権力を握るにあたり、あなた方のことは眼中にない」と述べたとすると、その場合、発言の根拠となる権威を宣明したことにはならない。奴隷の境遇にある者に、「自分の親に売られたのだ」ということを思い知らせれば、それは慰めになるどころか、むしろ憤懣を買うであろう。また、ある行為の犯罪性を強化するような材料を持ち出したのでは、その行為の合法性を証明できないのと同じように、世襲を合法的なものとして立証することもできない。

この、第二の問題について、結論をできるだけ完璧なものにしようとすれば、妥当なのは次のような手順であろう。すなわち、まず、世襲権力をそなえた家系を確立しようとする世代を、後続の世代から切り離して別個に考察し、次いで、最初の世代が後続の世代に対してどのような資格で振る舞うのかを考察するのである。

最初にひとりの人物を選び、国王なり何なりの称号を奉って国の首長として迎えた世代は、みずから「自由な行動主体」として、自分たちが選択したとおりに行動したことになる（ただし、その選択が賢明か否かは別であるが）。こうして国王になった者は、世襲の首長ではない。選ばれて任じられたのである。国王を迎えた世代の人びとは、世襲の統治体制のもとで生活しているわけではない。自分たち自身が選択し、樹立した統治体制のもとで生活しているのである。それらの人びとと王位に就いた者の寿命が仮に永遠であるとすれば、世襲による王位継承はあり得ない。世襲による王位継承がおこなわれ得るのは、最初の当事者［すなわち選んだ側と選ばれた側］の双方がともに死んだ後だけである。

したがって、王位の世襲は第一世代に関してはまったく問題外であるので、今度はその世代が、次世代や、そのまた後に続く［第三世代以下の］すべての世代との関係において、どのような資格で振る舞うのかを考察しなければならない。

第一世代は、然るべき権利も資格も持たないまま、あるひとつの役割を引き受ける。具体的に言うと、立法者から遺言人へとみずからの役割を変え、遺言状作成の任に当たるのである。そして、遺言人の死後に効力を発揮する遺言状を通じて、統治体制を遺す。しかも、ただ単に遺すのではない。第一世代の世を支配していたのとは別の、新たな統治形態を後続の世代に押しつけようとくわだてるのである。すでに指摘したとおり、第一世代は、世襲による統治体制ではなく、みずからが選択し樹立した統治体制のもとで世を生きた。それでいて今は、遺言書の力をふりかざす（遺言書を作成する権限など、持ってはいないのに）。そうすることによって、みずからが行動の基盤としていた権利と自由を、後続の世代とそれ以降のすべての世代から召し上げようとくわだてるのである。

だが、王位の世襲という問題において第一世代が追求する目標は、各世代が遺言者として集団的に振る舞うためにそなえている権利を排斥するものであり、法令や遺言の力を踏み越えている。

社会における人間の権利は、遺贈することも譲渡することもできない。その効力を奪うこともできない。可能なことはただひとつ、子孫へ引き継ぐことだけである。そしていかなる世代も、みずからを最後として世代間の権利の継承を遮断、切断する権限を持たない。今の世を生きる世代やそのほかのいずれかの世代が、みずから好きこのんで奴隷になることがあるにしても、だからといって後続世代の自由の権利が奪われることはない。権利の侵害を次世代以降に転嫁するならば、それは不法なものにならざるを得ない。バーク氏は次のような主張を試みている。「イギリス国民は一六八八年の名誉革命に際して、みずからの権利を厳粛この上ない態度で放棄した。しかも、みずからの代に限らず、子々孫々をも対象として永久に」。氏の語る言葉は、反論にすら値しない。それによって呼び起こされるのは、氏の無節操な原理に対する侮蔑と、氏の無知に対する憐憫（れんびん）だけである。

王位の世襲は、何らかの先行する世代の遺言に由来する以上、どのような体裁を装うとしても不合理なものにしかならない。人物（甲）が遺言書を作成し、それにもとづいて人物（乙）から財産を奪い、それを人物（丙）に与えるというようなことはあり得ない。にもかかわらず、いわゆる王位の世襲は法にもとづいて、まさにそのような要領でおこなわれているのである。ある先行世代が遺言書を作成し、それにもとづいて次世代とそれ以降のすべての世代の権利をことごとく奪い取り、それら権利を第三者に譲る。そしてその第三者が後に名乗り出て、権利を奪い取られた側に対して（バーク流の言葉遣いで）次のように申し渡す。「そちらには何の権利もない。当方が相続人となったからだ。今後の統治にあたっては、そちらを眼中に置くことはしない」。このような原理から、また、このような無知から、神よ、全世界を救い出し給え！

それにしても、王冠をシンボルとするこの君主政なるものは、結局のところ何なのか。事物なのか、名称なのか、それともまやかしなのか。「人間の英知の産物」なのか、はたまた、まことしやかな口実のもとに国民から金銭を巻き上げる小ざかしいからくりなのか。そもそも国民にとって必要なものなのだろうか。もし必要であるならば、どのような点で必要なのか。国民に対してどのように奉仕し、どのような務めを負い、どのような価値をもたらすのか。その権力はシンボルのほうにあるのか、それとも生身の国王のほうにあるのか。王冠をこしらえる細工師は、それと併せて権力をも作り出すのか。それは魔法の杖のようなものなのか。それを持つと、魔法使いになれるのか。結局のところ、それは一体何なのか。見たところ、それは時代の流れから大きく取り残されてお笑い種になり、一部の国では、金ばかり食う余計者として放逐されようとしている。アメリカでは、ばかげたものと見なされ、フランスではすっかり零落し、国王の善良さとその人格に対する尊敬の念だけを支えとして、存在しているという見せかけをかろうじて保っているにすぎない。

統治体制がバーク氏の描くように「人間の英知の産物」だとすれば、彼に尋ねてみたい。「イギリスでは、人間の英知はオランダやハノーファーから輸入しなければならないほど衰えていたのか」と。しかし、そのような見方は妥当でないと言ったほうがイギリスに対して公平であろう。よしんばそれが本当だったにしても、イギリスが輸入品を選び間違えたのは確かである。各国の英知は、それが適切に発揮されるならばあらゆる目的を達成するのに十分である。イギリスには、オランダの総督やドイツの選帝侯を「国王として」迎える必要は本来なかったはずだ。それは、アメリカがそのようなことを必要としていなかったのと同じである。

どこかの国の事情が当の国民にすら分かっていないとすると、その国の法律も風習も言語も知らない一外国人には、それが理解できるはずはない。仮に、ある人物が見識の高さにおいて他の人びとを圧倒しているとしよう。そして、国民を導くためにはその英知が必要だとすれば、君主政をよしとする理由を一応示すことはできるかもしれない。だが、ある一国を見回して、おのおのがそれぞれの事情に通じていることが分かったとしよう。また、世界中を見回して、すべての人間の中で国王という人種ほど能力が低い人種はいないということが分かったとしよう。そのとき私たちの理性は、必ず次のように問いかけてくるであろう。「何のためにそのような連中を食わせておくのか」と。

君主政には、私たちアメリカ国民にとって理解できない部分があるのだろうか。そうであるなら、バーク氏にはそれをご教示いただきたい。アメリカでは私の見るところ、イギリスの十倍もある国土に統治を及ぼしながら、それを、イギリスの四十分の一の費用で整然とおこなっているのである。もしアメリカで「あなたは国王を必要とするか」と尋ねようものなら、たちどころに「俺のことを阿呆だとでも思っているのか?」と逆襲されるであろう。このような違いはどこから来るのか。私たちアメリカ人がよその国の人びとより多少なりとも賢い、ということなのか。私の見るところアメリカの大半の人びとは、君主国では知られていないような豊かな暮らしを享受している。そして、「人間には平等な権利がある」というアメリカの統治原理は、急速に世界中に広まりつつある。

君主政が無用の長物であるならば、どうしてそこかしこで維持されているのか。また、もし必要なものであるならば、どうしてそれを欠いてもやって行けるのか。統治は、国民がつかさどるべし。これは、どこの文明国でも同意してもらえる考え方だ。しかし国民がつかさどる統治とは、共和政にほかならない。イギリス政府の各部門は、警察に始まって治安判事裁判所・四季裁判所・(陪審裁判を含む)巡回裁判に至るまで、すべて国民がつかさどっている。そのどの部分にも、君主政はちらりとも姿を現していない。例外は、ノルマンディー公ウィリアムがイギリス人に押しつけた王統だけである。そのようなものが残されたばかりにイギリス人は、ウィリアムを「われらの国王」と呼ぶ義務を負っているのである。

想像に難くないことであるが、侍従や衛兵、寝室・厨房・手洗い等々を担当するありとあらゆる御用掛など一連の［宮廷］関係者であれば、君主政を支持する理由を幾らでも見つけてのけるだろう。それは、国費でまかなわれている彼らの俸給と同じように際限がないであろう。しかし、もし農場経営者や工場主、貿易商、小売店主から一般の工場労働者に至るまで、あらゆる職業の人びとに向かって、「あなたにとって君主政は何の役に立っていますか」と尋ねるなら、尋ねられた側は答えに窮するであろう。君主政とは何かと問われれば、彼らの確信するところ、それは何か閑職に似たものにすぎない。

イギリスの徴税額は年千七百万ポンド近くにのぼり、それは統治の費用をまかなうためだと説明されている。しかしそれでも隠しようのないことがある。それは、国民が統治を担うという自覚を保ち、裁判権者と陪審によって統治を遂行するにあたりその経費のほぼすべてを共和主義の原則にもとづき国民全体で負担しているということだ(租税負担はこれとは別である)。裁判官の俸給を除けば、国庫からの支出はほとんどない。国民が内政全般［の仕事］を受け持っているということを考慮に入れるならば、イギリスの税金はヨーロッパ諸国の中で最も軽くなるはずだ。ところが実際にはその逆である。国民が統治をつかさどっているとすれば、このような事態は説明がつかない。そうである以上、どうしても君主政を問題にしないわけにはいかない。

ジョージ一世を迎え入れたとき（バーク氏よりも見識がある者ならば、このような人物が一体何のために求められ、何の役に立つのかと、首をかしげるであろうが）、イギリス国民は少なくともジョージ一世がハノーファー公国を放棄することを条件にすべきだったのである。厄介なのは、ドイツの選帝侯がイギリス国王となったことから起こるはずの、際限のないドイツ流の陰謀ばかりではない。そもそも、同一の人物が自由の原則を専制の原則（イギリス風に言えば「恣意的な権力」）と両立させることは、本来的に不可能なことである。ドイツの選帝侯はその所領においては専制君主である。そうだとすると、彼の国では専制政治によって自分の利益を守るはずであるのに、こちらの国では自由の原理に親しむというのか。そのようなことがどうして期待できよう。両立は不可能である。ドイツの選帝侯はドイツ風の国王となるだろう。あるいは、バーク氏の言葉で言えば「国民を」眼中に置くことなく統治を引き受けるであろう。そのような事態を予見することは、造作のないことであったろう。

イギリス人はイギリス国王というものを考察する際、自分たちの目に映っている国王の役割ばかりに気を取られる。これはイギリス人の昔からの癖である。だがその同一の国王は、しがらみを絶たない限りよその国に——つまり、イギリスの国益と相反する国益を追求し、イギリスとは正反対の統治原理を奉じている国に――本拠地を置いたままになるのである。このような国王にとってはイギリスが別荘であり、選帝侯領こそが本宅のように感じられよう。イギリス人は、自由の原理がフランスやドイツで成功を収めることを祈るであろう（と私は信じる）。だがドイツの選帝侯は、自分の選帝侯領における専制体制の運命を心配して身震いするのである。ちなみにドイツのメクレンブルク公国は、現イギリス王妃の生家によって支配されているのであるが、恣意的権力に特有の、まさにあの悲惨な状態にある。同公国の住民は、奴隷にも等しい隷従状態に置かれている。

イギリス人はこれまで、今ほど用心深く大陸の陰謀を警戒する必要に迫られたことはない。また今ほど、ハノーファー選帝侯領の政治をイギリスおよびイギリスの政治から切り離す必要に迫られたこともない。フランス革命の結果、イギリスおよびフランスが国として存立するための基盤はすっかり変わったが、ドイツの専制君主たちはプロイセンを先頭に押し立て、力を合わせて自由を圧殺しようと闘っている。だから、ピット氏の首相ポストに対する執着も、ピット家の縁故全般から生ずる利害関係も、大陸の陰謀を防ぐための十分な保障になりはしない。

この世で起こるいかなる出来事も、いずれは歴史研究の対象となる。だからこの問題はここまでとし、イギリスの政党と政治の現状を簡潔に概観することにしよう。ちなみに、バーク氏もフランスについて同様のことを試みている。

現在の王朝支配が国民を眼中に置くことなく始まったのか否かは、バーク氏に任せておこう。しかしながら、そのような印象が拭（ぬぐ）い去りがたいものだったのは確かである。イギリス国民が反感をつのらせたことは、まざまざと記憶されている。したがって当時、もし自由について真の原理がよく理解されており、そうした理解が現在見込まれる理解水準と同じ程度のものであったならば、果たしてイギリス国民は、忍耐強くあれほどのことを甘受したかどうか。おそらく、そうはしなかったであろう。

ジョージ一世とジョージ二世はステュアート家の嗣子[9]を、王位をめぐる［潜在的な］競争相手として認識していた。したがって、みずからは言動を慎むべき立場にあると考えざるを得なかったので、ドイツ流の統治原理を表に出さないよう慎重に振る舞った。しかしステュアート家が衰えるにつれて、そうする必要性は弱まった。

人間の権利と、いわゆる国王の大権との抗争。イギリス国民はこの抗争にあおられ、その興奮状態はアメリカ独立戦争の後しばらく続いた。だが、一転して冷静さが戻ってきた。賞賛が悪罵に取って代わり、王室の人気は一夜にしてうなぎ登りに上昇した。

この突然の推移を説明するためには、次の点を指摘することが妥当である。すなわち、人気にはふたつの異なる種類があるということだ。一方は、実績に支えられて上昇する人気。他方は、憤懣によってあおり立てられる人気である。イギリス国民はかねてから二党派に分かれ、議会における国王大権の擁護派と否定派の働きをそれぞれに賞賛していた。そうであっただけに、両派の議員がみずから直接手を組んだとき[10]、それは、かつてなく広い方面に衝撃を及ぼす効果があった。

それぞれの側の支持者はこうして不意打ちを食い、連立政権の成立に嫌悪を覚えて気持ちを高ぶらせ、双方の議員に対して一斉に異口同音の悪罵を投げつけた。そうしないことには腹の虫がおさまらないと感じたのである。このように、国王の大権をめ

9　ジェームズ二世の息子ジェームズ・エドワードと孫のチャールズ・エドワードを指す。第一章の訳註19（六二ページ）を参照。

10　一七八三年四月、トーリー党のノースと、ホイッグ党ロッキンガム派に鞍替えしていたフォックスが野合してシェルバーン内閣を打倒、ポートランド公を名目的な首班とする連立内閣をつくったことを指す。

ぐる論争のとき以上に憤激した国民は、それまでの、物事の理非曲直を問題にする姿勢を打ち捨て、憤懣を吐き出すことばかりを追い求めた。

宮廷に対する憤懣は、連立に対する憤懣によってすっかり押しのけられ、雲散霧消した。宮廷の側では主義主張の変更は何ひとつ見られなかったのに、専制政治を非難してきたまさにその国民が、ほかならぬ専制政治と手をたずさえ、［ホイッグとトーリーによる］馴れ合いの議会に向かって恨みをぶつけたのである。問題はどちらを好むかではなく、どちらを嫌うか、であった。嫌われる度合いが少なければ、好かれる対象として浮上するのである。［与野党の］結託する議会を解散すれば、国民にとっては憤懣のはけ口ができるのだから、人気が得られないはずはなかった[11]。宮廷の人気が高まったのもここに原因がある。

このような事態の推移が映し出しているのは、確固たる原理にもとづく統治ではなく、気まぐれな統治のもとに置かれた国民の姿である。そのような国民は一度みずからの立場を定めると、弾(はず)みでそう決めた場合でも初動対応を、そのまま続けることによって正当化する。そうするほかないという気持ちに駆られ、ほかの場合であれば非難するような措置をよしとし、自分の判断力を押し殺せと自分自身に言い聞かせる。

新議会が再開されると新首相ピット氏は安定多数を享受し、国民から信任された。ただし国民は、ピット氏を評価したというわけではなく、前任の首相に対する憤懣ゆえに新首相を信任しようとあらかじめ決意していたのであった。ピット氏は議会改革を提案して世間の注目を集めた。だが議会改革が実行に移されていたら、それは政治腐敗を公に擁護する結果になっていたであろう。国民は［賄賂を使って議席を］取り引きした徒輩を処罰すべきであるのに、腐敗選挙区（ロットン・バラ）の買い取りという犠牲を覚悟しなければならなかったのである。

オランダ問題[12]や国債償還のための年間百万ポンド［の拠出計画[13]］などの欺瞞を別と

11　一七八三年十二月、フォックス＝ノース連立内閣を嫌う国王ジョージ三世の強力な後ろ盾のもとウィリアム・ピット（小ピット）が首相に就任、翌八四年、野党による内閣不信任決議をかわし、三月、逆に庶民院を解散した。

12　オランダの政情不安と、同国に対するプロイセンおよびイギリスの干渉を指している。第四次英蘭戦争での敗北により弱体化したオランダで、共和政を支持する愛国派がフランスの後押しを受けて台頭したのが発端。総督ウィレム五世を頂点とする既存のオランダ支配層を支援するために、一七八七年、総督夫人の兄にあたるプロイセン王フリードリヒ・ヴィルヘルム二世が軍事介入。オランダに対するフランスの影響力拡大を嫌うイギリスも、この動きに同調する構えを見せた。翌八八年、オランダ、プロイセン、イギリスの三国同盟が成立。

すれば、摂政問題[14]ほど人目を惹くものはない。私はこれまで長いあいだ［各国の社会情勢を］観察してきたが、ごまかしの効き目がかくも顕著だった例や、国民がこれほどまでにすっかり欺かれた例を知らない。だが、摂政問題の真相を究明するためには、背景を検討しておくことが必要であろう。

フォックス氏[15]はかつて庶民院で演説し、「イギリス皇太子は国王の世嗣として、もともと統治に与る権利をそなえている」と述べたことがある。これはピット氏によって反駁された。ピット氏の反論は、その矛先がフォックス氏の所論に向けられている限りにおいて正しい。しかしピット氏がフォックス氏に対抗して掲げた原理原則は、それが拡大解釈されるならば、フォックス氏の主張と同じように、いや、それ以上に有害である。それというのもピット氏の原理を突き詰めれば、国民の上に、すなわち、国民が庶民院に持っている一握りの代表の上に貴族政治を置くことになるからである。

イギリスの統治形態の当否は今の場合、問題ではない。イギリスの統治形態をありのままに受け止め、その長所短所を問わないとすれば、ピット氏はフォックス氏以上に的を外している。

イギリスの統治形態は三部門［すなわち、国王・貴族院・庶民院］から成ると考えられている。したがって、国民にこの統治形態を存続させる気があるならば、その三部門はそれぞれ独自に国民的基盤に立っていることになり、各部門は、互いに言いなりにはならない。もし仮にフォックス氏が議会には目もくれず、「皇太子の権利は国民

13　小ピットの決断により一七八六年、累積した巨額の国債を償還する目的で減債基金（sinking fund）の設定が決まった。この基金には、新税による歳入の増加分（年百万ポンド）が投入されることになっていた。ペインは酷評しているが、このシステムは財政黒字が続いた九三年までは有効に機能したという説もある。

14　一七八八年、国王ジョージ三世が病気になったとき、皇太子と関係がよかったフォックス（次の訳註を参照）が大命降下を期待して「皇太子が摂政になるべき」と主張したのが発端。窮地に追い込まれた首相ピットは、「皇太子が摂政となるためには議会の同意を得て、議会によって定められた条件に従わなければならない」と反撃した。ジョージ三世が八九年春に健康を取り戻した結果、摂政制の危機は解消された。

15　フォックス（Charles James Fox　一七四九〜一八〇六年）。イギリスの政治家。一七六八年、庶民院議員。はじめはトーリー党に属していたが、対アメリカ政策をめぐって党の領袖ノースと対立、ホイッグ党ロッキンガム派に鞍替え。茶条例などに反対してノースの植民地政策を攻撃した。一七八三年、そのノースと、シェルバーン内閣を打倒するために手を結んだことから、変節を非難された。

を根拠とする」と述べていたら、ピット氏は国民の権利を犠牲にして、議会の権利とやらを擁護したことであろう。

この論争の見かけから判断するとフォックス氏は世襲の権利に、ピット氏は議会の権利に、それぞれ軍配を上げているかのように見えるが、実はそうではない。両者ともに世襲の権利が上位にあることを認め、しかもピット氏のほうが、感心できない立場をとっているのである。

イギリス議会と称されるものは二院から成る。そのうち貴族院は、通念上のイギリス国王以上に世襲的であり、また、国民の統制からも自由である。それは、世襲制の寡頭政治（アリストクラシー）を体現しているのであり、剝奪されることも無効にされることもない権限および権威をわがもの顔に行使し、国民からはまったく拘束されない。そうだとすると、この世襲権力を王権より上位に置くという案が人気を博したのはどういうことか（念のために言っておくと王権は、国王自身が思い込んでいるほどには国民から自由ではない）。また、貴族院に国民の諸権利を吸収させるという案が人気を博したのはどうしたわけか。貴族院は国民の選挙権および統制権に服していないではないか。

国民一般の衝動は正しかった。だが、行動に移るにあたっては内省が足りなかった。

国民は、フォックス氏の掲げる権利を否定する議論を是としたが、ピット氏がそのような否定論を唱えるにあたり、国民から疎遠な、もうひとつの不可侵の権利を支持していることを見落としたのである。

庶民院について言うと、その選挙に参加しているのは国民のうちほんの一握りの人びとだけである。しかし、選挙が納税と同じように広く国民全体でおこなわれたとしても——それは望ましいことではあるが——その場合でも庶民院はしょせん国民の一機関にすぎず、固有の権利は持ち得ない。フランス国民議会は何か事を決める際、国民の権限において決定をおこなう。ところがピット氏は国民全体に関わる問題について、それらの問題が庶民院の管轄下にありさえすれば、国民の権利を庶民院の中に取り込み、庶民院を国民並みに格上げし、国民を取るに足らぬものへと格下げするのである。

端的に言えば摂政問題は、行政費として支出される年百万ポンドの問題に還元される。ピット氏は議会の［王権に対する］優越性を確立しないことには、そのような大金の管理を意のままにすることはできなかった。そしてこれを成し遂げた後は、誰が摂政になるべきかという問題はどうでもよくなった。なぜなら摂政になろうとする者は、そのための労を進んで執るはずだからである。この論争の過程であぶり出された虚構のひとつに、玉璽を国王と見なすという慣行がある。法令に玉璽を押せば国王の権威がそなわったことになる。だから、国王の権威が玉璽に帰着するとすれば、結局、国王の権威はそれ自体としては無ということになる。かくして、イギリス国民にとっては現状の、看板倒れの三権力の価値よりも、優れた憲法のほうが限りなく貴重だということになる。

イギリス議会においては、憲法という言葉がのべつ幕なしに使われている。そこから分かることであるが、実は憲法は存在しないし、自称憲法を束ねたところで、それは憲法不在の、恣意的な権力行使を本質とする統治形態にしかならない。もし憲法が存在するならば、必ずそれを参照することになる。そしていかなる憲法上の問題に関しても議論は、憲法を指し示すことによって決着がつけられるであろう。「ところが現実には」ある議員が「これが憲法だ」と言ったかと思えば、別の議員が「あれこそが憲法だ」と言う。また、これが憲法だとして、今日はあるものが示されたかと思えば、明日には別のものが示される。しかるに議論が続いているということは、憲法は存在しないということを証明しているのである。今や議会における合い言葉は、国民の耳に心地よく響く「憲法」である。以前それは、「議会はあらゆるものの上位に君臨する」とか「議会は全能なり」とかだったのだが、フランスで自由が進歩し始めて以来、それらのフレーズには専制政治を思わせる耳ざわりな語感が感じられるようになった。そこでイギリス議会は、フランス国民議会から流行を学び、「憲法！　憲法！」と唱えるようになったのである。もっとも、それは内実をともなわず、上辺だけだったのであるが。

現世代のイギリス国民は、現行の統治体制の作り手ではない。したがって統治体制のいかなる欠陥についても責任はない。だがその仕組みを、全国規模で改革するために早晩イギリス国民の手にゆだねざるを得ないことは、フランスで同じことが起こったのと同様に確かである。

フランスは二千四百万ポンド近い歳入と、広くて豊かな国土（面積はイングランドの四倍以上）に恵まれている。また、国の税収入を支える二千四百万人の人口を擁し、国内には九千万ポンド以上の金・銀が流通している。フランスの負債は、イギリスが現在かかえている負債より少ない。そのフランスが、動機は何であるにせよ現状を打開する必要があると判断したとすれば、まさにそれこそが、長期負債への借り換え問題を解決するための決め手になるということである。それは英仏いずれにとっても同じことである。

イギリスの憲政と称されるものが過去どれほどの期間続いてきたのかを論じたとしても、また、それにもとづいて今後どれだけ存続するのかを占ったとしても、意味はない。問題は、短期債務を長期公債に組み替えるという便法が今後どれほど長いあいだ続き得るのか、ということだ。このような仕組みが考案されたのは最近のことにすぎず、その運用が始まってからまだ人間の寿命ほどの歳月も経っていない。にもかかわらず、長期公債に組み替えられた債務は顕著に増大し、経常費と併せて歳出をまかなうためには、少なくとも全国の地代［の合計］に相当する租税収入が必要になっている。誰の目にも明らかなことであるが、過去七十年間同じ制度を墨守して存続できた政府など、ありはしない。同じ理由で、債務を長期公債に組み替えるという仕組みがこれから先も永久に存続するということはあり得ない。

この仕組みは金(カネ)を発行するというものではない。また、厳密に言うなら、信用による借り入れでもない。そうではなくて、［証券という］紙に、外見的には借入金のように見える額面を設定するのである。この仮想資本を流通させるためには利子を支払わねばならないので、そのための徴税がおこなわれる。こうして、「利子を約束する」証券を市場で売り出し、流通中の紙幣に換金するのである。信用は国民の納税の意欲に対して向けられるのであって、徴税をおこなう政府に向けられるのではない。国民が納税の意欲を失うと、それとともに政府の、見かけ上の信用も消失する。旧体制のフランスが示しているとおり、国民全体が納税の意欲を失ったとして納税拒否の構えをとる場合、力ずくで徴税することはできない。

バーク氏はフランスの財政を考察して、フランスの金・銀の量をおよそ八千八百万ポンドと見積もっている。その際バーク氏は、私の推定によれば、一ポンド＝二十四リーヴルの標準的な交換率を適用せず、為替レートで割り算している。その証拠に、バーク氏が引用するネッケル氏の数字は二十二億リーヴルであるが、それを「一ポンド＝二十四リーヴルの比率で」英貨に換算すると九千百五十万ポンド［より厳密には九千百六十六万ポンド］を上回る。

フランスではネッケル氏が、イギリスではホークスベリー卿[16]を長官とする商務庁のジョージ・チャーマーズ氏[17]が、自国の貨幣量についてほぼ同じ頃（一七八六年）、それぞれ報告書を公表している。両者が用いたのは自国の造幣局のデータである。チャーマーズ氏は、ロンドン塔にあるイギリス造幣局の統計をもとに、スコットランドおよびアイルランドを含むイギリスの通貨量を二千万ポンドと推計している。

ネッケル氏の説明によると、古くなって回収、改鋳されたフランスの通貨の量は二十五億リーヴル（英貨で一億四百万ポンド以上）。そのうち、［鋳造の過程で出る］金くずや西インドの流通分、そのほか不測の鋳造ミスによるものを差し引くと、フランス国内の貨幣流通量は九千百五十万ポンド相当になるという。しかしこれは、バーク氏のやり方で換算したとしても、イギリスの通貨量より六千八百万ポンドも多い。

フランスの通貨量がこの額を下回ることはあり得ない。それは、フランス造幣局の記録を持ち出すまでもなく、フランスの歳入状況を見れば一目瞭然である。革命前のフランスの歳入は［英貨に換算して］二千四百万ポンドであった。当時フランスでは紙幣は使われていなかったので、歳入はすべて金・銀による。国内通貨量がネッケル氏の説明を下回るとすれば、そこからこれほど莫大な歳入源を確保することは不可能であったろう。

紙幣が発行されるようになる前、イギリスの歳入は国内の金・銀保有量のおよそ四分の一であった。それは、ウィリアム王以前の歳入を、当時の公称の国内通貨量（現在とほぼ同じ）と比較すれば推定できる。

国民がみずからを欺き、また、誰かに欺かれるままになっていたとすれば、それは真の国益になるはずがない。だが人びとは、進んで固定観念を抱いたり、［間違ったイメージを］信じ込まされたりして、フランスをこれまでずっと、わずかな貨幣しか保有していない国として描き出してきた。だがフランスの貨幣の保有量はイギリスの四倍以上あり、しかも国民一人あたりの数値でくらべると、それをはるかに上回っているのである。

イギリス側に通貨不足が生じた原因を説明しようと思えば、イギリスの長期公債の仕組みに多少なりとも言及しないわけにはいかない。この仕組みのもとでは紙幣が増

---

16 一七八六〜九六年にホークスベリー卿（Lord Hawkesbury）を名乗っていたのはチャールズ・ジェンキンソン（Charles Jenkinson 一七二七〜一八〇八年）。イギリスの政治家。一七七二年、枢密顧問官。一七八六年から一八〇四年まで、商務庁長官。

17 ジョージ・チャーマーズ（George Chalmers 一七四二〜一八二五年）。スコットランド出身の作家、歴史家、経済学者。一七八六年、商務庁の事務局長。一七八二年に *An Estimate of the Comparative Strength of Great Britain* を著す。ペインはイギリスの通貨量に関するチャーマーズの著作を一七八六年刊としているが、おそらく八二年刊の本書を指しているのであろう。

加し、それら紙幣はさまざまな形で金貨銀貨の代わりをするようになる。こうして紙幣が増えれば増えるほど、金貨銀貨が国外に流出する機会が増大する。しかも紙幣(少額の紙幣もこの仕組みに組み込まれることから)増加し、金・銀を駆逐する可能性すらあるのだ。

これはイギリスの読者にとって愉快な事がらではない。それは私も承知している。しかし、私が今言及しようとしている問題はそれ自体非常に重要であり、公的な性質の貨幣取引に関心を寄せる人びとは、そこに注意を向ける必要がある。ネッケル氏はその財政論において、ある一個の事実を指摘したが、それはイギリスでは注目されなかった。だがそれを足がかりにしない限り、ヨーロッパのどこの国でも適正な貨幣(金・銀)の量を見定め、他の諸国とのあいだで相互の均衡を保つことはできない。リスボンとカディス[18]は、南アメリカから金・銀(貨幣)を受け入れる二大港湾である。輸入された金・銀はその後、貿易を通じてヨーロッパ諸国に分配され、行きわたるので、ヨーロッパ各地の貨幣量は増加する。かくなる次第で、もしヨーロッパの貨幣輸入総量(年額)が分かり、それを分け合う各国の、貿易の相互比率が確認できれば、いずれの国のいずれの時点についても、貨幣の保有量を推定するのに十分正確な公式が立てられる。

ネッケル氏はリスボンとカディスの記録をもとに、ヨーロッパへの金・銀の輸入が年五百万ポンドであることを明らかにしている。氏はその数字を、単年の実績ではなく、一七六三年から七七年までの十五年間の平均値にもとづいて挙げている。その期間、金・銀の輸入総量は十八億リーヴル（七千五百万ポンド）であった。

一七一四年のハノーヴァー朝の創始からチャーマーズ氏の著書出版までは七十二年。その間に輸入された貨幣は三億六千万ポンドに上るであろう。

グレート・ブリテンの貿易量を、ヨーロッパ全体の貿易量の六分の一と仮定しよう。この数値はおそらく、取引所の紳士諸君が挙げる数字よりも控えめであろう。その前提のもとで、ヨーロッパに輸入された貨幣の額（三億六千万ポンド）からブリテンが貿易によって吸い上げるべき割合は、他のヨーロッパ諸国とのあいだで均衡を保っているとすれば、これまた六分の一、すなわち六千万ポンドということになろう。そし

18　カディス（Cádiz）。スペイン南部アンダルシア州の、地中海に面した港湾都市。十八世紀、スペイン領アメリカとの貿易の拠点として繁栄した。

て、ネッケル氏がフランスについて見込む金くずと不良鋳造の分をイギリスについても当てはめるとすれば、それを差し引いた後の残高は五千二百万ポンドになろう。ハノーヴァー朝が始まった時点でイギリス国内に存在した貨幣に加えて、(チャーマーズ氏の著書が出版されたときには)これだけの額が流入していたはずだから、貨幣量は合計で少なくとも六千六百万ポンドに達していなければおかしい。ところが、実際の残高は二千万ポンドにすぎない。それは均衡量を四千六百万ポンドも下回っている。リスボンとカディスに輸入される金・銀の量は、イギリスに輸入されるいかなる商品の量よりも正確に突き止められる。また、ロンドン塔で鋳造される貨幣の量は、それ以上明確に分かっている。そうであるからには、主要な事実に議論の余地はない。ということは、次のふたつのうちいずれかである。(一)イギリスの貿易は利益を上げていない。(二)イギリスが貿易によって得る金・銀は、一年間に平均しておよそ七十五万ポンドずつ、どこからともなく絶えず国外に流出している。前述の、七十二年間の貨幣不足もそこに起因しており、それは紙幣によって穴埋めされている。*

*原註。イギリスはそもそも貿易によって貨幣を獲得していないのか、それとも

イギリス政府がいったん持ち込んだ貨幣を事後に国外に持ち出しているのか。当事者以上にそれを明確に説明できる者はいない。だが、右に指摘したとおり通貨不足が生じているという事実については、どちらの側も反論できない。プライス博士やイーデン氏[19]（現在のオークランド男爵）、チャーマーズ氏その他の人びとは、イギリスの貨幣の量が名誉革命当時にくらべて増えたか減ったかを議論する際、次の点に言及しなかった。すなわち、革命以来ヨーロッパに輸入された金・銀の量は、四億ポンド以下だったはずがない。したがってイギリスの貨幣の量は、ヨーロッパ諸国とのあいだで均衡を保っているとすれば、革命当時とくらべて少なくとも四倍以上になっているはずだ——。

もし金・銀を本来の［対ヨーロッパ］比率で輸入していたとしたら、あるいは［輸入した後］国外へ流出させることがなかったとしたら、イギリスは現在紙幣によっておこなっていることを、金・銀などの正貨によってできたはずである。し

19　イーデン（William Eden, 1st Baron Auckland　一七四四〜一八一四年）。イギリスの政治家、外交官。商務庁長官、アイルランド担当相、在スペイン大使、在オランダ大使を歴任。

かるにイギリスは、貨幣の流出によって失った均衡を紙幣によって取り戻そうと躍起になっているのである。言うまでもないが、スペインおよびポルトガルに毎年［それぞれの］官許船[20]で運ばれる金・銀は、そのまま両国にとどまりはしない。それらの金・銀は、その価値を半分は金で、半分は銀で計算するなら、年におよそ四百トンになる。南アメリカからポルトガルおよびスペインに輸送するために使われる官許船とガレオン船の数から推定すれば、金・銀の輸送量は自明であって、わざわざ記録に言及するまでもない。

現状では、イギリスが貨幣の保有量を増やすことは不可能である。税金が高いことから、個人の資産が目減りし、国家の貨幣資本も流出する。国家資本の流出が促されるのは、もっぱら金・銀で決済される不正取引がさかんになるからである。イギリス政府は、ドイツやその他の大陸諸国に同調する政策をとってきたことから、すべての海運国を敵に回す結果になり、巨大な海軍の維持を余儀なくされている。だが艦艇そのものは国内で建造するにしても、艤装するのに必要な装備は海外で調達しなければならない。しかもその調達先では、大半の品目の代金を金・銀で支払わなければならないのである。

イギリスでは、人を惑わす噂が流布し、貨幣神話をあおり立てている。中でも特筆されるのは、フランスからの亡命者が大量の貨幣を持ち込んだという説である。荒唐無稽な話である。フランスで広く一般に流通しているのは銀貨である。百万ポンド分の銀を運ぼうとすれば、大型車輪の十頭立て特大馬車が、二十台以上も必要になろう。そうである以上、わずかな人数で人目を忍んで馬または駅伝馬車に乗り、フランスの税関を通過し英仏海峡を渡って逃げるとすれば、その費用をまかなうためだけでも大量の銀を運ばねばならない。そのような図を想像することはできるだろうか。

数百万ポンド単位の貨幣について論じるときは、念頭に置くべきことがある。それは、じわじわと長い時間をかけない限り、ある一国においてそのような巨額の貨幣を蓄積することは不可能だ、ということである。仮にイギリスが今できる範囲で最大限の節約政策を推し進めるとしても、ハノーヴァー朝の創始以来失った貨幣の均衡を、一世紀で取り戻すことはできない。イギリスの貨幣の量はフラ

20　当局による人員および積み荷の認可・登録・課税に服している船舶。

ンスより七千万ポンド少ない。また、ヨーロッパのどの国にもかなりの程度差をつけられているはずである。というのもリスボンとカディスの統計はヨーロッパの増加分として三〜四億ポンドという数字を示しているのに対し、イギリス造幣局の報告書には貨幣の増加が見られないからだ。

フランス革命は政治ばかりか貨幣取引の領域においても、新奇な現象を多数ともなった。その中でも特に、政府が破産状態に陥っているのに国民のほうは資金を持っているという状況もあり得る、ということがフランス革命から読み取れる。フランスの旧政府に限って言えば、確かに政府は破産していた。それというのも、もはや政府の濫費を国民に支えてもらうことが不可能になり、その結果政府は、自力では立ち行かなくなったからである。しかし国民に関して言うと、［事態に対処するための］資力は万端そなえていたのである。どこの国の政府でも、国民に対して債務の免除を求めたときはいつでも破産したものと言えよう。フランスの旧政府の破産とイギリスの現政府のそれは、国民の意向が異なるという点を除けば、同列である。フランス国民が旧政府に対する支援を拒んだのに対し、イギリス国民は唯々諾々と納税しているというだけのことだ。これまでイギリスでは、いわゆる王権が債務不履行に陥ったことが何度かある。一般に知られているところでは、直近の事例は一七七七年五月に起こっている。このとき王権は、六十万ポンドを超える国王個人の負債を免除するよう国民に求めた。そうするほかに、債務を履行するすべはなかったのである。

フランス国民とフランス政府を混同するのは、ピット氏やバーク氏、その他のフランス事情に疎い人びと全員に共通する悪弊である。フランス国民は旧政府を破産に追い込んだが、それは、統治権を手中に収めることを目的として力を尽くした結果であった。また、みずからの資産を温存したのは、新政府を支援するためであった。フランスのような、国土が広く人口の多い国では、天然の富が不足するということはあり得ないし、政治的な資力は、国民が許容すればたちまちあふれてくる。

バーク氏は過ぐる冬、イギリス議会で演説し次のように述べた。「ヨーロッパの地図を見渡すと、かつてフランスがあったところに空白が見つかる」。これはたわ言である。国土としてのフランスは以前と同じように存在していたし、そこにある天然の富も以前のままであった。唯一の空白は、専制政治が消滅した後に生じた空白だけである。そしてその空白も、恐るべき力をそなえた憲法によって埋められることになっていたのである。その力は、消滅した［専制の］権力をしのぐほどである。フランス国民は、旧政府を破産に追い込んだが、政府の破産が債権者に及ぶことは許さなかった。そして債権者のほうでは、「本当に支払うのは国民であって、政府は支払いを代行しているだけだ」と考え、政府よりもむしろ国民に信頼を寄せたのであった。

このような事態を見て、バーク氏はひどく動揺しているようだ。というのはこの事例により、それまで各国政府が自己保全の支えだと思い込んでいた政策が破綻したからである。各国政府がこれまで負債をこしらえてきたのは、国民のうちいわゆる金融界が支援してくれるだろうと見込んでいたからである。しかし、フランスの事例によって以下のことが明らかになった。すなわち、債権者の恒久的な安全を保障するのは、国民であって政府ではない。政府にいかなる革命が起ころうとも、資力は国民の側にある。しかも国民の存在は永遠である――。バーク氏は、債権者は自分たちが信頼していた政府の運命に従うべきだったと主張している。しかし国民議会の見立てによれば、彼ら債権者に対して支払い義務を負うのは、主人たる国民であって政府ではない。政府は国民の執事にすぎない。

フランスの旧政府は経常費の支払いさえままならなかったが、現政府は元本の大半を返済した。それを達成するための手段はふたつあった。一方は政府支出の削減で、他方は修道院や教会の不動産の売却である。聖職者どもは、寄進された莫大な財産を食い物にしていた。それらの財産は、信者のほか、かつて放蕩や搾取、吝嗇に耽りながら今は悔い改めた者たちが、あの世に行くときは天国に行きたいという願いから、神にささげてもらうつもりで寄進したのであった。国民議会は次のように命じた。寄進された財産は、国民全体の利益のために売却せよ。聖職者は生活を慎み深いものにせよ。

革命の結果フランスの、債務に対する年間の利払いは少なくとも六百万ポンド減るであろう。というのも元本を一億ポンド以上返済することになるからだ。これによりフランスは、従来の政府支出を少なくとも三百万ポンド減らし、しかもヨーロッパ諸国の模範としての地位を占めることになろう。

この問題の全体像を眺めると、英仏両国はいちじるしく対照的である。バーク氏はこれまでずっと、フランスは全面的な破産に瀕していると論じてきたが、その間に国民議会は国家債務の元本の返済を進めてきた。そして、イギリスでは一年につきほぼ百万ポンドずつ増税したのに対し、フランスでは逆に一年につき数百万ポンドずつ減税したのである。バーク氏もピット氏も現在の議会の会期中、このようなフランスの情勢あるいは財政事情について、一言も語ろうとしない。この問題はよく理解され始めているので、もはや強弁は何の役にも立たない。

バーク氏の著書は最初から最後まで漠然とした謎に包まれている。氏は国民議会に対して憤懣をぶつけながら筆を進めているのであるが、一体何に憤っているのか。氏の主張は根拠を欠いているが、仮にそれが正しいとしよう。すなわち、革命を通じてフランスがみずからの力を破壊し、氏が言うところの「空白」とやらが生じたのだとしよう。その場合、(みずからをフランス国民のひとりと考えている)フランス人が悲嘆に暮れ、国民議会に対して憤懣をつのらせたとしたら、それはもっともなことかもしれない。だが、どうしてバーク氏が憤らねばならないのか。

驚くなかれ、バーク氏が念頭に置いているのはフランスの国民ではなく宮廷なのである。ヨーロッパ諸国の宮廷は、フランスと同じ運命を恐れて喪に服している。バーク氏は、フランス人として書いているのでもなければイギリス人として書いているのでもない。どこの国でも「誰にとっても友ではない者」として知られる阿諛追従の徒、すなわち宮廷人の立場で書いているのである。

宮廷(コート)と言っても、ヴェルサイユ宮殿もあれば、セントジェームズ宮殿[21]もある。カールトンハウスの御所[22]もあれば、[裁判所の]公判(コート)もある。だが、それら相互の違いを問うたところで何の意味もない。なぜなら宮廷も宮廷人も、他人[の利益]を食い物にするという本質においては、いずれも似たり寄ったりだからである。宮廷というものはヨーロッパ全体に共通の、国民の利益から遊離した政策を形成する。ヨーロッパの宮廷は互いに争っているように見えるが、[国民から]収奪するという一点では同列である。宮廷も宮廷人も、フランス革命をこの上なく恐れる。それは、国民にとっての恵みを悲痛なものと感じるからである。また、自分たちの存在が国家の欺瞞に支えられていることから、正義の到来を見て打ち震え、破滅を警告する[革命の]前例に戦慄するからである。

21 当時のイギリス王室の公式の宮殿。
22 時の皇太子ジョージ(後のジョージ四世)の邸宅。

第八章　結論

理知と無知は、相互に対立関係にありながら人類の大半の人間を動かす力をそなえている。ある一国においてそのどちらかが十分に広く行きわたれば、統治機構はやすやすと機能する。理知はその本領を発揮し、無知はいかなる指図にも従う。世界でおこなわれているふたつの統治形態は、(一) 選挙と代議制による統治と、(二)［権力の］世襲による統治である。前者は一般に共和政の名で、後者は君主政または貴族政の名で知られている。

この、互いに異なる、対立するふたつの統治形態は、理知と無知という別々の対立的なふたつの原理に立脚している。統治には才能と手腕が必要であるが、それを世襲で子孫に持たせることはできない。そうである以上明らかなのは、［権力を］世襲するには［そのような継承方法が正しいという］人びとの思い込みが必要だということである。しかもそれは、理性があればとても賛成できないような、また、無知にもとづかない限り定着することのないような、そういう思い込みでないといけない。いかなる国も、無知であればあるほど、この種の統治に対する適性が増す。

それとは反対に健全な共和政体の場合、政府は国民に対し、人間の理性が認める以上の信頼を要求しない。国民は、体制全体の正当性を支える根拠や、その起源、機能に着目する。体制を深く理解すればするほど、国民は体制に対する支持を強める。共和政体のもとに置かれたとき、人間の能力は臆することなく発揮され、並々ならぬ雄々しさを帯びる。

このような次第で、このふたつの統治形態は異なる基盤に支えられて機能し、一方は理性の助けを借りて滞りなく作動し、他方は無知によって作動すると言える。したがって次に、混合政体と呼ばれる統治のタイプについて考察しなければならない。これは時に揶揄されて、「鵺（ヌエ）の政府」と呼ばれることもある。

この種の政府は、理の当然として贈収賄を原動力としている。混合政体における選挙および代議制は不完全であるかもしれないが、それでもそうした制度があれば、［混合政体の］世襲部分の都合よりも理性を優先する余地が残される。したがって、理性を買収することが必要になってくる。それは、次のような事情があるからだ。混合政体はあらゆる要素を含んでいるが、全体としては不完全である。だから調和しない部分を贈収賄によって結合、接着することによって、全体を立ち行かせている。バーク氏は、フランスが革命を決意して以来、氏の言う「イギリス流の政体」を採用しなかったことにひどく気分を害しているようだ。氏がこの点について残念がっているということから判断すると、イギリス政体はその欠陥をかすませるために同類を必要としていたのではないかと疑われる。

混合政体には責任というものがない。各部門がかばい合うので、結局責任の所在が分からなくなる。そして、統治機構を動かしている贈収賄は何とかして責任逃れを図る。「国王は不正をなし得ず」が公理として定着したとき、国王はそのおかげで白痴や狂人と同様の免責特権を与えられ、国王自身が責任を問われる事態は問題外となった。そうなると責任は首相に転嫁されるが、首相は首相で、情実人事・恩給・贈賄を利用することによって議会多数派をいつでも意のままに操り、そのふところに身を隠す。そして議会多数派も、首相を保護するために用いるのと同じ権限を用いて自分の行為を弁明する。このような責任のたらい回しを通じて、結局のところ混合政体の責任は、その各部門からも全体からも、いつの間にか消え失せるのである。

政府の中に不正をなし得ない部門があるとすれば、それは要するに何らの「主体的な」働きもしていないのであり、他の権力部門からの勧告と指示のもとに、その手先として行動しているだけのことである。混合政体において総元締めとなるのは内閣である。そして内閣は常に議会の一部であることから、閣僚は閣僚の立場で勧告を発し行動を起こしておきながら、それを議員の立場に立って弁明する。このような次第で、混合政体はどこまで行っても捉えどころのないものになってしまう。そして、各権力部門を結合するのに必要な贈収賄が大がかりなものになることから、［並列する］統治機構を丸がかえにする費用や、混合政体を結局のところ責任転嫁による統治に還元するのにかかる費用が、国民に重くのしかかってくるのである。このような政体においては、同一の人間があらゆる役割を兼ねている。勧告する者は実行する者でもある。承認する者でもあり、事情説明する者でもあり、責任を負う者でもある。そして同時に、責任を取らない者でもあるのだ。

この茶番劇のような仕組みと、場面や登場人物の入れ替えを利用することによって権力の各部門は、単独であれば行動を差し控えるような案件において、互いに力を合わせるのである。たとえば資金を調達する必要が生じると、この混成集団は一見したところ溶け合ってひとつにまとまり、議会では各部門の間で賛辞の交換が、これでもかこれでもかとおこなわれる。お互いに相手が頭脳的であること、寛大であること、私心がないことを、驚きをもってほめたたえる。そして最後に全員そろって、国民が負担することになる重荷に対してお気の毒に、と言わんばかりのため息をつくのである。

だが、健全な共和政体のもとでは、以上のような、権力部門相互の癒着や賛辞の交換、あるいは国民に対する憐憫などは起こり得ない。議員団はそれ自体としては全国を平等に、かつ過不足なく代表するのであり、立法部と行政部とに分かれるとはいえ、いずれも母体は同一である。民主政や貴族政、君主政とは異なり、権力の各部門は互いに疎遠ではない。全体と調和しない特異な部分は存在しないので、妥協による腐敗も、策略による混乱も起こらない。

［徴税などの］公共の施策は、おのずと国民の分別に訴えかけるものとなり、それら施策自体の価値を頼みとする。人をおだてて無益なことをさせるのとは無縁である。納税の負担に対する絶え間ない怨嗟の声は、混合政体のもとではどれほどの効果を上げるか知らないが、それは共和政体の観念および精神とは相容れない。もし徴税が必要であるならば、それは言うまでもなく有益な営為なのである。しかし課税するため

に弁明が必要であるならば、弁明という行為そのものが、非難されるべき状態を意味している。そうすると疑問が生じる。なぜ人間は現状のとおり徴税されるのか。あるいは、なぜ人間は人間に対して徴税をおこなうのか。

［同じ人間でありながら、そのうちの］ある人びとが国王と称され、他の人びとが臣民と称されるとき、また、ある統治形態が君主政、貴族政、民主政のうちのいずれかの名称によって、あるいはそれらの名称の組み合わせによって呼ばれるとき、理性ある人間はそのような名称をどう理解すればよいのか。もしこの世に人類の権力の、個々に独立した要素がふたつか、あるいはそれ以上確かに存在するのであれば、それぞれの要素が何に由来するのかも分かるであろう。そこには、右に示した統治形態の名称がレッテルとして当てはまるだろう。だが人間が一種類だけであるのと同じように、人類の権力の要素も一種類しか存在し得ない。それは人間自身である。君主政・貴族政・民主政は、想像の産物でしかない。そのようなものは三つどころか幾つでも考案できる。

アメリカおよびフランスの革命や、そのほかの諸国に現れた兆候から明らかなことであるが、統治体制についての世界の世論は変化しつつあり、革命は政治的な打算の域を超えて起こる。時代と環境の推移は偉大な変革の原因と考えられているが、［それをもって説明すれば］あまりにも機械論的になり、革命を生み出す精神力や思考回路の速度が計測できない。各国の旧来の政府はいずれも、すでに現実のものとなっている［米仏の］革命に衝撃を受けている。それらの革命はかつて、まさか起こるはずのないものと見られていたのに、今や大きな驚異の的となっている。もし今、ヨーロッパ全体を覆う革命が起こったとしても、これほどまでに目を見張らされることはあるまい。

君主を戴く世襲の統治体制のもとでは、国民は悲惨な境遇に置かれる。時の権力の意向次第で、わが家から立ち退かされたり追い立てられたりする。また、敵ですら差し控えるほどの、情け容赦のない徴税により窮乏化する。このような状況を概観すれば明らかなことであるが、君主政は悪であり、統治の原理と構造のいずれにおいても全面的な革命が必要である。

統治とは、国民の諸事万端を管理することである。それ以外の何ものでもない。統治は、特定の人物や特定の一家の所有物ではない。また、事の本質からしてそうはなり得ない。統治は、それを維持するための費用を負担している共同体全体に帰属する。

それを力ずくで、あるいは策略を用いて奪い取り、世襲資産に変えるということがこれまであったにしても、だからといって物事の理非は変えられない。主権は、権利の問題としてはもっぱら国民に属す。いかなる個人にも属さない。どのような時代にも当てはまることだが、国民には、いかなる統治形態であろうとも不都合だと判断すればそれを廃止し、自分たちの利益と意向と幸福にかなう統治形態を樹立する権利がある。それは国民の、固有で不可侵の権利である。人間を国王と臣民に分けるなどという、荒唐無稽で野蛮な区別は、宮廷人という立場には都合がよいのかもしれないが、市民の立場にはそぐわない。そして、政府樹立の基盤となる原理をぶつけられれば、ひとたまりもなく粉砕される。各市民は主権を構成するメンバーであり、そうである以上はいかなる個人的臣従も認めるわけにはいかない。服従するとすれば、その相手は法律に限られる。

統治とは何か。それについて考察する人びとは、このように想定するに違いない。統治する側は、統治される側の全般について知識を持っているはずである、と。統治をそのように見るならば、アメリカやフランスで樹立された共和政体は、確かに機能し、国民全体を網羅している。そして各部分の利益を守るために必要な知識は、各部分が代議制によって形成する中枢部において見出されるはずである。しかし各国の旧来の政府は、幸福ばかりか知識をも排除する仕組みを支えとしているのである。国王による統治と同じように固陋(ころう)なものがあるとすれば、それは、世間を知らない修道僧による統治であろう。

かつて革命と呼ばれていたものはせいぜいのところ、為政者の交替または一国レベルの情勢の変化にすぎなかった。そのような革命は、ありきたりな［歴史上の］事件と同じように勃発と終息を繰り返したが、実質においても結末においても、発生源となった国を超えるような影響力はみじんも持っていなかった。ところが今、米仏の革命以来世界中で見られるとおり、物事の本来の秩序が息を吹き返そうとしている。言い換えるなら、真理および人間の存在と同じように普遍的で、心の幸福を政治的な幸福や国民の繁栄と結びつける［フランス人権宣言の］原理体系がよみがえろうとしているのである。

第一条［自由および権利の平等］

人間は生まれてから一生のあいだ常に自由であり、かつ人間の権利の点で平等である。したがって、社会的な差別を設けることが許されるのは、公共の利益に役立つ場合に限られる。

第二条［政治的結合の目的と権利］

あらゆる政治的結合［すなわち国家の樹立］は、人間が生まれつき持っている固有の権利、すなわち自由・所有・安全を求める権利や圧制に抵抗する権利を保全することを目的とする。

第三条［主権在民］

国民は本質的に一切の主権の根源である。したがって、いかなる個人もいかなる団体も、国民に由来することが明らかでない権能を行使することは許されない。

ここに掲げた原理には、野心をたきつけて国民を混乱に陥れるような要素はない。狙いは、［人間の］知恵と能力を引き出し、それを公益のために生かすことにある。特定の種類の人間やその一族が私利私欲を追求し、利得や権力の拡大を図る事態とは縁がない。君主の主権は人類の敵にして不幸の種であるが、それは廃止された。そして主権そのものは本来の場所、すなわち国民の手中に取り戻された。このような状況がヨーロッパ全域で既成事実化すれば、戦争の原因は取り除かれるのだが。

一六一〇年頃、フランス国王アンリ四世[1]は、ヨーロッパにおいて戦争［という悪弊］を断つための計画を提唱した。それは、本人の発案だったとされる。アンリ四世は、寛大で情け深い心の持ち主であった。この計画の眼目は、ヨーロッパ会議（フランス側の起草者の表現によれば「平和愛好共和国」）を設けることにあった。それは、あらかじめ加盟各国の代表を任命しておいて、国家間の紛争が発生した場合、各国代表から成る委員会に仲裁裁判所の役割を担わせるというものであった。

この計画が提唱と同時に実現していたら、当事国である英仏両国の税金はそれぞれ、フランス革命が始まった時点と比較して少なくとも年に一千万ポンドは少なくて済んだであろう。

今日までこの種の計画が実現することはなかった。しかも、国際会議が招集されることはあっても、それは戦争を予防するためではなく、何年もの不毛な年月を犠牲にした挙げ句に戦争を終わらせることだけを目的として招集されるのが常であった。このような結果になったのはなぜか。原因を理解するためには政府の利益を、国民の利益と異なるものとして考察する必要があろう。

国民にとって増税の原因となるものはすべて、政府に歳入の増加をもたらす。いずれの戦争についても当てはまることだが、戦争が終結するときにはすでに増税がおこなわれ、したがって歳入も増加している。戦争の始まり方と終わり方が現状のままだとすれば、戦争に勝っても負けてもその国の政府は、権力と利益の増大に与ることになる。

したがって戦争は、増税や官職増設の口実をたやすく提供してくれることから権力と利益を生み出すので、旧来の政府の統治体制を支える基幹部分となる。戦争を断つための筋道を確立できれば国民にとっては大いに有益であるが、そのようなことをすれば政府は最大の利益をもたらす部門を失うことになる。政府は取るに足らぬ事がら

1　アンリ四世（Henri IV 一五五三～一六一〇年）（在位一五八九～一六一〇年）。フランス国王。ブルボン朝の始祖。一五九八年、「ナントの勅令」を発布、ユグノー（カルヴァン派新教徒）に対して信教の自由を認め、フランス国内の宗教戦争に終止符を打った。対外的には、ヨーロッパ統合の萌芽とも言うべき「大計画」を構想したが、志半ばにしてカトリックの狂信者に暗殺された。「大計画」では、ヨーロッパ各国が共同して国際裁判所と国際軍をそなえ、侵略行為に対抗するという仕組みが想定されていた。その概要は、アンリ四世の事実上の宰相であったシュリーの『王室財政』（一六三八年刊）に伝えられている。

を口実にして開戦に踏み切るものだ。そこには、制度としての戦争を維持しようとする政府の性向と意欲が見て取れる。また、政府の行動の動機もあらわになる。

共和政の国はなぜ戦争という陥穽に転落せずに済むのか。共和政を布く政府の性質が、国民の利益と異なる利益［の追求］を許容しないからではないか。オランダの共和政は制度が整っていない。そのオランダですら世界中で貿易を展開しながら、ほぼ一世紀のあいだ戦争を免れていた。また、フランスでは統治形態が一新されるや否や、平和、国内の繁栄、経済の発展を旨とする共和政の原則が、新政府とともに確立した。ほかの国々でも同じ原因から同じ結果が生じることであろう。

戦争は、古い構造に支えられた統治体制［の一部］である。そうである以上、諸国民が相互に抱く敵意は、政府が体制の士気を保とうとして政策的にたきつけるものにすぎない。各国政府は互いに相手の背信・陰謀・野望を非難するが、それは自国民を、その想像力を刺激することによって敵対行為へと駆り立てるためである。人間は、欺瞞的な統治体制を媒介としない限り、人間の敵にはならない。したがって非難の声は、国王の野望に向けるのではなく、国王を戴く政府の性向に向けるべきである。また一国の英知は、個人を矯めるのではなく、統治体制の改革のために用いるべきである。

現在もおこなわれている各国政府の形態および原理はその成立当時、世界情勢に適合していたのだろうか。今、それは問わない。政府の形態と原理は、年月を経るにしたがって物事の現状に合わなくなる。時代が推移し、社会環境や社会通念が変化すると、物事は陳腐化する。そのような陳腐化の作用にさらされているので、社会の習慣や慣行と同じように、統治方式も時代遅れになる。農業・商業・工業・技芸は、それらを原動力として国民をできるだけ繁栄させるためには、往時の国際環境に合わせてあったのとは異なる統治体制を必要とする。また、その統治体制の活動を方向づけするための新たな知識も必要になる。

権力の世襲にもとづく［旧来の］各国政府は息も絶え絶えの状態にある。またヨーロッパでは、国民主権と、代議制にもとづく統治を幅広い支持基盤として、革命が進行中である。人類は啓蒙された段階にある。それを理解することは、むずかしいことではない。そうである以上、革命の到来を見越し、理性を働かせ時代の変化に順応することによって革命を促すほうが、革命を動乱の成り行きに任せるよりも賢明な行為であろう。

私たちが今日撃しているところから判断するなら、政治の世界ではどのような改革が起こらないとも限らない。今は革命の世である。何を模索しても許される。諸国民は、戦争という制度を維持しようとする宮廷の陰謀に反発して、むしろそれを廃止するために大同団結するかもしれない。ヨーロッパ会議を創設し、自由な統治を促進し、諸国民が互いに協力して文明の向上を図る——そのような日が到来するのは、米仏の革命と両国の同盟がかつてそうだったのと同じように、予想外に早いかもしれない。

第二部

ラファイエット氏への献辞

アメリカでは困難な局面において、ヨーロッパではさまざまな協議を通じて、これまで十五年近くご好誼をいただいて参りました。そのような歳月を経て、今ここに、この小著を献呈させていただくことは、わが愛するアメリカに対するご貢献に感謝申し上げる機会ともなり、また、公私にわたってそなえておられることを承知致しておりますご人徳に対し、尊敬の念を抱いておりますことを証す機会ともなり、それだけに小生の喜びは一入であります。

貴殿とのあいだで意見の相違が見られたとすれば、相違していたのはただひとつ、国家統治の原則ではなく、そうした原則を実現する時期だけでした。愚見はと申しますと、正しい原理をずるずる生殺しにすることは、そうした原理を性急に押し立てるのと同じように有害である、というものであります。成就するのに十四年か十五年かかるとお考えになっているものを、はるかに短い期間で実現できると確信したとしても、別段おかしなことではありますまい。小生の見るところ、人類はいつでもおのれの真の利益を理解するのに十分成熟しております。もっとも人類の理解を得るためには、そうした利益を人知の前に曇りなく示すことが前提となるのでありますが。またその際、何か下心があるのではないかと疑念を持たれたり、あまりにも僭越な態度をとって反感を買ったりするようなことは慎まねばなりません。

アメリカ革命が成就したとき小生は、心静かに腰を落ち着け、穏やかな生活を満喫したいという気持ちに駆られました。よもやふたたび偉大な目的が目の前に現れ、それを目指すために心の安らぎを放り出し、かつて感じたような緊張をふたたび感じることになろうとは、ゆめゆめ思いませんでした。しかし、郷土愛や愛国心ではなく［人類共通の］理念が強力な行動の原因となっている場合、人間はどこにいても同じように振る舞う――それが小生の実感であります。

小生は今ふたたび公の世界に身を置いておりますが、貴殿とは異なり、この先何年も生きられるなどと考える権利はありません。[1] ですから、できるだけ迅速に事を進め

1 ラファイエットが一七五七年九月生まれであるのに対して、ペインは一七三七年一月生まれ。献辞執筆の時点ではペインが二十一歳年長。

る所存であります。そして、それについては貴殿のご支援とご協力を何としてもお願いしたいところであります。貴殿が主義主張［の実現］をお急ぎになり、小生に追いついてくださることを切に祈るものであります。

貴殿がこの春、戦地に赴かれるようなことがありましたら（もっとも、それを余儀なくするような事態はおそらく発生しますまい）、小生も現地に向かい、行動を共に致します。万が一戦争が始まった場合は、[2] それがドイツの専制政治に終止符を打ち、ドイツ全土の自由を確立するという結果に終わることを期待しております。フランスは、その周囲を革命によって取り囲まれたとき、平和と安全を享受することになりましょう。そしてその結果、税金を減らすことが（ドイツについても同じですが）可能になりましょう。

貴殿の誠実かつ親愛なる友

トマス・ペイン

一七九二年二月九日　　ロンドンにて

序文

昨年出版された本書『人間の権利』第一部の、「結論」と題する部分を書き始めた時点では、私はもっと紙幅を割くつもりであった。しかし、付け加えたいと思っていた事がらの全体像を頭の中で描いてみると、それは長大なものになりそうだった。それを避けようとすれば、当初の計画を大幅に縮小せざるを得ないということが分かったので、私は結論部分を（テーマに見合った範囲で）できるだけ手短にまとめることにした。そして、論じ尽くしていない事がらはそのまま胸の内に温めておいて、別途

2　当時オーストリア、プロイセン両国とフランスの関係は緊張していた。前年（一七九一年）八月、オーストリアのレオポルト二世（マリー・アントワネットの実兄）とプロイセンのフリードリヒ＝ヴィルヘルム二世がドレスデン近郊ピルニッツで、フランスにおける秩序と王政の復古はヨーロッパのすべての君主の共同利益であると宣言したことを契機とする。フランス革命軍は一七九二年九月、オーストリア＝プロイセン連合軍を相手に戦端を開いた。

執筆、公表する機会を待つことにした。

私がそのような決断を下した動機は、ほかにも幾つかある。イギリスの慣習と相容れない思考と表現のスタイルで書かれた論文が果たしてどのように受け入れられるのか、本格的に事を進める前に知っておきたかったのである。フランス革命のおかげで、人類の目の前に広々とした視野が開けようとしていた。バーク氏がフランス革命に対して猛烈な反論をおこなったことから、論争がイギリスに持ち込まれた。私がバーク氏を敵に回して擁護するだろうと（報道を通じて）予想された原理に対して、氏は先制攻撃を加えてきた。なぜ私がそのような姿勢で論争に臨むのかといえば、そうした原理は私が正しいと信じている原理であり、それを確立するのには私も貢献した経緯があり、したがって、それを擁護することは自分の義務だと考えるからである。もしバーク氏が論争を挑んでこなかったら、私はまず間違いなく沈黙を保っていたであろう。

本書第一部で言い残したことを先送りしたのには、もうひとつ理由がある。すなわち、バーク氏が最初の著書『フランス革命についての省察』で、この問題を別の機会にあらためて取り上げ、（氏の言う）英仏の憲法を比較すると約束したからでもあった。

そのような事情があったからこそ私は発言を差し控え、氏の出方を待ったのである。彼はそれ以来、約束を果たさないまま二冊の著書を出版した。[1] もし英仏の憲法の比較が彼にとって有利であったなら、彼も約束を違えることはなかったであろう。

バーク氏は近著『新ホイッグから旧ホイッグへの訴え』において、『人間の権利』第一部からおよそ十ページ分引用している。それだけ面倒なことをしておきながら、そこに含まれている原理を指して「それに対して反駁を試みるつもりは一切ない」と述べているのである。バーク氏とは旧知の関係なので、氏の本性はよく分かっている。論戦に勝てるのであれば、彼は論戦に挑んでいたであろう。だが議論に応じない場合は、その後すぐに「自分の役割は果たした」として、みずからを慰めるのである。氏は自分の役割を果たしていない。英仏両国の憲法を比較するなどと言っておきながら、その約束を守っていない。彼は論争の火ぶたを切り挑戦状をたたきつけておきながら、いざとなると論争を避けて遁走し、今や、「騎士の時代は終わった」という氏自身の

1　二冊の著書とは、『国民議会の一議員への手紙』（*Letter to a Member of the National Assembly*）（一七九一年二月刊）と、『新ホイッグから旧ホイッグへの訴え』（*An Appeal from the New to the Old Whigs*）（九一年八月刊）。

所信の、好個の実例となっているのである。

バーク氏の近著『新ホイッグから旧ホイッグへの訴え』は、その内容も書名も、当のバーク氏自身を非難するものとなっている。原理が原理として通用するのは、それそのものに価値があるからだ。正しい原理は必ず世に通用する。バーク氏がこれまでしてきたように原理を他人の権威によって庇護してもらうならば、その原理はかえって疑念を持たれやすくなる。氏は自分の名誉を人と分かち合うことを好まないが、この場合は不名誉を分かち合おうとして策に溺れているのである。

しかし、バーク氏が訴えかけている相手はどのような人びとなのか。それは一群の、前世紀に生まれた幼稚な思想家や日和見主義的な政治家である。彼らはいかなる原理であろうとも、自分たちの党派の目的に合わなくなれば使い捨てにする。国民は常になおざりにされる。当時から今日に至るまで、これこそが各党派の本性なのだ。国民はそのような仕事、つまり政治を、注目に値するものとは見ていない。政党はつまらぬことで動くが、国民を動かすのは何か偉大なものに限られる。

バーク氏の『新ホイッグから旧ホイッグへの訴え』には、注目に値するものは何も認められないが、一カ所気にかかる表現がある。それについて若干の所見を述べておこう。氏は『人間の権利』第一部からあれこれ引用しながら、そこに盛り込まれている原理に反駁するのはやめておくと述べた後、次のように言う。「反駁はまず間違いなく、私と考えを同じくする人びとが同じ情熱をもってやってくれるであろう（もっとも、このような著作の断罪は刑事法廷に任せたほうがよかろう）」。

第一に、誰もそのような反駁をまだおこなっていない。『人間の権利』第一部に反論するつもりで八種類か、十種類を下らぬ冊子が、異なる著者によって出版された。しかし私が承知している限り、そのうち増刷に至ったものはひとつもない。書名すら一般には記憶されていないほどである。むやみに出版物を増やすのは本意ではないので、私はいまだにそのどれに対しても再反論をおこなっていない。また、ほかの誰もが書けないときに自分ばかりが書きすぎるとかえって著者は評判を落とす。そう確信しているので、そのような暗礁を避けるべく慎重に振る舞っているのである。

しかし、不要な出版物は願い下げにしたいが、その一方で、へそ曲がりと誤解される振る舞いは避けたい。もしバーク氏か、あるいはこの問題に関して氏に味方するほかの誰かが、『人間の権利』に反駁し、その発行部数が拙著の発行部数の半分、いや、四分の一にでも達したら、私はその著書に対して回答しよう。しかしそれが実現するまでは、国民の良識を指針として重く受けとめることにする（私がこのように述べたからといって世論に迎合しているのでないことは分かってもらえよう）。したがって、国民が読むに値しないと考えるものは、すなわち私が回答を寄せるに値しないもの、ということになる。『人間の権利』第一部の発行部数は、イングランド、スコットランド、アイルランドを合わせて四〜五万部を下らないはずである。

次に、バーク氏の著作から引用した文の、残りの部分についてコメントしておこう。バーク氏は「このような著作の断罪は刑事法廷(クリミナル)に任せたほうがよかろう」と言う。ある著作を言い負かすことができないからといって、その代わりに裁判で断罪するのであれば、それは（駄じゃれのようで恐縮だが）犯罪的(クリミナル)な法廷であるに違いない。ある著作に反駁を加えることこそが、その著作に対して振り下ろすことのできる最大の鉄(てっ)槌(つい)となる。バーク氏が示唆するような方法で裁判を起こすなら、結局のところ問題の著作ではなく［告発の］手続きの違法性が断罪されよう。このような場合は、有罪判決を下す裁判官や陪審員になるよりも、著者の立場にとどまるほうがよい。

それはともかくとして、ただちに要点に触れることにしよう。［政府当局による］告発の問題については私は一部の専門家と意見を異(こと)にしてきたが、これまでに先方から歩み寄りがあったので、この場を借りてできるだけ遺漏のないように、しかし同時にできるだけ簡潔に自分の意見を述べておこう。

最初に法律というものについて一考を披瀝し、次いで法律を統治機構ないしは（イギリスで言うところの）政体と照らし合わせてみよう。

もし仮にある法律を制定することによって、そのような法律やその他の法律を支える原理が妥当か否かを調べるのを禁ずるとすれば、それは、専制政治すなわち恣意的権力とイギリスで言われているものの所業に等しい。

仮に、ある法律が悪法だとしよう。その場合、その法律の誤りや欠陥について論じたり、その法律に代えて別の法律を据えなければならない理由を明らかにするなどの行動は許される。しかし、法律の執行に反対することは許されるだろうか。私がこれまでずっと堅持してきた（そして、実行してきた）意見は、次のようなものである。すなわち、たとえ悪法であっても、それを遵守しつつあらゆる議論の機会をとらえ、その法律は欠陥をはらんでいるので撤廃すべきだと主張するのが正しい。力ずくで法を破ってはいけない。なぜなら悪法を破るという前例は、公正な法律からも力を奪い、法律を好き勝手に破るという弊風を招くからだ。

統治の原理と形態についても、あるいはいわゆる統治体制やそれを構成する各部分についても、同じことが当てはまる。

統治体制を確立し、人類がそれを維持するための費用を負担するのは、国民の利益を図るためである。特定の個人の利得や権力を拡大するためではない。それぞれの統治機構や統治体制の欠陥は、その原理についても形態についても、議論の対象とすることを許されるべきである。それは、法律の欠陥が議論の対象となり得るのと同じ理屈による。また、そうした統治体制の欠陥を指摘するのは、各人が社会に対して負う義務でもある。そのような欠陥とそれを矯正する手段が国民のあいだであまねく認識されている場合、その国は、政府が法律を廃止または改革したのと同じ要領で、統治機構や統治体制を改革するであろう。

政府の機能は、法律の制定と執行に限られている。しかし、統治体制や統治機構を確立・改革する権利、創設・再建する権利は、国民のものである。したがってこれらの問題を検討の対象とすることは、いかなる場合でも国民の目から見れば権利事項であり、それを「政府が」告発の口実に利用するということは、国民が共有するその権利を侵害することにほかならない。私はこのような立場に立って、いつでもバーク氏が望むときに氏と対決するつもりだ。議論は揉み消すのではなく、一から十まですべて白日の下にさらしたほうがよい。論争の火ぶたを切ったのは当のバーク氏なのだから、それを途中で打ち切るのはおかしなことである。

ヨーロッパの文明国においては、君主政も貴族政も七年以上は保たないであろう。そのような政体が存続するのは、それを是とする理由が非とする理由よりも説得力を持つ場合だけである。さもなければ存続は望めない。人類は今や、「思考してはいけない」とか、「本を読んではいけない」などと指図される存在ではない。出版物は、国家統治の原理を考察し、人びとに理詰めで考えるよう促し、異なる体制の短所と長所を示すことを目指す。それ以外の企図を持っていない限り、世に送り出される権利を持つ。もしそれらの出版物が世の注目を惹かないとしたら、「当局は」わざわざ告発の労を取るまでもない。また、世間の注目を惹くような出版物であれば、告発は徒労に終わる。なぜなら読むことは禁止できないからである。あえてそのようなことをすれば、著者ではなく国民一般を処罰するのに等しい。それは、革命を誘発、促進するのに最も効果的な方法である。

統治体制に関し広く国民一般に当てはまるすべての案件について、一個の陪審員団

（十二人ひと組）が決定権を「一手に」握ることはない。なにしろ証人尋問や事実認定がおこなわれるわけではないのだ。その案件の全容は社会全体の目の前にさらされていて、それが正しいか否かは社会の意見で決まるのであり、しかも法廷では、誰もが承知していること以外の情報は何も出てきはしない。そのような場合、十二人から成る陪審員団を別の陪審員団とくらべたところで、各陪審員団はそれぞれ互いに等しく正しいという結論になるだけだ。そして、まず間違いなくそれぞれの評決は、互いに矛盾することになる。あるいは、集約できないままになる。陪審員団相互に見解が食い違うからである。

国民が何らかの事業または計画を承認する（あるいは却下する）のはよいとして、その際決定権をこのような陪審員団にゆだね、国民が統治体制を改革する権利を持っているか否かについて、また、国民にそのような改革をやらせるか否かについて、陪審員団の判断を仰ぐとすれば、それはおかしなことである。このようなケースを私が持ち出すのは、バーク氏に分かっていただきたいからだ。私は権利とは何か、法とは何かといった問題について、よく考えもしないで統治体制を論じているのではない。統治体制を改革するか否かを決める場合に有効な陪審員団がひとつだけあるとすれば、それは公正に選挙された全国規模の協議機関である。というのもこのようにすれば必ず、国民全体が一個の村のようになるからである。もしバーク氏がこのような全国協議機関を提唱するおつもりなら、私はアメリカにせよ何にせよ他の国の市民であるという特権を放棄して、そうした［国民全体の協議という］原理を擁護しつつ全国協議機関での結論を甘んじて受け入れる（ただし、氏にも同様に行動してもらうことが前提になるが）。それというのも、そのような場において断罪されるのは私のではなく氏の著作と［法廷での評決を優先する］原理であるということを、私は確信しているからである。

人は教育や習慣に影響されて、特定の統治形態や統治体制に思い入れを持つ。その種の固定観念は、理性的になってじっくり考え直す必要がある。実際には、このような固定観念には何の価値もない。ある事がらが間違っているということを知っていながら、それに対して思い入れをつのらせる者はいない。正しいという思い込みがあるからこそ、人はそれに執着するのである。そうでないと分かれば、思い入れは雲散霧消するであろう。固定観念の本質については、不完全なことしか分かっていない。自分の頭でよく考えてみるまでは、すべては固定観念であって「意見」ではない、とも言えるかもしれない。言い換えるなら、理性を働かせて熟考した後で生み出されるものだけが「意見」となる、ということだ。私がこのようなことをわざわざ申し立てるのはなぜか。バーク氏がイギリスの習慣的な固定観念に過剰な信を置くのを、是非やめてほしいからである。

私が確信するところでは、イギリス国民はこれまで公正、公平に扱われてこなかった。それどころか、指導者の役割を自任する党派や徒輩によって欺かれてきた。今こそ国民は、そのようなくだらぬ自称指導者どもを屈服させるべきである。今こそ、長年にわたり税の苛酷化を助長してきた無頓着な姿勢を改めるべきである。今こそ、人を固定観念の虜にし思考停止に追い込むように仕組まれている国歌だの乾杯の辞だの[による国王礼賛]は、すべて願い下げにすべきである。

これらのすべての問題については、自分の頭で考えさえすればよい。そうすれば行動をあやまつことも、だまされて間違った方向に導かれることも、もはやなくなる。ある国の国民を指して「自由というものに適していない」と評することは、その国民が貧困を好んでいると言っているのに等しい。また、重税をかけられてむしろ喜んでいるのだと言っているのに等しい。もしそのようなことが本当だと証明できるなら、支配者が国民を支配するのに適していないということも同時に証明できるだろう。なぜか。支配者もまた、同じ国民大衆の一部だからだ。
しかし、ヨーロッパ全域において各国政府は変革を免れないとしても、そうした変革は、動乱や報復抜きで達成することは可能だろう。改革や革命は、国民にとって大きな利益をもたらすのでなければ、やってのける価値はない。そのような見通しが国民の目に見えてくると、アメリカやフランスにおいてそうであったのと同じように、改革や革命に反対する勢力は危難に襲われるであろう。以上の考察をもって、この序文を締めくくることにしよう。

トマス・ペイン

一七九二年二月九日　ロンドンにて

序論

古代ギリシアの数学者アルキメデスはかつて梃子(てこ)の力について、次のように豪語したものだ。「足場があるなら、地球を持ち上げることだってできる」。これは理性と自由についても当てはまることだ。

アメリカ革命は、力学上の理論でしかなかったものを政治の世界において具現化した。旧世界では各国の統治体制が深く根を張り、圧制と昔からの慣性が「人間の」精神を効果的に金縛りにしていたため、アジア・アフリカ・ヨーロッパでは人類の政治的環境を改革しようにも、最初の一歩を踏み出すことができなかった。自由は地球上どこからも追い立てられ、理性は叛逆と見なされ、人間は恐怖の奴隷となって思考することを恐れていた。

だが真実というものに宿る本質は、屈服とは無縁であり、どこまでも一徹である。真実が求め、欲するのは、あくまでも真実を発揮する自由だけである。太陽は、おのれと暗黒を区別するための能書きを必要としない。アメリカ［各州および合衆国の］政府が姿を現すや否や、専制体制は衝撃を覚え、人類は［専制体制を］転覆しようと考え始めた。

アメリカの独立は、単にイギリスからの分離として見たならば、さほど重要な出来事ではなかったであろう。ところがそれは、統治の原理および実践における革命をともなっていたのである。アメリカは自己のためばかりか世界のために抵抗し、独立達成のあかつきに得られる自己の利益にとどまらず、それを超えたところまで視野に収めていた。アメリカと戦うためにドイツのヘッセンから送り込まれた傭兵たちですら、長生きして過去をふり返るならば、自分たちの敗北を祝福するであろう。イギリスもおのれの統治体制の非を糾弾し、その挫折を喜ぶであろう。

政治の領域において、普遍的な変革の原理の「発祥の地」になる可能性を秘めていたのは、アメリカだけであった。また、地理的な環境という点でも、アメリカは他のどこよりも恵まれていた。さまざまな事情が複合的に作用したからこそ、アメリカの原理が生まれ、飛躍的な成長を遂げたのである。

アメリカの風景は、見る者に働きかける力を持っている。それに触発されると、偉大な理念が誕生し発達する。自然は見る者におのれの偉容を示している。偉大なものを見れば、見る者は刺激され志を高くする。じっと見つめているだけでも、目に映る事物の偉大さに感化される。アメリカの最初の定住者たちはヨーロッパ諸国からの移民であった。帰依する宗派こそまちまちであったが、彼らは旧世界の各国政府の迫害を逃れ、新世界で敵同士ではなく同胞として出会ったのであった。荒野の開拓に必ずともなう［衣食住の］不足を解消しなければならなかったので、定住者たちは、社会的に結合した状態になった。それまではどこの国でも、長いあいだ政府の妨害と陰謀に苦しめられ、社会形成の努力はおろそかになっていたのであるが。このような状態に置かれると、人は人間の本性を取り戻す。人間は、人類を天敵扱いする非人間的な認識に代わって、人類をいわば血族として見るようになる。この実例が作為に支配された旧世界に対して示しているのは、人間は自然に帰って教えを請わなければならないということである。

各種の改良点においてアメリカが急速な進歩を遂げているという事実に照らせば、次のように結論づけても不合理ではあるまい。すなわち、アジア・アフリカ・ヨーロッパの各国政府が、アメリカと似たような［建国の］原理にもとづいて発足していたとすれば、あるいは、そうした原理から堕落する時期があまり早く来なかったとすれば、各国の国情は今頃、現状をはるかに上回っていたであろう。時代は次々に新しい時代に入れ替わるが、目撃されるのはそれら諸国の惨めな有様ばかりである。何の予備知識も持たない者が地球を観察するために連れてこられたとしたら、どうだろう。きっと次のように誤解するのではないか。旧世界の大半はまだ若く、入植初期の困難や障害と闘っている段階なのだ。そして旧世界の国々に満ちている惨めな貧乏人の群れについては、「まだ自力での生活が可能な時代を迎えていない人びと」としか思わないであろう。そのような人びとがよもやそれら諸国における統治とやらの産物であろうとは、想像もつかないことであろう。

旧世界のもっと惨めな国々から視線を移し、改革が進んだ状態にある国に住んでいる人びとを眺めてみると、そこでもやはり政府がその貪欲な手を産業のあちこちに突っ込み、大衆の努力の結晶を横取りする光景が見られる。歳入の増加すなわち増税のために新たな口実を設けるべく、政府は絶えず知恵を絞っている。そして繁盛する人びとを食いものにし、貢ぎ物なしで逃れることは何人(なんびと)に対しても許さない。

すでに革命が始まったとすれば、着手済みで継続中の物事は、これから着手する物事よりも成算があるのが常であるから、他の革命が後に続くだろうと期待するのは当然のことである。旧来の各国政府は巨額の出費をみずからの運営に充て、しかもそれを増やし続けている。また、数々の戦争に明け暮れ、世界の文明と貿易の行く手を阻み、国内では抑圧と権利の侵害をほしいままにしている。こうして世界中の人びとは、限界まで忍耐を強いられ、資力を奪い尽くされている。このような状況に置かれようものなら、前例が存在するだけに革命待望論が出てくるのは当然である。革命は世界中の話題となり、［現実の］日程に上っていると考えられよう。

既存の統治体制とくらべて経済的な、しかも国民全体の福利を向上させる統治体制を導入できるのであれば、そうした体制の進歩に反対する企ては、究極的にはことごとく徒労に終わるであろう。理性が時間と同じように歩みを進めるからには、いずれ固定観念は利害関心に勝ちを譲るであろう。世界の平和・調和・文明・貿易こそが人類の幸福の秘訣だとするなら、それを成就するには、現行の統治体制において革命を起こすほかはない。君主政の政府はいずれも好戦的である。それら政府は戦争を常習的におこなう。その目的は掠奪と収入［の確保］にある。そのような政府が存続する限り、平和は絶対的な保障を一日たりとも得られない。

王政を戴くすべての政府の歴史は、おぞましい叙述以外の何ものでもない。そこに描き出されるのは人類の悲惨さと、数年単位の、戦火がたまたま収まる休止期間である。それら政府は戦争に倦み人類の殺戮に飽きると、腰を下ろして休憩をとり、それを平和と称した。これは言うまでもなく、神が人間のために想定した状況ではない。もしこれをもって君主政だと言うのであれば、それは、ユダヤ人が犯した罪のひとつに数えても差し支えなかろう。[1]

これまで世に起こったいずれの革命も、人類の大部分の関心を惹くものをはらんでいなかった。それらの革命は国王の首をすげ替え、施策を変更したにすぎず、「国家統治の」原理を変革するには至らなかった。それは、その場しのぎのありきたりな事後処理の中に埋没するのが常だった。私たちが今日目撃しているものは、「反革命」と呼んでも不適切ではないかもしれない。

1　ペインは古代イスラエルの王政に、キリスト教世界における王政の端緒を見出している。古代イスラエルでは伝統的に王政を忌避していたが、（おそらく紀元前十一世紀ごろ）ペリシテ人の王国に対抗する目的で民衆が王による統治を熱望したことから、神の意に背いて王政が始まったとされる（旧約聖書「サムエル記・上」十二・十七〜十九）。

人間はいつか遠い昔、征服と専制によっておのれの権利を奪われたが、今それを取り戻そうとしているのである。ちなみに、人間の営為には上げ潮と引き潮が付きものである（こちらの上げ潮は向こうから見れば引き潮であり、その逆も同様）。この場合にもそれが当てはまる。かつて武力による統治が東から西へと展開したのに対し、今、それ以上に強力な推進力をもって西から東へと展開している統治形態がある。それは、武力とは別の原理、すなわち「道徳理論」「世界平和体制」「生得の奪われることのない人間の権利」を存立基盤とする統治である。こちらの統治形態は特定の個人ではなく国民全体の利害に、進歩を重ねながら影響を及ぼし、人類に新しい時代［の到来］を約束するものである。

革命の成功を何よりも脅かすのは、［国民の］十分な理解が得られないまま革命をくわだてることから発生する危険である。本来は革命に先だって、革命が進展する際に依拠する原理や、革命の結果得られるはずの利益が理解されていなければならないのだが。これまで国民の境遇に関係するほぼすべてのものが、統治というあいまいで謎めいた言葉のもとに吸い込まれ、一緒くたにされてきた。政府はおのれがもたらした過失や危害については責任を回避しながら、好結果と見えるものは何であれ、必ずおのれの手柄にする。政府は「好況は政府の政策ゆえだ」と訳知り顔で講釈することによって、産業界から名誉を奪い取る。また、人間の性格全般のうち、社会的存在としての人間の功績を横取りする。

このような次第であるので、今日のような革命の時代にあっては、政府の所産とそうでないものとを区別することは有益であろう。そうした区別をできるだけ効果的なものにするためには、社会および文明、さらにはそこから生み出される成果を、国家統治と呼ばれるものから切り離して吟味することが必要である。このような確認作業から始めれば、成果の生みの親を正しく特定し、よくある錯誤の大半を析出できるだろう。

第一章　社会および文明について

人類のあいだに行きわたっている秩序の大半は、国家統治の所産ではない。そうした秩序は、社会の原理と人間の本来的な性質を起源とし、統治が始まる以前から存在していた。そして、統治という形式的な行為が廃れても、なお存続するであろう。人間同士が、また文明共同体の各部分が、相互に依存し利害をともにすることにより彼の巨大な結びつきの連鎖を形成し、それに支えられて共同体全体がまとまる。それを構成する地主や農場経営者、工場主、貿易商、小売店主などの各主体は、あるいは互いに助け合いながら、あるいは共同体全体に助けられながら、共栄共存している。共同体の各事業を調整し、共同体の決まりを設けるのは、利害の共通性である。共通の習慣にもとづいて定められる決まりは、政府の定める法律よりも大きな影響力を持つ。一言で言えば社会は、政府の功績と見なされているほぼすべての事がらをみずから遂行しているのである。

人間にとって適切な統治の質と量を理解するには、人間の性格に注意を払う必要がある。人間は社会生活を営むために創造され、神から定められた各自の持ち場にふさわしいものとして形づくられた。いずれの事例においても神意により、生まれつきの欲求が自分ひとりの力を上回るような仕組みにしてあった。人間が社会の助けなしでは自分の欲求を満たすことができないのはそれゆえである。こうして人間の欲求は個々人に影響を及ぼし、全員を社会の中へと引っ張り込む。それは、引力がすべてのものを［地球の］中心へと引きつけるのと同様に自然なことである。

しかし神の御業（みわざ）はこれにとどまらない。神は欲求を多様なものとすることによって（それを満たすためには助け合いが必要になることから）人間を社会の中に引き寄せたばかりか、それに加えて、人との触れ合いを好む性向も人間に植え付けた。それは生存にとって必ずしも必要なものではなかったが、人間の幸福にとっては欠かすことのできないものである。人間は一生涯を通じて、人との触れ合いを望む気持ちを失うことはない。そのような気持ちは生まれた時から死ぬときまで続く。

人間というものを、次の点に着目して注意深く調べるとしよう。人間の気質や体質。人間の欲求の多様性。互いの欲求を満たし合うために人間がそなえている、人間ごとに異なる能力。人との触れあいを好む性向と、その帰結として、そうした特長から生じる利益を守ろうとする性向——。これらの点について調べるなら、統治と称される営為の大半が単なる欺瞞にすぎないということは、容易に見て取れよう。

統治が必要とされるのは、社会と文明ではうまい具合に対処できない少数の事例に直面したとき、代役を果たすためである。それ以上の目的はない。政府がそうした役割を超えて（社会にとって有益な範囲で）何かできるとしても、そのようなことは今日まで、ことごとく社会が実行してきたのである。社会はコンセンサスが得られるし、政府の力を借りるまでもなかった。それを示す実例は枚挙にいとまがない。

アメリカ十三州ではアメリカ独立戦争が始まってからおよそ二年間、州によってはそれ以上の長きにわたり、確立した統治形態がなかった。旧政府はすでに廃されていたが、あまりにも防戦するのに忙しく、アメリカは新しい政府の確立に注意を向ける余裕がなかった。そのような状況にありながら、その間、秩序と調和はヨーロッパのどこの国にも劣らず、しっかりと保たれていた。

人間には生まれつき適応力があるが、社会にはそれ以上の適応力がある。なぜなら、いかなる環境への適応も可能にするほどの、個々の人間とくらべてはるかに多種多様な能力と資源に恵まれているからだ。形式上の政府が廃止されれば、たちまち社会が活動を始める。全体的な結合が始まり、利害をともにすることから共通の防衛政策が形成される。

今日までもっともらしく言われてきたところによると、「いかなる形式の政府にせよ政府が廃止されると、社会は崩壊する」。これは真実からはほど遠い。政府が廃止されれば逆の衝撃力が働き、社会の結束は一層緊密なものになる。社会の組織のうちそれまで政府にゆだねられていた部分はすべて、社会そのものの手中に回帰し、その運営は社会の手でおこなわれる。

人びとが生まれつきの本能と互恵的な利益に導かれて、ひとたび社会的、文明的な生活に慣れ親しむと、いつでも事実上それだけで、そうした生活の指導原理が十分にそなわる。そのおかげで人びとは、自分たちの統治において実現すべき（あるいは、実現すれば都合がよい）と考えるいかなる変化にも対処できるのである。以上を要約するなら、人間は社会とへその緒でつながっているので、そこから引き離すことはできない、ということだ。

形式上の政府は文明生活のごく一部を成しているにすぎない。しかも、人間の英知の限りを尽くしてどれほど立派な政府を設けたとしても、それは実体というよりもむしろ名目や理念の話なのである。個人と社会全体の安全や繁栄を保障するのは、以下のものである。第一に、社会と文明の偉大な根本原理。第二に、社会的にあまねく承認されている共通の慣習。各人はそうした慣習を維持するにあたり、協力しながら利益を得る。第三に、途絶えることのない利益の循環。それは無数の経路を通じて、文明化された人間の集団全体を活性化する。このような社会的な仕組みのほうが、よく組織された政府が実現し得るどのような施策よりも、安全と繁栄にとってはるかに強力な保障となる。

文明が完成度を高めると自律と自治が行き渡るようになり、それにつれて統治の必要は少なくなる。しかるに各国の旧式な政府の実態は、この問題の道理にまったく反している。その支出は年々何パーセントか減少するはずなのに、逆にまさにその比率で増加しているのである。文明生活にとって必要なのは若干の一般的なルールだけである。それは普遍的に有用なルールであるので、それを施行するのが政府という形態であろうとなかろうと、その効力にほとんど変わりはない。人びとが最初にまとまって社会を形成するとき、どのような原理が働いているのだろうか。また、社会が形成された後、人びとはどのような動機に支えられて相互関係を保つのだろうか。それを考察してみると、政府なるものに行き着くまでもなく、その機能のほぼ全体が各部分の自然な相互作用によって遂行されていることが分かるだろう。

これらのすべての事がらに関して人間は、みずから気づいている以上に、また、政府から期待されて自覚する以上に、人間の行動原理に忠実である。社会を律する主要な決まりは、すべて自然法そのままである。貿易や商取引のルールは、個人間に関してであろうと国家間に関してであろうと、当事者（当時国）それぞれに利益をもたらし、また同時に相手方にも利益をもたらす。そうしたルールを当事者（当事国）が遵守するのは、遵守することがおのれの利益にかなうからである。それを正式の法律として政府が押しつける（あるいは、振りかざす）から、というわけではない。

だが、社会を形成しようとする自然な傾向は、政府の行動によって阻まれたり損なわれたりする。何とその頻度の多いことか！　政府が社会の原理を受け継がず、わがもの顔に振る舞い、不公平と抑圧をほしいままにするとき、本来政府が防ぐべき危害が、ほかならぬその政府によって引き起こされるのである。

これまでイギリスでしばしば起こった暴動や一揆をふり返ると、いずれも政府が存在しなかったからではなく、政府そのものが原因となって起こったのだということが分かる。政府は社会を強化するどころか逆に分断し、社会は政府の存在によって自然の結束力を奪われ、政府が存在しなければ生じるはずのない不満と無秩序に苦しむのが常であった。

商取引その他の事業のために種々雑多な人びとが形成する団体において、政府がまったく問題にならず、人びとがもっぱら社会の原理にもとづいて行動している場合、さまざまな当事者が実に自然に団結することが知られている。それと対比すれば明らかであるが、政府というものはいつでも秩序をもたらすというわけではない。それどころか、しばしば秩序を破壊する。一七八〇年のゴードン暴動〔第一部第二章の訳註3を参照〕も、政府みずからがあおった偏見のなごりを原因としていた。ただしイギリスについて言えば、社会秩序が破壊される原因はほかにもある。

不公平な重税は、課税方法をどんなにもっともらしく装ったとしても実際に徴税をおこなう段になれば、必ず正体が明らかになる。社会の大部分は、そうした税を課されようものなら貧困と不満の境遇に突き落とされるので、いつ何時騒擾を引き起こすか分からない。しかも、不幸なことに情報を得る手段を奪われていることから、とかく激情に駆られて暴力行為に走りやすい。暴動は、見かけ上の原因が何であれ、いかなる場合でも幸福の欠如を真の原因とする。幸福が欠如しているということは、統治体制のどこかに不具合があり、社会を維持するのに欠かすことのできない幸福を損なっているということを示している。

しかし、論より証拠とも言うし、アメリカの実例に照らしてみよう。そうすれば、以上の所見の正しさが確認できるだろう。普通の人の予想では、社会的な協調が期待できないという意味で世界一の国は、多分アメリカであろう。なにしろ、一口にアメリカ人といっても、実のところ出身国はさまざまで、慣れ親しんできた統治の形態と慣行もさまざまである。話す言葉も異なり、［教会での］礼拝のやり方は、それ以上にまちまちである。そのような人びとから成るアメリカ社会において、人びとが団結することなどあるはずがない。一見したところ、そう見える。ところが、社会の原理および人間の権利にもとづいて政府を樹立するという簡単な操作だけで、あらゆる困難が解消され、すべての構成部分が円満に調和するようになるのである。そこでは、貧乏人が抑圧されることもないし、金持ちが特権を与えられることもない。事業家たちは、彼ら事業家を食いものにして浮かれ騒ぐ宮廷の、派手な浪費に歯ぎしりすることもない。政府が公正なので、人びとに課される税金は少ない。人びとに惨めな思いをさせるものが皆無である以上、暴動や騒擾が起こることもない。

＊原註。アメリカで一般的にニューイングランドと呼ばれている地域（ニューハンプシャー、マサチューセッツ、ロードアイランド、コネチカットを含む）に居住しているのは主としてイングランド系の住民である。ニューヨーク州では、およそ半分がオランダ系で、残りの半分はイングランド系、スコットランド系、アイルランド系である。ニュージャージーではイングランド系とオランダ系が混在しており、そのほか若干のスコットランド系とアイルランド系の住民もいる。ペンシルヴェニアではおよそ三分の一がイングランド系で、同じく三分の一がドイツ系。残りの三分の一を、スコットランド系とアイルランド系、そして若干のスウェーデン系が占めている。南に下ると、中部の諸州にくらべて各州のイングランド系住民の比率は高くなるが、それら各州には非イングランド系も住んでおり、純イングランド系の州はない。沿岸部には、右に挙げた各国出身の住民のほか、かなりの数のフランス系とそれ以外の若干の人びと（その出身国はヨーロッパのすべての国にわたる）が住んでいる。最大の信者数を誇る宗派は長老派（プレスビテリアン）であるが、い

ずれの宗派も、他の宗派の上に君臨しているわけではない。全員が市民として対等である。

バーク氏のように空理空論をもてあそぶ輩（やから）であれば、そうした人民をどうすれば統治できるだろうかと、その方法を発見するためにあらん限りの知恵を絞ったことであろう。そして、次のように考えたことであろう。人びとを統御するためには、相手に応じて欺瞞または暴力を、そして、あらゆる場合を通じて常に策略を駆使しなければならない。また、無知につけ込むためには天才的能力を借り、民心を引きつけるためには見世物やパレードを開催しなければならない――。こうして研究を重ねすぎて方向を見失い、微に入り細をうがつような分析を繰り返しているうちに、ついには、自分のすぐ目の前に開けている平坦で歩きやすい道を見落としてしまったのであろう。

アメリカ革命の偉大な利点のひとつは、それによって統治の原理が発見され、統治の欺瞞が暴露されたというところにある。それまでに起こった革命はいずれも、宮廷の範囲内でおこなわれたのであって、国民という偉大な舞台の上でおこなわれたのではなかった。過去のいずれの革命においても、当事者は廷臣たちの階級に属していた。

だから改革に対する情熱がどうであろうと、同業者の欺瞞を注意深くそのまま放置するのが常であった。

連中はいかなる場合でも統治を、自分たちだけが心得ている秘儀の集合体として描き出すのに意を用いた。そして、国民が「政府は社会の原理にもとづいて活動する全国規模の団体にすぎない」ということを知れば有益であるのに、それだけは国民に悟らせないよう隠していた。

以上、証明しようとしたのは、社会的、文明的な生活を営むようになると人間は、みずからを守り治めるのに必要なほぼすべてのことを、自力でできるようになる、ということである。そこで今度は現行の旧式な統治体制を概観し、その原理と実践が、今述べたことと合致しているかを調べることが妥当であろう。

第二章　現行の旧式な統治体制の起源について

これまでこの世に出現したことがある統治体制について言うと、その樹立に際してすべての厳粛な道義が全面的に犠牲になるのが常であった。さもなければ、そのようなものを創設できたはずがない。現行の旧式な統治体制の起源が埋もれて闇の中にあるという事実は、その創設が不正と汚点にまみれていたということを暗に物語っている。アメリカおよびフランスの［革命以後の］現行の統治体制の起源は、それを記録することが名誉なことである以上、永遠に記憶に残るであろう。だが、米仏両国を除く各国の統治体制はみずからの起源を、自画自賛する場合ですら墓碑銘に刻むこともなく、歳月という墓所に葬ってしまうのである。

人間が孤立して生活していた古代の世界では、羊や牛の群れを世話することが人間の主たる生業(なりわい)であった。そのような時代であれば、ならず者の一味がどこかの国になだれ込み、税を取り立てることは、さして厄介なことではなかったろう。こうして権力を確立すると一味の首領は、強盗という名に代えて君主という名で呼ばれようと画策する。君主政や国王の起こりはここにある。

イギリスの統治体制は、いわゆる王統なるものに関して言うと歴史が浅い。したがって統治体制の起源についての記録は、良好に保存されていよう。ノルマン人の侵入と暴政が招いた憎悪は、イギリス国内に深く根をおろしており、それはどのように工作しても解消できないものであった。宮廷関係者は誰ひとりとして「消灯消火の晩鐘」[1]について語ろうとしないが、そのようなものがあったことを忘れたイギリスの村落はひとつもない。

世界を分割してそれぞれをおのれの領土にすると、強盗団は当然のことながら互いに反目し始めた。最初に誰かが暴力で獲得した以上、それを横取りしても不法ではないというのが、他の強盗団の言い分であった。というわけで、第一の掠奪者の後には決まって第二、第三の掠奪者が出現するのであった。強盗団は、それぞれに割り当てられた領土を互いに侵略し合った。強盗団が他の強盗団を襲うときの残虐ぶりは、君主政の本来的な性格を立証するものである。それは、ならず者がならず者を切り苛むのと同じであった。

征服者は被征服者を、虜囚ではなく私有財産と見なした。そして被征服者を手かせ足かせにつないで意気揚々と連行し、「奴隷として働け」とか、「死刑に処す」などと、意のままに宣告を下した。だが、歳月とともに征服者の来歴に関する記憶がぼやけてくると、後継者たちは新たな装いを身にまとい、後ろ暗い汚点の系譜を断ち切った。しかし、彼らの原理と目的は同じままであった。彼らは元来「露骨な」掠奪であった行為を、のちには「徴税」などと体裁のよい名で呼び、また、かつて横取りした権力に、「もともと」世襲権力であるかのような見せかけを施した。

国家統治がこのようにして始まったことに照らすなら、出現することが予想されるのは、戦争と収奪をひっきりなしに繰り返す体制だけである。それは、押しも押されもせぬ営利事業となった。こうした悪弊は特定の政府において目立つというのではなく、すべてに共通する一般原則となっている。このような統治体制の内部には、改革を根づかせようにも、それを生かすための生命力がそなわっていない。だから、短時

1　消灯消火の時刻になったことを知らせる晩鐘。中世のイギリスでは、この晩鐘が鳴ると各家庭では暖炉の火を落とす決まりになっていた。本来は火事を防ぐためであったが、ウィリアム征服王は、アングロ・サクソン人が夜間に反乱を起こすのを防ぐ目的でこの慣習を利用したと伝えられている。

日のうちにやすやすと効果を上げられるという意味で最善の荒療治は、新規に始めることなのである。

国家統治のこのような性格を考察し、その歴史をふり返るとき、不正の極致とも言うべきおぞましい光景が浮かび上がってくる。「人間の本性には、品性の卑しさや見せかけだけの偽善が付きものであり、それは、考えただけでもぞっとするような、また、人間らしい心があるなら願い下げにしたくなるような類のものである」。もし仮に、人間の本性をこのように描き出すならば、そうした人間像のモデルとなるべきは、国王や廷臣、閣僚たちである。本来の人間は、さまざまな欠点があるにせよ、そのような役割をこなせるような作りにはなっていない。

仮に国家統治が正しい原理に端を発していたとしよう。そして、誤った原理を追求することには何の関心も持たなかったとしよう。その場合でも世界は、私たちがこれまで目撃してきたように、悲惨な、争いの絶えない状態に置かれたであろうか。そのようなことはとても想像できない。農民はどのような動機があって安穏な畑仕事を放り出し、他国の農民と戦うために出征するというのか。また、工場の労働者にどのような動機があるというのか。市井の人びとにとっては――また、国内のいかなる階級にとっても――領土の拡大に何の意味があろう。国の領土が広がれば、誰かの所有地が一エーカーでも増えるのか。あるいは、所有地の価値が高まるのか。他国を征服したところで、敗北した場合と同じ代価を支払うだけではないのか。どちらに転んでも、のしかかってくるのは税金である。このような理詰めの議論は、国民にとっては有益だとしても、政府にとっては不都合である。戦争は政府が経営する賭博場であり、国民は官営賭博のかもとなっているのである。

国家統治のこのような惨状にあって予想以上に驚嘆すべきものが何かあるとすれば、それは農業・工業・商業などの非軍事的な営為が、長年増え続ける［軍事費の］重荷によって阻害、抑圧されながらも進歩を遂げてきたという事実である。これは、以下のことを証明するのに役立っている。すなわち、動物の本能の衝動がどれほど強くとも、それは人間の、社会と文明の原理が発揮する力には及ぶべくもないということだ。どのような阻害要因に妨げられようとも人間は、おのれの目的を追求し、不可抗力でない限り何ものにも屈しない。

第三章　新旧の統治体制について

旧来の統治体制の出現を支える原理と、社会・文明・商業に導かれて人類がたどり着く環境――この組み合わせ以上に両立がむずかしいものは、ほかにはあり得ないのではないか。旧来の体制にもとづく国家統治は、おのれの権力増強を目指して権力を奪うことに始まる。それに対して新たな体制にもとづく国家統治は、社会全体の利益の増大を目指して権力を委譲することに始まる。前者は、戦争を前提とする体制を維持することによって生き延びる。後者は、国民の生活を豊かにする真の手段として、平和［志向］の体制に肩入れする。前者は外国人嫌いを助長し、後者は国際貿易を推進する手だてとして世界共同体［の構築］を推進する。前者は、国民から奪い取る税が多ければ繁栄していると自己診断する。後者は、必要とする税が少ないことによってみずからの優秀性を証明する。

バーク氏は新旧のホイッグについて語った。氏が児戯に類する名づけや特徴づけに耽って悦に入るというのであれば、私は氏の楽しみを邪魔だてするつもりはない。私が本章の執筆にあたり念頭に置いているのは、バーク氏ではなくシェイエス師［第一部第五章の訳註22を参照］である。師に対しては、いずれ君主政の問題を論じると約束済みである。新旧の体制を比較すれば当然そうした問題に触れることになるから、この機会を利用して所見を伝えておきたいと思う。要所要所でバーク氏も議論の俎上に載せよう。

今日新しい統治体制と呼ばれるものは、人間がもともとそなえている固有の権利にもとづいているので、これまで出現したいかなる統治体制とくらべても原理の点では古い。それは証明できないことではないが、そうした権利の行使は、専制と武力によって過去何世紀にもわたって封じ込められてきた。したがって、新たな統治体制をあえて古い体制と呼ぶ権利を申し立てるよりも、［実態に即して］新しい体制と呼ぶほうが［物事の新旧を］区分するという目的によくかなっている。

これら二つの体制を互いに隔てる第一の全般的な差異は、いわゆる古い体制が全体的または部分的に世襲制であるのに対し、新しい体制が完全に代議制を採用しているという点にある。後者は世襲的な統治体制を次の理由により全面的に斥ける。

一．人類に対する欺瞞である。

二　国家統治の大義名分にそぐわない。

第一の項目について言うと、世襲の国家統治がいかなる権利にもとづいて始まったのか、証明できない。また、そのようなものを樹立する権利は、人間の力の及ぶところではない。人間は、個人の権利について後世の人びとを縛る権限を持たない。したがって、いかなる人間もいかなる人間集団も、世襲の統治体制を樹立する権利をかつて持ったことはないし、そもそも持つこともできない。仮に子孫に後を継いでもらうことなく私たち自身がふたたびこの世に生まれ出てくるとしても、そのとき私たちのものになるべき権利を、私たちが自分自身からあらかじめ剝奪するわけにはいかない。そうだとすれば、一体いかなる根拠にもとづいて、そのような権利をほかの人びとから臆面もなく剝奪するのか。

世襲にもとづく国家統治はその本質上、おしなべて専制政治となる。世襲の王冠や、世襲の玉座の類は（別の奇抜な名称で呼ばれるにしても）、人類を世襲財産として扱っている証拠である。そう見ない限り、意味のある解釈を施すことはできない。統治機構を相続するということは、国民をあたかも家畜のように相続するということにほかならない。

第二の項目「国家統治の大義名分にそぐわない」については、国家統治の本質を考察し、それを、世襲を取り巻く環境と照らし合わせるだけでよい。国家統治は、常に完成した状態にあるべきだ。それは、個人にとって不可避のあらゆる偶然を超越するような仕組みでないといけない。したがって世襲［にもとづく国家統治］は、そうしたあらゆる偶然に左右される以上、いかなる統治体制とくらべても変則的で不完全である。

私たちは、「人間の権利」が「悪平等のシステム」と呼ばれるのを聞いたことがある。しかし、この言葉が真に当てはまるのは、世襲の君主政だけである。それは、高邁な精神と卑俗な精神を一緒くたにする制度である。この制度のもとではあらゆる種類の人物に、同一の権威が無差別に与えられる。悪徳と美徳、無知と英知など、端的に言うなら優れた資質と劣った資質がすべて等しく扱われる。国王は理性の持ち主としてではなく、さながら動物のように順次代替わりしてゆく。その際、知性や倫理観は問われない。

そうだとすると、君主国において人間の精神が怯懦な状態に置かれているからといって、どうして驚くことがあろうか。何しろ統治体制そのものが、そうした怯懦な

「悪平等のシステム」に支えられているのだから。それは首尾一貫した性格を持たない。今日は今日、明日は明日である。統治体制の性格は、世襲で王位に就く個々の国王の気質とともに入れ替わるし、また、それぞれの国王が「年齢的に」さまざまであることによっても左右される。それは、外部要因の影響と偶然によって翻弄される統治である。

統治する国王は「年齢的に」さまざまであって、まだ幼少期にあるかもしれない。すでに老年期を迎えているかもしれない。もしかすると、耄碌しているかもしれない。言い換えるなら、乳母に抱かれる乳児であるかもしれないし、まだ自立歩行のできない幼児であるかもしれない。あるいは、杖にすがる老人であるかもしれない。このような統治は、健全な自然の秩序をくつがえす。往々にして子どもがおとなの上に置かれ、未成年者の思いつきが分別と経験の上に置かれる。一言で言えば、こういうことだ。世襲のうち、ましな事例においてすらこの上なくばかげた統治がおこなわれている。世襲の統治以上にばかげた統治はとても想像できない。

「世襲による王位継承がおこなわれるとき、必ず力と英知も世襲される」。もしこのようなことを自然の掟ないし天命とすることが可能であって、しかも、それを知ることが人間にできるのであれば、世襲に対する異議申し立ては却下されるだろう。だが、自然は世襲による王位継承を許容しないばかりか、それをもてあそぶかのように振舞う。また、いずれの国においても王位継承者の知性は、人間の理解力の平均値を下回っている。さらに、国王は暴君か、阿呆か、狂人か、そのいずれかである。中には、その三者を兼ねる国王すら存在する。そのような実態を目の当たりにするとき、人間の理性が働く限り、世襲による王位継承に信頼を置くことはできない。

以上の世襲反対論はシェイエス師に向けられているのではない。師はこの問題に関する持論をすでに明らかにすることによって、そのような面倒を省いてくれている。師は述べる。

「世襲による王位継承の権利について所見を問われたら、ためらうことなく次のように答えよう。『まっとうな理論を踏まえるなら、いかなる権力または官職の継承も、世襲による限り真の代議制の原理とは決して両立しない』。世襲による王位継承はこの意味で、道義を犯し、社会を蹂躙している」。

「しかしながら」とシェイエス師は続ける。「選挙制の王国や公国をことごとく俎上に載せ、それらの国々の歴史をひもといてみよう。世襲制よりましな選挙制の実例はあるだろうか」。

どちらが劣っているかを論じるということは、どちらも望ましくないと認めるのに等しい。どちらも不可とする点で私たちの意見は合致しており、シェイエス師も、まいと判定している制度を実は非難しているのである。シェイエス式の「二者択一の」論法は、問題が問題であるだけに受け入れがたい。なぜならそれは、究極的には神の摂理を非難するのに等しいからである。それはあたかも次のように言っているようなものである。「神は統治形態について人間に選択の余地を与えず、ふたつの悪のうちどちらかを選ばせた」。シェイエス師自身も認めるように、ふたつの悪のうちましなほうですら「道義を犯し、社会を蹂躙する」にもかかわらず。

さしあたり、君主政が世界にもたらしたすべての災難や危害をざっと振り返って見ると、君主政が国家統治の実態において何の役にも立たないことは、君主政が世襲制という形をとることにより一層効果的に証明される。英知と才幹がなければ遂行できないような官職を、私たちは世襲制にするだろうか。もし英知と才幹が必要でないとすれば、そのような官職は何であれ要らざるものである。さもなければ、取るに足らぬものである。

君主政は、世襲にもとづく王位継承によって笑いものにされている。それは世襲制によって、幼児か白痴でも務まる官職として描き出され、そのために、この上なく滑稽な様相を呈している。普通の機械工になるのにも、何かしらの能力が必要である。ところが国王になるには、人間の姿をした生き物、つまり一種の自動呼吸人形でありさえすれば十分なのだ。この種の錯覚は今後も何年か命脈を保つかもしれないが、人間の、目覚めた理性と権利意識に長年月にわたり抗することはできない。

バーク氏について言えば、（私が確信しているとおり氏が年金受給者だとしての話になるが）氏は必ずしも年金受給者としてではなく政治にかかわる者として、君主政を擁護している。氏は、人類を蔑視する見解に与するようになった。人類は人類で、氏に対して同じような態度をとっている。氏の見るところ人類は、単なる人間の群れである。それを支配する方法としては、国王とは名ばかりの木偶を押し立て、いかにもそれらしい見せかけを施せばよい。つまり氏にしてみれば、偶像であっても生身の人間と同じように君主国の象徴が十分に務まる、ということである。しかしながら、ある一事について述べておかないと、氏に対して公平さを欠くことになる。それは、氏がアメリカに対しこれまで非常に好意的だったということである。少なくとも私が聞き及ぶ範囲では、氏は次のように論ずるのが常であった。すなわち、アメリカ国民はイギリス国民よりも、いや、ヨーロッパのいかなる国民よりも民度が高く、したがってアメリカの統治においては、もっともらしい見せかけを国民に押しつける必要に迫られていない。

なお、シェイエス師は世襲にもとづく君主政を、選挙にもとづく君主政と比較しているが、そのような比較はこの場合不要である。なぜならば代議制は、どちらの君主政も斥けるからである。あえて比較をおこなうとすれば、私はシェイエス師と反対の判断を下すであろう。

過去、王位継承権をめぐる内乱は頻繁に起こっている。それは選挙を発端とする内乱より凄惨なものとなり、長期化する。フランスの内乱はいずれも世襲制が招いたのである。それは、王位継承権の申し立て［が衝突するの］をきっかけとして勃発するか、摂政政治（国王の後見人による統治）の出番があるという世襲制の通弊によって誘発されるかのいずれかであった。イギリスについても、その歴史は同様の不幸に満ちあふれている。ヨーク家とランカスター家の継承権争いは丸々一世紀ものあいだ続いた[1]。それ以来、同じ性質の争いが何度も繰り返されている。一七一五年および一七四五年の争いも種類を同じくする。スペインの王位継承戦争はヨーロッパのほぼ半分を巻き込んだ。[2]オランダの騒擾は、[3]同国の総督職が世襲であることから生じている。自由を自称しながら世襲制の官職を頂点とする統治体制は、皮膚にトゲが刺さっているのと同じである。トゲは引き抜かずにはいられないので騒動の原因となる。

さらに言えば対外戦争も、その種類とは関係なく、同じ原因に帰せられる。君主政という悪弊に世襲の王位継承という悪弊が付け加えられることによって、王家の利害関心が生まれ、絶えず領土と租税収入を狙うようになる。ポーランドは選挙にもとづ

1　両家の争いは熾烈で、バラ戦争（一四五五～八五年）を経てようやく決着がついた。

2　ジャコバイトの反乱を指す。ジャコバイトとは、名誉革命で追放されたジェームズ二世とその子孫を支持する一派。一七一五年にはジェームズ二世の子（ジェームズ・エドワード）が、四五年には孫（チャールズ・エドワード）が、それぞれ王位奪還を目指してスコットランドに上陸、呼応したジャコバイトが蜂起したが、いずれも失敗に終わった。

3　当時のオランダは、連邦議会をそなえるなど形式的には共和政であったが、その一方で、オラニエ家が世襲する総督を事実上の君主として戴いていた。封建貴族や中小市民が共和政を支持したのに対し、商人貴族は総督を中心とする中央集権的な国家統治を支持。両者のあいだで対立抗争が絶えなかった。

く君主政であったが、世襲制の君主国とくらべれば戦争を経験することが少なかった。ポーランドはまた、国民の境遇の改善を目指して、小規模とはいえ自発的な試みに取り組んだ唯一の国でもある。

以上、旧来の、世襲制の統治体制に見られる幾つかの欠陥を一瞥したので、今度はそれを、新しい制度である代議制と比較してみよう。

代議制は社会と文明に支えられ、自然・理性・経験に導かれる。

いつの時代のどこの国をとってみても経験上明らかなことだが、知力の分配において自然界を制御することはできない。自然界は人間に知力を授けるにあたり恣意的である。自然界は人類に向けて知力をばらまく（としか見えない）。その際いかなる法則に従っているのかは、私たちにとって秘密のままである。美貌を世襲で継承しようと試みるなら荒唐無稽なことであろう。英知についても同じである。

どのような組成であるのかはともかくとして、英知はいわば種子のない植物のようなものである。ひとたび発芽してくれれば育てようもあるが、最初から意のままに作り出すことはできない。社会全体として見れば、そのどこかに常に十分な英知があり、社会のあらゆる需要を満たしている。だが、社会の各部分について見ると、英知は次々に居場所を変え、今日はある場所に出現したかと思うと明日は別の場所に出現する、といった具合である。大方、これまで地球上の各家庭を順々に訪れては辞去するといったことを繰り返してきたのであろう。

以上のことが自然の理(ことわり)である以上、統治の原理も必然的にそれを前提にしなければならない。さもないと統治は、私たちが目撃しているとおり、無知蒙昧(もうまい)の所業に堕(だ)する。したがって世襲による王位継承は、人間の権利にとっても人間の英知にとっても唾棄(だき)すべきものである。それは道義にも道理にも反している。

文壇は天才に対して公正に接し、差別することなく機会を与えることによって最上の文学作品を世に送り出す。それと同じように代議制による統治体制は、英知をできる限り集めることによって、制定する法律を最大限賢明なものとするように整えられている。文学も科学の各分野も世襲制になったら最後、滑稽な、取るに足らぬものと化すであろう。それを考えると、思わず噴き出したくなるほどだ。だからこそ私は、同様の想像を国家統治に当てはめるのである。「世襲の為政者」は「世襲の作家」と同じように二律背反である。古代ギリシアの叙事詩人ホメロスや幾何(きか)学者エウクレイデス［ユークリッド］に息子がいたか否かは、私の知るところではない。しかし、あえて私見を述べておこう。仮に息子たちがいて父親の未完の作品を託されたとしても、彼らにはそれを完成させることはできなかったはずである。

世襲制の国家統治は不合理である。その証拠として、いかなる家系でも構わない、かつて著名だった人びとの子孫の現状を見ればよい。それ以上に強力な証拠が必要だろうか。名声が完全に朽ちるのを免れているケースがあるだろうか。見たところ、知力の潮流はある特定の水路を進み、行けるところまで行くと一転してそこを見捨て、今度は別の水路に移るようだ。［それを念頭に置くなら］世襲制の何と不合理なことか。それによって権力の水路が確立されるにもかかわらず、肝心の英知はそれに沿って流れるのを拒むのである！　このような不合理を維持するから人間は、いつまでたっても自己矛盾を解決できず、村の警吏（けいり）としても採用されないような人物を、国王という最高位の為政者ないし立法者として受け入れることになるのだ。

一般的な観察によれば革命は、天才と人材を生み出すように見える。だが実は、それを前面に押し出すにすぎない。人間は自分の内部に巨大な知力を眠らせている。それは、何かに刺激されて活動を始めればともかく、そうでない限り眠ったままである。そしていずれは、それを宿す人間とともに墓に葬り去られる。こうした潜在能力を遺憾なく発揮させられれば社会にとって有益である。したがって国家機構は、革命時に必ず発揮される人間の潜在能力を、［平素から］平穏かつ円滑な組織運営によって最大限に引き出せるような仕組みでないといけない。

こうしたことは、世襲制の統治が［社会を］沈滞させていたのでは起こり得ない。なぜならそのような状態は、［活動を］妨げるばかりか感覚を麻痺させる働きがあるからだ。世襲制のような政治的迷信に縛られたまま統治されていると、国民の精神は他のすべての問題や関心事についても、活力のかなりの部分を失ってしまうのである。

世襲による王位継承を維持するためには、英知英明と無知蒙昧のいずれに対しても同じように心服する態度が求められる。一旦その両方に見境なくひれ伏すようになると、人間の知力はたちまち子ども並みになり、些事（さじ）においてしか大を成すことのできないものと化す。そして真価を発揮できなくなり、真実を看破しようとする衝動をみずから押し殺すようになるのである。

いずれの古代国家も、人間を取り巻く境遇に関しては悲惨な様相を呈している。しかし、そうした全体像を免れて他の国々の上を行く国がひとつある。それは民主政のアテナイである。この偉大で非凡な国民は、これまで歴史上に登場したいかなる国とくらべても、賞賛に値する長所を数多そなえ、非難されるべき欠点は少なかった。

バーク氏は統治を構成する原理に通じていないために、民主政と代議制を混同している。代議制は、古代の民主政国家においては知られていなかった。そこでは市民団が「代議員に委任することはせず」みずから一堂に会し、法律を制定した。

単純な民主政は、ほかでもない、古代人が一堂に会するところから始まった。そこには統治の一般原則のみならず形態も示されている。ところが民主政の国において人口が増加し領土が拡大するにつれて、単純な民主政という形態は、規模が大きくなりすぎて使い勝手の悪いものになった。しかるに代議制は知られていなかったので、その後単純な民主政がどうなったかと言えば、君主政に豹変するか、そうでなければ既存の君主国に吸収されるか、そのいずれかであった。当時、代議制というものが今日理解を得ているのと同じように理解を得ていたとしたら、現在君主政あるいは貴族政と呼ばれている統治形態が出現する余地はあっただろうか。そう考える根拠はない。これらの不自然な統治体制が発足の機会を得たのは、単純な民主政の形態にとっては人口と国土が過大になり、社会の各部分をまとめるための方法がなかったからである。また、それ以外の世界各地では、遊牧民が人口希薄な状態のまま、集落を形成することもなく生活していたからである。

統治体制の問題にまとわりついた錯誤というごみを一掃するために、続いて他の問題についても所見を述べておこう。

宮廷人や宮廷と一体化した政府は政治的なトリックとして、共和政と称するものに悪罵を浴びせるのを常としてきた。だが、共和政はかつてどのようなものだったのか。また、今はどのようなものなのか。彼らはそれを説明しようとはしない。そこで、この問題を少しく検証してみよう。

統治形態として数えられるのは、民主政、貴族政、君主政、そして今日代議制と呼ばれるものだけである。

共和政（リパブリック）と呼ばれるものは特段、統治形態というわけではない。共和政という言葉はもっぱら、政府を樹立する趣旨や理由、目的を示しているにすぎない。それは、政府の運営に際して従わなければならない指針でもある。これをラテン語ではレス・プブリカ（公共の事がらないし公共の利益）という。文字どおりに訳せば「公の物事」である。この言葉は語源的に高尚であり、政府の性格と本分はこうあるべきだと教えるものである。したがってその意味では、当然のことながら君主政と対立関係にある。

君主政（モナーキー）という言葉は語源的に「利己的な」という語感を帯びている。この言葉が意味するのは、個人がそなえた恣意的な権力である。誰のためにそれを行使するのかと言えば、権力者本人のためである。公共のためではない。

共和政の原理をおのれの行動原理としない政府は、公共の事がらだけに専心するという使命を果たしていない。そのような政府はどれも健全な政府ではない。共和政の政府とは、公共の利益を（国民全体についてはもちろん、国民一人ひとりについても）図ることを目的として樹立、運営される政府にほかならない。それは必ずしも特定の統治体制と組み合わせる必要はないが、最も相性が良いのは代議制である。なぜなら代議制は、国民がわざわざ統治体制などというものを甘受してまで追求する目的を、他のいかなる体制よりも効果的に保障するよう設計されているからである。

好んで共和政を自称する統治形態には、さまざまなものがある。ポーランドは共和政を自称しているが、実際には世襲による貴族政に、いわゆる「選挙による君主政」を組み合わせている。オランダも共和政を自称しているが、基本的には世襲の総督を戴く貴族政である。

だが、アメリカの統治体制は全面的に代議制に支えられており、名実ともに、現存する唯一の、本物の共和政である。アメリカの統治体制は、国民の公共の活動領域にしか目標を置かない。したがって、共和政を名乗るのは妥当である。アメリカ国民の側も、世襲的なものをことごとく斥け、もっぱら代議制にもとづいて統治体制を確立することによって、政府が公共の活動領域だけを相手にするように意を用いてきた。

「共和政は広大な国土を想定した統治形態ではない」と主張する人びとがいる。彼らは第一に、政府の活動領域を統治形態と取り違えている。なぜそのように指摘できるかと言えば、共和政は国土の面積や人口の如何を問わず「あらゆる国に」等しく適用可能だからである。第二に、彼らが統治形態について何かを論じているつもりであるならば、それは、代議制がなかった時代の、単純な民主政の形態（たとえば、古代の民主政に見られる統治方式）を念頭に置いているのである。したがって正しい命題は、「共和政は大規模なものにはなり得ない」ではなく、「共和政は単純な民主政の形態のもとでは大規模なものになり得ない」である。そこで問題は、当然のことながら次のような形になる。「国土が広大になり人口が増加しすぎて単純な民主政では手に負えなくなった後、国民の公共活動（レス・プブリカ）を遂行するには、どのような統治形態が最善か？」。

君主政は最善の統治形態にはなり得ない。なぜならば君主政も、単純な民主政がはらんでいるのと同じ趣(おもむき)の欠点を免れないからである。

いかなる広さの国土にも対応可能な統治を構造的に確立すべく、そのための基盤となる原理の体系を制定することは、一個人にもできないことではない。だがそれは、その人物が自分自身の能力を頼りにして頭を動かせているにすぎない。だが、農業・製造業・貿易・商業など国民［の生産活動］の多岐にわたる分野に適用される原理にもとづいて統治をおこなうためには、別種の知識が必要である。そうした知識は、社会のさまざまな部分に頼らない限り集められない。それは、一個人では手に入らない実用的知識の集合体なのである。したがって、君主政は実践的に成果を上げようとすると、民主政と同じように知識の不全が制約となる（民主政の場合、阻害要因は人口過多にあったが）。規模の拡大によって何が起こるのか。民主政は混乱に陥るし、君主政は無知と無能に陥る。後者については、すべての大規模な君主国が証明しているとおりである。したがって君主政は、民主政の代わりにはならない。なぜなら民主政と同じ不都合をはらんでいるからだ。

ましてや君主政が世襲制と組み合わさると、なおさら役に立たない。この形態は他のいかなる形態よりも効果的に知識を排除する。高度に民主主義的な精神の持ち主であれば、幼児や白痴を始め、［王統という名の］単なる生き物の血統に出現しがちな、ありとあらゆる能なしどもの支配に進んで身をゆだねることには堪えられなかったであろう。そのようなことを受け入れるとすれば、理性と人類の名を汚し辱めることになる。

貴族政という統治形態については、君主政と同じ弊害と欠陥を免れない。ただし頭数の多さに比例して、才能が発揮される可能性も高くなる。しかしその場合でも、その才能を正しく用い、生かすことができるかというと、その保証はまったくない。*

*原註。貴族政の性格については、本書第一部一三五ページ以下を参照されたい。

次に、単純な民主政の原型に目を転じてみよう。そこには、大規模な国家統治が始まるための真の前提条件が示されている。単純な民主政は広がりを持つことができない。原理に問題があるからではなく、拡大すると不便だからである。貴族政と君主政の場合は、そもそも拡大する能力を欠いている。そこで民主政を基盤として残し、君主政と貴族政の腐敗したシステムを斥けるとすると、おのずと代議制が浮上してくる。

代議制は、形態に関しては単純な民主政の欠点をただちに矯正し、知識に関しては他の二体制の能力不全を補う。

単純な民主政とは、代理機関［すなわち議会］の力を借りることなくみずからを治める社会のことであった。民主政に代議制を植え付けることによって私たちは、結合力のある統治システムに到達する。それに頼るならば、錯綜するあらゆる利害や、領土および人口を（その規模と関係なく）包み込み、そこに一体性を持たせることができる。しかも、このようなシステムは世襲制の統治体制に対し、［実力主義の］文壇が世襲制の文学に優るのと同様の優位性もそなえる。

アメリカの統治体制はまさにこのような制度に立脚している。それは、民主政という土壌に植え付けられた代議制である。その形態はいずれのケースにおいても、原理の適用範囲に比例した大きさになるよう定められてきた。アテナイにおいて小規模だったものが、アメリカでは大規模な形をとる、ということだ。前者は古代社会の驚異であった。後者は現代社会により賞賛され、その模範になろうとしている。あらゆる統治形態の中でアメリカの統治形態ほど理解しやすく、実用に適したものはない。それは、世襲による統治方式につきものである無知や不確実性のみならず、単純な民主政の不便も排するものである。

代議制を運用すればたちまちのうちに［伸縮自在の］統治体制が樹立されるが、それと同じように広大な領土を治め、さまざまな利害の対立を調整できる統治体制を他に想像することは、不可能である。フランスは国土が広く人口も多いが、無限大の広がりを持つ代議制のもとでは一個の点でしかない。代議制は、いかなる規模の国に対しても適用可能である。国土が狭小な国においてすら、単純な民主政よりも望ましい。アテナイ人が代議制を利用していたならば、それはアテナイ型の［直接］民主政より優れたものになっていたであろう。

私たちの言う政府は、いや、正確に言えば私たちが目標とすべき政府は、「社会全体の中心にあって、社会の各部分を統合する政府」である。代議制と同じように社会の多方面の利益を増進するような方法を行使するのでなければ、社会の統合は達成できない。代議制は、各部分の利益および全体の利益を図るのに必要な知識を集約する。代議制にもとづく政府は常に成熟した状態を保つ。それは、すでに考察したとおり幼年期と老年期のいずれにもない。未熟と耄碌のいずれとも無縁である。揺りかごの中で寝ているのでもなく、杖をついているのでもない。知識と権力の分離を許さず、個人にありがちな偶然事をすべて超越するという点で政府の永遠の鑑となっている。まさにそれゆえに、いわゆる君主政に優るのである。

国家は人体の形をした組織ではない。むしろ、円の中に包み込まれた有機体に似ている。すなわち、周縁部分とのあいだを結ぶ紐帯は、ひとつ残らず円の中心で束ねられており、中心部分を形成するのは議員団である。代議制をいわゆる君主政と組み合わせると、国家統治は一元的ではなくなる。代議制は自然に任せておけば、国民の権限委譲にもとづく一元的な統治（モナーキー）になるはずである。統治を分有することによって代議制を変質させることは許されない。

バーク氏は議会演説や著作において何度か、無意味な言葉遊びを繰り返した。氏は国家統治について次のように言う。「君主政を基盤として共和政によって補正するほうが、共和政を基盤として君主政によって補正するよりも優れている」。氏が意味するのは次のようなことであろうか。「賢明な行為を愚劣な行為によって相殺するより、愚劣な行為を賢明な行為によって相殺するほうが望ましい」。もしそうであるならば私は「愚劣な行為は全面的に却下するに限る」と述べるだけのことであり、氏と言い争うつもりはない。

だが、この、バーク氏が君主政と称する代物はどのようなものなのか。ご本人に説明してもらいたいものだ。代議制についてであれば、それがどのようなものであるかは万人の理解するところである。また、代議制が多岐にわたる知識と能力を必ずそなえている必要があることも分かっている。だが君主政の側では、まさにこうした資質を確保するためにどのような保障をしているのか。また、君主が幼年であるとき、統治に必要な英知はどこにあるのか。統治について何か知識は持っているのか。持っていないとすれば、君主とは何者なのか。君主による統治はどこでおこなわれているのか。摂政による代行が可能とすれば、それは、君主政が茶番劇であることの証拠である。摂政政治は共和政のまがい物であるが、本物の君主政も、それよりましな呼び名には値しない。それは、想像を絶するほど移ろいやすい統治であり、国家統治というものが当然そなえていなければいけない一貫性をまったく欠いている。王位継承のたびに革命になり、摂政政治が始まると一転して反革命になる。そうした過程のどこをとっても、宮廷の絶えざる権謀術数の現場が見られる。バーク氏自身もその実例である。君主政を国家統治と両立させるためには、王位継承者が赤ん坊として生まれることは許されない。王位継承者は生まれると同時に成人になり、しかも古代イスラエルのソロモン王のような賢人でないといけない。［ところが実際には］幼君が成人するまで国民は待たされ、そのあいだ統治も中断することになるのだ。ばかげたことである。私は、分別が足りないために［真実が］見えていないのだろうか。それとも、分別が十分にあるおかげで欺かれずに済んでいるのであろうか。また、私の態度は尊大であろうか、それとも慎みを保っているだろうか。そのような問題はどうでもよい。確かなことは、いわゆる君主政がいつの場合でも私にとっては愚かしいもの、卑しむべきものに見えるということである。たとえて言えば、カーテンの背後に隠してあって物議を醸(かも)すもの――ということになろう。それは、一見したところ厳粛な、妙(たえ)なる雰囲気に包まれてはいるが、たまたまカーテンがまくれ上がると正体が暴露され、居合わせた者たちから失笑を買うのである。

代議制にもとづく統治の場合、このようなことは起こらない。代議制は国民そのものと同様に、体力と精神力の両方について永遠の活力をそなえており、世の公の場に正々堂々と、雄々しく登場する。その長所と短所は、それがどのようなものであろうと、誰が見ても一目で分かる。代議制は、欺瞞や隠蔽によって存続するのではない。また、おためごかしや詭弁を弄することもない。代議制が呼び起こすのは、心から心へと伝わる言葉、人びとが実感し理解できる言葉である。

いわゆる君主政が愚行であることを悟らずにいるためには、理性に対して目をつぶっていなければならない。また、卑劣なまでに思慮分別を鈍らせないといけない。自然はそのすべての営為において秩序正しい。だが君主政は、自然に逆らう統治方式である。それは人間の能力の発達を逆行させ、幼児に成人を支配させ、痴愚に英知を支配させる。これとは逆に代議制は、自然界の秩序や万古不易の自然の掟に合致しており、いかなる点においても人間の理性に反するところがない。一例を挙げよう。アメリカ連邦政府において合衆国大統領は、連邦議会のいかなる議員にくらべても大きな権力をゆだねられている。したがって大統領になるための被選挙権は、三十五歳になって初めて与えられる。この年齢に達するまで待てば判断力が成熟するし、十分な人生経験を積むことによって、人間や世の中のことがよく分かるようになる。同時に当人のことも、世に知られるようになる。

ところが君主政の場合王位を継承する者は、どのような人物であろうとも十八歳になれば、国民と政府の頂点に立つのである（世に生まれ出る人間が傑出した能力に恵まれている確率ははなはだ低いのだが、そのようなことは顧慮されない）。このようなことが英知あふれる営為のように見えるだろうか。それは、国民がそなえている固有の尊厳や雄々しい性格と合致しているのだろうか。ほんの若造を国民の父と呼ぶことに、いかなる妥当性があるのか。王位継承以外の事がらであれば、二十一歳未満の者は未成年として扱われる。この年齢に達するまでは、わずか一エーカーの土地の管理すら任されはしない。また、羊や豚などの家畜の群れを相続財産として託されることもない。だが驚くなかれ！　王位継承の場合は、わずか十八歳で一国を託されることもあるのだ。

君主政はどこをとっても詐欺的な事業であり、宮廷の、資金を調達するための策略にすぎない。君主政が果たすどの役割に着目しても、それは明らかである（少なくとも私にとっては）。代議制という合理的な統治システムの場合は、君主政のもとで許されるような巨額の手形の振り出しはほぼ不可能であろう。政府というものは、それ自体としてはさほど経済的負担の大きい制度ではない。たとえば、アメリカ連邦政府はすでに述べたとおり代議制に立脚しているおかげで、国土面積はイングランドのほぼ十倍に及ぶにもかかわらず、その全支出はわずか六十万ドル、すなわち十三万ポンドで済んでいる。

ヨーロッパ諸国の国王の誰をとってみても、器量の点ではワシントン将軍にくらべるべくもない。そのような人物比較を正気で試みる者は皆無であろう。ところがフランスでもイギリスでも、わずかひとりの人物を扶養するための宮廷費だけで、アメリカ連邦政府の全支出の八倍に達するのである。それ［を正当化するため］の理由を挙げることはほぼ不可能であろう。［しかるに］担税力においてアメリカと英仏の一般国民を比較すると（特に貧しい人びとの比較では）優れているのは前者である。

しかるに、代議制は実のところ、国家統治という問題について国民のあいだに大量の知識を広めるので、無知を払拭し欺瞞を排除できる。このような条件下では宮廷も策略を用いることはできない。人目を避けようにも、そのような場所はないし、隠し事に着手する余地はない。代議員になっていない人びとも、代議員と同じように統治の本質に通じている。謎めいた重々しさを装うなら、アメリカでは嘲笑されるであろう。各国とも［代議制のもとでは］秘密を持つことはできない。しかるに宮廷の隠し事は、［為政者の］個人的な隠し事と同じように常に国の弱点となる。

代議制にあっては、何事につけてもその理由が公に示されないといけない。そこでは誰もが政治の主体となり、政治を理解することが自分の務めの欠かせぬ一部だと見なす。政治は各人の資産を左右するので、各人の関心を刺激する。各人は費用（コスト）を調べ、それを利益と比較する。そして卑屈な隷従の悪風を断ち、ほかの統治体制のもとで「指導者」と呼ばれるような人びとに従うことを拒む。

人間の思慮分別を鈍らせ、「国家統治とは妙なる秘儀のようなものだ」と人びとを洗脳すること——これこそが、法外な国庫収入の確保を可能にする唯一の方法なのだ。君主政はこのような目的を達成するのにうってつけである。それは、政治版ローマ・カトリックとでも言うべきもので、無知な大衆を惑わし、手なずけて税を納めさせるために維持される仕掛けにほかならない。

自由な国の統治は厳密に言うならば、人間にではなく法律に立脚する。それら法律を制定するには、それほど多額の費用はかからない。そして、それらの制定法が執行されているのであれば、政府はその機能を百パーセント発揮していることになる。それ以外のことはことごとく宮廷の謀略なのだ。

第四章　憲法について

　憲法と統治機構について語るとき、人びとが両者を区別していることは明らかである。もしそうでないとすると、このふたつの言葉を区別して使うのはなぜか。憲法は政府の功績ではなく、政府を樹立する国民の功績である。そして憲法を持たない政府は、権利を持たない権力である。

　国民に対して行使される権力には、例外なく何らかの始まりがあるはずである。それはゆだねられて始まったか、そうでなければ横取りされて始まったか、そのいずれかであるはずだ。国家権力の起源は、そのふたつ以外にはあり得ない。権力がゆだねられたということは信託されたということであり、権力が横取りされたということは簒奪されたということである。そのいずれについても例外はない。そして歳月を経ても、両者の本質と性格は変わらない。

　この問題を考察していると、アメリカの建国とその状況が、世界開闢の頃を彷彿させるような様子で迫ってくる。そして、国家の起源を探ろうとする私たちの研究は、今日起こった事実を参照することによって一気にゴールに近づく。私たちは情報を求めて古代の闇の空間に迷い込んだり、憶測に身をゆだねたりせずに済む。私たちは一瞬にして、国家の始まりを目撃できる時点に連れて行かれる。それは、時間が始まったときに生きていたのと同じようなものである。私たちのすぐ目の前に置かれているのは歴史書ではなく、事実そのものから成る正真正銘の記録書なのだ。そこに歪曲はない。作り話や、伝承に際して生じる間違いが防がれるからだ。

ここで、アメリカの［州および合衆国の］憲法の始まりについて簡潔に説明しておこう。そうすれば、憲法と統治機構との違いが十分に明らかになるであろう。

読者に一点注意を促しても蛇足にはなるまい。それは、アメリカ合衆国は十三の別々の州から成り、各州は一七七六年七月四日の独立宣言後、それぞれ自前の政府を樹立したという事実である。各州は州政府を形成するにあたり、他の諸州からは独立して行動した。しかしアメリカは、全体としては同一かつ共通の行動方針によって貫かれている。各州政府が形成されると、それら政府は連邦政府の形成に着手した。連邦政府は十三州全体の利益に関わる事がらや、各州の相互関係および他国との外交に関わる事がらすべてにおいて、十三州全体に対し力を利かせる。手始めに州政府の実例としてまずペンシルヴェニア州政府を取り上げ、次いで連邦政府へ目を転じよう。

ペンシルヴェニア州はイギリスとほぼ同じほどの広さがあるにもかかわらず、州を構成する郡は当時わずか十二にすぎなかった。イギリス政府とのあいだで紛争が始まったとき、各郡ではそれに先だって郡委員会を選挙で選出済みであった。同様に自前の委員会を設置済みであったフィラデルフィア市は、この上なく重要な情報交換の場となっており、各郡委員会への連絡拠点となった。次に政府の樹立が必要になるとフィラデルフィア市委員会は、すべての郡委員会が一堂に会する全体集会（コンファレンス）を同市で開催することを提案、それが一七七六年七月末に開かれた。

各郡委員会は全体集会に先だって地元民によって選挙で選ばれていたのであるが、州政府を設立するという目的を明示的に掲げて選ばれたわけではなかった。また、憲法制定のための権限も付与されていなかった。そうした権限を持っていると自任するならばアメリカの権利の観念を踏みにじることになる。だから、とりあえず州政府設立の問題を討議し、事を進めていくことしかできなかった。そのようなわけで全体集会は、各郡に対し事情を説明し、次のように勧告するにとどめた。「各郡はそれぞれ代議員六名を選出し、フィラデルフィアで開催される憲法会議（コンヴェンション）に出席させよ。代議員には、［州の］憲法草案を起草、発議する権限を持たせよ。憲法草案は広く州民全般の検討にゆだねることとする」。

ベンジャミン・フランクリンを議長とするこの憲法会議は、招集されて審議をおこない、憲法草案について合意した。次いで、その憲法草案を確定版としてではなく、州民全体の検討にゆだねて賛否を問うために公表すべく手はずを整えた。憲法会議はその後、所定の期日まで休会することになった。休会期間が明けると憲法会議は再開され、憲法草案は州民が総意として承認していることが分かったので、民意を根拠として署名捺印のうえ公布された。原本は公式記録として保管された。次に憲法会議は、代表者（すなわち政府を構成することになる人びと）を選ぶ総選挙の日取りと、州政府発足の時期を定めた。それらの手続きを終えると散会し、出席者はおのおの家庭と仕事に復帰した。

この州憲法では冒頭に権利宣言が掲げられ、それに続いて以下の項目が規定された。州政府の形態と権能。裁判所と陪審員の権限。選挙の実施要領。代議員一名あたりの選挙民の数。以後定期的に招集されることになる州議会（アセンブリ）の会期（一年間）。徴税および決算報告の方式。公務員の任命要領等々。

新たに発足する政府は、この憲法のどの条文も勝手に変えたり破ったりすることを許されなかった。政府は憲法によって拘束される立場にあった。しかし、経験によって得られる恩恵を排除するのは賢明なことではない。したがって、万が一誤謬が見つかった場合はそれが積み重なるのを防ぐために、また、政府が州の実情につねに歩調を合わせられるように、憲法には次のような規定が盛り込まれた。七年に一度、憲法会議を選出し、憲法の見直しをおこなうこと。万が一［条文の］変更・追加・廃止が必要と判断された場合にはそうした措置を講じること。

ここに見られるのはまさに憲政の常道である。政府は、人民が発起人の資格で制定する憲法を母体としている。そしてその憲法は、政府にとって行動の指針となるばかりか、政府を拘束する法としても機能するのである。それは、州にとっては政治的な聖書であった。州憲法［の小冊子］をそなえていない家庭はほとんどなかった。州政府当局者も各自一部ずつそなえていた。法案が理にかなっているか、また、職務や機関の如何を問わずその権限がどこまで及ぶのかについて何か議論が起こると、当事者全員がポケットから印刷された憲法を取り出し、論点にかかわる章を読み上げることは、ごく日常的なことであった。

以上のとおり、ひとつの州を取り上げて一例を示したので、今度は合衆国の連邦憲法の生成過程を示したい。

大陸会議（コングレス）は最初の二回（一七七四年九月および七五年五月）のときには、十三植民地（のちの州）の立法機関の代表者会議にすぎなかった。大陸会議は恒常的な権限を持たなかった。大陸会議に権限が発生するのは、代表者全員の意見が一致したときと、大陸会議がアメリカ全体の機関として振る舞う必要が生じたときに限られていた。アメリカの内政問題にかかわる案件になると、そのいずれについても大陸会議は、各植民地の議会（アセンブリ）に対して勧告を発するにとどまった。植民地議会の側ではそれを、みずからの裁量で受け入れることもあれば断ることもあった。

大陸会議の側では何事についても強制力を持たなかった。しかしそのような立場にありながら大陸会議は、服従する側から寄せられる信頼と好意の点では、ヨーロッパのどこの国の政府よりも優っていた。大陸会議の例は、フランスの国民議会もそうだが、あることを如実に示している。それは、政府の力は政府内部の何かによって決まるのではないということだ。決め手となるのは、国民が政府を慕っているかどうか、また、国民が政府を支持すれば得をすると感じるか否か、なのである。この二要素を失えば、政府というものは権力を握った幼児にすぎない。そしてフランスの旧政府のように、しばらくのあいだは個々の人びとを苦しめるかもしれないが、そうすることによって自滅を早めるだけである。

独立宣言後、代議制の政府を支える原理に合わせて、大陸会議の権限を明確にし成文化することが必要になった。大陸会議が当時自己の裁量で行使していた権限の拡大または縮小が問題になったからではない。それは単に、権限を成文化することが理にかなっていたからにすぎない。

この目的のために、連合規約（一種の未定稿の連邦憲法）が発議され、それは長期間にわたる審議の末、一七八一年に締結された。しかしこれは、大陸会議が最終決定した法令ではない。代議機関がお手盛りで権力をものにするならば、代議制統治の原理に反するからである。大陸会議は手始めに、課された使命と責務を果たすために連邦にかくかくしかじかの権力を持たせる必要があると、みずからの考えを各州に知らせた。それを受けて各州は、それらの権力を大陸会議に集中させることで互いに合意したのである。

念のために言っておくと、どちらの事例（一方はペンシルヴェニア、他方は合衆国）

においても、人民と政府が契約を取り交わすという観念はまったくない。確かに契約はあったが、それは人民が互いに結ぶ契約であり、政府を設け、政府に法的な形式を与えることを目的としていた。人民全体とのあいだで結ぶ契約において政府が一方の締約者になり得ると想定するならば、政府が出現の権利を得る前からすでに存在していると考えるのに等しい。人民が政府を運営する人びととのあいだで唯一取り交わすことができるのは、雇用契約だけである。人民は彼らを雇う意志がある限り、俸給を支払わねばならない。

いかなる個人または団体も、事業を興し営むことによって私益を追求する権利を持っている。しかし政府というものはその種の事業主体ではない。それはどこから見ても信託人から委託されたものにすぎず、信託人（言い換えれば、いつでも信託を取り消せる人びと）の権限に服属しているのである。政府は固有の権利を持たない。持っているのは義務だけである。

以上、憲法がもともとどのように成立したのか、その実例を二件紹介した。次に、ふたつの憲法が最初制定されてから今日までどのように修正されてきたかを示そう。

各州の憲法によって州政府に授けられた権力はあまりにも大きいのに、連合規約によって連邦政府に与えられた権力はあまりにも小さい――経験を重ねるうちにそのような欠陥が分かってきた。こうした欠陥は原理にではなく、権力の配分の仕方に根ざしていた。

　連邦政府の基本設計を新たにやり直すことが妥当であり、かつ必要であるとの意見が、冊子の出版や新聞への寄稿を通じて次々に発表された。しばらくのあいだは、印刷媒体を利用するか、あるいは実際に対面するなどの形で一般大衆の討論がおこなわれたが、その後ヴァージニア州が貿易に関連して少なからぬ不便を経験したことから、大陸集会(コンファレンス)の開催を提案するに至った。それを受けて、十三の州議会(アセンブリ)のうち五ないし六の州議会の代表団が一七八六年、メリーランド州アナポリスに集合した。この集会は、改革という事業に着手するのには十分な権限を持っていないと自己評価し、出席者共通の見解として改革の妥当性を指摘するにとどめ、十三州が勢ぞろいする会議（コンヴェンション）を翌年開催するべきであると提言した。

　この憲法会議(コンヴェンション)は一七八七年五月、フィラデルフィアで開かれた［のでフィラデルフィア会議とも呼ばれる］。議長にはワシントン将軍が選ばれた。彼は当時、各州政府と大陸会議［一七八一年三月一日以降は連合会議］のいずれとも関係を持っていなかった。

独立戦争が終わってから軍人としての職を辞し、一市民として生活していたのである。

フィラデルフィア会議はあるゆる案件を徹底的に検討した。そして、一連の［条文ごとの］審議と点検のあと、連邦憲法の各条について合意が得られたので、次に、これをどのような方式で権威あるものにして実地に移すかが問題となった。

この目的を果たすために、フィラデルフィア会議は問題をすべて国民の良識と利害関心に任せた。陰謀をたくらむ［イギリスの］廷臣グループとは異なり、オランダの総督だのドイツの選帝侯だのを迎えることはしなかった。

フィラデルフィア会議はまず、提案された憲法草案を公表するよう指示した。次いで以下の指示を出した。各州は、憲法草案の審議に引き続いて批准（または否決）をおこなうために批准会議（コンヴェンション）を選出するものとする。任意の九つの州の承認、批准が得られ次第、それら諸州は新たな連邦政府への派遣にそなえて、割り当てられた比率に見合った数の議員の選出に取りかかるものとする。その時点で新たな連邦政府は活動を開始し、旧連邦政府は活動を停止するものとする。

各州はフィラデルフィア会議の指示に従い、それぞれ批准会議の選出に着手した。それら批准会議の対応はまちまちであった。一部の州では圧倒的多数で（また、二、三の州では満場一致で）憲法草案を批准したが、他の州では議論が延々と続き、意見が一致しなかった。ボストンで開催されたマサチューセッツ州の批准会議（議員数は約三百名）では、賛成票は過半数に達したが、それ以外の票との差は十九票か二十票を上回らなかった。しかし代議制統治の真骨頂はまさにここにある。すべての案件は多数決によって粛々と決まるのである。マサチューセッツ州の批准会議が討論と採決を終えた後、反対派の議員団は立ち上がり、次のように宣言した。「われわれは憲法草案に反論し、反対票を投じた。というのも、一部の条文に対して他の議員諸君と同じような見方はできなかったからだ。だが、提案された憲法草案が可決された以上、われわれはみずから賛成票を投じたのと同じように、憲法草案を行動で支えるべきである」。

九つの州が同意し（残りの州も批准会議が選出された順に追随し）、連邦政府の旧組織は解体され、新組織が設立された。それを大統領として主宰するのがワシントン将軍である。ここで言わずにはおれないことがある。それは人物の器量や功労の点で、国王と呼ばれる徒輩はワシントン将軍に及びもつかないということである。彼らは人類の汗と労働からおのれの報酬を野放図に搾り取っているが、そのようなことは能力と功労のどちらの点に照らしても正当化できない。それに引き換えワシントン将軍は、力の及ぶ限り世のため人のために尽くしながら、金銭的な報酬はすべて辞退しているのである。彼は最高司令官としての報酬をまったく受け取らなかった。また、合衆国大統領としての報酬も受け取っていない。

新たな連邦憲法が制定されたあと、ペンシルヴェニア州が同州の憲法を一部修正する必要に思い至り、それを目的として憲法会議（コンヴェンション）を選出した。州憲法の修正案が公表されて州民がそれに賛成すると、州憲法の改正は確定した。

以上の憲法の制定、改正において生じた不都合は、ほとんどなかった。あるいは、皆無であった。それによって物事の自然な流れが滞ることはなかった。逆に、利点は多かった。どのような場合でも物事は、誤ったまま放置するよりも正したほうが国民の大多数の利益にかなう。万人に対して公的な問題の討議が開かれていて、かつ判断の自由が認められているならば、性急に判断するのでない限り、誤った判断が下されることはない。

以上二件の憲法改正の事例において時の政府は、賛否いずれにせよ裁定を下す立場になかった。憲法の制定（または改正）の原理や方式が問題となるとき、政府はその討議に当事者として参加する権利を持たない。憲法を制定し、憲法にもとづいて政府を確立するのは、統治権力を行使する人びとの利益を図るためではない。憲法の制定、改正に関するすべての問題について判断し結論を下す権利は、お金を出す側にあるのであって、受け取る側にあるのではない。

憲法は国民のものである。国家を経営している人びとのものではない。アメリカの連邦憲法も各州憲法も、人民の権威にもとづいて制定されたと宣言されている。フランスでは人民の代わりに国民(ネイション)に相当する言葉が使われているが、どちらの場合も憲法は国家に先だって存在するのであり、いかなる場合でも前者は後者から区別される。

イギリスではいかなる結社も設立規約(コンスティテューション)をそなえているが、肝心の国民はそれに相当するもの、すなわち憲法を持っていない。こうした実態を認識するのは、取り立てて難しいことではない。それぞれの団体や組合は発足に際してまず、一連の、設立にかかわる決まりについて合意する。それをまとめたものが各団体にとっての憲法、すなわち約款(やっかん)となるのである。各団体は執行役員を任命すると、それら役員に約款で定められている権能、権限を与える。各団体の執行部はそれを受けて発足するのだが、役員はどのような肩書きで呼ばれようとも、設立規約に変更を加える(すなわち加筆・修正・削除する）権限を持たない。そのような権利に与（あずか）るのは、当該団体を設立する権能をそなえた者だけなのだ。

憲法と国家機構の違いがよく分かっていないことから、ジョンソン博士[1]やその同類である文筆家たちはみな、これまでずっと思い違いを犯してきた。彼らは、どこかに必ず統制権力が存在するはずだと考えずにはいられなかった。そしてこの権力を、国民が制定する憲法にではなく、国家を経営する人びとの裁量に見出したのである。

憲法のもとに置かれるとき、この統制権力は国民を味方につけ、その支持を得る。そして、国民におのずからそなわっている統制権力は、政治的な統制権力と合致する。国家が制定する法律は人びとを個々に統制するだけだが、国民は憲法を通じて国全体を統制する。国民はそのようなことをする能力を本来的にそなえている。したがって、最終的に事を決する統制権力は、それを生み出す憲法制定権力とまったく同一の権力ということになる。

憲法をそなえた国であったらジョンソン博士は、あのような見解は表明できなかったであろう。したがって、ジョンソン博士はみずからを証拠として、イギリスには憲法の類が存在しないということを証明しているようなものである。だが、もし憲法が存在しないのであれば、なぜ、存在するかのような臆説がイギリス中に広く根を張っているのだろうか。このことは、考察がはばかられるような事がらではないし、ここで問題提起しても差し支えあるまい。

この問題に決着をつけるためには、憲法を次の二側面から考察する必要がある。第一に、国家機構を樹立し、それに権力を与える機能。第二に、このようにして与えられた権力を調整、抑制する機能。

手始めにノルマンディー公ウィリアム（ウィリアム征服王）から論ずるとすれば、イギリスの国家統治が元来、イギリスを侵略、征服することに端を発する専制政治だったということが分かる。まずこの点を踏まえれば明らかになることがある。それはすなわち、イギリス国民はこれまで専制を弱め、その堪えがたさを和らげようと事

1　サミュエル・ジョンソン（Samuel Johnson 一七〇九〜八四年）。ジョンソン博士の通称で知られる十八世紀イギリス文壇の大御所。独力で『英語辞典』（*The Dictionary of the English Language*）の編纂を成し遂げた（一七五五年）ほか、校訂者として『シェークスピア全集』を世に送り出した（一七六五年）。晩年には『イギリス詩人伝』（*The Lives of English Poets*）を著した（一七七九〜八一年）。

あるごとに骨を折ってきたが、まさにそうした努力がイギリス憲法に代わるものと信じられてきた、ということである。

マグナ・カルタは[2]（今となっては古い暦（こよみ）にも似て有用性に乏しいが）、当時はまさにそのような「麗々しい」名で呼ばれていた。だが実際には、権力側に圧力をかけたにすぎず、奪い取られたものを一部取り戻しただけに終わった。憲法であれば統治機構を樹立し、それに権力を付与するものだが、マグナ・カルタにはそのような実績はない。マグナ・カルタが憲法の性質を帯びていたのかというと、そうではない。帯びていたのは、せいぜいのところ再征服の性質であった。なぜそう言えるのか。もし、フランスが専制政治を放逐したのと同じように、イギリスでも「権力者による」権利の侵害を全面的に排除していたら、イギリス国民はその場合、正式の憲法を制定していたはずだからである。

エドワード一世やヘンリー三世らの、ステュアート朝[3]が始まるまでの歴史は、国民が決めた範囲内での専制政治の実例を幾つも示している。ステュアート朝の歴代国王はそうした制限を踏み越えようと躍起になったが、彼らの運命は周知のとおりである。こうした実例のどれを調べても、憲法は片鱗すら見受けられない。見受けられるのは、奪われた権力に対する制限だけである。その後、同じ家系に連なる別のウィリアムが、[4]血統を同じくすることを根拠として継承権を主張し、王位に就いた。国民はジェームズ[5]とウィリアムという二人の疫病神のうち、ましと思えるほうを選んだ。状況が状況だったので、どちらか一方は受け入れざるを得なかったのである。

ここで、「権利の章典」[6]と呼ばれる宣言が、考察の対象として浮上してくる。だが

2　マグナ・カルタ（大憲章）。一二一五年、ジョン王がラニミードで諸侯に詰め寄られてやむなく署名した特許状。これにより、国王が新たに課税する場合、高位聖職者と大貴族が会議で承認することが必要になった。

3　一六〇三年、スコットランド国王ジェームズ六世が、イングランド国王の地位をジェームズ一世として兼ねたことに始まる。ジェームズ一世は王権神授説を唱えた。

4　チャールズ一世の外孫であるオランダ総督ウィレム三世を指す。ウィレムは一六八九年、妻メアリー（ジェームズ二世の長女）とともにイギリス議会の「権利の宣言」を受け入れ、ウィリアム三世としてイギリス王位に就いた。

5　ジェームズ二世を指す。

6　ウィリアム三世が受け入れた「権利の宣言」を法制化したものが「権利の章典」。これにより王権が制限され、議会権力の優位が確立したとされる。

それは、統治権の各部門が互いに権力・利得・特権を分割するために取り結んだ協定にすぎない。その趣旨はこうであった。「そちらの取り分はかくかくしかじかとし、こちらは残りを頂戴する」。国民に対しては「そちらの取り分として請願権を与えよう」と言っているようなものである。

このような次第で、権利の章典はむしろ権利侵害の章典とか侮辱の章典と称したほうが妥当である。いわゆる仮議会（コンヴェンション・パーラメント）[7]について言えば、それを招集したのは当の仮議会であった。仮議会の活動の根拠となる権限は、事後的に定められた。一堂に会し仮議会と名乗ったのは、少数の人びとであった。そのうち何人かは、そもそも選挙で選ばれた経験がなかった。また、仮議会の議員になるために選挙の洗礼を浴びた者は、皆無であった。

ウィリアム三世の時代から、この、馴れ合いから生まれた権利の章典にもとづいて、一種独特の統治が始まった。それは、ハノーヴァー家による王朝継承に際してウォルポール[8]の後押しで買収工作が導入されて以来、ますます顕著になった。それを的確に評するには、「専制的立法」と呼ぶほかはない。各部門は互いに足を引っ張り合うが、全体としては何の制限も受けない。統治する側が「国民に対して」認める唯一の権利は、請願権だけである。そうである以上、権利を与えたり制限したりする憲法は一体どこにあるというのか。どこにもありはしない。

統治機構の一部が選挙制を採用しているからといって、専制の度合いが弱まるとは限らない。選挙で選ばれた人びとが選挙後、議会を通じて無制限の権力を享受するのであれば、事態は変わらない。この場合、選挙は代表制から切り離され、候補者は全員、専制政治を支持する側に回ってしまう。

政府が「憲法」をスローガンとして打ち出したのではないとすれば、国民の側がみずからの権利を理詰めで考察し、それらの権利を憲法と命名しようなどと、気まぐれを起こしたのだろうか。そのようなことは信じられない。イギリスにおいてコンスティテューション（憲法）という言葉が広く人口に膾炙（かいしゃ）するようになったのは、いわ

7　仮議会とは、国王の招集令状なしに招集された議会。一六六〇年と一六八九年に前例がある。

8　ロバート・ウォルポール（Robert Walpole　一六七六～一七四五年）。イギリスの政治家。一七〇一～四二年、ホイッグ党所属の庶民院議員。一七二一～四二年、首相兼蔵相。責任内閣制（内閣が国王にではなく議会に対して責任を負う仕組み）を確立した。対議会工作のためには贈賄も辞さなかったため、ウォルポールの首相在任期間は腐敗の時代とも評される。

ば流行語が街中（まちなか）のあちこちに落書きされるような調子で、議会での演説に盛り込まれるようになったからである。だが徴税装置としての国家機構（コンスティテューション）は（徴税以外の事がらについてはともかくとして）これまでずっと、他に類のない性能を発揮してきたのである。それは疑いのないことである。

フランスの税金は、新憲法のもとでは一人あたり十三シリングにもならないのに*対し、イギリスの、現行憲法とやらのもとでの税金は、男に女と子どもを加えて頭数で割ると、四十八シリング六ペンス。合計でほぼ千七百万ポンドに達する。このほかに徴税費用がかかり、その額は百万ポンド以上に上（のぼ）る。

＊原註。フランスの今年（一七九二年）の税収見込みは三億フラン。すなわち、英貨に換算して千二百五十万ポンド。このほかに臨時税が三百万と見込まれ、合計で千五百五十万ポンド。人口は二千四百万人だから、一人当たり十三シリングに満たない。

フランスは革命以来、これまで毎年九百万ポンドずつ減税を続けてきた。革命前、パリ市は市内に運び込まれる全商品について、三十パーセント以上の関税を

支払っていた。この関税は市の城門のところで徴収されていた。これは昨年五月一日に廃止され、城門も取り壊された。

イギリスでは、行政はすべて各都市の住民や各州の州民が、教区の役職者・治安判事・四季裁判所・陪審員・巡回裁判を通じて遂行している。その際、いわゆる「中央」政府なるものを煩わせることはないし、判事の俸給を例外として、国庫に負担をかけることともない。そのような国において、どうしてあれほど莫大な税金を蕩尽できるのか。驚きである。国内の治安維持にかかる費用ですら、歳入からは支出されていない。これまで新規の国債発行と新税の導入が繰り返され、その口実としてありとあらゆる理由が、つまり額面どおりの理由と架空の理由の両方が、都合よく使われてきた。このような次第だから、宮廷擁護派にとってかくも都合のよい政府機関が、かくも麗々しく激賞されたとしても何ら不思議なことではない！　王宮が置かれているセントジェームズ宮殿や、下院の議場となっている聖スティーヴン礼拝堂において、「コンスティテューション！」と連呼する声がこだまするのは何ら不思議なことではない！　フランス革命が非難され、共和国が白眼視されるのも不思議なことではな

い！　その理由は、イギリスの「赤書」がフランスの「赤書」と同じように教えてくれるだろう。*

*原註。フランスでリーヴル・ルージュ（赤書）と呼ばれているものは、厳密にはイギリスの宮廷年鑑と同じではない。しかしこの書物は、浪費される税収が全体のうちでどれほど大きな部分を占めているのかということを、十分に示していた。

さて、今度は気分転換にバーク氏を俎上に上げ、若干の考察を試みよう。かくも長時間にわたり氏をないがしろにしていたのは申し訳ないことであった。氏には、ご海容を請わねばならない。

バーク氏はカナダ憲法の草案について演説したとき、その中で次のように述べている。「アメリカは人権のようなばかげた理念など、夢想したこともない」。

バーク氏の憶測は、えらく大胆である。それでいて自分の断定と前提を提起するにあたり、氏は判断力をいちじるしく欠いている。だから、氏の断定と前提から単純に導き出される論理の帰結は、どうしてもばかげたものにならざるを得ない。わざわざ

哲学や政治学の原理に照らし合わせるまでもない。一例を挙げよう。

バーク氏の主張によれば、こうだ。政府は人権には立脚していないが、ともかく何らかの権利を根拠としている。したがって政府は、「人間ではない何か」にそなわった権利を根拠としているはずだ――。それでは、その「何か」とは何なのか。

一般的に言って、地球上に生息する生き物で私たちが知っているのは、人間と獣だけである。それを踏まえた上で、存在するものがふたつに限られ、そのうちひとつを認めなければならないとしよう。そうした前提が成り立つとすればいかなる場合でも、一方の存在を否定すれば残る一方の存在を肯定するのと同じことになる。したがってバーク氏は、人間の権利を否定することによって獣［の権利］を肯定する立場に立ち、その帰結として、政府が獣的性向を帯びるということを証明しているのである。そして、説明のつかない事がらであっても、それを互いにつき合わせると往々にして説明が可能になるのと同じように、今、ロンドン塔で野獣を飼うという風習が何を起源としているのかという謎も氷解する。端的に言おう。ロンドン塔の野獣たちは間違いなく、政府の起源を示しているだけであり、それ以外には何の役にも立っていない。あの野獣たちは、憲法が占めるべき場所をおのれの住みかとしているのだ。嗚呼（ああ）、ジョ

ン・ブルよ！　諸君は獣でなかったがゆえに、何たる栄誉を失ったことか。バーク氏の説に従うなら、諸君は獣でありさえすれば、ロンドン塔に一生住むことも可能だったのだが。

バーク氏の議論が、聞く者を厳粛な気持ちにするだけの重みに欠けているとしたら、落ち度は私よりも氏の側にある。それでも私は自分の無遠慮ぶりについて、読者に進んでお詫びするものである。ついてはバーク氏にも、私がそのような態度をとらざるを得なくなったことについて詫びを入れてもらいたいと思う。

以上、バーク氏に言及して礼を尽くしたので、本題に戻ることにしよう。

イギリスには権力の荒々しい衝動を抑制するための憲法がないことから、法律のうち少なからぬものは道理に合わなかったり無慈悲であったりする。また、法律がどのように執行されるかは不透明、不明朗である。

、、、、、イギリスを治める政府は（あえてイギリスの政府とは言わずに、好んでこのような言い方をしていることを了とされたい）、ドイツとのあいだで政治的な縁故ができて以来、国外情勢と増税の方法にすっかり気を取られてきた。それ以外の目的は存在しないのではないかと思えるほどである。国内の関心事はなおざりにされ、正規の法律につい

て言うと、そのようなものは存在しないに等しい。

今日ほとんどすべての問題において、決定は前例にもとづいて下すことを余儀なくされている。その際、前例の当否は問われない。また、その前例を適用することが妥当か否かも問われない。このような慣行は大いに広まっており、一見したところとは異なり、何らかの秘策に端を発するのではないかと疑われるほどである。

アメリカ独立革命以来――そして、フランス革命が起こってからはなおさらのこと――イギリス政府は意図的に、このふたつの革命に先だつ時代や環境から引き出される前例の墨守をむやみに推賞するのを常としてきた。だが、それらの前例の大半は反動的な主義や所信に支えられており、そうした前例を引っ張り出すために遠い昔にまでさかのぼるとすれば、疑惑を呼ぶのは当然のことである。

しかし実際には、それらの前例が「古代のものは尊い」という迷信と結びつけられると、修道士から聖人の遺物を見せられて「これは神聖なものだ」と吹き込まれるのにも似て、人類の大部分は幻惑され、政府の魂胆に乗せられてしまう。政府は今や、人間に真摯（しんし）な反省を促すのを恐れるかのように振る舞い、人間を前例という墳墓に向けてそっと導こうとしている。それは人間の能力を麻痺させ、人間の注意を革命の表舞台から逸らすためである。

政府は、人間が予想以上に早く真実を知るのではないかと憂慮している。政府が前例主義にこだわるのも、そうした憂慮の表れである。この政治的教皇制は往時の教会の教皇制と同じく、一時期こそ隆盛をきわめたが、今は急速に死期を迎えようとしている。ぼろぼろになった遺物と、骨董品と化した前例。そして、修道僧と君主――。それらのものは一挙に朽ち果てようとしている。

前例を墨守しながらその原理を無視する統治は、現実に樹立可能な統治体制としては最低最悪である。多くの場合前例は、見習うべき手本ではなく反面教師としての役割を果たすべきである。すなわち必要なことは、それをまねるのではなく避けることなのだ。ところが実際には、前例は一括して扱われ、憲法と法律の両方を代行するものとして位置づけられている。

前例主義は、人間を無知の状態にとどめておく政策であるか、あるいは事実上、以下のことを告白しているかのいずれかである。すなわち、政府の英知は年を経るにしたがって衰え、前例という杖の助けがないことには立ち行かない。先人よりも賢いと見なされることに誇りを感じるはずの当の人びとが同時に、ただ単にあの世の英知の亡霊として姿を現すとは、一体どうしたわけか。古い時代は、何と奇妙な取り扱いを受けることか！　それは、ある目的のためであれば暗黒と無知の時代として語られるが、他の目的のためには世界の光明として位置づけられている。

前例主義に従わねばならないとすれば、統治にかかる費用を今のままにしておく必要はない。果たすべき仕事をほとんど持たない連中に、なぜ湯水のように報酬を支払うのか。もし仮に、発生するかもしれない事態がすべて前例の中に見出されるとすれば、立法活動は用済みとなる。そして前例が、辞書と同じようにすべてを決めることになる。だが、そのようなことはあり得ない。ということは、政府は老朽化して刷新を迫られているということだ。言い換えるなら、英知を発揮するための前提条件は万端整った、ということだ。

今日ヨーロッパ全域、特にイギリスにおいて、国民と政府が別々の方向を目指すという奇妙な現象が見受けられる。国民は前を、政府は後ろを向いているのである。もし国民が改良に頼るのに対し政府が前例に頼るとすれば、両者は、最後には決定的な訣別を迎えなければならない。両者がこの点に早急かつ円満に決着をつけるならば、どちらの側にとっても好都合であろう。*

＊原註。イギリスの農業・技芸・工業・商業は、政府の前例第一主義にさからって改良を重ねてきた。こうした改良が進んできたのは、個人や大規模な団体が企業心と勤勉性を発揮してきたからである。そこでの政府は、陳腐な言い方をするなら「枕ほどの支えにもなっていない」のである。

こうした改良を計画したり実行したりする際、人は政府のことなど考えもしなかった。また、政府の内外に誰がいるのかについても意に介さなかった。政府に関してどうしても望まずにいられなかったのは、放任してもらうことだけであった。お粗末な政府系新聞三紙か四紙は、絶えず国民の改良精神を否定し、それを大臣の手柄に帰している。それで真実を報道しているというなら、本書の上梓を大臣の功績と称しても真実を報道していることになるだろう。

以上、憲法一般を、実体としての政府とは別に［理論的に］説明した。次に、憲法を構成する各部分の考察に進むことにしよう。

憲法の各部分に関する見解は、全体論以上に多様である。「国民は政府運営のためのルールとして憲法を持つのが当然だ」。これは単純な命題である。この点については万人の賛成が得られよう（もっとも、宮廷関係者だけは全面的賛成を差し控えるであろうが）。論ずべき問題とそれに関する意見の数が増えるのは、もっぱら憲法の各部分が考察の対象となるときなのである。

しかし、この種の意見の不一致は他のあらゆる意見対立と同じように、正しい理解を順々に積み重ねていけば解消される。まず、第一に理解すべきは、国民は憲法制定の権利をそなえているということである。

国民が最初から最大限に賢明なやり方でこの権利を行使するか否かは、別の問題である。国民はみずからの判断力に従って憲法制定の権利を行使する。そうした試みを絶えず繰り返すことによって、最後にはすべての誤謬が粉砕されよう。

憲法制定の権利が国民のあいだに定着すると、そのような権利が国民みずからの犠牲の上に行使される恐れはなくなる。国民は、不当に扱われることに利益を見出さない。

アメリカの合衆国憲法および各州憲法はすべて同一の一般原則に立脚しているけれども、それら憲法の中からどのふたつを照らし合わせても、構成要素ごとに見くらべると瓜ふたつの関係にはない。すなわち、憲法が実体としての政府に与える権力の割り振りについては、異同があるということだ。アメリカの諸憲法は複雑さの度合いにおいて一様ではない。

憲法制定にあたってはまず、いかなる目的のために政府を必要とするのかを考察しなければならない。次いで、そうした目的を達成するためには、どのような手段が最も好ましく、かつ安上がりであるかを考察する必要がある。

政府は国民の団体にほかならない。この団体の目的は、加盟者全員が個々に、かつ集団として、福利を図ることに置かれる。各人の望みは、平穏無事に職業に従事し、労働の成果や土地・家作の上がりを享受することにある。その際、できるだけ出費を抑えたいという気持ちも働く。これらのことが実現できれば、国民の福利向上という政府樹立の大義名分が、遺憾なく達成されたことになる。

これまで政府は、立法・執行・司法という三大部門ごとに考察することが習わしとなっている。

しかし私たちの判断力を、専門用語の多用という習慣によって曇らされずに「ありのままに」働かせることができれば、一国の政府を構成する権力部門として見分けられるのはふたつ。すなわち、法律を制定する部門と、法律を執行する部門だけである。

したがって政府に属す組織はすべて、この二部門のうちいずれか一方に分類される。法律の執行に関する限り、司法府と呼ばれるものは厳密かつ適正に言って、いずれの国でも執行権力である。各個人の訴えを受けつけるのは司法府である。法律は、司法府の命令を受けて執行される。当局による法律の執行に関しては、それ以上のことは不分明である。イギリスでも米仏でも、司法府は治安判事に始まり各級裁判所を経て頂点に至る。

王権を執行権と呼ぶとき、それは何を意味するのか。その説明は宮廷関係者に任せよう。「執行権」は政府の行為を一括する名称に過ぎない。その目的を達するためであれば、他のいかなる名称でも間に合う。そうでなければ、いかなる名称も役に立たない。法律はこの点に関し、額面どおりの権限しか有していない。法律が支持を得るのは、法理が公正で、国民が法律に利害関心を持つからである。本来そうあるべきだ。もし法律がこれ以外のものを必要とするならば、それは、統治機構のどこかに不備があることを示している。通例として、執行がむずかしい法律は、有益な法律にはなり得ない。

立法府の仕組みに関しては、その方式は国ごとに異なる。アメリカでは、立法府は大抵の場合、二院制である。フランスでは一院制である。しかし、両国とも全面的に代議制を基盤としている。

実態としては、人類は（権力を強奪した者たちが長いあいだ圧制をおこなったために）、統治の方式と原理を検証する機会にほとんど恵まれず、最善のものを見出すのに必要な試練を経ていない。つまり、政府というものは今ようやく知られるに至ったばかりであり、政府の無数の構成部分を決定するには、依然として実体験が不足しているのである。

二院制に対する反対論は第一に、次のようなものである。ある問題が立法機関全体から見てまだ審議過程にとどまっているにすぎず、したがって、新たに［見逃されていた側面が］究明される余地があるのに、当該の問題について投票で決着をつけるとすれば、立法機関全体のどこかに齟齬が残る。

第二の反対論はこうである。各院がそれぞれ別個の団体として採決をおこなうとすると、少数派が多数派を支配するようになるかもしれないし、場合によってはそうした支配が昂じてはなはだしい矛盾を招くかもしれない。そうした事態はいつでも発生する可能性があり、現実にしばしば発生している。

第三の反対論はこうだ。両院が互いを自由裁量で抑制ないし統制することには矛盾がある。なぜならば、公正な代議制にもとづいているとすれば、一方が他方よりも見識があるとか優れているとかいったことは、立証不可能だからである。両院の、相手方に対する抑制は、正しいかもしれないし、間違っているかもしれない。したがって次のように言える。権力を与えておきながら権力を使いこなすための英知を与えることができず、また、権力が正しく行使されるという確信も持てないのであれば、そのような行き当たりばったりよりは二の足を踏むほうがましである。*

＊原註。イギリス議会が採用している二院制について言うと、両院は事実上互いに影響し合い、融合しているかのようであり、どちらも立法機関としての独自色を持っていないように見受けられる。時の首相が（どのような人物であろうとも）魔法の杖を好きな時に一振りすれば、イギリス議会は催眠状態に陥って、おとなしく言うことを聞くようになる。

だが、両院に個別に与えられた権能に着目すると、相違がクローズアップされる。そして、権力を行使するための判断力をそなえているか否かが定かでないのに、そのような組織に権力を与えれば矛盾が生ずるということが明らかになる。イギリスの［庶民院の］代議制の現状は惨憺たるものであるが、それでもいわゆる貴族院とくらべれば一人前の組織である。この、通称で呼ばれている貴族院は、取るに足らぬものと見なされており、国民は、それが何をしている組織なのか、いかなる場合も尋ねようともしない。

貴族院はまた、干渉をはなはだこうむりやすく、国民全般の利益に対しては関心がいたって薄いように見える。ロシア・トルコ戦争への参加をめぐって審議した際、貴族院では、それに賛成する多数派が反対派に九十票以上の差をつけた。ちなみに、議員数が貴族院の二倍である庶民院では、賛成派と反対派の得票差は六十三票にすぎなかった。

陪審員の権利に関してフォックス氏が提出した法案をめぐる審議も、注目に値する。貴族と呼ばれる人びとは、この法案の対象ではなかった。彼らは、この法案を通じて平民に与えられた以上の特権を、以前から享受していたからである。貴族は陪審員を貴族に務めてもらうので、貴族院議員が名誉毀損で訴追された場合、有罪と見なされても初犯であれば処罰されずに済む。どこの国であろうと、このような法律上の不平等はあってはならないことである。フランス憲法いわく、「法律は保護と処罰のいずれの場合においても、万人にとって同一である。人はみな、権利の面前では平等である」。

一院制に対する反対論は、「一院制の決断は常に性急なものになる危険にさらされている」というものである。だが、その際忘れてはならないことがある。それは、憲法のおかげで権力の範囲が限定され、立法府の行動を拘束する原理が定まっているならば、その憲法は他に類のない効果的な抑制装置になる、ということだ。しかもそれは、単にそなわっているのではなく強力に機能する装置なのだ。一例を挙げよう。アメリカのいずれかの議会で、議会の任期をその途中で延長する法案（イギリス議会がジョージ一世の治世の初めに採択した法案の類）[9]が提起されるようなことがあったとしても、憲法には抑制装置が埋め込まれている。すなわち、任期を延長してはならない

9　一七一六年に成立した七年議会法を指す。これにより庶民院議員の任期は（それまでの三年から）七年に延長された。庶民院で、当時多数派を占めていたホイッグ党がジャコバイト叛乱後の不穏な社会情勢を口実にして提案、承認された。

という趣旨の規定が盛り込まれているのである。

性急な衝動に動かされるという一院制の難点を取り除き、同時に二院制の矛盾（場合によっては、ばからしさと言うべきか）を避けるために、両方をともに解決する改善案として次のような方策が提案してある。

一．代議機関はひとつだけとする。

二．その代議機関を抽選により二ないし三の部会に分かつ。

三．提案された法案は最初、各部会において順次審議する。その際、各部会は互いの審議を傍聴する。票決はおこなわない。部会ごとの審議を終えた後、代議機関は全体会合を開き、全体での審議と票決をおこなう。

右の改善案には、代議機関を絶えず更新することを目的としてさらに一項目の追加がある。すなわち、各州（カウンティ）の代議機関の［定員の］三分の一は、一年経過した時点で退任するものとする。欠員は、新たな当選者によって補充する。次の三分の一は、二年経過の時点で退任し、その欠員も同じ要領で補充する。そして、三年目を迎えるたびに総選挙を実施する。*

＊原註。イギリスの代議制の現状は、まともに論ずることもできないほど不合理である。議員を送り出しているほぼすべての地域で人口の減少が続いているのに、議員を送り出していない地域では人口の増加が続いている。イギリスの統治の現状を検討するためには、イギリス全体を網羅する代表者会議が必要である。

だが、憲法の各部分の配置をどのように工夫しても、自由と隷従を区別する一般原則はひとつしかない。それはこうだ。「世襲にもとづく統治はいずれも人民を一種の隷従状態におとしいれるが、代議制にもとづく統治は自由をもたらす」。

政府というものを考察するときに参照すべき基準はひとつしかない。それは、政府が国民の団体だということだ。その観点から考察するならば、政府は、その組織間の指揮や連係を偶発的な出来事によってかき乱されることのないように、みずからの仕組みを工夫しておかないといけない。したがって、そのような結果を引き起こす可能性のある過大な権力は、いかなる個人にも持たせてはならない。政府のいかなる人物に事故（死没・病気・不在・退任）があろうとも、それは国民との関係に関する限り、イギリス議会あるいはフランス国民議会の議員の身に同じことが起こった場合と同じ程度の、軽い問題であるべきだ。

一個人の身に何か事が起こったからといって、あるいは一個人が何か事を起こしたからといって、それだけで国が混乱に陥るとすれば、これほど国民の偉大さを卑しめる政治的風土もなかろう。しかも、そのような騒動のばからしさは往々にして、それを引き起こす当の本人が、一個の人間としては取るに足らぬ人物だという事実によって倍増する。

仮に一羽のアホウドリが議会に出席していないだけで国政が滞る仕組みになっているとすれば、そのアホウドリが逃げ出したり病気になったりしたときに起こる面倒は、深刻かつ重大である。それは、そのアホウドリが国王と呼ばれている場合も同じである。私たちは、人がひとり相撲を取ってばかげた窮地に陥るのを見てあざ笑うけれども、その実、そのようなばかげた事がらのうち最悪のことが国政の場でおこなわれているということには気づかないのである。*

*原註。聞くところによるとスイスのベルン州では大昔から、熊を一頭官費で飼う習慣があり、州民は、そうしないと全員が身を滅ぼすことになると信じ込まさ

れていた。ところが今から数年前のこと、その頃飼われていた熊が病気にかかって急死したため、すぐには代わりの熊が見つからないという事態になった。代わりの熊が見つかるまでのあいだに州民は、あることを発見した。すなわち、熊がいなくとも穀物は育つし、ブドウも実る。日の出と日の入りも途切れることなく繰り返され、月の運行も太陽と同様に規則正しい。万事、以前と同じように進んで行く――。そのような状況に勇気を得て州民は、もう熊は飼わないと決意した。彼らが挙げる理由はこうだ。「熊はとても食欲旺盛で、お金のかかる動物だ。それに、市民にケガをさせてはいけないので、熊の爪を引き抜いておく必要もあった」。

ベルン州の熊の話は、ルイ十六世の逃亡の際フランスの新聞数紙に紹介されたが、この話が君主政を当てこすっているということは、フランスでは誤解の余地のないことである。ところが、ベルンの貴族たちは自分たちが当てこすられたように感じ、それ以来フランス紙の閲読を禁止しているらしい。

アメリカの各憲法は、君主国で起こる愚かしい機能不全を排除することを念頭に置いて設計されている。アメリカではどのような事情に妨げられようとも、国政が一時的に停滞するという事態はあり得ない。代議制はあらゆる事態に対して備えができている。代議制は常に、国民と政府がそれぞれの本来の役割を演ずる唯一の体制なのである。

いかなる個人にも、尋常ならざる権力を持たせてはいけない。それと同様にいかなる個人にも、当人の果たす公務の価値を上回るような高給を支出してはならない。ある人物が大統領や国王、皇帝、上院議員など、いかなる名で呼ばれるかは問題ではない。それらの呼称は、そのように呼ぶ側が礼儀を重んじているがゆえの、あるいは愚昧であるがゆえの思いつきである。あるいは呼ばれる側が尊大で、そのような呼び名を使えと要求してきた結果である。問題になるのは、その人物が国家においてやってのける特定の奉仕［すなわち公務］だけである。そのような［公職にある］個人がどれほど優れていようとも、また、国王・大統領・上院議員などいかなる呼称ないし肩書きで呼ばれる官職に就いていようとも、日常の務めにおいて年に一万ポンドの価値を超える働きをするということはあり得ない。この世でおこなわれる偉大な公的奉仕は、それをみずから買って出る人物が何の報酬も受け取らずにおこなうのが常である。ところが、いずれの国でも公職の日常業務は常に、大勢の人びとがこなせるように一般的な能力水準に合わせて加減してある。したがって、法外な報酬には値しない。『ガリヴァー旅行記』の著者スウィフトいわく、「政府は単純な道具であり、大方の人びとの知力でこなせるような仕組みになっている」。

納税させられている無数の人びとが貧困のためにやせ衰え、窮乏生活と闘っているというのに、特定の個人を養うために一国の税収から支出される経費が年百万ポンドとは、話題にするのもおぞましい。国家統治は、監獄と宮殿、貧しさと華やかさなど、両極端の組み合わせを要諦とするものではない。それはまた、持たざる人びとからなけなしの金を搾り取るための、あるいは惨めな人びとをさらに惨めにするための仕組みでもない。しかし、今論じている主題のうち社会福祉の側面については後述することにして、今のところは政治的な所見を述べるにとどめたい。

誰であれ政府の特定の一員に法外な権力と報酬が割り当てられると、その人物を中心としてあらゆる種類の政治腐敗が発生、蔓延する。誰にせよ特定の人物に年百万ポンドの手当のほか、国の費用で官職を創設、配分する権力を与えてみよ。その国の自由はたちまち骨抜きにされよう。玉座の輝きと称されるものは、国家の腐敗にほかならない。腐敗を招くのは、税金を使って贅沢三昧、無為徒食のうちに暮らす寄生虫どもである。

このような悪弊がひとたび確立されると、それは、もっと小さい権力濫用を網羅的に擁護する防護装置と化す。年に百万ポンドの報酬を得ているような人物は、決して改革の機運を高めようとはしない。改革が最後にわが身に及ぶことを恐れるからである。その人物の利益は常に、小さい権力濫用を擁護することに置かれる。いわば城を守るために、［周囲の］多数の砦を守るのと同じである。そしてこの種の政治的要塞においては、各部分は全体的に持ちつ持たれつの関係にあり、同士討ちのような事態が起こることはまず予想できない。*

*原註。政府の内部における何らかの汚職［への関与］を窺わせない公職者を挙げることは、ほぼ不可能である。「要塞」という比喩は不幸にも、そうした汚職とのあいだに密接な接点がある状況を含意している。

古来、政府というものがみずから手を染めてきた、あるいは擁護してきた権力濫用の実例は数知れない。その最たるものが世襲の君主政で、国民はひとりの人物とその後継者を押しつけられ、彼らを養うための費用を負担させられるのである。

慈悲心があるならば、貧しい人びとには食べ物を与えなければならない。だが、政府がリッチモンド公[10]を扶養すべしなどと国民に向かってぬけぬけと命ずるとすれば、それはいかなる道徳的、政治的権利に依拠しているのか。そのような理屈も何のその、世の噂が本当ならロンドンの物乞いは、微々たる石炭を買うにも［消費税を通じて］リッチモンド公の俸給の一部負担を余儀なくされているのである。

このような徴税は、総計で年一シリングにしかならないとしても、不正なやり方であることに変わりはない。しかるに総計が巷間（こうかん）言われるように年に二万ポン

10　リッチモンド公（Charles Lennox 3rd Duke of Richmond 一七三五〜一八〇六年）。ホイッグ党ロッキンガム派所属の政治家。王室費の削減や腐敗選挙区の廃止を唱えるなど革新派と見られていたが、一七八四年、小ピットの内閣に補給庁長官として入閣してから保守化、トーリー的立場をとるようになった。ペインはリッチモンド公のトーリー化に憤懣を覚え、それを、同公が国庫から高給を支給されていることに事寄せて爆発させているように感じられる。ペインは本書四四八、四九二ページでも、リッチモンド公に対する非難を繰り返している。

ドを下らないとしたら、その無法ぶりはあまりにも深刻であり、放置しておくわけにはいかない。ここには君主政および貴族政の帰結の一端が見られる。

以上のような実情を述べるにあたり、私は個人的な嫌悪感に駆られているわけではない。国民を食いものにする者は誰であれ卑劣漢である――私はそう考えるが、しかし、そのような悪弊の根源はあくまでも統治の仕組みにあるのだ。しかもこの悪弊はあまりにも広く蔓延しており、当事者が政府側にあるか、それとも野党側にあるかは関係ない。彼らは、互いが互いの保証人になっていると確信しているのである。

君主政が幾星霜を経て世に存続しているのは、それに庇護されて権力濫用がおこなわれてきたからでもある。君主政は、他のすべての不正を庇護する巨悪であり、不正による利益を公認することによって、不正の味方となる。このような庇護をやめようものなら、廷臣どもの崇拝を失うことになる。

今日憲法制定を支えている原理に照らせば、国家統治を世襲にゆだねる余地はみじんもない。したがって大権という名の私物化された権力も、ことごとく斥けられる。

大権を特定の個人に託しても危険にさらされずに済みそうな政府があるとすれば、それはアメリカの連邦政府である。アメリカ合衆国の大統領の任期は四年限りである。米大統領は一般的な意味での説明責任を負うばかりか、憲法には大統領を裁く「弾劾」裁判の方式までもが規定されている。また、大統領に選出されるためには、三十五歳以上でなければならないし、アメリカ生まれでなければならない。

このような制約をイギリスの統治体制と照らし合わせると、イギリスの変則ぶりが常軌を逸していることが分かる。イギリスでは、君主はしばしば外国人である。君主本人が半ば外国人であるケースや、君主の配偶者が外国人であるケースは毎度のことである。イギリスの君主は自分の国に対して、生粋（きっすい）のイギリス人であれば感ずるはずの一体感を持たない。政治的な一体感も持たない。また、何ごとについても責任を負わない。それでいて十八歳になると成年に達し、しかも国民の実情も知らないまま外国と同盟関係を結ぶことを許される。また、国民の同意を得ずに戦端を開いたり講和を結んだりすることを許される。

ところが、これだけではないのだ。このような立場にある人物は、さすがに遺言によるのと同じような要領では自国政府を意のままにすることはできないが、「他国の王室との］姻戚関係という横車を押せば、事実上、同じ目的をほぼ達成できる。自国政府の半分をあからさまにプロイセンに遺贈することはできないが、姻戚関係を通じて［他国と］よしみを結べば同じ効果を上げられるというわけである。

このような状況下だから、イギリスにとって国が大陸の外に位置しているのは幸運である。さもなければイギリスは、オランダのようにプロイセンの独裁に屈しないとも限らない。オランダは、［総督の］姻戚関係を通じてプロイセンによる支配を許している［第一部第七章の訳註12を参照］。自国政府を遺贈するという昔風の暴挙に頼ることなく、それに劣らぬ効果を上げられるのである。

アメリカでは、大統領（別名、最高行政官）のポストは外国人を排除する唯一の官職である。ところがイギリスでは、最高行政官は外国人の就任が容認される唯一のポストである。外国人は国会議員にはなれないのに、国王と呼ばれる官職には就任できる、ということだ。外国人の排除に理があるというのなら、［外国人が就任した場合に］害が最大になる可能性がある官職こそ、外国人禁制にすべきである。なにしろそれは、［国民の］信頼に最大限に応えるためにあらゆる傾向の利害関心と帰属意識を統合しなければならない官職なのだ。

しかし、憲法制定という大事業を進めるのにともなって国民は、行政府と呼ばれる部門の本質と任務を精緻に検証するようになろう。立法府と司法府が何であるかは、誰にでも分かる。しかしヨーロッパで他の二部門と区別して行政府と呼ばれているものについて言うと、それは政治的な不要物であるか、そうでなければ、得体の知れない事物の寄せ集めである。

必要とされるものは、国内各地から、あるいは諸外国から届けられる報告書を受け付け、それを国の代表者の前に提出する政府機関だけである。しかしこれを行政府と呼ぶなら［実態との］整合性に欠ける。それは、立法府の下位にしか位置づけできない。どこの国でも、最高権力を握るのは法律を制定する権力である。それ以外のものはすべて官庁の一部局にすぎない。

憲法の原理を並べ、憲法全体の構成を整えると、次は、憲法上の権力の執行を国民から委託される人びとの生活を手当てする番だ。

いやしくもどこかの部局で仕事をしてもらうために――言い換えるとその仕事の委託先として――選んだ人物に対し、提供してもらう時間と労力の代価を支払わずに済ませる権利は、国民にはない。また、政府の一部役職の維持費を手当てしながら、それ以外に対しては手当てをしないというのでは、まったく道理に合わない。しかし、もし「政府の仕事を請け負うという名誉そのものが十分な報酬だ。そう見なすべきだ」と認めるのであれば、すべての公職者に対して同じ姿勢で臨むべきである。どこの国でも立法府議員の無償奉仕を前提とするのであれば、それと同じように行政の最高位に就いている者も——君主と名乗ろうと、それ以外の肩書きを名乗ろうと——報酬なしで公務を果たすのが当然である。君主には報酬を与え、そうでない者には無償奉仕を強いるというのでは筋が通らない。

アメリカでは、政府のどの部局でも相応の手当てを支給されるが、法外な報酬を得る者はいない。連邦議会および州議会の各議員に対する手当ても、それぞれの出費をまかなうのに十分なものである。しかるにイギリスでは、政府の一個の役職に対し巨額の維持費を投じながら、他に対しては何の手当てもしない。その結果として、前者は買収の手段を獲得し、後者は買収に応じざるを得ない境遇に追い込まれるのである。そのような巨額の費用のせめて四分の一でもアメリカ式に使うならば、贈収賄による腐敗の大部分は正すことができるだろう。

アメリカ［合衆国］憲法に見られるもう一つの改革点は、個人にささげる宣誓がすべて誤りであることを暴いたというところにある。アメリカ憲法では忠誠の誓いをささげる相手は、国民一般に限られている。特定の個人を国民全体の代表と見なすのは妥当ではない。国民の幸福こそが最優先の課題である以上、象徴または代表としての一個人に対して誓いを立てるならば、本来の忠誠の誓いの趣旨が不明瞭になる。そのようなことはあってはならない。フランスの聖職者は一七九〇年、聖職者民事基本法への服従を誓えと議会から求められたが、「国民、法、国王への誓い」という宣誓の名称は不適切である。いやしくも宣誓するのであれば、アメリカにおいてそうであるように、誓う相手は国民だけであるべきだ。同法は優れているかもしれないし、そうでないかもしれない。しかしこの場合の「国民」は、「国民の幸福に役立つ」という文脈に見合った意味にしかならないはずだ。そうであればこそ、誓いを立てる相手として挙げてあるのだ。それ以外のもの［すなわち国王］は、個人相手の誓いは一切廃止すべきであるとの理由に照らして不適切である。その種の誓いは、専制の遺物であると同時に隷従の遺物でもある。また、創造主の名をわざわざ持ち出して被造物の堕落を証明するなどということもすべきではない。すでに述べたように創造主を国民の象徴として持ち出すとすれば、それはこの場合、国民と重複するから余計である。

いずれにせよ、国家体制の樹立当初に宣誓するのであれば、いかようにも言い訳できるかもしれないが、後になってからそのような宣誓をすることは許されない。体制が宣誓という形で支えを必要とするのであれば、それは「その体制は支持するに値しないし、したがって支持すべきではない」ということを示しているのである。国家には本分を守らせるべきである。そうすれば国家は、［他からの支えがなくとも］自力でやって行けるであろう。

憲法というテーマを締めくくるにあたり一言。憲法上の自由を恒久的に保障、拡大するための最大の新基軸として、［米仏の］新しい各憲法には、憲法の随時の改訂・変更・修正を可能にする条項が設けられた。

バーク氏の政治的信条を支える原理は、「時が終わるまで子孫を拘束、統制し、子孫全員の権利を放棄、否認する」というものであるが、それは今あまりにも忌まわしいものとなっており、議論の主題にすることもはばかられる。したがって私は、バーク氏の原理を暴くにとどめ、それ以上注意を払わずにやり過ごすことにする。

国家統治［の本質］は今日ようやく知られるようになってきた。国家統治はこれまでもっぱら、［国民が］権利を真剣に模索するような事態を一切禁ずるために権力を行使するのに等しかった。そして、［権利を］独占することだけを存立基盤としていた。自由の敵が自由を裁定していたあいだは、自由の原理は現実問題として、ごくわずかな進歩しか遂げられなかったはずである。

アメリカの各憲法は、フランスの憲法もそうだが、定期的な見直しをするための年限を設けるか、改正手続きのパターンを定めるかしている。原理を、世論や実生活と結びつける結束帯のようなもので固定することは、おそらく不可能であろう。なぜならそれは、長年月を経れば環境の推移にともなって多少なりともゆがんだり、ゆるんだりするからである。したがって、不都合が積み重なって改革の意欲が萎えたり革命があおられたりすることのないように、生じた不都合はその都度解消するのが最上の策となる。

人間の権利は、世代を超えて共有されるものであって、特定の世代による独占は許されない。追求する価値があるものは、その価値ゆえに追求される。そして、まさにそれゆえに磐石なものとなるのであって、足手まといになりかねない制約ゆえに磐石なものとなるのではない。人は財産を遺す際、相続人に財産の受け入れを強制することはない。そうだとすれば憲法に関しては、なぜそれと異なる対応をしないといけないのか。

現時点では理想的な、現在の状況によく見合った憲法ですら、数年後に示される理想像には遠く及ばないかもしれない。国家統治の問題について、かつてない理性の夜明けが訪れようとしている。現行の旧式な政府の野蛮ぶりが影を潜める(ひそ)に従って、各国の、相手国に対する精神状態も「相手国を尊重する方向に」変化するであろう。人間は、野蛮な考えを抱いたまま成長するということはなくなるであろう。つまり、同じ人間なのに、たまたま異なる名で呼ばれる国で生まれたからといって相手を敵視するということはなくなるだろう。また、憲法はその常として、国内の事情もさることながら国外の情勢とも何らかの関係を持つものである。そうである以上、それぞれの憲法には、国内外を問わずあらゆる変化から利益を得られるような仕組みを組み込んでおくべきである。

英仏両国民の、相手側に対する国民感情には、すでに変化が見られる。たかだか数年前のことを思い返すならば、そうした変化自体、一個の革命に等しい。当時、フランス国民議会の類がイギリスで世を挙げて歓迎されるとか、英仏両国民が両国の友好的な同盟関係を望むとかいった事態を、誰が予見したであろうか。あるいは、信じたであろうか。それに照らせば、次のことは明らかである。国家によって堕落させられるなら話は別であるが、人間は生まれつき人間の友である。また、人間の本性そのものは凶悪なものではない――。英仏両国政府があおり、課税のために利用した嫉妬心と残虐性は今や、理性・利害関心・人間性などの要請に屈服しようとしている。

宮廷と宮廷との取引は人びとの知るところになりつつある。また、あたかも神秘的であるかのような見せかけは、宮廷が人類を欺くためにあらゆるいかさまの魔術を使ってきたにもかかわらず、神通力を失おうとしている。それはすでに致命傷を負っており、しばらくは命脈を保つかもしれないが、いずれ息絶えるであろう。

国家統治というものは、人間に関係するあらゆるものと同じように、進んで改善を受け入れるようでないといけない。ところがそれとは反対に、国家統治ははるか昔から今日に至るまで、人類のうちで最も無知で邪悪な徒輩によって独占されてきた。連中の統治能力が拙劣であることを証明するには、各国の国民が過重な負債と徴税で苦しめられ、世界が紛争に引きずり込まれているという事実を挙げれば十分である。それ以上の証拠は必要ない。

ようやく野蛮な状態から抜け出そうとしている段階にあるので、国家統治がどの程度改善され得るか、まだ判断するには早すぎる。予見できる範囲では、全ヨーロッパは単一の偉大な共和国になるかもしれない。そして人間は、すべてのくびき、から解放されるかもしれない。

第五章　ヨーロッパの状態を改善する方法および手段

――雑駁な所見を織りまぜながら

人間の領分全体を地球規模で包摂する問題を考察する際、追究する対象を一方面に絞ることは不可能である。その種の考察は、人類を構成するあらゆる国の国民性や社会状況を拠り所にして、個人・国家・世界を総合するものなのだ。

アメリカで点火された小さな火花は、消えることのない炎になって燃え上がった。それは帝王の最後の手段［である武力］と同じように国々を席捲し、暗黙の作戦によって勝利を収める。人類はわが身の変化に気づくが、いつの間にそうなったのかは、自分では分からない。人類は、自己の利害に正当な注意を払うことによって自己の権利を悟る。そして最後には次のことを発見する。専制政治の威力と権力は、それに抵抗することを［人びとが］恐れるからこそ発生するのであり、「自由になるためには、自由を望むだけで十分なのだ」。

本書の各章では一貫して、国家樹立の基盤とすべき原理体系を確立しようと努めてきたので、本章ではそれに引き続いて、それら原理を実地に移す方法と手段について論じよう。しかし、本書主題のこの部分をもっと的確に、かつ効果的に切り出すためには、そうした原理から導き出されるか、あるいは「間接的な」つながりのある若干の所見についてあらかじめ述べておく必要があろう。

国家は、その形態や仕組みがどのようなものであれ、国民一般の幸福だけを目的にすべきである。そうした目的を達成するどころか、逆に、もし国家がその機能を発揮することによって社会のどこかに不幸を引き起こしたり、元からの不幸をさらに悪化させたりするのであれば、国家を支えるシステムに不具合があるということだから、改革が必要になる。

慣用的な語法では、人類の境遇は「文明的な生活」と「非文明的な生活」の二種類に分類され、前者には幸福と富裕、後者には苦難と貧困という意味合いが込められてきた。しかしながら、「文明的な生活」についての私たちのイメージを、粉飾することによって、あるいは劣等なものとくらべることによって操作しようとしても、しょせん真実は隠せない。すなわち、人類のうちのかなりの部分はいわゆる文明国にあっても、アメリカ先住民の境遇にも劣るほど貧しく惨めな状態にある、ということだ。私はどこかひとつの国のことを言っているのではない。あるゆる国のことを言っているのである。イギリスもヨーロッパ全体も、そのような状態にあることに変わりはない。その原因を調べてみよう。

ヨーロッパ諸国の貧困は、文明の諸原理の構造的な欠陥から生じているのではない。問題の根は、そうした原理の普遍的な実現が妨げられているというところにある。その結果として、戦争と戦費［調達］の永続的なシステムが確立し、それによって国が消耗し、文明国であれば実現できるはずの国民全般の幸福が損なわれる。

ヨーロッパ各国の統治機構はいずれも（今でこそフランスは例外となったが）、普遍的文明の原理ではなく、それとは逆の原理にもとづいて組み立てられている。欧州各国政府の相互関係に関して言うと、それは、私たちが野蛮で未開な生活と考えるものと同じ状態にある。各国政府はみずからを、人間の法ばかりか［聖書に示された］神の戒律をも超越するものと位置づけており、道義および相互の行動の点では、自然状態に置かれた個人さながらの状態にある。

各国の住民は、法律という文明のもとに置かれていれば安心して交際する。ところが各国政府は、野蛮な状態に置かれているためにほとんど絶え間なくいがみ合う。そして、文明的な生活において生み出される豊かさを悪用し、おのれの野蛮な性格をますます野蛮なものにするのである。

政府はこのように国内の文明社会に野蛮さを移植することによって、国庫収入の大部分を国民から――なかんずく貧しい人びとから――奪い取る。それは本来、国民が生計を立て、快適な暮らしを営むために使うべきものなのだが。道徳論には一切立ち入らないとしても、人類の労働のうち四分の一以上が毎年、この野蛮なシステムによって浪費されているのは、嘆かわしいことである。こうした悪弊の存続に一役買ってきたのが、ヨーロッパの各国政府がこの野蛮な状態を維持することに見出す金銭上のメリットである。欧州各国政府は、野蛮な国際情勢に事寄せて権力と財源の確保を図ってきた。そのための根拠や言い訳は、もし文明の勢力圏から空隙がなくなれば、成り立たなくなるのだが。

国内統治に限ると、それは法律にもとづく統治だから、税金をあれこれ多岐にわたって徴収するための口実は設けられない。国内統治は国民の監視を直接受けながらおこなわれるので、巨額の徴税をおこなう余地はなくなる。ところが政府相互の野蛮な闘争に舞台が移ると、口実の範囲が広がる。それぞれの政府が徴税を強化する気になると、国民はその都度言いなりになる。もはや審判を下す立場にはないからだ。

イギリスで徴収される税金のうち、国内統治の目的のために必要になるか、または［実際に］その目的のために振り向けられる税金は、全体の三十分の一にもならない。四十分の一に達することすら稀である。たやすく見て取れることだが、現行政府が国内統治に関しておこなっていることは法律の制定だけである。しかも、法律を自己負担で施行、執行するのは国民である。それは治安判事・陪審員・四季裁判所・巡回裁判所を通じておこなわれるが、国民はその際、税金の額を超える費用を負担しているのである。

このように見てくると分かるのは、国家統治は対照的なふたつの性格を帯びているということだ。それは一面では国内統治であり、法治である。範囲は国内に限られる。他の一面は宮廷政治。こちらは密室政治である。その活動は、弱肉強食という粗雑な世界観のもとでおこなわれる。前者にかかる費用はわずかなものだが、後者には際限のない濫費がともなう。このふたつはまったく別ものである。したがってもし後者が、突然ぱっくり開いた大地の裂け目に飲み込まれたかのように忽然と姿を消したとしても、前者［すなわち国内統治］は混乱に陥ることなく、従来どおり機能し続けるだろう。なぜなら、そうなれば国民全体の利益に役立つし、経済力がフルに発揮されるからだ。

このような次第で、革命は政府のモラルの変革を目標とする。そして、このような変革が実現すれば、人民に課せられる租税という重荷も軽減され、文明社会は今奪われている豊かさを満喫できるようになるであろう。

この問題全体を考察するにあたり、私は貿易という領域にも目配りする。私はこれまで公表してきたどの著作においても、事情が許すかぎり貿易を擁護してきた。その効果をよしとするからである。貿易は平和の制度であり、人類を団結させる働きがある。なぜなら、貿易に従事する国は（個人もそうだが）相手側にとって有益な存在となるからである。私はこれまで、単なる理想論として改革を推奨したことはない。人間の状況を改善するには、人間の利害関心に訴えるに限るのであり、それ以上に効果的な改善策はない――このような考え方が私の基本的なスタンスである。

貿易の効能が世界の最果てにまで行き届くようになると、何が起こるだろうか。まず、戦争という悪弊が根絶されるだろう。また、野蛮な国家統治がおこなわれている場合は革命が勃発するであろう。貿易という創造的な営為は、国家統治が始まって以来ずっとおこなわれている。道義を直接の原動力とせずに文明を世界に行き渡らせる方法として、かくも偉大なものはこれまで遂行されたことがない。

各国間の民間交流を利益の交換によって促す傾向がある営為は、何であれ、政策的にも学術的にも取り上げる価値のあるテーマである。貿易は、ふたりの個人による取引を無数に掛け合わせたものにほかならない。そして創造主は、二者間の取引を構想したのと同じ原理に従って全員相互の取引を構想した。このような目的があるからこそ創造主は、原材料［の産地］と市場を国内でも国外でも、遠く離れた別々の地域に分散させておいたのである。それらの原材料を調達するために戦争に訴えたのでは、貿易に頼るのにくらべて高くつく（あるいは収益が出ない）。だからこそ貿易は、おのずと戦争を根絶する手段になったのである。

貿易と戦争は、ほぼ対立関係にある。したがってヨーロッパ諸国において野蛮な統治がおこなわれていれば、それは貿易にとって有害である。あるゆる種類の［国土や交通機関の］破壊や機能不全は、貿易量を減らす方向に働く。そして、そうした減少が世界のどこで始まるかは、あまり大した問題ではない。血流と同じことで、どの部分から流出が起こるにせよ、それは必ず循環中の血流全体の減少につながり、そうした損失は全体に及ぶのである。ある国の購買力が失われると、同時に輸出元にも累が及ぶ。イギリス政府が諸外国の貿易を破壊してのけるとすれば、狙いどおりに破滅に追い込まれるのは、ほかならぬイギリスの貿易なのだ。

ある国が世界の運輸を独占するという事態は、あり得ないことではない。しかし貿易となると、取引相手なしには成り立たない。自国産の商品を売ると同時に買うことは不可能だからだ。購買力は国外にないといけない。つまり、貿易国の繁栄はそれ以外の国々の繁栄によって決まるということだ。他の諸国が貧しければ、当の貿易国も豊かにはなれない。その国の経済は、好不況を問わず、他国の景気を映し出す鏡なのである。

貿易の実務を理解していないとしても、貿易の原理と、その世界規模での作用は理解できる——理性に照らせば、このような考え方を否定することはできない。そして、私は偏(ひとえ)にこのような根拠にもとづいて貿易の問題を論じているのである。机上の貿易を実務としての貿易と同一視することはできないが、貿易の作用はどうあっても互恵的なものと考えるほかない。その国に存するのは、貿易の力の半分だけである。国外の、残りの半分の力を破壊すれば、貿易全体を、あたかも国内の半分を破壊したのと同じほど効果的に破壊できる。どちらも、残る半分なしでは機能しないからである。

これまでの戦争でもそうであったが、過般の戦争でイギリスの貿易が落ち込んだのは、全般の取引高が世界各地で減少したからである。今それが上向いているのは、各国の商取引が上向きになったからである。今日のイギリスの輸出入量は、過去のいかなる時代をも上回っている。イギリスの貿易相手国もきっと同じであるはずだ。イギリスの輸入は貿易相手国の輸出であり、相手国の輸入はイギリスの輸出であるのだから。

貿易においては、ある一国だけが栄えるといった事態はあり得ない。栄えている国は、全体の分け前に与っているだけなのだ。貿易が部分的に破壊されると、その影響はどうしても全体に波及しないわけにはいかない。したがって交戦相手に攻撃を加えれば、それは貿易という共同の資産に攻撃を加えたことになり、各国とも自国の資産を攻撃したのと同じ結果を招く。

今日貿易が増大しているのは、各国の首相の努力や政治上の創意工夫によるものではなく、平和が保たれているおかげで貿易が本領を発揮しているからだ。これまでは、常設の取引所は破壊されたまま、通商路は断ち切られ、海の要路には各国の海賊が跋扈し、世界の注目はほかのところへ向けられてきた。だが、貿易を遮断していたこれらの要因は消滅した。平和のおかげで物事は混乱状態を脱し、本来の秩序を取り戻した。*

*原註。アメリカの貿易は、増加率で比較するとイギリスを上回っている。現在それは、革命以前のいかなる時代とくらべても、少なくとも五十パーセント増となっている。開戦前、フィラデルフィア港を出帆する船舶の数は、八百から九百のあいだにとどまっていた。ところが一七八八年には、その数は千二百を超えた。ペンシルヴェニア州の人口はアメリカ合衆国全体の八分の一と見積もられているので、合衆国の船舶の総数は現在一万隻近くに達しているはずである。

補足に値することがある。それは、各国とも貿易収支を黒字として計算する、ということである。そうすると、貿易収支に関する「ゼロサム的な」通念には、どこか破綻しているところがあるはずだ。

それはともかく、各国が自己申告する貿易収支に照らすならば、貿易が互恵的であるという事実は真実である。そして、そうであればこそ貿易は、どこの国でも誰からも支持されるのである。各国とも貿易の利点を実感している。さもなければ、貿易という営為を放棄しているであろう。だが、欺瞞はある。それは帳尻合わせという常套手段や、ありもしない利益を事実にもとる原因によって説明するなどの操作である。ピット氏は事あるごとに、税関の帳簿にもとづく貿易収支とやらを示して悦に入っている。このような税関のデータにもとづく算定方式は、正しい物差しにはならない。それどころか誤った物差しとなる。それは以下の理由による。

第一に、税関から出て行く積み荷はいずれも帳簿に輸出として記載される。税関の対照表においては、海上での損失や海外での取引不成立による損失は見かけ上、すべて輸出実績として扱われ、収入の部に算入される。

第二に、密輸入は税関の帳簿には記載されない。輸出分から［密輸入の分を］差し引くというような調整は［収支決算の際］おこなわれない。

したがってこれらの帳簿をもとにしたところで、「一人勝ちの黒字」に当てはまる収支を導き出すことはできない。そもそも貿易本来の働きに照らすならば、そのような貿易観は人心を惑わすものである。仮に真摯なものだとしても、それはたちまち有害なものとなろう。貿易が強い支持を集めるのは、すべての国がある程度の利益を等しく享受するからである。

国境を越えて互いに商取引をおこなうふたりの貿易商は、ともに富を得る。そして、どちらの側にも儲け(もう)が生じる。したがって、これは富の奪い合いではない。ふたりがそれぞれ在住する国に関しても、同じことが言える。貿易の実態は次のようなものであるはずだ。すなわち、どちらの国も手持ちの手段をもとに富を蓄え、そこに、他国との交易によって得られる利益を積み増していく。それ以外にはあり得ない。

もしイギリスの貿易商が、国内で仕入れるのに一シリングかかるイギリス製品を海外に輸出し、二シリングで売れる商品を輸入すれば、収支は一シリングの黒字になる。しかしこの利益は輸出先の国から獲得したのではない。また、海外の取引先から獲得したのでもない。なぜなら取引先でも、手に入る国産品をもとに同じことをするのであり、どちらの側も相手を犠牲にして利益を上げるわけではないからだ。このふたつの商品の原価は地元では［合計で］二シリングに過ぎないが、場所を変えることによって新たな価値評価（原価の二倍相当）を得る。そして、その増大した価値は等分に分配されるという次第である。

外国貿易の差引勘定は、国内取引のそれと異なるところはない。ロンドンとニューキャッスルの商人は、別々の国に居住している場合と同じ原理にもとづいて取引をおこなう。差引勘定の要領も同じである。さらに、相手側から富を獲得しているのではないという点でロンドンとニューキャッスルはまったく同じである。実情は、ニューキャッスル産の商品である石炭をロンドンに持って行けば付加価値がつき、ロンドンの商品をニューキャッスルに持って行けば同じことが生じるということなのだ。

いずれの商業も、その原理は同じである。だが国民的な見地からすれば、国内の商業こそが主役であって最も割が良い。なぜか。国内商業の場合、双方の利益はすべて国内にとどまるのに対し、外国貿易となると、分け前は二分の一にしかならないからだ。

あらゆる商業のうち最も割が悪いのは、海外の領土と関係する貿易である。そのような貿易も、個人単位で見た場合は単に商取引であることから、一部の者には利益をもたらすかもしれない。だがそれは、国にとっては損失である。海外の領土を維持するのにかかる費用は、貿易の利益を吸い上げただけではまだ足りないからだ。海外の領土は、世界貿易の総利益を増加させるものではない。むしろ減らす方向に作用する。海外の領土を手放せば、巨額の費用を浮かせることが可能である。［余計な］費用をかけずに貿易の分け前に与る方が、費用の負担に耐えながら利益を上げるより大事なことであろう。

それとは逆に海外の領土との貿易だけを認め、それ以外の貿易を禁止することは不可能である。そのようなことをするなら、海外領との貿易はなおのこと期待はずれに終わる。貿易は限られた経路に収まるものではない。そして、そのような一元化の試みの裏をかく合法、非合法の手段によって、必ず規定の経路から飛び出す。もし仮に貿易相手を海外領に限定することに成功したとすれば、もっと悪い結果がもたらされよう。フランスは革命以来、海外領に無関心である。いや、冷淡ですらある。他の諸国も、海外領の問題を貿易との関連で検討したならば、フランスと同じ態度をとるであろう。

海外領の維持にかかる費用に加えて、海軍を維持する費用もかかるはずだ。両方の費用合計を貿易の利益から差し引くと、貿易黒字とやらは(そのようなものが存在すると認めるにしても)国民が享受しているのではなく、政府によって吸い上げられていることが明らかになろう。

貿易を保護するために海軍を保有するという考え方は、誤りである。それは、破壊の手段を保護の手段と取り違えるものである。貿易にとって必要なものは限られている。「貿易を続ければ互いに得をする」と各国が感じれば、それで十分なのだ。それ同の利益も確保されよう。*
因は、各国が現在置かれている野蛮な状態にある。それさえ改善できれば、貿易の共
すべての当事国がなにがしかの儲けを得るからである。貿易が直面する唯一の阻害要
以外には何の保護措置も必要ない。貿易は共同の資産である。貿易が存続するのは、

*原註。ピット氏は貿易収支をどのような方式で見積もっているのか。私が彼の議会演説を通じて見知ったところでは、同氏は貿易の本質と利益について無知であるらしかった。平和の時期が到来してからも、貿易というものを、同氏ほど恣意的に歪曲している者はいない。四年弱の平和な期間に貿易が不振に陥ったことは三度に及び、船舶の乗組員は徴用に応じなければならないので不足している。

貿易の問題はここまでにして、次に他の問題の検討に移ろう。世界全体の変革の考察にはイギリスも含める必要があるので、イギリスの統治体制の不備を調べることは妥当である。各国がそれぞれの統治体制を変革しないことには、全体を変革することも、変革から生じる利益を十分に享受することもできない。部分的な改革からは、部

分的な利益しか得られない。ヨーロッパでは、英仏両国は別格である。英仏以外の国では、統治体制の変革に着手してもうまくいかなかったであろう。イギリスは海洋に囲まれて安全であり、フランスは国内の力が強大である。だから、外国の専制体制から向けられる敵意に対して超然としていられる。しかし革命は貿易と同じで、範囲が広がるにつれて有利になる。一国にとどまる場合に倍して有利になる。

今、一個の新しい体制が世界の眼前に開けようとする中、ヨーロッパ各国の宮廷はそれを妨げようと画策している。すべての旧体制を共通の敵として同盟が胎動していることから、各国の宮廷に共通の利害が形成されようとしている。犠牲にされるのは人類共通の利益である。

こうした動向は一本の線となってヨーロッパ全体を貫き、これまでの状況から導かれるすべての予測を排除するほどの、まったく新しいヨーロッパ図を示している。ある専制政府が別の専制政府を相手に戦っているとき、人類はその専制相互の戦いに何の関心も持たなかった。しかし、兵士を市民と結びつけ、国と国とを結びつける大義名分が立った場合はどうか。各国宮廷の専制体制は危険を感じ、雪辱を果たそうと考えをめぐらす。だが、反撃に出るほどの胆力はない。

歴史に記録されている範囲では、切迫した問題が発生したことはあったにせよ、それが現下の問題のような重大性をともなっていた例はない。今問題となっているのは、政権を取るのはどちらの党か、といったような［些末な］事がらではない。また、優勢なのはホイッグ党かトーリー党か、［社会の］上層か下層か、といったことでもない。問われているのは次のようなことなのだ。人類はみずからの権利を継承するのか。また、文明は世界全体に行き渡るのか。人類の労働の成果は、人類みずからが享受することになるのか。それとも政府の浪費によって蕩尽されることになるのか。宮廷の強奪行為は根絶されるのか。また、国民の惨めな生活は一掃されるのか。

文明国と呼ばれる国々において、老人が救貧院に入り若者が絞首台に上る光景が目撃される。そうであるからには、統治制度のどこかが間違っているに違いない。そのような国を外見だけで判断すると、すべてがうまく行っているかのように見えるかもしれない。だがそこには、貧しさと辱めに耐えながら一生を終える哀れな人びとが、凡庸な観察眼では見過ごしにされるけれども、確かに実在するのだ。彼らはこの世に生まれ出るときから運命の予兆を刻印されている。このようなことが正されない限り、刑罰の効果は上がらない。

国家統治の要諦は、刑罰を科すことにあるのではない。あらかじめ態勢を整えて若者を善導し、老人を扶助することが重要なのだ。そうしておけば、前者が不品行に走り後者が絶望に陥るような事態は、できるだけ防ぐことができる。だが、現実はそれとは逆である。国の資源は、国王個人や宮廷のために浪費される。それは、家令を雇い、身元の怪しい連中を味方につけ、金で動く連中を買収するために使われてしまう。そして貧民自身までもが、ないない尽くしの生活に堪えかねて、自分たちにのしかかってくる欺瞞をやむなく支持するのである。

なぜ、貧しい人びとばかりが刑罰に処せられるのか。ほかの何よりもこの事実によって、貧しい人びとが悲惨な状態に置かれていることが如実に証明される。貧しい人びとは公徳心を身につけることなく育てられ、将来の見通しもないまま世間に放り出される。だからむざむざと、社会悪と酷薄な法の餌食になるのだ。国家統治のために湯水のごとく浪費される何百万何千万ポンドの金を充てれば、こうした悪弊を正し、宮廷の勢力圏外に置かれた人びとの境遇を改善して、なお余りが出るであろう。このことは、この先本書において議論を進める中で明らかにできるだろう。

性格的に憐憫の情にあふれる者は、人の不幸をわがことのように感じるものだ。貧困の問題を取り上げるにあたり、私は何の見返りも求めない。いかなる結果も恐れない。勝ち負けはどうでもよい。誇るに足る潔さを武器として、人間の権利を擁護するつもりである。

人生の早い時期、十六歳になったばかりの頃、私は未熟で冒険好きだったこともあり、軍艦での勤務経験がある某教師の誤った勇気礼賛にあおられた*。そして、運任せの人生のスタートを切り、私掠船テリブル号（デス船長）の乗組員となった。幸いなことにこの冒険は、善良な父の慈愛あふれる精神訓話によって待ったをかけられた。クエーカー教徒だった父は、自身の生活態度に照らして私のことを非行児と見なし始めていたに違いない。しかし父から受けた感化は、その当初こそ効き目があったが、やがて薄らいでいった。その後私は私掠船プロイセン王号（メンデス船長）に乗り込んで、航海に出た。

*原註。セットフォード（ノーフォーク州）のグラマー・スクールで教鞭をとっていたウィリアム・ノウルズ先生。

このようにして人生のスタートを切り、若い頃には思いどおりにならないことも多かった。それにもかかわらず、誇りをもって次のように言おう。困難に遭遇しても動じない不屈の精神と、人びとの尊敬を勝ち取らずにはいない無私の精神とによって、私は新たな統治制度にもとづく新たな帝国をこの世に樹立するのに貢献した。そればかりではない。数ある学問分野の中でも、成功を収め衆に抜きん出るのが特にむずかしい政治学という学問分野において、卓越した地位を築いた。あらゆる支援を得られる貴族といえどもこのような地位には、到達することも対抗することもできずにいる。私は自分自身が心の底で何を求めているのかを自覚しており、今実感するところでは、党派間の小競り合いや、利害関係または臆断に囚われている論敵の執念深さは、どうでもよいことのように感じる。だから、曲解や人身攻撃に対して応答するのは差し控え、イギリスの統治体制の欠陥へと議論を進めよう。*

*原註。政治と私利私欲は、どの時代でもどの国でも互いに強固に結びついており、世の人びとはこれまでしばしば欺かれてきた。そうである以上、公人に対しては猜疑心をもって接する権利がある。しかし私自身については、この点について疚しいところは一点もない。今からほぼ十七年前、私は公的活動に身を投じ、

国家統治の問題を考察するようになった。だがその動機は、自分の利益を守るというところにはなかった。この事実は、当時から今日に至るまでの私の行動を振り返ってもらえば分かる。私は、世のために幾らか尽くせるのではないかと思える機会を見出し、まさに内心の命ずるところに従ったのである。私は書物を読むことも、他の人びとの意見を研究することもしなかった。私は自分の頭で考察した。その事情は以下のとおりである。

戦争が勃発したとき、また、それに先だつ時期、アメリカ各邦の旧政府はその機能を一時停止していたのであるが、その間万事が秩序正しく整然とおこなわれるのを見て、私は圧倒された。そして、次のような考え方を植え付けられた。社会の自然な営為だけでも、必要とされる国家の事業はほぼ網羅される。また、君主政や貴族政は人類に対する詐欺でありペテンである。

こうした信念にもとづいて、私は冊子『コモン・センス』を世に問うた。同書は、印刷術の発明以来空前の成功を収めた。私は版権をアメリカ各邦に譲渡したが、売れ行きは十万部を下らなかった。そして革命が成就するまで、この問題について論調を変えることなく（タイトルは『危機』として）冊子の執筆を続けた。

独立宣言の後、私は大陸会議の満場一致の決議により外務委員会書記［すなわち外相］に任命された。事前の通知はなかったが、この人事は私にとって願ったり叶ったりであった。というのもこれを引き受ければ、諸外国の宮廷がどのような能力をそなえ、どのように活動しているのかを調べる機会が得られるからだ。ところが大陸会議と私とのあいだに、代表委員のひとりで当時ヨーロッパにいたサイラス・ディーン氏のことで行き違いが生じ、私は職を辞した。それと時を同じくして、フランスのM・ジェラール駐米公使とスペインのドン・ファン・ミラレス駐米公使から金銭を提供しようとの申し出があったが、こちらも辞退した。

その頃までに私の発言は、アメリカの人びとから傾聴に値するものとして信用を寄せられるようになっていた。また、私が独立の精神の持ち主であることは、一目瞭然であった。そのようなわけで私は、政治について幅広く論評する機会を与えられた。おそらく、これほど贅沢な機会に恵まれた人士は過去どこの国にもいなかったであろう。それだけではない。もっと驚くべきことがある。それはこのような機会を、戦争終結まで少しも狭められることなく、今日でも以前と同じように享受している、ということである。私が目指していたのは、自分自身のことではなかった。だから、私が［公人としての］人生の船出にあたって決意したのは、次のようなことであった。「賞賛されようが非難されようが、また、相手の態度が友好的であろうと攻撃的であろうと、一喜一憂しない」。「個人的な論争のために自分の目的から逸脱するようなことはしない」。幸いなことに、私はそうした［自制的な］気質にも恵まれていた。このような態度を貫くことができないような者には、公人としての資格はない。

戦争が終わると、私はフィラデルフィアを去り、デラウェア川東岸のボーデンタウンへ居を移した。私はここにわずかばかりの地所を持っている。［大陸会議改め］連合会議は当時、ボーデンタウンから十五マイル離れたプリンストンにあり、連合会議からさほど遠くないロッキー・ヒルには、ワシントン将軍が本拠地を構えていた。将軍は辞職する意向で（というのも、職務を引き受けた目的が達成済みとなったから）、私人としての生活に立ち戻るつもりだった。将軍が在職中にくれた手紙を、ここに書き加えておこう。

当地に参るまで知りませんでしたが、ボーデンタウンにおいでになるのですね。隠遁生活を目指しておられるのか、それとも節約生活をお考えなのでしょうか。理由がどちらであっても、あるいは両方であっても、はたまた別の理由があったにしても、もし当地までご足労くださり当方の相手になってくださるなら、是非ともお目にかかりたいものです。それに勝る喜びはありません。
ご来訪いただければ連合会議も、貴殿のわが国に対するこれまでのご功労に改めて思いを致すでありましょう。当方が連合会議に注意喚起できる立場にあってみれば、最大限の努力をせよとご所望なさるのに遠慮はご無用。ご功績の意義をひしひしと実感する者として、また、下記のとおり署名することに大いなる喜びを感じる者として、嬉々としてご所望どおりに努力する所存であります。

貴殿の真の友である
G・ワシントン

一七八三年九月十日　ロッキー・ヒルにて

戦争中だった一七八〇年の末、私はイギリスに渡る計画を独断でもくろみ、それを、当時、南進の途上フィラデルフィアにいたグリーン将軍[1]に伝えた（ワシントン将軍は当時あまりにも遠くにいたので、すぐに連絡をとることができなかった）。私は次のような考えにひどくこだわっていた。「もし人知れずイギリスに渡り、何か一冊出版するまで無事でいられさえすれば、イギリス国民に、同国政府の仕業は常軌を逸しており愚行でしかないということを悟らせることができよう」。私の見るところでは、イギリス議会における党派間の抗争は極限に達しており、各党派は互いに手詰まり状態になっていた。グリーン将軍は私の考えに全面的に共鳴してくれた。しかしその直後、アーノルド＝アンドレ事件[2]が起こったため将

1　ナサニエル・グリーン（Nathanael Greene 一七四二～八六年）。アメリカ独立戦争時の大陸軍の軍人。ボストン包囲戦（一七七五～七六年）以来、ワシントン将軍に仕える。一七七六年、少将。一七七八～八〇年、補給局長。一七八〇年、ジョン・アンドレ（次の訳注を参照）の裁判をつかさどる。

2　アメリカ植民地軍の将軍ベネディクト・アーノルド（Benedict Arnold 一七四一～一八〇一年）が、武勲に見合った処遇を得られなかったとして不満をつのらせ、一七八〇年九月、イギリス軍の将校ジョン・アンドレ（John André 一七五〇～八〇年）と謀り、ニューヨークのウェストポイント要塞をイギリス側に引き渡そうと画策して失敗した事件。

軍は考えを変えた。私の身の安全について深刻な憂慮をいだいた将軍は、メリーランド州アナポリスからの手紙で「渡英計画は断念すべきだ」と強く迫ってきた。私はいささか不本意ではあったが、それに従った。

それから間もなく私は連合会議から与えられた任務を果たすべく、ジョン・ローレンス大佐（当時ロンドン塔に幽閉されていたヘンリー・ローレンス氏の子息）に同行してフランスへ渡った。[3] 上陸地はロリアンであった。私が（大佐の出発後）同地にとどまっているあいだに、一度はあきらめた渡英をまた考えてみようかという状況になった。政府の至急公文書を運んでいたイギリスの郵便船が、ファルマス港を出発しニューヨークに向かう途中で「拿捕され」、ロリアンに回されてきたのである。

郵便船が拿捕されるという事態は、それほど珍しいことではない。しかし公文書が船とともども奪われたなどという話は、あまり信用してもらえないだろう。なぜなら公文書というものは、砲弾を詰めた袋に入れて、常に船室の窓ぎわに吊り下げておくことになっているからだ。こうしておくと、いざという時にはいつでも海中に沈められる。ところが、公文書までもが奪われたという話は事実なのだ。

私はその公文書を入手し、この目で読んだのだから、間違いない。公文書がまんまと横取りされたのは、次のような策略による。私掠船マダム号の船長は英語が話せたので、郵便船に追いつくと英フリゲート艦の艦長を装い、郵便船の船長を「こちらへどうぞ」と誘い出した。そして、郵便船の船長を迎え入れるのと入れ替わりに部下の乗組員数名を郵便船に乗り込ませ、公文書を確保したという次第である。しかし公文書が横取りされた経緯がどうあろうとも、問題の政府公文書［の存在］は確かである。それはヴェルジェンヌ伯のところに回されたが、ローレンス大佐と私はアメリカに帰国したとき、原本を持ち帰り連合会議に提出した。

3　一七八一年三月、歳入不足に苦しんでいたアメリカ大陸会議（同年三月一日以降の正式名称は連合会議）は、その解決策としてフランスに借款を仰ぐ方針を固め、ワシントン将軍の幕僚であったジョン・ローレンス（John Laurence　一七五四〜八二年）を特使としてフランスに派遣した。ペインはローレンスの顧問として、自弁で訪仏に同行した。なお、ジョン・ローレンスの父親であるヘンリー・ローレンス（一七二四〜九二年）は当時、駐オランダ大使として赴任する途上イギリス官憲に捕縛され、ロンドン塔に幽閉されていた。

この公文書を読んだことにより私は、イギリス内閣のばかさ加減をとことん思い知り、渡英計画にふたたび思いを馳せた。しかしローレンス大佐は、「フランス政府から供与された」二十万ポンド以上の資金を預かっているなどの事情もあり、ひとりで帰国するのを渋った。私は大佐の希望を聞き入れ、最終決定として渡英計画をあきらめた。だが、もし渡英計画を敢行していたら、まったくの失敗に終わることはなかったであろう。私は今、そう確信している。

まず、勅許自治都市から始めよう。「勅許状は権利を与える」という表現は、言葉の誤用である。勅許状は権利を与えるどころか、逆に、権利を奪うことによって機能しているのである。本来、権利は住民全員のものである。しかるに勅許状は、大多数の人びとのそうした権利を無効にし、まさにその権利を、排除という方法を通じて少数の人びとの手に残すのである。もし勅許状の文面が「自治都市に帰属しない住民は、投票権を行使すべからず」といった具合に露骨であるならば、勅許状が「権利の勅許状」ではなく「排除の勅許状」であることは、誰の目にも明らかであろう。そうした勅許状の効果は、現行の表現形式を採っている場合でも同じである。勅許状は、それによって排除される人びとだけを狙いうちにするのである。

権利を（剥奪されていないという意味で）保障されている人びとが勅許状なしで行使するのは、帰属先共同体の一員としての権利にほかならない。したがって、どの勅許状も欺瞞的で有害な機能しか持たない、ということになる。勅許状は、甲に権利を与えるわけではなく、乙の権利を剥奪することによって甲にとって有利な差別待遇を設けるのである。したがって、勅許状は不正の道具にならざるを得ない。

しかし勅許自治都市が及ぼす有害な作用は、単に選挙に関係する範囲にはとどまらず、それを大きく超えて広がっている。勅許自治都市が存在する国では、それを原因として際限のない排除競争が発生し、国民社会に共通する権利が縮小する。イギリス生まれであっても、この種の勅許自治都市によって排除の作用をこうむっているとすれば、言葉の十全な意味でのイギリス人とは言えない。フランス人やアメリカ人は国内であればどこにでも自由に移動できるが、イギリス人にはそのような自由はないからだ。

個々のイギリス人の権利が及ぶ範囲は地元の町どころか、場合によっては自分の生誕地の教区に限られる。それ以外の場所は、自国の土地であっても外国と同じようなものである。そのような場所で居住権を得ようかと思えば、居住権を買い取って居住地へ帰化しなければならない。さもないと、立ち入りを禁じられるか、締め出されるかのいずれかである。この種の遺制が維持される結果として、勅許自治都市はことごとく荒廃し、その廃墟の上で自治当局が強大化する。それが何をもたらすのかは、一目瞭然である。

勅許自治都市の大半は、孤立して衰退する運命にある。荒廃がそれ以上進まずに済むとすれば、それは、船舶の航行が可能な河川が流れているとか、肥沃な土地に囲まれているとか、何らかの立地条件に恵まれている場合だけである。人口は富の主要な源泉のひとつである（言うまでもなく、住民がいなければ土地そのものに価値はない）。したがって人口の増加を妨げるような事情があれば、それはいずれも資産価値の低下をもたらさずにはいない。勅許自治都市はそのような傾向をはらむどころか、直接そうした結果を招くのだから、有害なものにしかなり得ない。

フランスやアメリカでは、誰に対しても自分の選ぶ場所に居住する自由を認めている。それに代わる政策としては、新来者に参入を奨励するほうが、手数料の取り立てによって参入を阻むよりも理に適(かな)っていよう。*

＊原註。勅許自治都市の起源を説明するのはむずかしい。ある種の守備隊から始まったか、あるいはそれとつながりがあると想定するほかはない。勅許自治都市が始まった時代の実情を調べると、この説の正しさが確かめられる。勅許自治都市の大半はもともと要塞都市であって、守備隊が不在の場合に自治当局が城門管理の任にあたっていた。

自治当局は、外来者が市内に入ってくるのを認めることもあれば拒むこともある（自由を無償で与えるか、あるいは売買する習慣はここから生じた）。それは民政よりも軍政の権限の性質を帯びている。軍人はどこの要塞にも自由に出入りできるのと同じように、全国どこの勅許自治都市にも自由に出入りできる。だが、それ以外の人びとはそのような自由を持たない。軍人は全国どこの勅許自治都市においても、上官の許可があればどのような職に就くこともできる。

勅許自治都市を廃止した場合に直接の受益者となるのは、自治当局がでんと構えている都市の住民である。マンチェスターやバーミンガム、シェフィールドの実例に照らせば、勅許自治都市のような前近代的な制度が財産と商業にとって有害であることは一目瞭然である。確かにロンドンのような例も若干は見つかるかもしれない。ロンドンはテムズ川が貫流しているおかげで、［魚を獲り、水車を回すなど］自然の恵みを利用できるし、物流も盛んである。だから、勅許自治都市につきものである政治的な弊害は克服可能である。しかし、他の大抵の勅許自治都市の場合、その運命は火を見るよりも明らかである。

勅許自治都市において資産が減少すると、その影響は住民を直撃する。そして、それほど直接的ではないが、国民全体も巻き添えを食う。というのも一都市において資産価値が減少すれば、国内の商取引は［その分］縮小するからだ。すなわち、こういうことだ。各人の購買意欲は資力によって左右されるのであり、国民全体のいずれの部分も互いに商取引の相手になっている以上、どの部分にどのような影響が生じるにせよ、それは必ず全体に波及する――。

イギリス議会のうち庶民院［下院］は大部分、これらの勅許自治都市から選出された議員によって構成されている。濁った水源から清冽な水が湧き出るということはない（あるとしたら奇怪なことである）。したがって、庶民院に見られる諸悪は、その根源に巣くっている悪を反映しているだけのことだ。信義を重んじ、正しい政治上の信条をそなえた人間は、そのような選挙において横行する卑しい汚れ仕事や恥ずべき手練手管に手を染めることには堪えられない。にもかかわらず選挙で当選するためには、公正な議員がそなえている資質をかなぐり捨てなければならない。そして議会入りするときの通過儀礼によって、このように政治腐敗に馴染んでしまっている以上、そのような議員が標準以上の人物であることは、まず期待できない。

バーク氏はイギリスの代議制について論じるにあたり、騎士道の時代さながらに大胆な挑戦状をたたきつけている。氏は言う。「わが国の代議制は、一国の国民が代議制を切望、考案する際に追求するすべての目的に完全に適合していることが実証された」。そして、氏はさらに言葉を継ぐ。「イギリスの国体を敵に回す人びとよ、反論できるものなら反論してみるがよい」。バーク氏は、政治家人生のスタートを切って以来今日にいたるまで（一年か二年のあいだは別として）一貫して議会のすべての法案に反対してきた。そのような人物がこうした宣言を発するとは異常の極致である。これは、現在の氏を過去の氏と照らし合わせて次のように解釈するほかはない。すなわち、かつて氏は議員として、持論と矛盾する行動をとっていたか、そうでなければ現在、物書きとして持論に反することを公言しているのだ、と。

しかし、欠陥をはらんでいるのは代議制ばかりではない。そこで、次に貴族政について論じることにしよう。

貴族院なるものの構成を支えている原理は、貴族院以外に適用すれば法に触れる原理と紙一重である。貴族院は要するに、一個の共通する利害で結ばれた人間の集合体にすぎない。議院の構成員を、土地の賃貸を生業とする人びとに限定するなどという仕組みは、どのような理由で許されるのか。もしそのようなやり方に正当な理由があるというのなら、議員資格を会社経営者なりビール醸造職人なりパン屋なり、ほかの［特定の］職種に限定する理由も見つかるであろう。

バーク氏は貴族院について「地主階級の安全を支える偉大な土台にして支柱である」と述べている。この見解を検討してみよう。

身の安全を守らねばならないのは、国内の他のあらゆる階級とても同じである。地主階級は他の階級以上にどのような支柱を必要とするというのか。また、いかなる権利があって、国民の全般的な利益から切り離された代表を送り出すことが許されるのか。こうした権力の効用は一つしかない。納税［の義務］を逃れ、それを消費物資に転嫁し、そうすることによって地主階級への税の影響を最小限に食い止めること。それだけである。これは地主階級の常習的行為である。政府が利益集団を母体として形成されたからこそ、このような結果になったのだ。そして、これから先もずっとそうであろう。それはイギリスの場合、租税の歴史に照らして明らかである。すべての消費物資を網羅する消費税が引き上げられる中、地主階級の支柱に重大な影響を及ぼす地租は、逆に引き下げられてきた。一七八八年、地租は合計百九十五万ポンドであったが、それは百年近く前とくらべて五十万ポンドも少ない。*ところが地代は、当時とくらべて倍増しているケースが多いのだ。

＊原註。サー・ジョン・シンクレア[4]著『大英帝国の歳入の歴史』を見よ。一六四六年の地租は二百四十七万三千四百九十九ポンドであった。

ハノーヴァー家が［一七一四年に］やって来るまでは、イギリスの地租と消費税はほぼ半々で、地租の割合の方が多かった。この年、新たな消費税が導入された（税額

4　ジョン・シンクレア（John Sinclair　一七五四〜一八三五年）。庶民院議員。経済学、財政学、農学、統計学の専門家。主著は『大英帝国の歳入の歴史』（*History of the Public Revenue of the British Empire*）（一七八四年）。

は年に約一千三百万ポンド）ことから貧民が増え続け、しかも貧民の暮らし向きは悪くなる一方であった。救貧税も増加の一途をたどった。

この場合も貴族の負担は、それ以外の社会層の負担とは釣り合っていない。貴族の屋敷は市中にあっても郊外にあっても、貧民窟から隔絶している。貴族は生活の苦しさとは無縁の暮らしを送っている。また、貧民を救済するための費用も負担しない。負担は誰よりも労働者と農民に重くのしかかる。彼ら労働者や農民の居住地の大半においては、貧民階級という一個の階級が相互扶助をおこなっているのである。

最も重い、したがって最も収税力のある税金のうち幾つかは、地主階級の支柱に対して税の免除を認め、そうすることによって支柱そのものを守る仕組みになっている。販売用に醸造するビールに課税したところで、貴族は何の痛痒も感じない。貴族は納税の義務を課されることなく自前のビールを醸造するからだ。納税の義務を負うのは、ビールを醸造する設備も能力もない、したがってビールを少量ずつ買い求めなければならない人びとなのである。

しかるに、貴族が運よく免れているこのビール税だけでも、地租の総額にほぼ匹敵するのである。この事実を知ったとき、人びとは税の公平性をどのように考えるであろうか。一七八八年、ビール税は百六十六万六千百五十二ポンドに上った（現在もそれを下回ることはない）。これに麦芽（モルト）税とホップ税の分を加えれば、その額はもっとふくらむ。このように一部の者が――しかも主として労働者が――消費する品目ひとつをとってみても、そこから莫大な税が搾り取られているのである。それは、国全体の地代にかかる地租に相当する。これは、おそらく歳入の歴史において類例がないと思われるが、事実なのだ。

このようなことになるのは、利害共有による団結にもとづいて議院を構成するからである。党派別の政策がどうあろうとも、この一点で院内は一体化する。団結が何らかの物品の価格上昇または賃金上昇を助長することになろうとも、あるいは逃れた納税［の義務］を社会の他の階級に転嫁するのを助長することになろうとも、議員構成の原理と帰結は同じである。前者が正当でないとすれば、後者を当然視することもむずかしかろう。

税金［にかかわる案件］は最初、庶民院に上程されるではないか、などと反論しても詮ないことであろう。というのも貴族院は、恒常的な拒否権によっていつでも身を守れるからだ。また、上程される法案に庶民院が同意するか否か事前には分からないと決めてかかるとすれば、それはお笑い種である。しかも貴族院は、［庶民院の］選挙区を買収することによって多大の影響力を確保し、また、少なからぬ縁故者、関係者を庶民院の与野党双方の側にもぐり込ませている。そのおかげで、上下両院共通の関心事項を審議するとき貴族院は、おのれの絶対的拒否権を行使するばかりか、庶民院においても優位に立つのである。

地主階級とは地主貴族の集合体であり、税制をめぐる利害において農民や貿易・商業・工業などの各産業部門と対立関係にある。そこが分からないと、地主階級なるものの意味は捉えられない。地主という業種は税制以外の点を別として、特別な優遇を必要としない。世間一般から幅広く大事にされているからだ。このような業種は他に例がない。

人間はみな、大地の恵みに利害関心を寄せる。男も女も、老いも若きも、身分の高い者も低い者も、作物が取り入れられないという万一の事態を願い下げにして、むしろ農民に手を貸そうと身を乗り出す。それ以外の財のことでは、人びとはこのような行動をとらない。大地の恵みだけは人類の共通の願い事である。これだけは、資力が足りないからといって生産がストップすることはない。それは政策上の関心事ではなく、人類の生存にかかわる重大事なのである。大地の恵みが途絶えれば、人間の生存も途絶える。

他のいかなる産業部門が、これと同様に国民全体から支持を集めているだろうか。これとくらべれば、商業・工業・技芸・学術などいずれの部門も国民の一部の支持を得ているのにすぎないし、各部門の繁栄（または衰退）は国民全体には影響を与えていない。ところが大地が豊かな実りに表情をほころばせるときには、農民のみならずあらゆる被造物が歓喜するのである。それは、嫉妬の余地のない繁栄である。他のどの部門についても、このように評することはできない。

そうすると、なぜバーク氏は貴族院なるものを、地主階級を支える支柱だなどと語るのか。仮にそのような柱が地中に埋没したとしても、地所はそのまま存在し続けるし、畑を耕し、種をまき、作物を取り入れるなどの営みもそのまま続く。貴族は、土地を耕し作物を栽培する農民ではない。地代を蕩尽する者にすぎない。生き物の世界にたとえるならば、蜜を集めることも巣を作ることもせず享楽的に生きているだけの、オス蜂のようなものである。ジゴロと同じである。

バーク氏は最初の論文において貴族のことを「洗練された社会の頂点を飾るもの」

と評した。この表現を完璧なものにしようとして、彼は支柱という言葉を付け加えた。だが、土台は依然として欠けたままである。したがって、国民がイスラエルの士師サムソン[5]（両目を失ったときのサムソンではなく怪力を取り戻したときのサムソン）の役割を果たそうと決意したときには必ず、ペリシテの領主や民衆を巻き添えにしたあのダゴンの神殿の倒壊が再現されよう。

もし議院を、特定の利益集団の保護を目的として一個のカテゴリーの人びとで構成するものとするならば、他のすべての利益集団も同じような議院を持って然るべきである。税金が重く、しかも不公平になるのは、課税を特定の対象にだけ認めて全体には適用しないからである。農民の議院があったならば、狩猟法が制定されることはなかったであろう。商工業者の議院があったならば、税金は今ほど不公平で過重なものにはならなかったであろう。税金というものが止めどなく猛威をふるうのは、おのれの負担すべき税金のうち多くの部分を他の人びとに転嫁できる人びとが、課税権限を一手に握っているからである。

中小規模の資産を所有している人びとは、地租から身をかわすことによって楽になれるのかというと、そうではない。むしろ、税が消費物資に転嫁されることによって打撃をこうむる。それは以下の理由による。

第一に、中小規模の地主の場合は大地主にくらべると、所有する資産に占める土地の割合が少ない分、消費税の対象となる物資の消費量が多くなる。

第二に、彼らの邸宅は主として市中にあるので、資産は［土地よりもむしろ］建物のほうにある。他方、消費税の引き上げを誘因とする救貧税の上昇は、率で比較すると、地租の低下率を大きく上回っている。バーミンガムでは、救貧税は一ポンド［の資産］につき七シリングを下らない。[6]それに対して、すでに述べたとおり、貴族は救貧税の支払いをあらかた免除されている。

以上のことは、貴族院という唾棄すべき仕組みから派生する害悪の一部にすぎない。利益集団である貴族院はその常として、負担すべき税金のうちかなりの部分を他に

5　旧約聖書「士師記」に登場するイスラエルの士師で、怪力の持ち主。ペリシテの女、デリラに欺かれて長髪を切られたため、一旦は怪力を失い囚われの身となるが、神に祈って力を取り戻し、最後はペリシテ人の神ダゴンを祭る神殿を押し倒した。三千人のペリシテ人を巻き添えにしたが、みずからも命を失った。

6　救貧税の支払い義務を負うのは、資産を所有する者ではなく、資産を占有する者である。

転嫁できる。また、世襲制の議院である以上、誰に対しても説明責任を負わない。唯々諾々と利益誘導に応じる腐敗選挙区に似ている。貴族院に所属する者は大抵、何らかの形で公金を分け取りするか横流しするか、そのいずれかである。その中には、侍従や式部官を兼ねる者もいる。また、国王一家の身の回りの世話をする御用掛や、その他のどうでもよい、名ばかりの役職に就く者もいる。国民一般の税金を原資として俸給を手当てしてもらえるのだから、これらの官職は——一目見ただけではそうとは見抜けないが——実は政治腐敗［の実例］である。このような状況は人間の品性を損なう。人びとがそれに甘んじている国では、道義心は育たない。

このような連中に加えて大勢の扶養家族や、次男三男以下の分家と［それに連なる］遠縁の者たちのことも計算に入れておく必要がある。彼らの生活も公共の費用でまかなうことになっているからだ。要するにこうだ。貴族階級が国民に押しつける負担を概算すると、貧困層を扶養するのに必要な全費用にほぼ匹敵することが分かる。リッチモンド公ひとりにかかる費用で、貧困層、老齢層の人びと二千人を扶養することが可能である（しかも、これに似たケースはほかにもあるのだ）。そうであるからには、このような統治システムのもとで国税と地方税が今日の水準にまで上昇したとしても、何の不思議があろうか。

これらの事がらについて述べるにあたり、私は偏見と私心のいずれとも無縁の言葉で語っているのであり、人間愛以外のいかなる感情にも動かされてはいない。私はこれまで自分には分不相応と思った［官職の］斡旋をお断りしてきたばかりか、堂々と胸を張って受け入れられる報酬でさえ辞退してきた人間である。だから私には、さもしい動機から人を口車に乗せるなどという行為は、嫌悪すべきものにしか感じられない。それは当然のことである。私は自主独立に幸福を見出し、地位や社会的役割にこだわることなく、物事をありのままに見る。そして、全世界を自分の祖国と見なし、わが身を善行にささげることを、何よりも大事にしているのである。

バーク氏は、貴族の長男相続法について語る際、次のように述べている。「長男相続法は私たちの土地相続の範となる法律である。それは疑問の余地なく、重みのある家名を代々続かせる傾向にある」。氏は続けてこう言う。「それは望ましい傾向である」と。

バーク氏が長男相続法をそのように評したければ勝手にしたらよい。しかし、人間性を意識し偏見抜きで考察するならば、この法律は野蛮な不公平状態を放置するものと断言せざるを得ない。もし私たちが長男相続法の日常的な運用実態を見慣れていなかったならば、そして、どこか遠くの国の法律としてその風聞を耳にしているだけであったならば、次のように結論づけてしまうであろう。「その国の立法府はまだ文明国のレベルに達していない」と。

長男相続法のおかげで重みのある家名が長続きするのかというと、実情はまさに逆であるように見受けられる。長男相続法があるばかりに家名は損なわれ、先祖伝来の資産もいわば剝ぎ取られてしまう。〔地主貴族の〕家名は小作人のあいだでは重みがあったかもしれないが、それ以外のところでは何の箔にもならない。国内ですらそうであるなら、まして国外ではなおさらである。

私自身について申し添えるなら、両親は教育費以外には一シリングも出してくれなかった。出す余裕がなかったのである。出してくれた教育費にしても、爪に火をともすようにして捻出してくれたのであった。しかるに私は今、いわゆる世間的な重要性の点で、バーク氏の貴族名簿に載っている誰にも引けを取らない地位にある。

ここまで上下両院の欠陥を、部分的にではあるが一瞥した。次に、いわゆる王権と呼ばれるものに話を進めよう。これについてはごく簡潔に述べるにとどめる。

王位とは、年俸百万ポンドを受け取る名ばかりの官職である。職務はその年俸を受け取るだけ。それ以外の仕事はない。その人物が英明であるか暗愚であるか、健全な精神状態にあるか精神を病んでいるか、同国人か外国人か等々は問題にならない。どの内閣も、バーク氏が述べているのと同じ考え方にもとづいて行動している。氏の考えによれば、国民に見せないこと、知らせないこと、知れば祟られると恐れさせることが必要不可欠である。そして、いわゆる王権なるものはこの目的にかなっており、したがって、そこから派生するすべての目的にもかなっている。この見立ては他の二部門［すなわち上下両院］にも当てはまるが、王権についてはまさに図星を指すものである。どこの国でもこの官職には危険が潜んでいる。それは、国王の身にではなく国民の側に不測の事態が発生したとき、すなわち、国民が迷いから覚醒したときに顕在化する。

これまで王権は慣習により執行権と呼ばれてきた。こうした慣習は、その根拠がなくなった現在も続いている。王権が執行権と呼ばれたのは、王権を体現する人物がかつて裁判官としての役割を担い、法律を施行、執行した時代があったからである。当時、法廷は宮廷の一部であった。したがって、今日司法権と呼ばれる権力は、かつて執行権と呼ばれた権力と同じものである。ということは、このふたつの名称のうちどちらか一方は余計であり、官職についても、どちらか一方は無用ということになる。それは今日王権が話題になることはあっても、王権という言葉には何の意味もない。いまだに裁判官も将軍も意味しない。しかも支配の主役は法であり、国王ではない。いまだに古い名称が残され、空虚な形式に重々しい見かけが施されているが、その結果はといえば、維持費がかさむようになっただけである。

次に、万人の幸福に向けて各国政府の姿勢をもっと前向きにさせる方法について論じることにしたいが、それに先だってイギリスの課税の歴史を振り返るのも無駄なことではあるまい。

世間一般では、税金というものは一度導入されたら最後、決して廃止されないと思われている。近年になってからはその通りであったかもしれないが、過去一貫してそうだったというわけではない。ということは、昔の国民のほうが現代の国民よりも厳しく政府を監視していたか、あるいは、今日ほどには無駄金をかけずに政府が運営されていたか、そのどちらかである。

ノルマン・コンクエストによりイギリスに王位なるものが確立してから七百年にな

るが、この七百年を百年ずつ七期に区分すると、各期の年間税額は次のとおりになる。

ウィリアム征服王が取り立てた税の年間合計（一〇六六年以降）　四〇万ポンド
一一六六年（ノルマン・コンクェストから百年後）の税の年間合計　二〇万ポンド
一二六六年［二百年後］の税の年間合計　一五万ポンド
一三六六年［三百年後］の税の年間合計　一三万ポンド
一四六六年［四百年後］の税の年間合計　一〇万ポンド

以上のデータおよび次に挙げるデータは、サー・ジョン・シンクレア著『大英帝国の歳入の歴史』から引用した。同書によれば、税額は四百年のあいだ減り続け、その期間の最後を最初とくらべると四分の一になった。すなわち、四十万ポンドから十万ポンドへと減少したのである。現代のイギリス国民は自分たちの祖先が勇敢だったというイメージを、伝承にもとづいて、あるいは史実にもとづいて作り上げている。当時のイギリス人が実際にどれほど勇壮（または臆病）だったかは分からないが、彼らは政府の威圧を物ともせず、逆に、［統治の］基本的な仕組みについてはともかく、税金のことになると政府をすくませるのが常であった。君主による税金の収奪は排除できなかったが、そうした収奪には歯止めがかかり、税金は国民の力で抑制されるようになった。

次に残りの三百年を調べてみよう。

一五六六年［五百年後］の税の年間合計　五〇万ポンド
一六六六年［六百年後］の税の年間合計　一八〇万ポンド
現在（一七九一年）の税の年間合計　一七〇〇万ポンド

最初の四百年と最後の三百年とをくらべると、驚くべき違いがある。この数字を根拠にするなら、この間にイギリス人の国民性が変化したのだと主張してもおかしくないほどだ。昔のイギリス人であったならば、現在のような過重な税制を唯々諾々と受け入れることはなかったであろう。陸海軍の将兵および収税吏全員の俸給は今も百年前と変わらない。しかも、当時の税は現在の十分の一以下［正しくは十分の一強］だったのだ。それでいて支出が途方もなく増加したのはなぜか。その原因は、政府の浪費や［議会に対する］買収工作、［海外での］策動にある――そう見ない限り説明がつかないように思われる。*

*原注。宮廷系の新聞の一部ではこのところ、ワット・タイラーの記事がしばしば掲載される。宮廷におもねっている連中や国民から収奪したもので生計を立てている連中が、こぞってワット・タイラーの遺名を汚そうとするのは、特に怪しむべきことではない。しかしタイラーは、身を挺してその当時の課税の猛威と不公正を抑えたのだ。彼の勇気のおかげでイギリス国民がどれほど恩恵を受けたか計り知れない。事の顚末を手短に述べると、以下のとおりである。

リチャード二世（在位一三七七～九九年）の時代、十五歳以上の国民一人ひとりに一シリングの人頭税が課せられた。貧乏人も金持ちも、暮らし向きや生活状況とは無関係に人頭税を納めないといけなくなった。人頭税に何かしら寛大な規定があるとしても、その恩恵を受けるのは貧乏人ではなくて金持ちのほうであった。すなわち一家の主人は、本人・家族・使用人の人数が合わせて二十人を超えた場合、人頭税の合計として二十シリング［一ポンド］だけ納めればよいことになっていた。他方、二十名未満の各家庭では、ひとりにつき一シリングずつ納めなけれぱならなかった。人頭税はそれ以前からずっと不評であったが、リチャード二世の人頭税はあまりにも苛酷かつ不公平であったので、当然の成り行きとして、貧困層と中間層においては誰からも忌み嫌われるようになった。

ワット・タイラー(?〜一三八一年)として知られる人物は、本名をウォルターという。タイル職人だったことからタイラーと呼ばれていた。住まいはロンドンのデットフォード地区にあった。人頭税を徴収する役人がタイラーの家を訪れ、娘のうちひとりについても人頭税の支払いを求めたとき、タイラーは「この子はまだ十五歳になっていない」と申し立てた。収税吏は疑いを晴らすからと言って、少女を相手に淫(みだ)らな身体検査を始めた。それを見た父親は激怒し、金槌で収税吏を殴った。収税吏は地面に倒れ、それが原因で亡くなった。

この出来事は、鬱積していた不満のはけ口となった。タイラーは近隣住民を味方につけた。そして、複数の史書によれば、数日のうちに五万人を超える人びとの支持を集め、選ばれて彼らの指導者になった。タイラーは群衆を引き連れてロンドンまで行進した後、人頭税を廃止して不満の種を取り除いてくれと要求した。

廷臣たちは孤立状態にあったのでこれを阻止できないと判断、国王を長としてスミスフィールド［第一部第四章の訳註14］でタイラーと会談することに合意した。そして、［国民を］押しひしいでいるものを取り除く意向があると、いかにも廷臣らしい態度でまことしやかにあれこれ述べ立てた。

リチャード王とタイラーが右の問題について話し合っていたとき（両者はそれぞれ馬上にあった）、当時ロンドン市の市長で宮廷の手先でもあったウォルワースが機を窺い、卑劣な暗殺者さながらに短剣でタイラーを刺した。さらに二、三の者が襲いかかってきたので、タイラーはその場で命を奪われた。

タイラーは、身の危険を顧みない無欲恬淡（てんたん）の男だったと見える。タイラーが国王に対しておこなった提案はすべて、正義を実現し世を救いたいという願いに発している。その点で彼の提案は、大貴族がジョン王に対しておこなった［マグナ・カルタを受け入れるべしという］提案より上である。一部の歴史家やバーク氏らの徒輩は、タイラーを悪者にすることによって宮廷側の卑劣な行為を糊塗すべく、中傷という手段に訴えている。だがタイラーの名声は、彼らのそうした欺瞞を乗り越えて命脈を保つであろう。もし大貴族が［マグナ・カルタの署名がおこなわれた」ラニミードに記念碑を建ててもらうのに値するとすれば、タイラーはスミスフィールドに記念碑を建ててもらうのに値する。

一六八八年の名誉革命以来、ことに一七一四年にハノーヴァー朝が始まってからはなおのこと、大陸で「王位継承などをめぐる」策動の無益な応酬が繰り広げられ、戦意と海外領土熱が高まった。極秘作戦の応酬だから、それにかかる費用を算定する余地はないが、一度作戦が始まれば決着までに数百万単位の費用がかかる。フランス革命がこのような策動の悪循環を断ち切るのに貢献していなかったら、課税がどこまで過重なものになっていったか、見当もつかない。

フランス革命は、英仏両国の税の重荷を軽減するための奇貨と見なすことができる（これは当然の見方である）。このような見方に立てば、フランス革命は当のフランスばかりかイギリスにとっても重要である。私たちはフランス革命を正しく有効活用し、その潜在的、派生的な利点を遺憾なく生かす必要がある。それができればフランス革命は、フランスばかりかイギリスにとっても慶賀すべきものとなる。

このテーマを追究するにあたり、まっさきに浮上してくる税の軽減という問題から

始めることにしたい。その後で英仏米三国に関し、現時点での情勢見通しから当然導き出される事態と対処案を付け加えよう。私が提案するのは三国同盟である。その目的については本書の然るべき箇所で言及するつもりだ［本書五三七～五三八ページ参照]。過去に起こったことは、再度起こる可能性を秘めている。課税の推移について前述したとおり、かつて税は［四百年のあいだに］四分の一になった。諸般の事情に制約されているのでそれと同じ軽減は無理としても、もっと短い期間で同じ成果を上げるための糸口は見つかるだろう。

一七八八年のミカエル祭の日［すなわち四季支払日である九月二十九日］に締められた当該年度の税収は以下のとおりである。

地租	一九五万ポンド
関税	三七八万九二七四ポンド
消費税（新旧の麦芽（モルト）税を含む）	六七五万一七二七ポンド
印紙税	一二七万八二一四ポンド
雑税および臨時税	一八〇万三七五五ポンド

総計　　　　　　　　　　　　　　　一五五七万二九七〇ポンド

一七八八年以来、宝くじの収入のほかに百万ポンド以上の新税が導入され、また、以前とくらべると一般的に収税率が上昇しているので、税収入の総計は千七百万ポンド前後と見込まれる。

一点、ご注意願いたい。徴税費用と還付金（合計で二百万ポンド弱）は総計から差し引いてあるので、右に挙げたのは国庫に払い込まれた正味の額である。

この合計千七百万ポンドはふたつの異なる使途に向けられる。すなわち、一方は国債の利子を払うために、他方は各年の経常費をまかなうために使われる。前者には約九百万ポンドが、後者には残りの八百万ポンド近くが充てられる。国債の償還のために充当されるという触れ込みの百万ポンドについて言うと、これはいわば一方の手で支払い、もう一方の手で受け取っているようなものであり、特記するには及ばない。

フランスは運のよいことにたまたま十分な国有地を所有しており、「それを払い下げれば」国債をすべて償還することも、また、そうすることによって税を軽減することも可能であった。しかしイギリスでは事情が異なるので、経常費を削減しない限り税

の軽減はできない。経常費は今、年間四百万ポンドか五百万ポンドにまで切り詰めることも可能であろう（これについては後で明らかにする）。これを達成できれば、アメリカとの戦争にかかった膨大な費用を埋め合わせてなお余りが出るであろう。経常費はどのように切り詰めるのかというと、［国内外での］悪事をやめればよい。そうすれば無駄金を浮かすことができる。

国債について一言。国債の利払いが税に占める重さがどれほどであろうとも、国債は商業にとって有用な資本を生かし続けるのに役立っており、そうした効用は国債の重圧をかなり相殺する。しかもイギリスの場合、あれやこれやの方策が仇となり、金・銀の保有量は［経済規模にとって］適正な水準に達していない*（六千万ポンドあって然るべきところ、せいぜい二千万ポンド）。したがって、［海外での］よからぬ活動をそのままにした上で、せっかく金・銀の不足を補うのに役立つ財源を切り捨てるとすれば、それは愚策である。しかるに経常費についていえば、節約分は何であれすべて利得になる。逆に、ふくらむ経常費は国債の利子とは異なり、金融および商業の好反応を呼ぶことはない。何かを引き起こすとすれば、政治腐敗の延命を助長することぐらいであろう。

＊原註。イギリスの金・銀の不足はかなりの程度、（一）外国での「王位継承をめぐる」策謀、（二）外国との戦争、（三）海外の領土にかかる費用によって説明がつく。

今日、（イギリス国民はともかく）イギリス政府はおそらく、フランス革命に対して敵意を抱いていよう。既得権益で食いつないでいる者たちは、国外での策動を暴かれたり、課税の軽減により宮廷の影響力を殺がれたりしては堪らない。だから、そうした事態につながることは何であれ忌避する。フランスの「陰謀」「専制権力」「カトリック」「貧困」を声高に言い立てて通用していたあいだは、造作なく国民をあおったり不安がらせたりして税金を払わせることができた。だが、そのような時代はすでに過去のものとなった。国民に対する欺瞞は、これまではうまく行ったかもしれないが、今後の成功は見込めない（と考えるべきである）。英仏両国にとっても世界にとっても、今よりもっと良い時代が到来しようとしている。

後で述べる目的のために英仏米のあいだで同盟が締結されることが当然だとすれば、英仏両国の歳出はその結果として削減されるであろう。どちらの国にとっても、従来

どおりの陸海軍はもはや必要ではなくなる。軍事力の削減は、それぞれの側が等量ずつ進めていける。しかし、こうした目的を達成しようと思えば両国政府は必ず、共通の、互いに一致する行動原理に合わせないといけない。どちらかの国に敵意が残っている限り、決して信頼は生まれない。また、一方の隠蔽工作と秘密主義が、もう一方の、裏表のない言動や本音主義と対立しているような場合も、やはり信頼は生まれない。

以上のことを認めた上で、［英仏関係の］範となる実例を求めて歳出の歴史をさかのぼると、両国が敵対関係になかった時期まで行き着く。理詰めで考えるならば、これに当てはまるのはハノーヴァー朝が始まる以前の時期と、一六八八年の名誉革命に先だつ時期であるはずだ。* これらの時期に出現する［良好な英仏関係の］最初の実例は、浪費がはなはだしかったチャールズ二世の治世（一六六〇～八五年）に見出される。当時、英仏両国は同盟関係にあった。はなはだしい浪費の時代を［基準点として］選べば、それは、現代の浪費がそれにもまして言語同断であることを示すのに役立つであろう。陸海軍の軍人および収税吏の俸給は当時のまま据え置かれているのだから、なおさらである。

＊原註。一六八八年の革命の百周年記念のとき、私はたまたまイギリスに滞在していた。これまでずっと感じてきたことだが、ウィリアムとメアリーは忌まわしい人物である。権力をみずからの手中に収めるために、ウィリアムは叔父の打倒を、メアリーは父親の打倒を図ったのだから。この事件を大層なことと見なす風潮に流されて、イギリス国民がこの革命の名声をすべてひとりの男に帰する有様を見たとき、私は心を痛めた。その男というのは、革命を単なるひとつの儲け仕事としてくわだてたにすぎない。しかも、オランダから送り届けてもらうために利用した小規模な艦隊の費用として六十万ポンドもの大金を（他の名目で得た報酬とは別途に）支払ってくれと請求したような人物なのだ。

ジョージ一世もウィリアムと同様のしみったれた役割を果たした。彼は国王として受け取る報酬に加えてイギリスから得た資金二十五万ポンドを使ってブレーメン公国を購入した。そして、このようにイギリスの負担でブレーメン公国を購入した後、それを自分のハノーヴァー家の領地に加え、私利を図った。要するに、国家の統治を人任せにすると、それは儲け仕事として利用されてしまうということだ。イギリスは一六八八年の革命以来、そのような儲け仕事の餌食となって今日に至っている。

チャールズ二世の時代においては、平時の年次標準予算は以下のとおりであった（サー・ジョン・シンクレア著『大英帝国の歳入の歴史』を参照されたい）。

海　軍	三〇万ポンド
陸　軍	二一万二〇〇〇ポンド
武器・装備	四万ポンド
宮廷費［一般行政費を含む］	四六万二一一五ポンド
合　計	一〇一万四一一五ポンド

ところが議会は、平時の年次標準予算を総額百二十万ポンドにしたのである。* エリザベス一世（在位一五五八～一六〇三年）の時代にさかのぼれば、すべての税を合計しても五十万ポンドにしかならなかったが、それでもその時代のイギリスにおいて目だ

つのは、「徴税額の割には成果が上がらない」との非難ばかりである。

＊原註。チャールズ二世は歴代の（また、後代の）各国王と同様、戦争が政府の儲けになることを知り、オランダとの戦争に取り組んだ。その戦費がかさんだことから歳出は年百八十万ポンドにまでふくらんだ。これについては、すでに一六六六年時点のデータを挙げて説明したとおり［本書四五四ページ参照］である。ところが平時の年次標準予算は、百二十万ポンドにすぎなかったのである。

次に、以下の事象によって形成される新環境を念頭に置かねばならない。フランス革命の成就。英仏両国の萌芽的な調和と互恵的な関係。英仏双方の宮廷による謀略の廃止。国家統治学の知識の進歩——。これらの事象から発生する状況を総合的に判断するなら、歳出は百五十万ポンドにまで引き戻すことができるだろう。

海軍	五〇万ポンド
陸軍	五〇万ポンド
行政費	五〇万ポンド

合計　一五〇万ポンド

この合計額ですら、アメリカの政府支出の六倍である。それでもイギリスの国内一般行政費は、アメリカの政府支出のうちそれに相当するものほどには歳入を食っていない。イギリスの国内一般行政とは、四季裁判所・陪審員・巡回裁判が執行しているものを指す。事実上、国内一般行政はほぼこれに尽きる。それを担っているのは国民である。

今こそ諸国民は、道理をわきまえるべきである。統治者を楽しませるために支配されるのでは、乗馬の楽しみを乗り手に提供する馬と同じだ。そのような現状には終止符を打つべきである。歴代国王の歴史を振り返ると、「国政とは鹿狩りのことであった。各国の国民は、鹿狩りを楽しむ狩人に毎年百万単位の金を支払うのが常であった」という考えに傾きそうになるだろう。いやしくも人間であるなら、このような欺瞞に乗せられている現状に赤面するだけの誇りを持ち、恥を知るべきである。人間がそのような認識に至るのは、人間の本来の役割を実感したときである。

この種のあらゆる問題について言えることだが、人様に勧めたり教えたりするほどには馴染んでいない思考の連鎖が、何度も脳裏をよぎることがある。慎重な人物として仰ぎ見られたいという心理に縛られるので、人間は他人に対してばかりか自分自身に対しても本心を偽る。しかし、このような呪縛がどれほどあっけなく解けるか、それを目にすると不思議な気持ちになる。誰かが忌憚なく頭に思い描き、口に出した言葉をきっかけとして、その場に居合わせた人びと全員が自分の本音を自覚することがある。国民全体も、同じようなきっかけがあれば同じように反応する。

国家統治の構成要素である官職について言うと、それがどのような名称で呼ばれるかは大した問題ではない。前述のとおり、職務を手順どおりにこなすとすれば肩書き（大統領、国王、皇帝、上院議員等々）が何であろうとも、その人物の働きは国民から年に一万ポンド以上出してもらえるものにはならない。何人も自分の働きを超えた報酬を受け取るべきではない。だから、まっとうな神経の持ち主はそれ以上のものを受け取ろうとはしない。

国庫金を扱う際は、最大限に襟を正して臨まないといけない。国庫金を生み出しているのは富裕層ばかりではない。労働者や貧民の辛い労働も税源となっている。それどころか、ないない尽くしの貧乏ゆえの辛い生活に対してすら、課税の網がかけられている。路頭に迷う（あるいは、路頭で野垂れ死にする）物乞いも例外なく搾り上げられている。彼らのなけなしの金は莫大な国庫金の一部となっている。

仮にアメリカ議会がおのれの義務と選挙民の利益を忘れ、アメリカ大統領としてのワシントン将軍に百万ポンドの年俸を申し出るような事態があり得るとしても、将軍はそれを受け入れないだろう。そもそも、受け入れるはずがない。ワシントン将軍の廉恥心は別格だからだ。イギリスは、凡百の人間とくらべてもはるかに能力の劣る一家をわざわざ海外から連れてきて、その一家を養うためにこれまで総額でほぼ七千万ポンドを費やしたのだ。しかも毎年のように、何かしら金銭上の要求を新たに突きつけられる。医師の請求書までもが、国費での支払いを求めて回されてくる始末である。監獄が囚人で一杯になり救貧税などの税金が増えたのも、あながち不思議なことではない。このような制度のもとではこれから先も、今まで起こったこと［の再現］しか期待できない。改革について言うと、その時期がいつになろうとも、改革を先導するのは国民の側であって政府の側ではないはずだ。

陸海軍にかかる費用を別とすれば、政府の経費をまかなうには五十万ポンドもあれば十二分だということを証明するために、次のような見積もりを付け加えておこう。

これはイギリスと同じ規模のいずれの国にも当てはまる。

第一に、公正な方法で選挙された代議員が三百名もいれば、法律が適用可能なあらゆる案件を処理するのに十分であり、定員はその程度にとどめることが望ましい。この三百名は二院か三院に分けてもよいし、フランスのように一堂に会する方式にしてもよい。あるいは、憲法の定めに従っているならば、他のどのような方式でも構わない。

自由国家では、代議員の地位はいかなる地位よりも名誉あるものと見なされているので、歳費は、代議員が職責を遂行するのにかかる費用をまかなうことだけを目的にすべきである。つまり、歳費は代議員という官職に対する報酬ではない、ということだ。

各代議員の歳費を五百ポンドとし、欠席した分をそこから差し引くとすれば、全体の人件費は、全員が毎年六カ月登院するとの条件下で七万五千ポンド。

年俸別の各官職は、以下に示した定数を超えないようにするのが妥当である。

一万ポンドの官職×三　三万ポンド

五〇〇〇ポンドの官職×一〇　五万ポンド

二〇〇〇ポンドの官職×二〇　四万ポンド

一〇〇ポンドの官職×四〇　四万ポンド
五〇〇ポンドの官職×二〇〇　一〇万ポンド
二〇〇ポンドの官職×三〇〇　六万ポンド
一〇〇ポンドの官職×五〇〇　五万ポンド
七五ポンドの官職×七〇〇　五万二五〇〇ポンド
計　四九万七五〇〇ポンド

すべての官職から四パーセント差し引いて年俸二万ポンド［厳密には一万九千九百ポンド］の官職を設けることも、国民がそれを望むならば可能である。

収税吏の俸給は、徴収される税の中から支払われるので、右の見積もりの中には含まれない。

以上は、官職の詳細な見取り図を提示するのではなく、五十万ポンドでまかなえる官職の総数と俸給の基準額を示すことを目的としている。そうした基礎知識があれば、右の人件費ですら［実際の貧弱な］仕事量に釣り合っていないということが、経験上すぐに分かる。今日の官庁における事務のやり方について言うと、たとえば郵政庁の長官や大蔵省の局長クラスは、一年に三度か四度書類に署名するだけである。それ以外のすべての職務は、下級の職員が遂行しているのである。

そこで、百五十万ポンドという額を平時の標準額としよう。これはすなわち、政府のまっとうな目的を達成するのに十分な額という意味である。この額は、浪費を特徴とするチャールズ二世時代の平時標準額より三十万ポンド多い。陸海軍将兵の俸給や収税吏の給与が上述のとおり当時のままであることを考えると、高めの設定である。このような条件のもとでも、現在の経常費から六百万ポンド以上の金を浮かせられる。そうなると、この剰余金をどのように処理するのかということが次の問題になる。

商業と税金は互いに絡まり合っている。その実態を観察したことがある者なら誰でも、両者を短兵急に切り離すことはできないということに気づいているはずである。

なぜ切り離せないのか。第一に、手もとにある商品は課税済みなので、「税を撤廃したからといって」現有の在庫品は値引きの対象になり得ないからである。

第二の理由はこうだ。バレル（一六四リットル）、ホグズヘッド（二三九リットル）、ハンドレッドウェイト（五一キログラム）、トン（一、〇一六キログラム）などの大きな単位で課税されている各商品については、税を撤廃してもその恩恵は細分化されてしまい、消費者は税負担が軽くなったという実感を持てない。というのも消費者は、パイント（〇・五七リットル）とかポンド（〇・四五キログラム）とかの単位で購入するからである。度数の強いビールおよびエールに対して前回設定された酒税は、一バレルにつき三シリングだったから、それを撤廃したところで価格は一パイントにつき八分の一ペニーしか安くならない。したがってそれは、実質的には税負担の軽減にならない。

大部分の税の現状は以上のとおりである。したがって減免の対象となる税を探すとすれば、次の条件をそなえた税を見つけなければならない。今述べたような不都合を免れていること。軽減［の恩恵］が直接的で、実感できるものであること。ただちに実施できるものであること。

そうだとすると、筆頭に上がるのは救貧税である。救貧税は直接税であることから、［納税者である］世帯主は誰でもそれを実感しており、納める額は四分の一ペニーに至るまで掌握している。救貧税の総額が全国でいくらになるかは明確には分かっていないが、推定することはできる。サー・ジョン・シンクレアは『大英帝国の歳入の歴史』の中で、それを二百十万五百八十七ポンドと見積もっている。そのうちかなりの部分は、訴訟沙汰に費やされる。貧民はその過程で救済されるどころか、逆に責めさいなまれる。しかしながら訴訟によって生じた費用は、行政教区（パリッシュ）の負担となる。訴訟を起こしたのが誰であろうと、その点では同じである。これは巨額ではあるが、人口比で考えれば法外なものではない。バーミンガムは人口七万人と言われているが、七万人で一万四千ポンドの割合なら、イギリスの人口は七百万人だから、全国の救貧税は総額百四十万ポンドにとどまるはずである。したがって、バーミンガムの人口見積もりが過大であることは確実である。一万四千ポンドという額は、イギリス全国の救貧税を総額二百万ポンドとすれば、人口五万人分にしかならない。

しかしそれはさておき、救貧税は、税負担があまりにも重くなったことの結果にすぎない。言い換えると、税がごく軽かった頃は貧民でも生計を立てることができたのであり、だからこそ救貧税などというものは存在しなかったのである。＊現況では、妻と子ども二人か三人を養っている労働者の場合、年間に納める税金が七〜八ポンドを下回るということはない。もっとも税金は、購入する商品の中に紛れ込んでしまうので、本人はそれとは気づかない。労働者が気にするのは、商品の値段が高いという、その一点だけである。しかし年間の稼ぎのうち少なくとも四分の一を税金に奪われるのであり、したがって一家を養うには無理がある。もし労働者本人または家族のうちの誰かが病気にでも見舞われたら、なおさらである。

＊原註。救貧税は、税一般が重くなり始めたヘンリー八世（在位一五〇九〜四七年）の時代に始まった。そして、税一般が増え続けるのと軌を一にして増加してきたのである。

そこで、実効的な救済措置の第一歩として、救貧税［＝貧困家庭に対する救貧手当て］を全廃し、その代わりに、貧しい人びとに対して税を還付することにしてはどうか。還付金は現在の救貧税の二倍、すなわち年四百万ポンドとし、過剰な税収から拠出すればよい。この措置により、貧しい人びとは二百万ポンドの差額を得ることになり、一方、［これまで救貧税を納めてきた］世帯主も二百万ポンドの負担を免れることになる。これはそれだけで、［利率を年三・三三パーセントと仮定すれば］国の負債を一億二千万ポンド減らしたのに等しい。したがって、アメリカとの戦争にかかったすべての出費に等しい。

さてそうすると、四百万ポンドの還付金は、どのように割り振れば最大の効果を上げられるのだろうか。これが残る検討課題である。

容易に分かることだが、貧困層は一般的に、子どもと勤労能力のない老人を含む大家族によって構成されている。このふたつの年齢層の生活が立ち行くようにしてやるなら、貧困層に対する救済措置は、貧困という病理のすみずみにまで効果を及ぼすであろう。それ以外のものは付随的なものなので、その大部分は互助会（ベネフィット・クラブ）[7]での取り扱いとなる。ベネフィット・クラブは慎ましい発明品であるが、近代的な制度としては出色のものと位置づけられる。

イギリスの人口は七百万人。そのうち五分の一が、扶助を必要とする貧困層に属すとして、その数は百四十万人。この百四十万人のうち十四万人は高齢者であろう。これについては後述するが、その際、この年齢層の貧困者に対して衣食を別途手当てするという案を提起することになろう。

そうすると、残りは百二十六万人。一世帯あたり五人として二十五万二千世帯ということになるが、これらの世帯は子女の養育費と税負担のせいで貧困に陥ったのである。

これらの世帯における十四歳未満の子女の数は、調査すれば、二世帯につきおよそ五人であることが分かる。二世帯の子女数は、二人と三人、一人と四人、ゼロ人と五人など、その組み合わせはいろいろあるにしても、十四歳未満の子女を六人以上かかえている世帯は稀である。なお十四歳を過ぎれば、住み込みの使用人か徒弟奉公人になれる。

二世帯につき（十四歳未満の）子女が五人いるとすると

子女の数　六三万人

父親と母親（が全員生きているという仮定で）の数　五〇万四〇〇〇人

もし十四歳未満の子女の面倒を見てもらえるなら、両親は泥沼から解放される。それは確実である。なぜなら、貧困に陥るのは子育てにお金がかかるからである。

7　ベネフィット・クラブの会員は平素から少額の金を積み立てておき、事故に遭って怪我をしたり病気になったりしたとき、給付金を受け取ることができる。

ここまでで、子どものことが原因で要支援の対象となる人びとの最大数を確定できたので、次に救済すなわち分配の要領に話を進めよう。それは以下のようなものになる。

（一）各貧困家庭に対して、十四歳未満の子女一名につき年四ポンドを支給するものとする。これをもって消費税負担［の一部］を埋め合わせ、かつ救貧手当ての代わりとする。財源には、浮かせた税金を充てる。

（二）貧困家庭の子女を学校に通わせ、読み書きと日常的な算術を勉強させることを、両親の義務とする。

（三）この目的のために、各宗派のそれぞれの教区において聖職者全員が共同で、この義務が果たされていることを役所に対して証明するものとする。

これにかかる費用は次のようになる。

子ども六三万人×四ポンド（年間）　二五二万ポンド

このようなやり方を採用すれば、両親の貧困は解消される。そればかりではない。次代を担う人びとからは、無知を追放できる。貧しい人びとの数はその後、減っていく。なぜなら彼らの能力は、教育の力を借りて向上していくからだ。優れた天分に恵まれながら、少年時代にちょっとばかりの普通教育を受けそこなったばかりに一生うだつが上がらない若者が、どれだけ多いことか。彼らは大工・指物師・水車大工・鍛冶屋など、手仕事にたずさわる職人のところに徒弟奉公に出され、そのまま一生を終える。

さて、今度は高齢者の問題を論じよう。

高齢期は前期後期に分けられる。前期は五十歳以降の、老齢が近づいてくる時期である。後期は、六十歳から始まる老齢期そのものを指す。

五十歳を迎えるころ、人間の知力は全盛をきわめる。判断力も人生最高の状態になる。だが、肉体的な力は衰えを迎える。青年あるいは壮年のころと同じ労働量はこなせない。稼ぎは少なくなり、風雨にも耐えられなくなる。視力を要求される屋内の仕事においては、衰えは急速である。身体がふらつくようになり、自分のことを老いさらばえた馬のように感じる。

人間の労働は――少なくとも、糊口をしのぐための労働は――六十歳までで終わるべきだ。文明国を名乗る国において、日々の糧を得るために老人が死ぬまで身を粉にして働く様は見るに忍びない。

五十歳以上の人びとの数がどれくらいなのか、一応の見当をつけるために私は、ロンドンの街頭ですれ違う人びとの数を、男、女、子どもといった具合に勘定したことが何度かある。該当者はほぼ十六〜十七人につき一人であることが、おおよそ分かった。「高齢者はそれほど頻繁には街中に出てこない」という反論があるかもしれないが、子どもとて同じことであろう。大きくなった子どもたちのうち多くの者は、学校に行っているか、徒弟として仕事場にいるかである。そこで、十六という除数で全人口を割ってイギリスの五十歳以上の人を（男女や貧富の別を設けずに）推定するならば、それは四十二万人［厳密には四十四万人弱］となる。

これだけの数の高齢者のうち［公的な］扶助の対象となるのは、農夫や未熟練労働者、あらゆる業種の日雇い職人、それぞれの配偶者、そして水夫や退役兵、働き疲れた下男下女、貧しい寡婦等々である。

さらに、かなりの数の中規模小売業者も扶助の対象となる。彼らは前半生こそ立派な暮らしを享受するが、寄る年波とともに次第に仕事を失い、最後には零落する。

このほかに、目まぐるしい運勢の転変に付いていくことができずに落ちぶれる一群いるあらゆる社会階層に見受けられる。

こうした不運な事態やそれ以外の不測の事態にそなえる必要がある。それを前提として、扶助を必要とする高齢者の数を見積もると、該当するのは全体の三分の一、すなわち十四万人ということになろう。これについては前述した。これらの人びとに対しては、特別な手当てを支給して然るべきである。扶助を必要とする高齢者というのは、五十歳を過ぎてから一度や二度は次のように実感することがあってもおかしくない人びとのことである。「自活するよりも、楽になるよう扶助してもらう必要がある」「扶助してもらうほうが快適である」。彼らにとって扶助は、「お上(かみ)から」恩寵(おんちょう)や恩恵として施してもらうような問題ではなく、権利の問題である。仮に扶助を必要とする高齢者が十四万人を上回っているようであれば、たとえ政府が体裁を飾り華やかに見せかけたとしても、イギリス社会が嘆かわしい状態にあるのは明らかである。

この十四万人のうち、半分の七万人を五十歳以上六十歳未満、残る半分を六十歳以上としよう。老齢人口の構成をこのように仮定した上で、高齢者の苦境を和らげる手続きに話を進める。それはこうである。

扶助を必要とする各高齢者（五十歳以上六十歳未満）に、浮かした税金を財源として年に六ポンドを支給する。六十歳に達した後は、支給額（終身）を十ポンドとする。これにかかる費用は以下のとおり。

七万人×六ポンド［年間］　四二万ポンド
七万人×一〇ポンド［年間］　七〇万ポンド
計　一一二万ポンド

この扶助はすでに指摘したとおり、［受け取る側にとって］慈善ではなく権利の性質を帯びている。イギリス人は生まれたときから、男女を問わず平均して年に二ポンド八シリング六ペンスの税金を納めている。これに徴税の費用を加えると、年間の納税額は二ポンド十一シリング六ペンス。したがって満五十歳時点までに納める税は総額で百二十八ポンド十五シリング、六十歳では百五十四ポンド十シリング、となる。

そこで、彼らが個々に納める税金をトンチン年金[8]に見立てると、納税者が五十歳以降に受け取るのは、納入済みの正味金額の法定金利と同じ程度にしかならない。それ以外の分は、このような手当てを必要としない境遇の人びとによって穴埋めされる。

政府が支出する手当ては、この両方の原資によってまかなわれる。

私が一案としての受給資格をイギリスの高齢者の三分の一にまで拡大したのは、以上の根拠をもとにしている。さてそれでは、十四万人の高齢者の生活を楽にするのと、年百万ポンドの国庫金を一個人のために蕩尽するのとでは、どちらが望ましいことなのか。*しかも、その一個人というのは往々にして、比類がないほど無価値な、取るに足らぬ人物なのだ。この問いに対する答えは、常に同じになるはずだ。理性と正義に問いかけても、道義心と慈悲心に問いかけても、偽善と追従（ついしょう）に問いかけても、答えは変わらない。また、答えるのがバーク氏であろうと、ジョージ三世であろうと、ルイ十六世であろうと、レオポルト二世であろうと、フリードリヒ大王であろうと、エ

8　終身団体保険の一種。イタリアの銀行家ロレンツォ・デ・トンティ（Lorenzo de Tonti 一六〇二～八四年頃）が考案した。契約者は国債を購入し、利息を年金として受け取る。ただし、死亡時の返戻金（へんれいきん）はない。契約者（国債の購入者）が死亡すると、利息（年金）を受け取る権利は、生存している契約者が引き継ぐ仕組みになっているので、長生きするにつれて受け取る年金の額が増える。

カテリーナ二世であろうと、コーンウォリス[9]であろうと、ティプー・スルターン[10]であろうと、同じことである。

＊原註。一世帯五人とすると、各世帯は平均して年に十二ポンド十七シリング六ペンスの税を納めている勘定になる。この額に救貧税を加えることになるが、消費税は全員が負担するのに対し、救貧税は全員が納めるわけではない。およそ二百万人の人びとは救貧税を免れている。免除の理由は、「世帯主ではない」「支払い能力がない」「救貧手当てを受け取る当の貧民である」などである。したがって残りの人びとに課される救貧税は、一世帯（五人家族）につき平均四十シリング［二ポンド］。消費税と救貧税を合計すれば、平均十四ポンド十七シリング六ペンスということになる。これはすなわち、六人家族なら十七ポンド十七シリング。七人家族なら、二十ポンド十六シリング六ペンスである。
ひるがえって、新制度（すなわち代議制）のもとにあるアメリカでは、平均税額は戦時公債の利払いを含めてどの程度になるのであろうか。アメリカの人口は日々増加しているが、とりあえず現在の四百万人としておこう。そうすると、一

人あたり（性別に関係なく、また、子どもも含めるとして）の納税額は平均五シリングということになる。したがって、英米両国政府の違いは次のとおりである。

	イギリス	アメリカ
五人家族	一四ポンド一七シリング六ペンス	一ポンド五シリング
六人家族	一七ポンド一七シリング	一ポンド一〇シリング
七人家族	二〇ポンド一六シリング六ペンス	一ポンド一五シリング

このようにして貧しい人びとのところに還流してくる手当ては次のとおり。

貧困家庭　一二五万二〇〇〇世帯（子どもの数六三万人）　一二五二万ポンド

9　チャールズ・コーンウォリス（Charles Cornwallis　一七三八～一八〇五年）。アメリカ独立戦争でイギリス軍を指揮した将軍のひとり。戦後、インド総督やアイルランド総督を務めた。

10　ティプー・スルターン（Tipu Sultan　一七四九ないし五三～一七九九年）。南インドのマイソール王国の国王（在位一七八二～九九年）。インドの植民地化を目指すイギリスを相手に武力で抵抗（マイソール戦争）したが戦死。

高齢者　一五万〔正しくは一四万〕人　一一二万ポンド
計　三六四万ポンド

そうすると、前述の〔貧困層に対する還付金としての〕四百万ポンド〔本書四七五〜四七六ページ参照〕のうち三十六万ポンドが残る。そのうちの一部は、以下のような要領で振り分けられよう。

前述のすべての貧困世帯が面倒を見てもらえるようになった後も、子女に教育を施すだけの余裕を持たない世帯が少なからず残るであろう。それらの世帯は、厳密には貧困階級に属しているとは言えない。しかし、そのような境遇にある子どもたちは、両親が文字どおり貧困に苦しんでいる家庭の子女よりも不利な立場にある。国民は、整った政府のもとで、教育を受けない者を皆無にすることを責務とする。みずからの存立のために国民の無知を必要とするのは、君主政および貴族政の政府だけである。

さて、このような境遇にある子どもたちの数を四十万人と仮定しよう。すでに扶助がおこなわれているという前提だから、この四十万という数字は本来想定すべき数より多めである。扶助の手順は以下のようなものとなろう。

そのような子どもたち一人ひとりに、学費として十シリング（年額）を六年間支給するものとする。これで毎年六カ月分の学費がまかなえる。また、それとは別に、紙代と綴字（つづりじ）教本の購入費用として半クラウン（二シリング六ペンス）を与える。これにかかる経費は年間二十五万ポンドになる。*

＊原註。パブリックスクールは、貧しい人びとの一般的な意向に沿うものではない。パブリックスクールは主として勅許自治都市にある。郊外の町村はそこから排除される。また、仮に入学を許可されても、通学先があまりにも遠いので多大な時間の損失を覚悟しなければならない。教育は地元で実施すべきである。そうすれば教育は貧しい人びとにとって有益なものになる。そして、そのための最善の方法は私の確信するところ、両親に子どもの教育費を自弁できるよう計らってやることである。どこの村でも、このような取り組みに応じられるだけの力量を（特に、年齢が上がるにつれて）身につけた男女が、必ず見つかるものだ。二十人の子どもたちに一人十シリングで教えるとすれば（しかも、せいぜい一年間に半年以下のことである）、それはイギリスの片田舎の牧師が得る聖職禄に匹敵するであ

ろう。したがって、聖職に就いていた夫に先立たれて生活苦にあえぐ少なからぬ婦人たちにしてみれば、そのような収入は歓迎できるものとなろう。右に提案した教育費の補塡によって子どもたちに何が与えられるかはともかく、それはいずれも次の二目的にかなう。子どもたちが教育を受けること。子どもたちに教える人びとが、生計を立てること。

さて、そうすると、残るのは十一万ポンドである。

制度、理念のいずれにおいても他より優れた政府が、大がかりな救済対策を考案したとしよう。その場合でも、手当てを必要とする細かいケースが少なからず取り残されるであろう。一国レベルでそれについて考察することは、慈善事業にもなり、優れた政策にもなる。

出産後の婦人に対する手当てとして、二十シリング［一ポンド］支給するものとする。ただし、当該婦人のほうから請求をおこなうことを条件とし、手当てを必要としない境遇にあるのであれば請求はしないものとする。このようにしておけば、［出産後に］たちまち襲ってくる家計の苦しさも、大部分は解消されよう。

イギリスでは毎年およそ二十万件の出産があり、四件に一件の割合で手当ての請求があるとすれば、手当ての総額は五万ポンドになる。また、それぞれの新婚家庭に対して二十シリング［一ポンド］支給するとして、出産の場合と同じ割合で手当ての請求があったとしても、その総額は二万ポンドを超えないであろう。

商用で旅先にあって、近くには身寄りもいないような土地で亡くなるケースもある。行き倒れになった人の葬儀費用をまかなうために、合計二万ポンド支出するものとすれば、教区はこうした負担から解放される。したがって、病気になったよそ者も、現在よりは手厚い扱いが受けられよう。

ここまで税の軽減に関連して社会保障について触れたが、その締めくくりとして、ロンドンのような大都市の特殊な社会環境を改善するための一案を示したい。大都市は常に、地方の場合とは異なる社会的病弊につきまとわれている。それに対しては別種の、というか追加的な救済措置を講ずる必要がある。地方では、大きな町であっても住民は互いのことを見知っており、生活苦が極端なまでに悪化することはない。ところが大都市では、そのようなことが時々起こる。地方では文字どおりの意味で人が餓死するとか、宿なしとなって寒さのために野垂れ死にするとかいったことは起こらない。しかしロンドンでは、そのような事例や、それと同じように悲惨なその他の事例も起こる。

期待に胸をふくらませた青年が、軍資金をほとんど（あるいはまったく）持たずに、引きも切らずロンドンに押し寄せてくる。就職先がすぐに見つからない限り、半ば破綻したも同然である。また、ロンドンで育ったとしても生計を立てる手段を身につけていなかったり、よくあることだが両親が自堕落だったりすると、子どもの境遇はもっと劣悪なものとなる。長いこと失業したままの下僕も、そのような子どもと大差のない暮らし向きを強いられる。端的に言えば、小さな［社会的病理の］事例が山を成すほどひっきりなしに発生している、ということなのだ。忙しい生活、あるいは恵まれた生活を送っていると、そういった事例が生活苦への最初の入り口になっているということに気づかないだけである。空腹は、そのまま放置して耐えられる欲求ではない。一日どころかわずか数時間でもそのような状態に置かれると、それは往々にして、破滅的な人生に至る分かれ道となる。

ひとたびこのような社会環境が成立すると、それは、置き引きなどの非行（すなわち重大な犯罪の萌芽）の温床になるが、そのような社会環境の悪化を未然に防ぐことは可能である。過剰な四百万ポンドの税収のうち、まだ二万ポンドの資金が残っている。これに、後述する二万ポンド強の別資金を合わせたものを、まさに右の目的のために使うとすれば、これに勝る使い方はない。その手順は次のとおりである。

第一に、何棟かの建物を新設するか、あるいは既存の建物を借りるかして、少なくとも六千人を収容する。いずれの棟にもできるだけたくさんの種類の仕事を用意しておき、ここに来れば、自分にできる仕事が何かしら見つかるという態勢を整える。

第二に、来たる者は全員受け入れ、その際、身元は調べないものとする。唯一の規定として、仕事を一定量または一定時間こなした者に対しては、それに見合った量の滋養ある食べ物を与え、また、少なくとも掘っ立て小屋には劣らない暖かな宿泊場所を提供するものとする。さらに、各人の稼ぎのうち一定部分を天引きしておいて、退所する際に本人に渡すものとする。こうした規定を受け入れるという前提で、各人の滞在期間は本人の希望に応じて長期でも短期でも可とし、滞在する頻度についても本人の希望に応ずることにする。

もし各人が三カ月滞在するとすれば、滞在者の実数は常時六千人にすぎないが、入れ替わりがあるので年間の延べ人数では二万四千人が助かることになる。この種の授産施設が設けてあれば、一時的に生活苦に見舞われても英気を養う機会を与えられ、有利な就職口を探し求める余力も得られよう。

滞在者の働きでは、稼ぎの一部は天引貯金として差し引かれるので、生活費の半分しかまかなえない。しかし四万ポンドの公的資金を追加投入すれば、滞在者の数が六千人を超えた場合でも、残りのすべての経費をまかなうことは可能である。

くだんの二万ポンドの資金に加えて、右の目的のために転用すべき資金がある。石炭税からの収入である。それは現在、不公正かつ野放図にリッチモンド公の生活費に充当されている。ひとりの男が社会全体の窮乏の上にあぐらをかいて暮らすとは、忌まわしい。まして、現在の［高騰する］石炭価格を考慮するなら、なおさら忌まわしい。このような悪弊を見逃している政府は、解体されるべきである。なお、［石炭税を原資とする］こちらの資金は、年に約二万ポンドと言われている。

さて、以上の案を項目ごとにまとめてから、次のテーマに進むことにしよう。

各項目を列挙すると次のとおり。

一．救貧税二百万ポンドを廃止する。

二．貧困家庭二十五万二千世帯の生活を扶助する。

三．児童百三万人に教育をほどこす。

四．高齢者十四万人を不自由させないよう扶助する。

五．出産（五万件）の補助金として、一件につき二十シリング［一ポンド］給付する。

六．婚姻（二万件）の補助金として、一件につき二十シリング［一ポンド］給付する。

七．商用で旅行中に身寄りのいない土地で亡くなる者の葬儀費用として、二万ポンドを手当てする。

八．ロンドン、ウェストミンスター両市において一時的に生活苦に陥った人びとを対象に、［授産施設で］随時就労の世話をする。


右の案を実行に移せば、救貧法――言い換えるなら、娑婆における拷問の道具――は用なしになり、［救貧税をめぐる］訴訟沙汰にかかる無駄金は使わずに済むようになる。ぼろをまとい、腹を空かせた子どもたちや、七十代、八十代の老人がパンを無心する姿を目撃して、人間らしい心根の持ち主が衝撃を受けるということもなくなるだろう。また、瀕死の貧乏人を押しつけられた教区が腹いせに、その貧乏人を他の教区へたらい回しにして死に至らしめるということもなくなるだろう。

寡婦は子どもの養育費を受け取ることになるので、夫が亡くなったからといって、容疑者や犯人が連行されるのと同じように強制的に追い立てられることはなくなる。子どもが両親の生活苦を一層悪化させる厄介者と見なされることもなくなる。惨めな境遇の人びとが身を寄せられる授産所の存在が知られるようになる。なぜならそれは、彼らにとって都合のよい施設だからだ。生活苦と貧困を温床とする軽微な犯罪は、発生件数が減る。貧しい人びとも金持ちと同じように政府を支持することに関心を持つようになり、暴動や騒乱の原因はなくなる。したがって、そうした事態を危惧する必要もなくなる。

座して安楽をむさぼり、安んじて富に浸る者たちに問いたい（そのような徒輩がいるという点でイギリスはトルコやロシアと同断である）。また、「まさか、我々の暮らし向きが芳しくないとでも？」と胸中でつぶやく者たちに問いたい。あなた方は、私が右に挙げた実情に思いを馳せたことはあるのか。ひとたびそこに思いを致すなら、もはや自分自身のことだけを根拠として語ったり感じたりするわけにはいくまい。

私が提示している案は、実行が容易である。それは、税制に不用意に干渉することによって景気を悪化させるものではなく、税収の使い道を変えることによって貧しい人びとを救済するものである。この目的のために必要な資金は、イギリス全国の各市場町で年に八回徴収される消費税の中から捻出することが可能である。以上をもってこの問題の整理と締めくくりができたので、次の問題に移ることにする。

現行の経常費を七百五十万ポンドとしよう。これは、今設定できる最小の額である。その場合（新たな経常費として百五十万ポンド〔本書四六六、四七二ページ参照〕、前述の社会保障費として四百万ポンドをそれぞれ差し引いた後）残るのは二百万ポンドである。そのうちの一部は次のように振り向けるものとする。

陸海軍はフランスとの同盟が成立すれば、大部分は無用となる。しかし、これまで軍務に身を献げ、そのために他の職業への適性を失った人びとが、ほかの人びとを幸福にするための手立てによって苦しめられるようなことは、あってはならない。軍人は、宮廷を構成する人びとや宮廷の周囲を徘徊する人びととは、人種が異なるのだ。

陸軍の一部は少なくとも向こう数年間存続する。海軍の一部も同様である。その費用として、本改革案の前半部分ですでに百万ポンド割り当てておいた〔本書四六六ページ参照］。この額は浪費を特徴とするチャールズ二世時代の陸海軍の平時標準予算とくらべても、ほぼ五十万ポンド多い。

そこで、一万五千人の兵卒が除隊するとして、その一人ひとりに終身の年金（一週間に三シリング、控除は一切なし）を、チェルシー王立養護院[11]に入院している老廃兵に支給しているのと同じ要領で与え、各自がそれぞれ身内のところに戻り元の仕事に復帰するのを支援するとしよう。また、現役のまま部隊にとどまる兵卒一万五千人に対しても、俸給に加えて週に六ペンスの割増金を支給するとしよう。すると、年間の経費は以下のとおりになる。

除隊した兵卒（一万五千名）に対する年金（週三シリング）	一一万七〇〇〇ポンド
残留する兵卒に対する俸給の割増金	一万九五〇〇ポンド
解散した部隊の将校に対する年金 （兵卒に対する支給総額と同じになると想定）	一一万七〇〇〇ポンド
小計	二五万三五〇〇ポンド

解散した海軍部隊に対する年金＋俸給の割増金　二五万三五〇〇ポンド
（計算が複雑になるのを防ぐため、陸軍と同額と想定）

総計　五〇万七〇〇〇ポンド

計算しやすくするために端数（七千ポンド）を切り捨てるならば、年金等の支給総額は五十万ポンドということになる。この支給総額は毎年少しずつ減っていき、いずれ時が経てばゼロになる。なぜならそれは、俸給の割増金（三万九千ポンド）を別として、終身年金制をとっているからである。年金の支給額の減少にともない、税の一部を廃止することも可能になる。たとえば、減少幅が三万ポンドであれば、ホップ税は全廃できるだろう。さらにその幅が広がれば、ローソク税や石鹸税を軽減し、最後にはそれらを全廃することも可能になろう。

11　傷痍軍人や老齢の退役軍人を受け入れる養護施設。一六八二年、チャールズ二世の命令で設立された。

さて、過剰な税収のうち、まだ百五十万ポンドが残る。

家屋と窓にかかる固定資産税は直接税の一種であって、商取引に付随するものではない。その点では救貧税と同じである。この税を廃止すれば、税金が軽くなったという実感がたちどころに得られよう。この税金は中産階級に重くのしかかっている。

この税金の総額は、一七八八年の年次報告書によれば次のとおりである。

一七六六年の法律にもとづいて徴収された家屋税と窓税……　三八万五四五九ポンド　一一シリング　七ペンス
一七七九年の法律にもとづいて徴収された家屋税と窓税……　一三万七三九ポンド　一四シリング　五・五ペンス
合計　五一万六一九九ポンド　六シリング　〇・五ペンス

もしこの税を撤廃すれば、残る過剰な税収は約百万ポンドになる。そうすると、不測の事態にそなえて予備費として幾らか取りのけておくことが常に求められる以上、最上の方策は、差し当たり税の削減をここまでにとどめておき、それ以外の改善方法によって何が達成可能かを検討することにある。

各種税の中で何よりも負担感が重いのは追加窓税[12]である。そこで提案したいのだが、この税に代えて新税を導入し、次の三つの目的を同時に追求するようにしてはどうか。

一．税を、最も担税力のあるところに負担させる。

二．資産を分割させることにより、世帯相互の公平性を取り戻す。

三．腐敗選挙の主たる原因となっているので、不自然な長男相続法のせいで肥大化した影響力を根絶やしにする。

追加窓税の額は一七八八年の年次報告書によると七十七万一千六百五十七ポンドであった。

新税が提案されると国民は、「贅沢品に課税する」というもっともらしい説明に笑ってしまう。どのような商品が贅沢品と呼ばれるかは、その時どきでまちまちだか

12　一七八四年に、小ピットが茶税の軽減を埋め合わせるために導入した。

らである。だが、真の贅沢は商品そのものにあるのではない。それを手に入れるための［遺産相続という］手段にあるのだ。そして、そのことは常に見逃されている。

ある国では何の変哲もないと思われている野草が、別の国では贅沢品扱いされる。なぜそのようなことが起こるのか、理由は分からない。しかし過大な土地資産は、いかなる国においてもいかなる時代においても贅沢品であり、まさにそれゆえに課税対象にすべきである。したがって彼の、税の導入にたずさわる、生まれ育ちのよい議員諸公の発言を額面どおりに受けとめ、彼ら自身が設けた「贅沢品に課税する」というルールにもとづいて議論することは正しい。年間の地代が二万ポンドか三万ポンド、あるいは四万ポンドに上るとすれば、その土地は贅沢品である。議員諸公にしても、彼らを擁護するバーク氏にしても、そうではないことを証明するのは不可能である（ちなみにバーク氏は私の危惧するところ、甲冑に身を固めた中世の騎士と同様、時代遅れになりつつある）。もしそのような証明が可能だというなら、私は議論するのをあきらめる。

一家の生計を支えるのに必要な――あるいは十分な――額を、たとえば一千ポンドと認めることにしよう。その場合、この額を超える一千ポンドは贅沢の気味を帯びる。

そして、さらにそれを超える一千ポンドについては、贅沢の色合いが濃くなる。このように続けていくと、ついには「禁止されるべき贅沢」と称してもおかしくない域に達する。勤労によって獲得される資産に上限を設けることは、賢明なやり方ではない。したがって禁止域は、勤労によって達成し得る額を超えたところに設定するのが妥当ということになろう。しかし遺産相続による資産や蓄財については、上限を設けるのが妥当である。それを超過する分は、次男以下の分家筋が受け継ぐべきである。どこの国でもそうだが、最富裕層ですら身内に貧しい人びとをかかえており、しかもそれらの人びとが血のつながりの濃い親族であるというケースは非常に多いのだ。

次に掲げる累進税率表は、今述べた原理に立脚し、追加窓税に代わるものとなっている。この累進税率は、表に示されたとおりに運用されれば禁止域に達し、そうなると「後述するように固定資産税が資産収入を相殺するようになるので」貴族の長男相続法は無用になる。

第一表

地租を控除した後の年収（純益）が五十ポンド以上の総固定資産に対する課税

固定資産からの収入（年間）	一ポンドにつき
五〇〇ポンド未満	三ペンス
五〇〇～一、〇〇〇ポンド	六ペンス
～二、〇〇〇ポンド	九ペンス
～三、〇〇〇ポンド	一シリング
～四、〇〇〇ポンド	一シリング六ペンス
～五、〇〇〇ポンド	二シリング
～六、〇〇〇ポンド	三シリング
～七、〇〇〇ポンド	四シリング
～八、〇〇〇ポンド	五シリング
～九、〇〇〇ポンド	六シリング
～一〇、〇〇〇ポンド	七シリング
～一一、〇〇〇ポンド	八シリング
～一二、〇〇〇ポンド	九シリング
～一三、〇〇〇ポンド	一〇シリング

〜一四、〇〇〇ポンド	一一シリング
〜一五、〇〇〇ポンド	一二シリング
〜一六、〇〇〇ポンド	一三シリング
〜一七、〇〇〇ポンド	一四シリング
〜一八、〇〇〇ポンド	一五シリング
〜一九、〇〇〇ポンド	一六シリング
〜二〇、〇〇〇ポンド	一七シリング
〜二一、〇〇〇ポンド	一八シリング
〜二二、〇〇〇ポンド	一九シリング
〜二三、〇〇〇ポンド	二〇シリング

右の表は、資産収入が一千ポンドずつ増加するにつれて一ポンドあたりの税が累進することを示している。次の第二表では、その増加分（一千ポンド刻み）に対するそれぞれの課税額を示す。括弧内については、一千ポンドごとに漸増する課税額を合算して示してある。

第二表

固定資産からの収入（年間）	一ポンドあたりの課税額	税額
五〇ポンド	三ペンス	一二シリング六ペンス
一〇〇ポンド	三ペンス	一ポンド五シリング
二〇〇ポンド	三ペンス	二ポンド一〇シリング
三〇〇ポンド	三ペンス	三ポンド一五シリング
四〇〇ポンド	三ペンス	五ポンド
五〇〇ポンド	三ペンス	六ポンド五シリング

五百ポンドを超えると、五百〜一千ポンドの範囲については一ポンドあたり六ペンス課税される。したがって、年一千ポンドの資産収入にかかる税額は十八ポンド十五シリング。

固定資産からの収入（年間）	一ポンドあたりの課税額	税額

五〇ポンド　三ペンス　六ポンド五シリング

五〇〇〜一、〇〇〇ポンド　六ペンス　一二ポンド一〇シリング

(計一、〇〇〇ポンドの収入に対する税の合計額　一八ポンド一五シリング)

一、〇〇〇〜二、〇〇〇ポンド　九ペンス　三七ポンド一〇シリング

(計二、〇〇〇ポンドの収入に対する税の合計額　五六ポンド五シリング)

二、〇〇〇〜三、〇〇〇ポンド　一シリング　五〇ポンド

(計三、〇〇〇ポンドの収入に対する税の合計額　一〇六ポンド五シリング)

三、〇〇〇〜四、〇〇〇ポンド　一シリング六ペンス　七五ポンド

(計四、〇〇〇ポンドの収入に対する税の合計額　一八一ポンド五シリング)

四、〇〇〇〜五、〇〇〇ポンド　二シリング　一〇〇ポンド

(計五、〇〇〇ポンドの収入に対する税の合計額

五、〇〇〇〜六、〇〇〇ポンド　三シリング　二八一ポンド五シリング
（計六、〇〇〇ポンドの収入に対する税の合計額　一五〇ポンド
六、〇〇〇〜七、〇〇〇ポンド　四シリング　四三一ポンド五シリング）
（計七、〇〇〇ポンドの収入に対する税の合計額　二〇〇ポンド
七、〇〇〇〜八、〇〇〇ポンド　五シリング　六三一ポンド五シリング）
（計八、〇〇〇ポンドの収入に対する税の合計額　二五〇ポンド
八、〇〇〇〜九、〇〇〇ポンド　六シリング　八八一ポンド五シリング）
（計九、〇〇〇ポンドの収入に対する税の合計額　三〇〇ポンド
九、〇〇〇〜一〇、〇〇〇ポンド　七シリング　一、一八一ポンド五シリング）
（計一〇、〇〇〇ポンドの収入に対する税の合計額　三五〇ポンド

一〇、〇〇〇〜一一、〇〇〇ポンド　八シリング　一、五三一ポンド五シリング）
（計一一、〇〇〇ポンドの収入に対する税の合計額　四〇〇ポンド
一一、〇〇〇〜一二、〇〇〇ポンド　九シリング　一、九三一ポンド五シリング）
（計一二、〇〇〇ポンドの収入に対する税の合計額　四五〇ポンド
一二、〇〇〇〜一三、〇〇〇ポンド　一〇シリング　二、三八一ポンド五シリング）
（計一三、〇〇〇ポンドの収入に対する税の合計額　五〇〇ポンド
一三、〇〇〇〜一四、〇〇〇ポンド　一一シリング　二、八八一ポンド五シリング）
（計一四、〇〇〇ポンドの収入に対する税の合計額　五五〇ポンド
一四、〇〇〇〜一五、〇〇〇ポンド　一二シリング　三、四三一ポンド五シリング）
（計一五、〇〇〇ポンドの収入に対する税の合計額　六〇〇ポンド

四、〇三一ポンド五シリング）

一五、〇〇〇～一六、〇〇〇ポンド　一三シリング　六五〇ポンド

（計一六、〇〇〇ポンドの収入に対する税の合計額　四、六八一ポンド五シリング）

一六、〇〇〇～一七、〇〇〇ポンド　一四シリング　七〇〇ポンド

（計一七、〇〇〇ポンドの収入に対する税の合計額　五、三八一ポンド五シリング）

一七、〇〇〇～一八、〇〇〇ポンド　一五シリング　七五〇ポンド

（計一八、〇〇〇ポンドの収入に対する税の合計額　六、一三一ポンド五シリング）

一八、〇〇〇～一九、〇〇〇ポンド　一六シリング　八〇〇ポンド

（計一九、〇〇〇ポンドの収入に対する税の合計額　六、九三一ポンド五シリング）

一九、〇〇〇～二〇、〇〇〇ポンド　一七シリング　八五〇ポンド

（計二〇、〇〇〇ポンドの収入に対する税の合計額

七、七八一ポンド五シリング）

二〇、〇〇〇～二一、〇〇〇ポンド　一八シリング　九〇〇ポンド

（計二一、〇〇〇ポンドの収入に対する税の合計額　八、六八一ポンド五シリング）

二一、〇〇〇～二二、〇〇〇ポンド　一九シリング　九五〇ポンド

（計二二、〇〇〇ポンドの収入に対する税の合計額　九、六三一ポンド五シリング）

二二、〇〇〇～二三、〇〇〇ポンド　二〇シリング　一、〇〇〇ポンド

（計二三、〇〇〇ポンドの収入に対する税の合計額　一〇、六三一ポンド五シリング）

二万二千ポンドから二万三千ポンドまでの一千ポンドに課される税金は、一ポンドにつき二十シリング［一ポンド］となる。したがって二万三千ポンドから上の、一千ポンド刻みの増加分は、資産を分割しない限り利益を生み出さない。それでも私が確信するところでは、この税は追加窓税ほどの税収をもたらさない。恐るべき重税のよ

うに見えるのは見かけだけのことである。万が一、追加窓税以上の酷税であるとすれば、年に二千ポンドないし三千ポンドの収益をもたらす資産を対象として、課税率を追加窓税と同じ程度に引き下げればよい。

追加窓税に代えてこのような累進税を導入すれば、中小規模の資産の税負担は軽くなる（これは、意図的にそうしてあるのだ）。税が重くなり始めるのは、年収が七千ポンドか八千ポンドを超えてから後のことである。狙いは、税の増収よりもむしろ税制を公正化することに置かれている。貴族のこれまでの保身ぶりは度を越えていた。税制の是正は、失われた均衡の一部を取り戻すのに役立つ。

貴族の行き過ぎた保身の一例を知りたければ、消費税法が初めて確立したときのことを振り返ってみるだけでよい。同法が成立したのは、いわゆる王政復古でチャールズ二世が帰国したときのことである。当時権力を握っていた貴族は、自分たちが果たしていた封建的奉仕義務を転嫁した。そのための便法となったのが、販売用に醸造されるビールへの課税であった。言い換えると、彼ら貴族はチャールズ二世と談合し、自分たち（および子孫）が果たすべき奉仕義務を免除してもらう代わりに、貴族以外の人びとに「新たな税の」支払いを押しつけたのである。貴族は、「販売用の醸造ビールを購入することはせず、課税されることなく自家製のビールを醸造している。当時、貴族の奉仕義務をどこかに転嫁する必要があったのであれば、そうした義務を免除してもらう当の貴族こそが、その代償を払うべきだったのだ。* だが実際にはそうならず、まったく別の階級の人びとが尻ぬぐいをさせられたというわけである。

＊原註。販売用に醸造されるビールに課される税について。貴族はビール税の支払いを免除されているが、ビール税の徴収額は現行の追加窓税を百万ポンド近く上回っている。一七八八年の年次報告書によれば、ビール税の徴収額は百六十六万六千百五十二ポンドに達する。したがって貴族は、すでにビール税の支払いを免除されているのだから、追加窓税の総額［に相当するもの］を負担するのが妥当である。

しかし、この累進税の第一の目的は（税制をもっと公平なものにすることのほかに）すでに述べたとおり、長男相続法という不自然な法律の、肥大化した影響力を根絶することにある。同法は腐敗選挙区出現の主たる原因となっている。

年間の収入が三万ポンドか四万ポンド、あるいは五万ポンドに上る固定資産は、一体どのようにして形成されたのだろうか。なにしろ商工業は当時、そのような莫大な資産の形成を許すような水準にはなかったのだ。だがその経緯を調べたところで、しょせん有意な調査結果は得られないだろう。むしろこの悪弊を正すことが先決である。そして、それができれば十分だということにしておこう。そうした目標を実現するためには、資産を男女関係なく相続人全員のあいだで分割するという穏当な方法によって、社会が資産を受け継ぐという状況を取り戻せばよい。このような措置は、次のような事情があるだけになおさら必要になる。貴族はこれまで次男以下の子弟や親類を、［社会的に］無益な公務、公職に就けることによって公的に世話してもらってきた。それらの公職が廃止されれば、そこに籍を置く者はたちまち生活に困る。しかし、それに併せて長男相続法が廃止されるか、あるいは用なしになるかすれば、話は違ってくる。

累進税というものは、この［資産の偏在の解消という］目標をかなりの程度実現する。しかもその際、直接の当事者に切実な問題として影響を及ぼす。このことは次の表に目を通せば明らかである。これは、税金を差し引いた後の、それぞれの資産が生み出す純益を示している。

そこから次のことが明らかになる。すなわち、年一万三千ないし一万四千ポンドを超える資産は所有者にあまり利益をもたらさないので、次男以下の子弟またはそのほかの親族に譲り渡されるであろう。

第三表

それぞれの資産（年収一千万〜一万三千ポンド）の純益。単位はポンド。

年収	差し引かれる税金の合計	純益
一、〇〇〇	一八	九八二
二、〇〇〇	五六	一、九四四
三、〇〇〇	一〇六	二、八九四
四、〇〇〇	一八一	三、八一九
五、〇〇〇	二八一	四、七一九
六、〇〇〇	四三一	五、五六九
七、〇〇〇	六三一	六、三六九
八、〇〇〇	八八一	七、一一九

九、〇〇〇
一〇、〇〇〇
一一、〇〇〇
一二、〇〇〇
一三、〇〇〇
一四、〇〇〇
一五、〇〇〇
一六、〇〇〇
一七、〇〇〇
一八、〇〇〇
一九、〇〇〇
二〇、〇〇〇
二一、〇〇〇
二二、〇〇〇
二三、〇〇〇

一、一八一
一、五三一
一、九三一
二、三八一
二、八八一
三、四三一
四、〇三一
四、六八一
五、三八一
六、一三一
六、九三一
七、七八一
八、六八一
九、六三一
一〇、六三一

七、八一九
八、四六九
九、〇六九
九、六一九
一〇、一一九
一〇、五六九
一〇、九六九
一一、三一九
一一、六一九
一一、八六九
一二、〇六九
一二、二一九
一二、三一九
一二、三六九
一二、三六九

原註。この表では、端数のシリングは切り捨ててある。

この表によれば固定資産は、地租と累進税を差し引いた正味の一万二千三百六十九ポンドを上回る収益を上げられない。したがってそのような大規模な資産については、それを分割することが所有者一族の関心事となって浮上してくるだろう。たとえば、年収二万三千ポンドの資産は、年収四千ポンドの資産×五と、年収三千ポンドの資産×一に分割すれば、税は一千十一ポンドしかからない。率にすると五パーセント弱［正確には四・四パーセント］で済む。ところがそれだけの資産を一人で所有すると、課税額は一万六百三十一ポンドになるのである。

このような資産の起源を詮索することは無用であるとしても、現状をそのまま放置することが許されるか否かは別問題である。それは国民の関心事である。資産の［長男による］世襲という悪弊が蔓延しているのは、法律が認めているからだ。そうであるからには、法律はそれを是正する手立ても整える義務がある。長男相続法は廃止するのが筋である。なぜならそれは、自然の理に反していて不公正であるばかりか、実際に運用されて国民に実害をもたらしているからだ。

次男以下の子弟は（すでに指摘したように）遺産相続から締め出され、本来受け取れるはずの相続分はもらえない。その分、社会は彼らを養うための費用を負担させられる。そしてこの、家産の不公平な独占が生み出す決定的な影響力のせいで、選挙の自由が侵されるばかりか、国民の資産の有効活用までもが阻害される。具体的に言えば、この法律のおかげで広大な私有狩猟場が（しかも、その一部は勅許を得た上で）維持されており、そのためにイギリスの国土はかなりの部分、生産性が低い状態にとどめ置かれているのである。しかもこれは、穀物の年間生産高が国民の消費に追いついていない状況下で起こっていることなのだ。*

＊原註。穀物取引報告を参照のこと。

一言で言えば、貴族の家産を長男に独占的に相続させる制度の弊害はあまりにも重大、多大である。また、それはあらゆる善（すなわち、正義や分別、情愛、慈悲）とあまりにも鋭く対立している。だから、この制度の弊害を考察すれば、次のことに疑いを差しはさむ余地はなくなる。それは、現在は貴族の一員でありながらそのような制度が廃止されることを願っている人びとは少なくない、ということである。

次男以下の血筋に連なる子どもや孫が見捨てられ、いずれ落ちぶれて乞食になろうかというのに、それをじっと静観して何の楽しみが得られよう。それぞれの貴族の家庭には、一族出身の乞食たちが連なるようにしてぶら下がっている。幾星霜、幾世代を重ねるうちにそのような連中は振り落とされ、養老院や救貧院、監獄に身を沈める。そして、身の上を打ち明けては自己満足に浸るようになるのである。これは、貴族の長男相続制が行き着く当然の帰結である。貴族と乞食が同じ一族の出であるというケースは少なくない。ひとつの極端はもうひとつの極端を生む。ひとりを金持ちにしようかと思えば、その他大勢には貧乏になってもらわねばならない。この制度も、それ以外の方法では維持できないのである。

イギリスの法律がとりわけ冷ややかに扱う人間集団がふたつある。それは弱者の中でも特に弱い人びと、つまり、長男以外の子女と貧困者である。前者については今、説明したばかりである。後者については実例を多数挙げることもできるが、その中からひとつを選んで紹介し、それをもってこの問題を締めくくることにしよう。

労働者の賃金を規制、制限する法律が複数存在する。議員どもは、自分の農場や家屋を自由に賃貸に出しているのと同じように労働者にも自由を与え、賃金を労働者自身の交渉に任せたらいいではないか。どうしてそうしないのか。労働者が持っている資産は、当人自身の労働だけである。彼らが享受しているなけなしの自由をどうして侵害しなければならないのか。労働者の賃金を規制する法律はどのように運用され、どのような効力を発揮しているのか。そこを検討すれば、労働者に対する権利の侵害がもっと強烈なものであることが見えてくる。賃金が法律なんぞのせいで固定されると、ほかのすべてのものは上昇するのに法定賃金は静止状態に置かれる。そのような法律を制定する徒輩は、ほかにも法律を作って新税を導入しながら、甲という法律によって生活費の膨張を強いたり、乙という法律で生活の糧を奪ったりする。

しかし、このように法律と税の制定に励んでいる各議員は、労働者がみずからの労働で稼ぐ微々たる収入を制限することが正しいと考えているのであろうか。そのわずかな収入がなければ労働者は、一家全体の生活を立ち行かせることができないというのに。それでも労働者の収入を制限すべきだと考えるのであれば、各議員はきっと嬉々として自分の側にも制限を設けるに違いない。なにしろ自分の資産から年に一万二千ポンド以上の収入を得ているのだから。それでいて、その資産を手に入れるにあたって当のご本人は（おそらくその先祖も）自分の汗をかいたわけではない。しかも、これまでの資産の運用はひどく不当だった。

この問題は以上をもって終えることにして、今指摘した点をまとめておこう。その後で、そのほかの事がらに移ろう。

最初の八項目は四九二～四九三ページに掲げたものを再録している。

一．救貧税二百万ポンドを廃止する。

二．貧困家庭二十五万二千世帯を対象に、十四歳未満の子女一名につき四ポンドの養育費を支給する〔恩恵をこうむる子女は六十三万人〕。これに〔四十万人を対象とする〕二十五万ポンドを足し、合計百三万人の子女の教育費をまかなう。

三．五十歳以上六十歳未満のすべての貧民と没落商人その他（推定で計七万人）を対象に、一人につき年金六ポンド（年額）を支給する。

四．六十歳に達しているすべての貧民と没落商人その他（推定で計七万人）を対象に、一人につき終身年金十ポンド（年額）を支給する。

五．出産（五万件）の補助金として、一件につき二十シリング〔一ポンド〕給付する。

六．婚姻（二万件）の補助金として、一件につき二十シリング〔一ポンド〕給付する。

七．商用で旅行中に身寄りのいない土地で亡くなる者の葬儀費用として、二万ポンドを手当てする。

八．ロンドン、ウェストミンスター両市において一時的に生活苦に陥った人びとを対象に、［授産施設で］随時就労の世話をする。

以下、初出。

九．家屋税および窓税を廃止する。

十．除隊した兵卒（一万五千名）に終身年金（週三シリング）を手当てする。解散した部隊の将校に年金を手当てする（その総額は、兵卒に対する年金支給総額と釣り合わせる）。

十一．残留する兵卒に対する俸給を割り増しする（年間一万九千五百ポンド）。

十二．解散した海軍部隊を対象とする年金と残留する水兵に対する俸給の割り増しを、陸軍の場合と同じにする。

十三．追加窓税を廃止する。

十四．不公正で、自然の理に反する長男相続法と、貴族制度の悪影響を根絶するために、累進税を策定する。*

*原註。貧しい人びとの状況を調べてみると、生活苦の程度がまちまちであることが判明する可能性が非常に高い。その場合、私が右に示した救済案よりも別の案のほうが望ましいものとなる。一家を支えている寡婦は、夫が健在である世帯にくらべて生活が苦しい。また、住んでいる地域が異なれば生活費も異なる。燃料費についてはなおさらである。

給付金の額と、それを受け取る世帯数を次のように想定してみよう。

一〇ポンド（年額）×五万世帯　五〇万ポンド
八ポンド（年額）×一〇万世帯　八〇万ポンド
七ポンド（年額）×一〇万世帯　七〇万ポンド
五ポンド（年額）×一〇万四〇〇〇世帯　五二万ポンド
教育費として（一人一〇シリングに代えて）一世帯五〇シリング×五万世帯　二五万ポンド[13]

小　計　二七七万［正しくは二六四万五〇〇〇］ポンド

高齢者一四万人（最初の試算のときと同じ）　一一二万ポンド

総　計　三八九万［正しくは三七六万五〇〇〇］ポンド

修正案にもとづく支出の総計は、本書四八六ページに掲げた数字［三百六十四万ポンド］に教育費の二十五万ポンド［原文ママ。正しくは十二万五千ポンド］を加えたものと同じになる。しかし、給付金によって楽になる世帯は（高齢者に加えて）四十万四千世帯にまで拡大する。この世帯数はイギリスの全世帯の三分の一弱にあたる。

それでもまだ、過剰な税金が百万ポンド残る。これについては、すでに述べたとおりである［本書四九八ページ参照］。そのうちの一部は、緊急事態の発生にそなえるのに必要となる。必要とされない部分について言えば、その分だけ税を軽減する余地があるということになる。

社会正義に照らして申し立てることが理にかなっている各種不満の中で、下級収税吏の窮状は注目に値する。どこの国の政府であっても許されないことなのだが、［イギリスでは］莫大な額の歳入を浪費し、それによって報酬付きの名誉職や、名前ばかりで何の役にも立たない官職を維持している。それでいて［現場で］実際の仕事を担っている人びとには、まともな暮らしをさせていない。下級収税吏の俸給は年五十ポンドにも満たない微々たる額なのだが、ここ百年以上ものあいだ据え置かれたままである。それを七十ポンドに引き上げるのが当然である。この目的のためにおよそ十二万ポンドも投入すれば、彼ら全員の俸給はまともな水準に置かれるだろう。

このことは二十年近く前、拙著『収税吏の窮状』において実施を提案したところであるが、当時の国家財政委員会は「陸海軍が同様の期待を寄せるようになったら困る」と、尻込みした。結局どうなったのか。国王が（あるいは、国王に代わって誰かが）国王自身の報酬を年十万ポンド引き上げるよう議会に申し入れ、それが承認されると、ほかのあらゆる事がらはそのまま放置されたのであった。

もう一つの職業集団である下級牧師に関しては、その境遇を四の五の説明するのは差し控えておこう。宗派ごとに異なる様式および形態に対する好き嫌いを抜きにして

13　正しくは一二万五〇〇〇ポンド。五〇シリングを二・五ポンドと換算すべきところ、ペインは誤って五ポンドと換算している。

言うのだが、ある牧師の年収が二十ポンドか三十ポンドにすぎないのに、別の牧師の年収は一万ポンドにも上るなどという実態は、見逃してもよいのだろうか。万人にそなわっている公正の観念に照らせば、答えは明らかであろう。私が長老派（プレスビテリアン）でないことは周知の事実である。だから私はこの問題について、なおさら忌憚なく発言するのである。したがって宮廷におもねる者たちは、国民［の信仰心］をくすぐったり萎えさせたりするために国教と非国教［の優劣］について絶え間なく偉そうにご託を並べるが、私に対してそうすることはできない。

この問題をめぐって対立する双方の、頭の弱い人びとよ。諸君はこのような宮廷の計略が見抜けないのか。やれ国教だ、やれ非国教だと、いつまでも論争をやらされていると、宮廷人なら誰もが抱くもくろみを、知らず知らず後押しすることになるのだ。彼らはその間、税金という掠奪物で生計を立て、諸君の人のよさを笑いものにするのである。人間たる者は善良であれ。そう教えさとす宗教はいずれもよい宗教である。だが、悪人になれと教える宗教があるとは、聞いたことがない。

ここまでに示した試算はすべて、国庫に納められる税金が一千六百五十万ポンドしかないとの想定にもとづいている。ちなみに一千六百五十万ポンドというのは、徴税の経費と、税関および消費税務署での還付金を差し引いた後の金額である。しかるに国庫に実際に納められる税額は、丸々一千七百万ポンドとは言わないにしても非常にそれに近い。スコットランドおよびアイルランドで徴収される税金は両国で使われる。したがって両国での税の節減は、それぞれの［現行の］徴税額をベースにしておこなわれることになる。多少なりともイギリスの国庫に納められているものがあれば、その分は返納されることになろう。その場合でも、年に十万ポンドの違いも生じないであろう。

さて、考察対象として残るのは国の債務の問題だけである。一七八九年の場合、トンチン年金を除く国債の利払いは九百十五万百三十八ポンドであった。国債残高がその当時から［現在までに］どれほど減ったか、一番よく知っているのは首相である。しかし国債の利子を支払い、一連の税を廃止し、弱者救済策のための費用をすべてまかなった後でも、なお百万ポンドの剰余金が残るであろう。念のために言うと、廃止すべき税とは家屋税、窓税、追加窓税、救貧税である。弱者救済策とは、貧しい人びとの生活や子どもの教育を支え、高齢者を扶助するために手当てを支給すること、陸海軍部隊の解散にともなって除隊した兵卒に年金を与え、残留する兵卒の俸給を増額することである。

第三者として発言している私には、現在実施中の国債償還計画は（誤ってはいないにしても）仕組みが整っていないように思われる。国の負債が重荷と感じられるのは、それが何百万ポンド、いや何億ポンドもの額に上るからではなく、利払いのために毎年徴収される税が重いからである。税の徴収額が同じままであれば、負債の重さも事実上変わらない。元本が減っても効果はない。

利払いに充てられる税金が軽減されない限り国民は、国の負債が減少したのを感得できないはずだ。したがって何百万ポンド償還されたとしても、国民にとっては一シリングも償還されないのと同じことである。それに今や国の負債を償却するには、現行の償還計画が始まったとき以上に多大な資金が必要となろう。

ここでいったん本題から離れて、ピット氏が一七八三年、首相に任命されたときのことを振り返ってみよう（本題には、いずれ後で［すなわち、本書五二九ページで］立ち戻る）。

当時、私はアメリカにいた。アメリカ独立戦争はすでに終わっていた。反英感情はすでに過去のものになっていたが、その記憶はまだ消えていなかった。

連立内閣[14]が成立したとの一報を聞いたとき私は、アメリカ市民としては関心を惹かれなかったとしても、一個の人間として痛恨の念を禁じ得なかった。この連立政権には、(道義とまでは言わないが)良識を公の場で愚弄して世人を呆れさせる何かがある。それは、ノース卿の破廉恥とフォックス氏の無節操である。

ピット氏は当時、政界における乙女といった役回りを演じていた。世間ずれするどころか、宮廷の陰謀の初歩的な秘儀すらまだ習っていないかのような風情だった。万事が彼に有利に働いた。連立政権に対する怨嗟も彼の味方となった。悪事を知らないということも美徳として賞賛された。平和が回復すれば貿易と景気はおのずと上向きになるものだが、それすらも彼の手柄と見なされた。

国政の舵取りを任されたとき嵐はすでに収まっており、行く手をさえぎるものは何もなかった。失敗するために工夫を凝らすなら話は別だが、そもそも失敗はあり得なかった。だからこそピット氏は成功を収めたのである。しばらくすると彼は馬脚を現

14　一七八三年二月のフォックスとノースの野合によって四月に発足したポートランド政権を指す。第一部第七章の訳註10を参照。

した。前任者たちと同じ穴の狢だったのである。過去、イギリスは世界に類例がないほど重税を積み増してきたというのに、そのような過ちから何の教訓も学ぶことなく、あたかも募集広告を出すかのような調子で戦争の相手を探し求め、増税の口実をあおった。手当たり次第に、相手の正体も分からないまま次々に狙いを定め、事を起こす機会を求めてヨーロッパとインドを隈なく探し回った。そして、当初装っていたもっともらしい体裁をかなぐり捨て、露骨な挑発者となって姿を現したのである。

ひとかどの人物がせっかくの人生を棒に振る——そのような有様を目撃すると、釈然としない。自分自身が欺かれているのを知れば、なおさらだ。ピット氏はそもそも賞賛に値するような人物ではなかったのである。それなのに大いに見込みがありそうに見えた。硬骨漢の片鱗を見せ、宮廷の卑劣な所業や政界との癒着に屈しないだろうとの印象を振りまいた。一見したところ裏表がないように感じられる言動は、期待を呼んだ。国民はかねがね、党派間の混沌とした政争に驚き呆れ、倦み疲れ、どうしたものかと困惑していた。しかし［ピット氏の登場を見て］信頼の念を取り戻し、氏にすがった。しかし当のご本人は、国民が連立政権に対し反感をつのらせたのを自分の手柄と勘違いし、無謀な施策に向かって猪突猛進したのであった。ピット氏ほどには支持されていない人物であれば、そのような挙に出ることは差し控えたであろう。

以上のことは、総合的に勘案すると、首相を交替させても何の変化も起こらないということを示しているように思われる。ひとりが首相の座から降りても、別のひとりが後任の座に就き、同じ施策・悪政・浪費を続ける。誰が首相になるかは意味のないことである。欠陥は構造的である。政府の土台と上部構造は作りが悪い。どのように支えてもずぶずぶと沈み続け、宮廷ご用達の政府に堕する。そのような状況は永遠に続く。

さてここで、前に［本書五二六ページで］約束したとおり国の債務の問題に立ち戻ることにしよう。この問題は、名誉革命とその付けたりともいうべきハノーヴァー朝の成立に端を発する。しかし、今さら国の債務が発生した経緯を詮索しても遅い。債権者はその金を貸しただけである。借入金が有効に使われたにせよ浪費されたにせよ、あるいは着服されたにせよ、債権者は罪に問われない。しかしながら、たやすく見て取れることがある。それはこういうことだ。国民は国家統治の本質と原理について考察を進め、税金の何たるかを理解し、米仏英の税を相互に比較するようになる。そうなってくると、国民を今までと同じような麻痺状態にとどめておくことはほぼ不可能になる——。事態の論理的帰結に照らせば、すぐにでも何らかの改革を遂行するしかない。現時点において国家統治の原理が発揮する圧力は、強かろうが弱かろうが、どうでもよいことである。国家統治の原理はすでに白日の下にさらされ、世界中の人びとの知るところとなっている。いかなる力をもってしてもこれを押しとどめることはできない。一度口の端に上った秘密と同様、元に戻すことはできないのである。ある変化がすでに始まっているのにそれが見て取れないとすれば、その目はまったくの節穴であるに違いない。

ドブに捨てるかのような使われ方をしている税金が九百万ポンドに上るというのは、それ自体深刻な問題であるが、この金額は不健全な国内統治のためばかりか、かなりの部分外国の政府のためにも用いられているのである。戦争遂行の権力を、手ぐすね引いて待っていた外国人に持たせた以上、その後の事態は起こるべくして起こったのである。それ以外の成り行きを予期する余地はなかった。

税制改革はどのようなものであれ、国債の利払いに充てる部分を手厚くするのではなく、政府の経常費を削減する形で実施すべきである。その理由は本書においてすでに述べた。貧しい人びとは、徴収された税金が還付されれば全面的に救済され、不満はひとつ残らず解消されよう。税のうち、すでに言及したものを廃止すれば、イギリス国民は狂気の対アメリカ戦争の戦費［すなわち戦時公債］の全額を償還するのに等しい。いや、それ以上である。

不満の種として残るのは、［流通性の点で難のある］国債だけとなろう。不満を解消するには、いや、未然に防ぐにはどうしたらよいのか。証券の所有者自身のあいだで、「国債は他のすべての資産と同様の、税負担をともなう資産である」との評価が根づけば、それが最善の解決策となる。そうなれば、国債には流通性と換金性がそなわる。現在の不便は大部分、元本が保証されていることによって相殺されているのだから、このような策によって国債のプラス面がマイナス面を補って余りあるものとなれば、国債反対論も静まるであろう。

以上のようなことは、必要なことをできるだけ円滑に遺漏なく成し遂げるという意味での、漸進的な手段によって実現することが可能であろう。元本に対して課税する代わりに利息に一定の累進税を課し、吸い上げた利息分に見合っただけ、国民一般が納める税を軽減するのが最善の方式であろう。たとえば次のようにしてはどうか。利息一ポンドに対する課税額を、最初の年は半ペニーとし、二年目はそれに一ペニー加算するといった具合に、年々一定の割合で重くなるようにする。ただし、他のいかなる資産税よりも常に低くなるようにする。徴税は、［毎年］利息を支払う際にそこから天引きするという方式にする。したがって、徴税費用はかからない。利息一ポンドに対して半ペニー課税すれば、吸い上げた利息分で税金を二万ポンド軽減できる。荷馬車税は、この額に等しいので最初の年に撤廃できるかもしれない。二年目には女中税か、あるいはそれと同じような額の別の税を廃止することも可能になろう。そして、その先もこの要領で、「国債の利息から徴収した税金は必ず国債の償却に充て、経常費には回さない」という条件を守れば、いずれ国債から解放されよう。

このような新税が導入されたとしても、［証券としての］国債を持っている人びとが納めるあらゆる税の総額は、今より少なくなるだろう。すなわち、救貧税や家屋税、窓税、追加窓税の廃止によって生じる節税額は、この、じわじわと効果を上げる新税の総額をかなり上回ることになろう。

いかなる事態にも適用できる対策を模索しておくことは、用心深さの表れだと思う。ヨーロッパ情勢は今、そのような姿勢を要求する局面を迎えている。今のうちに備えを固めたほうが賢明である。税制は、ひとたび弛緩（しかん）すると元に戻すのが難しくなる。また、事後に弥縫策（びほうさく）を講じるのでは、税の軽減を一歩一歩着実に進めておくのにくらべて効果が薄い。

各国政府の欺瞞・偽善・強要は、今や広く知られるようになっており、この先うまく行く見込みはない。王政だの貴族政だの、時代遅れの茶番劇はどこの国でも騎士道の後を追って葬り去られようとしている。バーク氏は野辺の送りに出るために、喪服に着替えようとしている。王政や貴族政の類は、その他のあらゆるばかげた制度が埋葬されている墓場に持って行って葬ればよい。そして会葬者には、心安らかに喪に服してもらえばよい。

イギリスはかつてアン女王（在位一七〇二〜一四年）の没後、オランダや、ドイツのハノーファー、ツェレ、ブラウンシュヴァイクにまで人を派遣して跡継ぎを探し求めた。国王として来てもらえるなら、イギリスの法律や言語は知らなくてもよい、いや、イギリスの国益すら分かっていなくてもよい。教区の警吏の職も務まらないような能力であっても差し支えない。報酬として年に百万ポンドを出す用意がある──。このような条件で跡継ぎを探したことを自嘲する時代が、もうすぐ到来しようとしている。もし国政をそのような人物にゆだねることができるならば、国政というものは至極簡単で単純な営みに違いない。国政のすべての目的を遂行できる人材は、イギリスのどこの町にもどこの村にも見つかるであろう。

国民が次のように語るのであればその国は、国家の基本的な仕組みと政府を自慢してもよい。「わが国の貧困層は幸せである。そこには、無教育や生活苦は見当たらない。獄につながれる者や街頭で物乞いをする者もいない。高齢者も生活には困っていない。税金は苛酷ではない。理性をそなえた世界は、こちらの味方になってくれる。なぜなら、こちらがそのような世界の幸福を支持するからだ」。

この何年かのあいだに、私たちはふたつの革命を目撃した。アメリカ独立革命とフランス革命である。前者の場合、抗争は長く続き、戦争は激烈であった。後者の場合、国民が一致団結して決起した上に、敵国とのさやあてもなかったので、革命側は勃発後ただちに権力の掌握に成功した。

米仏の革命の例から明らかであるが、革命の舞台に登場し得るさまざまな力のうち最強のものは、理性と、人類普遍の人権である。これらの力が作用する機会を得ると、敵対勢力は恐怖のあまりショック死するか、罪の意識に堪えかねて自壊する。このふたつの力は今や、偉大な地歩を普遍的に確立したのである。私たちは今後、革命や政治改革が――議論や説得を通じて決定できるあらゆる施策がそうであるように――流血なき誘導工作を通じて成就することを期待できる。

国民全体の社会通念や思考習性が変わると、その国民を以前のように統治することはもはやできなくなる。しかし、だからといって説得によって達成すべきことを武力でくわだてるとすれば、それは単に間違っているばかりか、政策としても拙劣である。国民の反逆は、一党派または政府が国民の総意を力ずくで抑えこむことに端を発する。したがってどこの国でも、国民が政府をどう見ているのかを時おり確かめるための手だてを用意しておかねばならない。

この点、フランスの旧政府は現在のイギリス政府より優れていた。なぜなら非常事態を迎えた場合、いわゆる三部会に頼ることができたからである。しかし、イギリスにはその種の臨時の機関はないし、国会議員などと呼ばれている徒輩について言えば、その多くは、宮廷や役人、さらには不労所得でのうのうと生活する者どもの単なる手先に成り下がっている。

私の見るところ、イギリス国民はみな税金を納めているのに、選挙権を持っている者は百人に一人もいない。また上下両院のうち、貴族院は誰の代表でもない。自分たち自身を代表しているだけだ。したがって国全体の改革に関するいかなる事がらについても、行動する権利はもっぱら国民の自発的な意志に置かれる。いかなる権力も、そうした権利は持たない。国全体の改革について二名の相談が許されるとすれば、まさにその権利ゆえに千人の協議も許される。このような事前の協議手続きをおこなう目的は、国民の総意を見出した後、それに服従することにある。

無能な、あるいは機能不全の政府に満足して改革を避け、税金を［政府にとって］必要な額より十倍多く納めたいと考えるなら、国民はそうする権利がある。その場合でも、多数派が自分たち自身に課す条件と異なるものを少数派に押しつけない限り、過誤は多々あるかもしれないが不公正は生じない。その過誤も長く放置されることはない。事態は説得と討議の対象となるので、最初は間違っていてもいずれ修正されるからだ。

このような要領で事を進めれば、暴動が起こる心配はない。どこの国の貧困層も、本来は争いごとを好まない。自分たちの利益と幸福に役立ちそうであれば、いかなる改革も感謝して歓迎する。貧困層が騒ぎ出すのは、無視されたり拒絶されたりしたときだけだ。

今、進行中のフランス革命と、各国政府を直撃しそうな気配を見せている世界同時革命が、世の耳目を聳動（しょうどう）している。イギリスはフランス革命に関心を寄せているという点で、ヨーロッパのどこの国にも引けを取らない。英仏両国は長年にわたり、何の国家目標もないのに莫大な費用を投入して敵対関係を続けてきた。しかし今、転機が訪れている。その気になれば両国は、手を握って対立劇に幕を引き、力を合わせてヨーロッパの他の諸国を改革することもできるのだ。

それを実行に移せば両国は、今以上の流血と重税を防ぐことができる。そればかりか、現在の税負担のうち、かなりの部分を軽減することも可能になる。これについては、もうすでに述べた。しかしながら長年の経験が示しているとおり、この種の改革は、旧来の政府が推進したがるような類のものではない。したがって今問題となっている事がらは、旧来の政府ではなく国民が取り組むべき課題として浮上してくるのである。

私は本書四五九ページで英仏米による三国同盟を提案し、その目的については後述すると述べた。私はアメリカ側に関して、典拠として直接引用できる資料を持たないが、次のように結論づけるのに十分な理由はある。同盟相手になる国が陰謀と秘儀に包み込まれた宮廷としてではなく、国民を代表する政府として行動するならば、アメリカはそのような同盟に参加することを考慮する気になるであろう。

フランスは――国民も、国民の代表である政府も――対英同盟を優先するであろう。それは確実である。互いに相手のことを知らず、敵対する理由も知らないまま長いあいだ敵対していた両者は、ひとたび自分の行動が誤解や思い込みに縛られていたことに気づくと、かえってよい友人になれる。国と国との関係もそれと同じである。

というわけで、こうした結びつきが成立する公算は大である。それを前提として説明したい。英仏同盟にオランダとの同盟が加わると、直接の当事国ばかりかヨーロッパの各方面が利益を得る。それはどのような事情によるのだろうか。

私の考えでは、英仏蘭の艦隊が連合した場合、その三国がヨーロッパ各国の海軍に対し軍備の一部制限や全面的な撤廃を提案すれば、首尾は上々、一定程度の賛同を得られるであろう。

まず、英仏蘭三国も含めて、ヨーロッパのいかなる国も軍艦の新規建造を断念するものとする。次に、各国が現在保有する海軍の規模を、たとえば現有勢力の十分の一にまで縮小するものとする。こうすれば英仏両国は、相対的な勢力比を現在のままにして、それぞれ少なくとも年に二百万ポンド節約できるだろう。もし人びとが、理性をそなえた者にふさわしい思考を受け入れるなら、次のように考えるであろう。「艦隊を築き上げ、乗員を乗り込ませ、大海原に船出させるのは一大事業である。ところがその結果は、せっかくの苦労を無駄にして、先を争って相手を沈めるだけなのだ。道徳的な判断は一切抜きにするとしても、これほど滑稽でばかげた所業はあるまい」。

平和は、実現するのにまったくコストがかからない。それどころか、多大な犠牲を払って勝利を収めるのにくらべると、計り知れないほどの利益をもたらす。平和は諸国民の目的に照らせば申し分のない状態であるが、宮廷主導の政府の目的にはそぐわない。なにしろそのような政府は、課税や地位、官職の口実を求めることを常習的な政策としているのだから。

また、右に述べた連合勢力にアメリカ合衆国も加わって、スペインに対して次のように提案すれば、これも好結果につながるのは確実だと思う。「南アメリカ諸国を独立させ、広大な国土と富を持ったそれら南米諸国を、現在の北アメリカ諸国がそうであるように世界貿易一般に向けて開放してはどうか」。

同じ一国の行動であっても、世界を隷属状態から解放し友邦国を作り出すためにおのれの力を発揮するのと、同じ力を用いて破壊、荒廃、悲惨を増幅するのとでは、大変な差がある。前者には大いなる栄光と利益がともなうが、現在イギリス政府が東インド［インド亜大陸］で演じている修羅場[15]は、まさにゴート族やヴァンダル族を語るのにふさわしい。彼ら蛮族は人の道を知らず、自分たちにとって高嶺の花である文明世界を、略奪によって苦しめる。

南アメリカが開放されれば、貿易のための巨大な舞台が出現しよう。そこは同時に、工業製品［特に綿織物］を喜んで現金購入してくれる市場でもある。そのような市場を東方に求めることはできない。そこではすでに工業製品を生産しているからだ。東方の工業製品を輸入することは、イギリスの製造業にとって有害であるばかりか、金・銀の流出を招く原因ともなっている。東方との貿易によるイギリスの赤字は、毎年決まったように五十万ポンドを超える。それだけの銀が、東インド会社[16]の船で運び出されているのである。こうした原因に［イギリス政府の］対ドイツ工作、対ドイツ支援も加わって、イギリス国内の銀不足が生じているのである。

しかるに戦争というものは、たとえ国民に破滅をもたらすとしても、このような政府にとっては福音なのだ。戦争は根拠のない期待感を支えるのに役立つ。人びとはそれに惑わされて、政府の欠陥や権力濫用を直視するのをやめる。民衆はあちこちに注意を向けさせられ、そのために目がくらんだり欺かれたりするのである。

アメリカとフランスの両革命はイギリスと全欧州に、前例のない偉大な機会を提供している。自由を擁護する国民がアメリカ革命のおかげで西方世界に、フランス革命のおかげでヨーロッパに、それぞれ出現した。フランスの後に続く国があれば、専制と悪政は鳴りを潜めるであろう。陳腐な表現を用いるなら、ヨーロッパ全体で「鉄が

15　プラッシーの戦い（一七五七年）でベンガル地方を制圧したイギリスはその後も、徴税権の獲得を目指してインド亜大陸での勢力拡張を図った。そのため、デカン高原ではマラーター同盟とのあいだで、また、南インドではイスラム系マイソール王国とのあいだで戦争が起こった。ペインが『人間の権利』を執筆していた時期は、第三次マイソール戦争（一七九〇～九二年）と重なっている。

16　一六〇〇年にロンドンの商人団が設立した貿易会社。エリザベス女王からインド貿易独占権を与えられた。当初は香辛料の輸入に専念、後に綿織物貿易に転じた。十八世紀になると、ベンガル地方における徴税権の獲得に象徴されるとおり、単なる営利組織というよりも、インドを支配する政治的主体となった。

灼熱(しゃくねつ)している」のである。屈辱にまみれたドイツ人や、隷従状態に置かれたスペイン人、それにロシア人やポーランド人までもが、思考力を働かせ始めた。現代は後世の人びとから「理性の時代」と呼ばれるのに値する。現在の世代は、後続の世代から見れば「新世界のアダム」と見えるであろう。

ヨーロッパ各国の政府が代議制に立脚するようになれば、各国の国民は互いに相手を知り、各国宮廷の陰謀と策略とによってあおられていた敵意や偏見は、影を潜めるであろう。踏みつけにされていた兵士は自由人となるであろう。また、酷使に堪えかねた水兵が「脱走したかどで」重罪人のように市中引き回しに処せられることも、もはやなくなるであろう。水兵は水夫となって、身を危険にさらすことなく貿易のための航海に従事することになろう。各国が終身の年金を給付するという前提で兵士を除隊させ、彼ら兵士を自由と同胞のふところに帰してやり、新兵の募集をやめるとすれば、それはよいことである。現状のような大規模な軍隊を、今までと同じだけの費用をかけて、社会にとっても兵士たち自身にとっても役に立たない状態にとどめておくのは無益なことである。

兵士はこれまで大半の国で悪者扱いされてきたので、兵士に味方する者はひとりもいないと言っても過言ではあるまい。市民からは「自由の敵であるに違いない」との危惧ゆえに敬遠され、上官からはあまりにも頻繁に侮辱されていたことを考えれば、兵士は二重に虐げられていたわけである。だが、純然たる自由の原理が人びとのあいだに浸透し、万事が秩序を取り戻し、兵士が市民らしく扱われるなら、兵士の側も市民にふさわしい礼節をもって応ずるであろう。

革命一般についてじっくり考察すれば容易に見て取れることだが、革命は異なる二要素に促されて起こる。一方の革命は、悲惨な社会状況を未然に防ぐか、あるいは取り除くことを目指し、もう一方は、高邁かつ実践的な善を実現することを目指す。このふたつの革命は、それぞれ動的な革命、静的な革命と称して区別しても差し支えない。悲惨な状況を正すために起こる革命は、憤激と敵意に満ちている。せっかく危険を冒してそのような状況を是正しても、旧体制側からの報復によって「流血のために」汚されることがあまりにも多い。

ところが善の実現を目指す革命になると、人びとは感情的になるというよりはむしろ活気づき、平静な気持ちで問題に取りかかる。争いにおいて武器となるのは、「理詰めの」説明、議論、説得である。人びとが暴力に頼らざるを得なくなるのは、これらの武器の使用を封じ込められたときだけである。

ある事がら（たとえば、税負担の軽減や政治腐敗の撲滅など）について、「実現できれば好ましいことである」という見方で全員が一致した場合、目的は半ば達成されたも同然である。人びとは目標として認めたものを、手を尽くして推進するであろう。

税が過重で、しかもそれが貧困層に重くのしかかっている時代にあって、誰が次のようなことを言うだろうか？　十万四千世帯の貧困家庭に、税金から年五ポンドずつ還付することは好ましいことではない――。また、次のように言う者はあるだろうか。そのほかの貧困家庭十万世帯に年七ポンドずつ、さらにそれとは別の十万世帯に年八ポンドずつ、そして、貧しい母子家庭五万世帯に年十ポンドずつ還付することは好ましいことではない――。

さらに一歩踏み込んで尋ねてみたい。果たして次のように言う者はいるだろうか。五十歳から六十歳未満の貧しくて、生活苦にあえぐ、かつてはまともな暮らしをしていた人びと全員に年六ポンドを、また、六十歳以上の人びとに十ポンドを支給することによって、いつ何時(なんどき)襲ってくるか分からない不幸に対処できるよう計らうことは、好ましいことではない――。

あるいはまた、次のように言う者はいるだろうか。世帯主に課されている救貧税二百万ポンドと、家屋税と窓税、追加窓税のすべてを廃止することは、好ましいことではない。政治腐敗の根絶は有害なことである――。

このような次第であるので、目標とされる善が静的にして理性的な、犠牲をともなわない革命にふさわしいのであれば、暴力革命を招かずにはおかない悲惨な状況の発生を待つという戦術は、正しくないということになろう。今、ヨーロッパ中に広がりつつある改革を念頭に置くなら、イギリスが甘んじてその最後尾にとどまるとは考えられない。改革の好機が平穏のうちに待っているときには、それを利用したほうが、凶暴な必然的事態を待つよりも賢明である。勇気をふるい、危険を顧みることなく社会悪の是正に向けて突進することは、人間の動物的な能力にとっては名誉と考えられるかもしれないが、理性的な能力にとっては同じ目的を、説得と妥協と全体の合意によって達成したほうが立派である。*

*原註。フランスでは、君主政は何年も保たないであろう――。私の知るところフランスでは、見識ある人士の多くはそのように見ている（いつの世にも、物事

を遠くまで見通す能力において他人に勝っている人びとがいるものだ）。一般の市民層の中にも、旧国民議会の多数の有力議員の中にも、その種の人士が見受けられる。彼らは次のことに気づいた。英知を世襲によって受け継ぐことができない以上、権力も世襲の対象にすべきではない。また、国民から年に百万ポンドの報酬を受け取る資格があるというのなら、原子から宇宙に至るまで万物を理解するに足る知力を持っていなければならない。しかしそれほどの人物であれば、百万ポンドの報酬を受け取ることを潔しとはしないであろう。

しかし、このような見識のある人びとですら、理性と利害に目覚める前の国民を、先走りして先導していると見られることを望まなかった。君主政が話題になるとき(横で聞いていると)、次のような結論に落ち着くのが常であった。

「国民の総意にもとづいて、然るべき時が訪れたときに次のようにすることが、体面を傷つけない、寛大な解決策となろう。すなわち、誰であれその時点で王位にある者に、相続権付きの領地をたっぷり進呈し、退位後、私生活を楽しんでもらう。その際、元国王には一般的な権利や特権を応分に持たせる。元国王が本人自身の時間と行動につき公共に対して負う責任は、一般市民のそれを上回らないものとする」。

改革または革命（呼び名はどちらでもよい）が各国に広がっていくと、それら諸国民は提携し、協定を結ぶであろう。こうして、幾つかの国のあいだで同盟が成立すると、改革なり革命なりは急ピッチで進み始め、専制と腐敗の政治は、少なくとも世界の二地域（ヨーロッパとアメリカ）からは全面的に排除される。アルジェリアの海賊行為[17]も中止を余儀なくされるであろう。というのも海賊行為の存続は、各国の旧来の政府が互いに敵意に満ちた政策で相手国に臨むことにもっぱらの原因があるからだ。

本書を通じて私が取り上げ、吟味したテーマは、多岐にわたるし数も多い。しかし、宗教についてはわずかに一節だけ、「善良であれと教えさとす宗教はよい宗教である」と述べた［本書五二四ページ］にとどまる。

私はここまで、宗教問題について四の五の述べるのを注意深く避けてきた。それと

17　地中海の海運は、北アフリカの地中海沿岸地域（バルバリア）を根城とするイスラム教徒の海賊によって安全を脅かされていた。アルジェはそれら海賊の重要拠点のひとつ。

いうのも私の確信するところ、現内閣は宗教に関する論争が続くことによって、国民の注目が国政の問題に集中するのを防ぎたいと願っているからだ。内閣の連中は「どっちを向いても構わない。だが、こっちだけは駄目だ」と言わんばかりの態度である。

だが、宗教が（言語道断にも）政治の道具にされ、それゆえに宗教の実像がゆがめられている以上は、本書を締めくくるにあたり宗教というものが私の目にどのように映っているのか、説明しておこう。

ある一家に子どもが大勢いて、両親に情愛と感謝を表すために、特定の日または機会に贈り物をすることを習慣にしていると仮定しよう。子どもはそれぞれ異なるものを、きっと異なるやり方で贈るであろう。

両親にお祝いの気持ちを伝えようとして、詩や作文を書く子もいるだろう。生まれつきの器用さを生かすために、あるいは「両親が喜んでくれそうだ」と考えて、ちょっとした仕掛けをこしらえる子もいるだろう。幼い末っ子はもしかすると、まだそういうことが何もできないので、庭か野原に歩いて行き、自分が見つけた花の中で一番きれいだと思う花を（それはもしかすると単なる雑草かもしれないが）摘んでくるかもしれない。子どもたちの両親は、このようにさまざまな贈り物を受け取って大いに喜ぶであろう。その喜びは、子どもたちが申し合わせどおりに準備し、それぞれがまったく同じ贈り物を持ってきた場合よりも大であろう。

このような計画的な贈り物は、わざとらしさに付随する冷ややかな印象や、統制が利いているがゆえの違和感を免れない。だが、両親にとって願い下げにしたいことはこもごもあるにしても、子どもたち全員が後になって、誰のプレゼントが最高で誰のが最低かをめぐって、男の子と女の子の区別もなく取っ組み合いのけんかや口げんか、ののしり合いまでやらかしたと聞かされるときほど、心が痛むことはない。

次のように考えてはいけない理由はあるのか。万物の偉大な父である神は、あれこれさまざまな信心が自分に寄せられることをお喜びになるのではないか。私たちが犯す罪のうち最大のものは、互いに相手を苦しめ、不幸な目に遭わせようと努めることにあるのではないか。自分自身について言わせていただくと、こうである。私は今、人類を和解させ、人類の境遇を幸せなものにし、これまで敵対してきた諸国民を団結させ、戦争という悪弊を撲滅し、奴隷の状態に置かれ虐待を受けている人びとを束縛から解放しようと力を尽くしている。それは神の御心にかなっており、神に対してささげられる最上の奉仕である。私はそれをみずから進んでおこなっているのである。私はそれで十分満足している。

私の確信するところでは、いやしくも自分の頭で考えるふたりの人間が、いわゆる信念体系の論点について同じように思考するということはあり得ない。意見が合致しているように見えるのは、思考したことがない人びとの場合だけである。それはこの場合、いわゆるイギリスの政体をめぐる言論の状況と似ている。これまで、イギリスの政体は優れているに決まっていると見なされ、賛辞が証明の代役を果たしてきた。だが国民が、政体を支える原理と、そこで見逃されている弊害の検証に着手するなら、私が本書（第一部と第二部）において指摘した以上に多くの欠陥が明らかになるであろう。

いわゆる国教について一言、言っておこう。国教という言い方が妥当であるならば、国定の神々という言い方をしても同じように妥当ということになる。「国教」は政治的な欺瞞であるか、あるいは各国がそれぞれ別々に独自の神を仰いでいた異教時代の遺物である。

イングランド教会で聖職に就いている著述家が宗教一般について論じることがある

が、そのような論客の中でランダフの現主教[18]に勝る者は（過去にさかのぼっても）いない。私は大いなる喜びを感じつつ、この場を借りてランダフの主教に尊敬の念を表明するものである。

以上、本書のテーマの全体を検討した。少なくとも主観的には、できるだけ深く、掘り下げられるところまでは掘り下げたつもりである。

ヨーロッパ滞在中のこの五年間、私は帰米前に機会があれば、国家統治の問題についてイギリス国民に語りかけてみようと考えていた。バーク氏はその機会を設けてくださったわけで、私は氏に感謝している。三年前、私はある機会を得て、国民が置かれている窮状を検討する目的で全国規模の協議機関を公正に選出するよう提案してもらいたいと、彼に強く迫ったものだ。しかし、私は悟った。バーク氏が行動をともにしていた党派は当時、議会主流派から強力な圧力をかけられていた［のでやむを得なかった］とはいえ、万事を政治腐敗の場に放置し、成り行き任せにするつもりだった

18　リチャード・ワトソン（Richard Watson 一七三七〜一八一六年）を指す。一七八二年から一八一六年に没するまでランダフの主教。一七九六年、ペインの宗教観を、無信仰の拡散を助長するものと批判している。

のである。長年の経験に照らせば明らかなことであったが、議会はいかなる首相の交替にも従う。氏の党派は自分たちの希望や期待をそこに託したのであった。

以前、国政に関して意見が割れると、武力が行使され、それは内戦につながるのが常であった。そのような野蛮な習慣は新しい制度によって粉砕され、全国規模の協議機関に調停が一任される。懸案事項は討議と総意によって裁定され、個人は自分の意見をその裁定結果に快く服させるので、秩序は混乱なく維持される。

紳士諸君の中には、本書（第一部および第二部）を支える原理をむやみに「新奇な学説」と呼びたがる方々がいる。そうした原理が新しいか古いかはどうでもよいことである。問題は、原理が正しいか否かである。原理が正しい場合、それがどれほどの力を発揮するか、誰にでも分かるたとえ話によって示しておこう。

今は二月半ばに近い時期。郊外に足を踏み入れると、木々は裸で、いかにも冬らしい様子を見せている。散歩している人はともすれば小枝を手折ってみようという気を起こすものだ。だから私も、もしかすると同じようなことをするかもしれない。そして、たまたまその小枝に、つぼみが一つだけふくらみ始めているのが目についたとしよう。これを見て、イギリスでこのようなつぼみは、ほかにはあるまいと判断するなら、その推論は非常に不自然である。いや、まったく推論になっていないのに等しい。

このように決めつけるのではなく、ただちに次のように結論づけるべきである。イギリスのあちこちで、つぼみはこれと同じような姿を見せ始めているだろう、と。同じ樹木、同じ草花であっても、ある種のものは冬の眠りが長い。中には二年も三年も開花しないものもあるかもしれないが、枯れていない限り、夏になればきっと葉を生い茂らせる。政治の夏はどのように自然の夏に歩調を合わせるのだろうか。人知をもってそれを予見することはできない。しかしながら、春の始まりを体感することはむずかしいことではない。

世界のすべての国民に自由と幸福が訪れることを心から願いつつ、本書第二部を終えることにする。

付記

本書〔第二部〕の出版は予定より遅れたが、諸般の事情を勘案するなら、出版の遅れを引き起こした原因について説明しておくことは不適切ではなかろう。

読者は恐らく、本書の減税案の一部と、ピット氏が一月三十一日（火曜日）におこなった〔議会の〕今会期冒頭の演説とが酷似していることから、著者がピット氏からヒントを得たか、あるいはピット氏が著者からヒントを得たか、そのどちらかに違いないとお考えになっているであろう。まず、似ている箇所を指摘し、次に私が知っている事情について説明し、それをどのように判断するかは読者にお任せしたいと思う。

税金の軽減や廃止を提案するというのはあまり前例のないことである。それを念頭に置くなら、そのような措置を同時にふたりの人物が思いつくということも、やはり同じように異例のことである。まして税金の種類が多岐にわたり、数も多いということを考え合わせると、［減税の対象として］特定の、同じ種類の税金が頭に浮かぶというのは、なおさら異常なことである。ピット氏はその演説において、荷馬車税や女中税に言及している。また、ローソク税の引き下げや、窓の数が七つ以下の家屋に対する税（三シリング）の廃止を提案しているのである。

それらの税金はどれも、廃止または軽減すべきものとして、本書に掲げた案の中に含まれている。ピット氏の案は三十二万ポンドの減税にとどまっている。それは間違いない。しかるに、私が本書で提案した減税額は六百万ポンドに近いのだ。試算の前提とした歳入は一千六百五十万ポンドにとどまるが、それでもその際、歳入は丸々一千七百万ポンドではないにしても、それに近い額になると、わざわざ断った。ピット氏が設定する歳入額は、一千六百六十九万ポンドである。私は、彼の数字が大げさなものではないと言える程度には、この問題に精通している。以上、本書とピット氏の演説とのあいだで共通する点を指摘したので、今度は、いくらか説明に役立つかもしれない一連の事情について述べることにする。

フランス革命の論理的帰結として他に先駆けて公表された減税提案は、一七九一年八月二十日、セントジェームズ街のサッチト・ハウス亭に集った紳士諸氏による「同胞市民に対する訴えならびに宣言」に見出される。同宣言においては、他のさまざまな質問や提案とならんで次のことが（フランス革命に反対する政府の面々に質問するという体裁で）述べられている。「新たな重税を課す口実が尽きることや、旧来のたくさんの税金を維持する根拠がなくなることを残念に思っているのか？」。

よく知られていることだが、このサッチト・ハウス亭の主たる常連客は宮廷の関係者である。彼ら宮廷関係者がこの、フランス革命と減税に関する宣言を忌み嫌ったので、八月二十日の会合に出席した紳士諸氏が「もう一度会合を開きたい」と申し入れてきたとき、亭主は「お受け致しかねます」と答えざるを得なかった。*

*原註。八月二十日の会合の議長として「同胞市民に対する訴えならびに宣言」に署名した紳士、ホーン・トゥック氏（一七三六〜一八一二年）は、一般的にはこの宣言の起草者とされ、なまじこの宣言をほめちぎったために、自画自賛するのかと揶揄されている。トゥック氏をこのような落ち着きの悪い立場から解き放ち、起草者の名を白状させられるという（これまでにしばしば余儀なくされた）面倒から救い出すために、私はこの場を借りて、ためらうことなく次の事実を明ら

かにするものである。フランス革命を生かす好機だという考えを苦もなく思いついたとき私は、くだんの宣言を起草し、トゥック氏を始めとする何人かの紳士諸氏に見せた。彼らは諸手を挙げて賛同してくれた。そして、それを公表する目的で会合を開き、宣伝費を負担するために五十ギニー拠出してくれたのである。私の確信するところ現在のイギリスでは、公正無私の原則にもとづいて行動している人びとが以前より多くなっている。彼らは、みずから国家統治の本質と実践を究めるつもりでいる。そして政府一般にも、議会にも野党にも、これまでのような無条件の信頼は託すまいと、固く決意している。このような事態が一世紀前に生起していたら、政治腐敗も税金も、現在ほど極端なものにはなっていなかったであろう。

「同胞市民に対する訴えならびに宣言」では、税金と国家統治の原理について示唆する程度にとどめておいたものが、本書においては整然とした体系となっている。それはお分かりいただけるであろう。しかしピット氏の演説内容は、税金に関して私の提案と一部重複している。だから今度は、先ほど一言触れておいたとおり、なぜそうなったのか事情を説明することにする。

事実は次のとおりである。本書は、議会が会期を迎える直前に出版するつもりでいた。それに間に合わせるために、九月中に原稿のかなりの部分を印刷所に渡しておいた。残りの、英語版（初版）で百六十ページ目までの原稿は、会期が始まる六週間も前に印刷所に渡した。この原稿には、ピット氏の演説と似ている箇所が含まれている。このとき私は、本書刊行の時期についても指示を出しておいた。印刷所では会期が始まる二週間ほど前に活字をほぼ全部組み終わり、百十二ページ目まで印刷した。そして私には次のシート（つまり、百二十八ページ目まで）の校正刷りを寄越した。

残りの二シートも印刷の準備が整っていたので、その時点では、こちらが申し入れた時期に出版するのに十分な余裕があったわけである。私のほうでは印刷所に前もって「間に合わないようだったら、一部分はほかの印刷所にやってもらうこともできる」と言っておいたのだが、「それは気が進まない」という返事であった。議会の会期が始まる二週間前の火曜日の時点で、作業の進捗状況はまさにこのようなものだったのである。ところがその日、印刷屋がまったく突然、前の晩に顔を合わせていたにもかかわらず何の予告もなく、印刷職人を使いに寄越して、残りの、つまり百十二ページ以降の原稿をすべて突き返してきたのである。この仕事を続けるのはどうあってもお断りする、とのことであった。

この異常な振る舞いをどう説明したらよいのか、まったく思案に余る。なにしろ国家統治の制度と原理についての議論を終え、さあ、これから減税や子どもの教育、貧困層・高齢者に対する扶助案について議論を始めようという箇所で印刷工程が止められたのだから。さらにもっと不可解なことがあった。思い出してみれば印刷屋は、印刷を開始しようかという段階で、つまり、原稿のすべてにはまだ目を通していない段階で、『人間の権利』第二部の増刷分の版権も含め、版権を千ポンドで買い取りたいと申し入れてきたのである。

私は、この申し出を言づかってきた男に「そのような提案を受け入れることはできないし、今後も蒸し返してもらっては困る」と答え、その理由として次のように述べた。お宅のご主人が正直者であることは信じているが、いかなる印刷所にもいかなる出版社にも、版権を持たせることによって私の著作を闇に葬るとか改変するとかの自由を与えるつもりはない。版権を首相やほかの誰かに転売する権利についても同様である。また、人を導く理念を示すつもりで執筆した著書を、単なる商品として扱うなどということは許さない。

当初予定の印刷所が（版権を買い取れなかったために）本書の完成を放棄したことから、私はやむなく別の業者を探し回った。そのため本書の刊行は、議会の会期後にずれ込んだ。このようなことがなければ、ピット氏が私の詳細な案の一部分を取り上げたにすぎないということは一目瞭然であったろう。

ピット氏か、あるいはほかの誰かが本書またはその一部に目を通したか否かについては、私は判断材料を持たない。しかし、印刷所が本書［の原稿］を唐突に突き返してきたこと、突き返してきたのが議会の会期が始まる直前だったこと、さらには、それに先だって版権買い取りの申し出があったことなどは、［盗み読みがあったとの］嫌疑を支える状況証拠である。私は、書店や出版社がこのようなケースをどのように見るかを知っている。しかし、私自身の見解は明らかにせずにおこう。著者以外の者が、著書が公刊される前に校正刷りを手に入れることはできる。そのための方法は幾つもある。それには次のような一件も付け加えられる。

一般に報じられているところによると、内閣と密接な関係にある一官庁（ホークスベリー卿が長官を務めている商務庁）の一事務官が[1]『ペインの半生（ライフ）』とやらを出版するために、ピカデリーにある政府系の書店を利用した由である（著者本人の生き方（ライフ）と閣僚各位の生き方（ライフ）も、まっとうであればよいのだが）。その書店は、私が利用しているのと同じ印刷所に発注するのを常としていた。ところが、『人間の権利』第一部が出版されると、『ペインの半生』の著者である事務官はえらく気分を害し、原稿を持ち帰ってしまった。だが、私が原稿を突き返される一週間か十日前のこと、事務官は印刷所にやって来て、もう一度『ペインの半生』の出版を引き受けてくれないかと申し入れ、印刷所側の応諾を得たのであった。

このような次第で事務官は、当時、私の原稿の校正刷りも置いてあった印刷所に出入りするようになる。また、書店と印刷所は互いに遠慮のない関係にあるので、事務官には作業の進み具合を知る機会もあったろう。しかしその間の経緯はともかくとして、本書が当初の予定どおりに出版されていたら、ピット氏の案はあのとおりささやかなものであるだけに、さぞかし貧相に見えたであろう。

以上をもって、本書刊行の遅れを招いた事情、すなわち、版権を買い取るとの申し

1　ジョージ・チャーマーズを指す。第一部第七章の訳註17を参照。

入れから印刷の辞退に至るまでの顚末を説明した。もし関係者全員が「身に覚えがない」と言うのであれば、彼らにとって不利な状況証拠が、特に意図したわけでもないのにこれほどたくさん集まってしまうのは、何ともお気の毒なことである。

これで本書第二部を終えるが、最後にもうひとつの出来事について述べ、それをもって締めくくりにしよう。

議会の会期が始まる二週間か三週間ほど前のこと、兵士の俸給が年に十二シリング六ペンス引き上げられた。というか、それに相当する額だけ差し引かれずに済むようになった。本書が兵士の被抑圧状況に関する救済案を含むことになることを断片的に知った紳士諸氏の中には、次のようにしたらどうかと提案してきた人びともいた。いわく、「この問題を扱っている章の草稿は、兵士の俸給の増額が提案される数週間前にすでに印刷所の手に渡っていたのだから、そのことを脚注で示すべきである」。

それはお断りした。虚勢を張っているなどと解釈されたくなかった。また、「政府関係者の中に、本書で取り上げる内容を何らかの方法で見抜いた者がいたのではないか」という疑念を（おそらくは根拠もないのに）あおるつもりなのだなと曲解されたくなかったのである。印刷工程が中断されることなく、本書が当初の予定どおりに出版されていたら、この付記に含まれていることを公表することはなかったであろう。

トマス・ペイン

解説

角田安正

本書『人間の権利』の著者トマス・ペイン（一七三七～一八〇九年）はもともとイギリス人でありながら、アメリカ独立革命ではアメリカ側に立って活躍した自由の闘士である。小冊子『コモン・センス』（一七七六年）で、「君たちアメリカ人はなぜ決起して独立と自由を勝ち取らないのか！」とアメリカ人に檄を飛ばしたことで知られている。『コモン・センス』を読んだことがある読者なら、ペインがジョン・ロック（一六三二～一七〇四年）流の社会契約説を信奉していたこと[1]や、啓蒙思想家の一人に数えられることも、ご存じであろう。

だがペインの、アメリカ独立後の人生についてはどうだろう。ペインが後半生においても世界史に残る大事件に関与したことは、あまり知られていないのではないか。アメリカ独立革命の闘士であったペインは、実はフランス革命（一七八九～九九年）にも当事者として参加している。特筆されるのは一七九二年九月、フランス立法議会

（次いで、国民公会）の正式メンバーに選ばれたという経歴である。外国人でありながらフランス名誉市民の身分を与えられ、しかも国会議員に指名されたのだから、破格の厚遇である。これはすなわち、当時急進化しつつあったフランスの革命勢力が、ペインをフランス革命の味方と見なしたということを意味する。ペインはなぜそのような評価を受けたのか。『コモン・センス』はもちろんのこと、本書『人間の権利』もそのフランス語版を通じて、ペインのイメージ・アップに寄与したと見て間違いないだろう。

フランスの革命勢力は、『人間の権利』のどのような要素に共鳴したのであろうか。ペインは本書において、君主政（王政）の構造的な欠陥をあばくことにより、イギリス王政を徹底的に批判する。そして、アメリカ合衆国の大統領制に代表される共和政を、王政に代わる理想の統治体制として推奨する。急進化するフランス革命の支持勢力（すなわち共和派）がペインを高く評価したのは、ペインの王政否定と共和政擁護をゆるぎないものと見たからであろう。

1　ただし、ペイン本人は「ジョン・ロックの『市民政府論』は読んだことがない」と語っていたという（ヒッチンス、一六二ページ）。

もっとも、ペインは『人間の権利』第一部において（また、第二部においても）フランス人に対して共和政の即時樹立を訴えかけているわけではない。確かにペインはフランス革命を支持していた。たとえば第一部の第四章では、革命勃発後のフランスにおいてようやく整い始めた新しい統治体制を好意的に紹介している。また第六章では、フランス革命の基本理念を宣揚した一七八九年の「人間の、また市民の権利宣言」（以下、略して人権宣言）を終始賞賛してもいる。しかし、『人間の権利』の第一部が出版されたのは、一七九一年三月。また、第二部の出版は翌九二年の二月。当時、フランス革命はまだ緒（しょ）についたばかりで、立憲君主政を目指す運動であったにすぎない。そのような段階にあったフランス革命を擁護するということは、考えようによっては立憲君主政を擁護するのに等しい。当時のペインは共和政を、フランスにとってただちに実現すべき課題とは見なしていなかったのではないか。このような疑問にも注意を払いつつ、以下、『人間の権利』の内容を紹介したい。

『人間の権利』執筆のいきさつ

まず始めに、ペインがフランス革命の直前と直後、フランスおよびフランス革命とどのようにかかわっていたのか振り返ってみよう。

ペインはアメリカの独立後、いったん政治活動から身を引いた。それに代わって精力的に取り組んだのは政治とは何の関係もない事業、すなわち鉄橋の設計と建設であった。独立革命の闘士が鉄橋の設計、建設に取り組むとは少々奇異な感じもするが、この時代にあっては、ペインのような生き方もそれほど奇矯なことではなかったのかもしれない。

鉄橋建設の事業は、ペインとフランスとのあいだを取り持った。一七八七年、イギリスとフランスで鉄橋建設の事業計画が受け入れられる見込みが出てきたことから、ペインは英仏両国を往復しながら生活するようになったのである。このときペインは五十歳。残る人生は鉄橋の建設にささげるつもりであったに違いない。

ペインはこの年と翌年（一七八八年）、合計三回フランスを訪れている。フランス滞在は数カ月に及ぶこともあった。フランス滞在を繰り返すうちに、たまたま八九年、フランスで革命が勃発した。フランス革命によりペインの運命は大きく変転する。ペインは革命が勃発した後もしばらくのあいだは鉄橋の建設にこだわっていたが、九〇年十一月、不本意ながら事業を中断し、文筆活動に意を注ぐことになった。イギリスの保守思想家エドマンド・バーク（一七二九〜九七年）がフランス革命を批判したことに刺激され、論駁を決意したからだ。バークは著書『フランス革命についての省察』（一七九〇年十一月）において、フランス革命において人権の追求がかえって人権侵害を引き起こしている旨を鋭く指摘、フランス革命の本質を、まだ革命の初期段階であったにもかかわらずかなり正確にえぐり出した。

論駁を思い立ったペインは大急ぎで『人間の権利』の第一部を執筆した。早くも一七九一年の二月下旬には最初の数部（見本刷りに相当するものか？）が出来上がったようだ。活字を組むための作業時間を考えると、ペインはおそらく正味二カ月あまりで原稿を書き上げたはずである。大変な執筆スピードである。原文を読んでみるとバークからの引用部分には、単語を写し損ねたり意味を取り違えるなど、間違いが目立つ。また、地の文にも文法的な間違いが散見される。それらの不備は、ペインが『人間の権利』第一部を一気呵成に執筆し、原稿を推敲しないまま印刷所に持ち込んだことを物語っている。

立憲君主政を目指していた初期のフランス革命

バークに対する論駁の書として書かれた以上、『人間の権利』の内容と意義を理解、評価するためには、バークのフランス革命に関する見解をあらまし知っておく必要がある。またそれに先立って、当時の、つまり一七八九年から九一年にかけての、フランス革命の状況を頭に入れておくことも必要であろう。

ここでは先に、当時のフランスの国内情勢を一瞥(いちべつ)しておこう。フランスでは一七八九年、国家財政の悪化を背景として、国民が逼迫(ひっぱく)する生活に不安と不満をつのらせていた。そのような国民の不満に押され、同年六月、貴族および聖職者から成る特権階級は、従来の身分制の議会すなわち三部会を改組し、憲法制定機関として国民議会をもうけることに同意した。国王ルイ十六世（在位一七七四〜九二年）もこうした決定をやむなく容認した。既存の統治体制が下からの圧力にさらされて本質的な変革を迫られたのだから、これはまさに革命の始まりであった。

その後、国民議会で保守派貴族が憲法起草の準備に抵抗する中、七月、国王側が国民議会を弾圧するためにパリおよびヴェルサイユ周辺に軍隊を集めつつあるという噂がパリ中に流れた。国民の不安と不満はこれによって一層ふくれ上がり、それはパンの値上がりを直接のきっかけとして爆発した。パリでは憤激した市民が圧政の象徴バスチーユ監獄を襲い、農村では貴族領主に対する農民の蜂起が起こった。

社会不安が深刻化する中、国民議会は八月二十六日、新たに制定される憲法の指針として人権宣言を採択した（本書第一部第六章を参照）。これによりフランスの国家統治の仕組みは、すべての人間の自由と平等、主権在民、言論の自由など、近代市民社会の理念にもとづいて形成される運びになった。立憲君主政への移行は確定的となった。その後の二年間、国民議会は人権宣言に盛り込まれた理念を実現すべく、憲法の構成要素となる法令（デクレ）を順次発出していった。たとえば、人権宣言の翌年（一七九〇年）には、デクレにもとづいて行政区画の改編、教会財産の没収、ギルドの廃止、度量衡の統一がおこなわれた。

一七九一年になると国民議会はそれら一連のデクレを一つにまとめ、九月、それを憲法として発布した。人権宣言はこの憲法に前文として組み込まれた。フランスの統治体制は立憲君主政に移行した。フランス革命を支持する勢力のうちフイヤン派をはじめとする立憲君主派は、これをもって革命の完了と見なしたかもしれない。しかし後から振り返ってみれば、現実のフランス革命はまだ始まったばかりであった。

論敵バークが見破ったフランス革命の本質

このような初期フランス革命を、ペインの論敵バークはどのように捉えたのであろうか。『フランス革命についての省察』の重要な論点を列挙するとこうなる。

(一)長い年月を経て維持されてきた制度は、時の試練に耐えてきたのである。そのような制度は、不用意に破壊するのではなく、修正することによって有効活用すべきである。

(二)フランスでは、革命勢力が教会の財産を没収し、無統制な群衆が政府高官を裁判抜きで吊るし首にするなど、度を越えた蛮行(すなわち人権侵害)が見られる。

(三)人権を限りなく追求するとかえって社会の秩序と人間の自由が損なわれる。

(四)アリストテレスは、民主政を徹底的に推し進めると一種の専制に至るということを見抜いているが、フランス革命にもそれが当てはまる。

(五)革命によってフランスはやがて大混乱に陥るであろう。それを収拾できるのは、有能な軍事指導者だけである。

バークの先見の明は驚異的である。特に(三)から(五)において、フランス革命の行く末を一七九〇年十一月の時点で正しく見通したのだから、慧眼（けいがん）というほかかない。考えてみればフランス革命は、一七八九年に始まったが、ただちに完結したわけではない。九二年の王政の廃止、九三年の国王ルイ十六世の処刑の後、せっかく樹立された共和政はジャコバン派の恐怖政治によって変質し、フランス社会は混乱に陥った。九四年には、テルミドール九日のクーデタで独裁者ロベスピエール（一七五八〜九四年）が処刑されジャコバン派は没落したが、その後もフランスの社会不安は一向に収まらなかった。最終的にフランスの混乱を収拾したのは軍事指導者ナポレオン・ボナパルト（一七六九〜一八二一年）であった。ナポレオンは九九年十一月にブリュメール十八日のクーデタで独裁権を握り、これによりようやくフランス革命は終息した。要するにフランス革命は、十年もの歳月を費やしながら、結局のところ共和政とは無縁の統治形態（ボナパルティズム）の成立をもって終わったのである。このような事実を知っている以上、私たちはバークの先見性を認めるほかかない。

バークのフランス革命批判と比較するとペインのフランス革命評価は、将来予測には重きを置いていない。以下に見るとおり、執筆時点で見えていた事象を論じるにとどまっている。要するに、バークが将来を予測したのに対し、ペインは現状を分析したのである。視点が異なるから、両者の議論はかみ合わない。攻撃されたバークのほうでは、建設的な論戦は望めないと考えたのであろう。一七九一年八月に出版された『新ホイッグから旧ホイッグへの訴え』において、『人間の権利』に反論することは避けている（本書二八九ページ）。ペインの対バーク攻撃はひとり相撲になった。

理念を同じくするアメリカ独立革命とフランス革命

ペインは、一七八九年から九〇年にかけてのフランス革命の推移を基本的に歓迎していた。そのような姿勢は、『人間の権利』第一部にも窺われる。ペインがこの時期フランス革命に好意的だったのは、それがアメリカ独立革命と同じ理念に支えられていると見たからであろう。たとえばフランス人権宣言を、アメリカ独立革命の理念を表していると言われるヴァージニア権利章典（一七七六年六月）と読みくらべれば、米仏の両革命が理念を同じくすることは明白である。[2] それは特に、人権宣言十七カ条

2　ラファイエット侯が「人権宣言」の起草にあたりヴァージニア州およびその他のアメリカ諸州の権利宣言を参考にしたことは、同侯の「日誌」によって確認できる由（深瀬、五二三〜五二四ページ）。

のうち最も重要な部分、すなわち冒頭の三カ条において顕著である。それを要約すると、次のようになる。(一)すべての人間は自由であり、かつ人権の点で平等である。(二)国家の樹立は、自由・所有・安全を求める権利や圧政に抵抗する権利を保全することを目的とする。(三)主権は国民にある(本書第一部第六章を参照)。一方、ヴァージニア権利章典の冒頭の三カ条を調べると、人権宣言とほぼ同じことを謳(うた)っていることが分かる。異なるのは(二)と(三)の順序だけである。ヴァージニア権利章典では、主権在民が二番目に、国家樹立の目的が三番目に置かれている。

このように、人権宣言を精神的な支柱とするフランス革命は、アメリカ独立革命と同じ理念にもとづく運動と位置づけられる。ペインは、フランスでもアメリカと同様の理念が統治の基礎に据えられたことに胸を高鳴らせていたはずだ。なにしろペインは、アメリカの共和政を人類の理想の統治形態と考えていた人物である。それだけにペインには、バークのフランス革命批判が保守反動の徒による暴論のように思えたであろう。また、バークの言説は裏切り行為のようにも感じられたであろう。というのもかつて、アメリカ独立革命を熱烈に支持する点で、バークはペインと意気投合する同志の関係にあったからだ。

ペイン、王政の構造的欠陥をやり玉に

ペインが『人間の権利』第一部全体を通じて繰り返しているのは王政(特にイギリス王政)批判と共和政礼賛である。ペインはまた、王政との対比でフランス革命の成果——厳密に言うなら、一七九〇年末の時点での、未完の革命の成果——に賛辞を贈ってもいる。ペインの王政批判は『コモン・センス』とほぼ同工異曲で、その内容はおおよそ次の四点に集約される。

第一に、世襲の王政のもとでは知力に恵まれない者が国王の地位に就く可能性がある。ペイン自身の遠慮会釈のない表現を借りるなら、こうである。「統治体制を人知の産物と認めるならば、必然的に次のような結論が導かれるはずだ。世襲による王位継承や世襲にもとづく権利とやらを、統治体制の中に組み込むことはできない。なぜならば、英知は世襲の対象にはならないし、他方、実態的に国政を白痴の知恵にゆだねる可能性がある仕組みは、賢明な仕組みにはなり得ないからだ」(本書二一六ページ)。知力に恵まれない国王というのは、ペインの想像の産物ではない。ペインは暗に、当時のイギリス国王ジョージ三世(在位一七六〇〜一八二〇年)のことを指しているの

である。ジョージ三世は遺伝性の精神疾患に悩まされており、特に一七八八年夏から秋にかけて症状が悪化、錯乱状態に陥ることもたびたびであった。翌八九年には、摂政を置く必要が生じたことからイギリスの政局が混乱した。摂政を指名するルールをめぐって、首相の小ピット（一七五九〜一八〇六年）とその後釜を狙う庶民院の大立者フォックス（一七四九〜一八〇六年）とのあいだで争いが起こったのである（本書二四七ページの訳註14を参照）。ペインが王政に関して国王の知力を問題にしたのは、このように、それにまつわる弊害が現実に発生していたからでもあった。

王政批判の第二の論拠としてペインが指摘するのは、王統のいかがわしさである。ペインは次のように述べる。君主の家系は大昔、ならず者の一党が人民を武力で制圧することから始まった。ノルマン・コンクェストはその一例である。ウィリアム征服王（ノルマン朝の始祖、在位一〇六六〜一〇八七年）はフランスのノルマンディーからやって来て、武力でイングランドの王位を奪い取った外国人に過ぎない。その結果国王と名乗るようにはなったが、ウィリアムの出自は「売春婦の息子」ではないか。一般的に君主の家系をさかのぼると、身分の卑しいならず者が始祖として立ち現れる。だから、王統の起源を根拠として王政を擁護することは、まず不可能である（本書一

○九ページ、二二二ページ)。

　王政批判の第三の論拠は、「いかなる世代にも、後続の世代をおのれの所有物として扱う権利はない」というものである。ペインに言わせれば世襲の君主政は、先行する世代が後続の世代を束縛、統制することにほかならない。そのような見立てにもとづいて、ペインは次のように述べる。この世を去った人間は、もはや浮世の利害関係とは無関係になるのであり、そうである以上、この世を誰に統治させるべきか、また、政府をどのように組織、運営するべきか等の点について、命令する権限を失う(本書三八～三九ページ)。そうであるにもかかわらず後続の世代に王政の世襲を強いるということは、先行する世代が後続の世代の自由を奪っていることになる。これは、後続の世代の利益を損なう制度である。

　王政批判の第四の論拠は、宮廷を維持するのにかかる莫大な費用である。まず、侍従や衛兵、その他の御用掛を召し抱えるために際限なく国費がつぎ込まれる(本書二三八～二三九八ページ)。だが、それればかりではない。君主は領土拡張熱に浮かされやすく、したがって好戦的になりがちである。また、他国の王位継承問題にも干渉したがる。そのため、軍事費や外国での工作費を調達する必要に迫られ、増税の機会を窺うようになる。イギリスに至っては専制君主国よりたちが悪く、徴税を続ける口実として戦争を引き起こしているほどである（本書一二八〜一二九ページ）。

ペインが挙げる王政の構造的欠陥は、おおよそ以上のとおりである。

ペイン、共和政を推奨

しかし、一口に王政と言っても、あらゆる王政が専制として分類されるわけではない。立憲君主政もある。立憲君主政を確立して専制に終止符を打つことは可能である。少なくとも現代人はそれを知っている。ペインは立憲君主政という処方箋をどのように見ていたのであろうか。実は、ペインは『人間の権利』において立憲君主政そのものには言及していない。立憲君主政との関連で目につくのは、イギリスの責任内閣制ないし議院内閣制に相当するものについてのコメントだけである。

ペインによる説明を紹介する前に、責任内閣制および議院内閣制とは何か、簡潔に説明しておこう。まず、責任内閣制とは、内閣が国王にではなく議会（特に下院）に対して責任を負う制度である。当然のことながら、国王の政治関与は弱くなる。責任内閣制は現代の議院内閣制の原型に当たる。ただし、首相は議会ではなく国王によって任命されており、その点は議員内閣制と異なる。

　責任内閣制は、イギリスでホイッグ党のロバート・ウォルポールが首相（正式の官職名は第一大蔵卿）を務めたとき（在任一七二一～四二年）に始まった。それは、ウォルポールが意図的に導入したというよりはむしろ、当時の国王ジョージ一世（在位一七一四～二七年）が国政をやむを得ず首相にゆだねた結果として成立した、と言ったほうが妥当だろう。ジョージ一世はドイツのハノーファー出身（ハノーファー選帝侯）で英語も知らず、イギリスの法制や慣習にも不案内だったので、政治を首相に委任するほかなかった。

　ところで首相のウォルポールは就任から二十一年後の一七四二年、庶民院（下院）で信任を失った事実を重く受け止め、国王の命令に拠ることなく自発的に首相の職を辞した。これはイギリスの憲政史上、画期的な出来事となった。というのもこれが前例となって、イギリスの首相はその座に就く（あるいは、とどまる）ためには、国王の信任に加えて庶民院からの信任をも必要とするようになったからである。専門家はこれをもってイギリス議院内閣制の始まりと見る。ただし、このときはまだ国王も、首相任命の権限を手中に握ったままであった。したがって当時の議院内閣制は、内閣の任免権が議会に一元化されていないという意味で不完全なものであった。

議院内閣制は今日、日英を始めとする一連の立憲君主国で立派に機能している。ところが、ペインはそれを「混合政体」と称し一蹴しているのである。ペインは議院内閣制に対して、以下のとおりきわめて否定的である。

> 「国王は不正をなし得ず」が公理として定着したとき、国王はそのおかげで白痴や狂人と同様の免責特権を与えられ、国王自身が責任を問われる事態は問題外となった。そうなると責任は首相に転嫁されるが、首相は首相で、情実人事・恩給・贈賄を利用することによって議会多数派をいつでも意のままに操り、そのふところに身を隠す。そして議会多数派も、首相を保護するために用いるのと同じ権限を用いて自分の行為を弁明する。このような責任のたらい回しを通じて、結局のところ混合政体の責任は、その各部門からも全体からも、いつの間にか消え失せるのである（本書二七〇ページ）。

ペインにとって、専制に代わる理想の統治形態はアメリカの共和政しかない。ペインの説明を要約するなら共和政は、代議制にもとづく民主政（つまり、間接民主政）ということになる。君主の存在は論外である。念のために一言補足すると、ペインが枕詞（まくらことば）なしに単に民主政と言うとき、それは古代ギリシアの直接民主政を指す。ペインは、そのような民主政は規模の小さな国家（すなわち都市国家）にしか適用できないとして、問題にしていない。

アメリカ型の共和政においては、国民の選挙によって選ばれた大統領と代議機関（議会）がそれぞれ行政と立法を担う。ペインはこのような共和政を、世襲の統治（すなわち専制政治）の対極に置いて「健全な共和政体の場合、政府は国民に対し、人間の理性が認める以上の信頼を要求しない」と礼賛する（本書二六九ページ）。抽象的で分かりにくいが、ペインが言いたいのはこういうことだ。共和政の場合、行政府の長（大統領）は選挙で選ばれる以上、国民の利益を第一に考えるはずだ。国民も共和政をそのようなものとして理解し、支持している。したがって、共和政の政府はたとえば徴税の必要を説く際、国民の理性に訴えれば国民を説得することができる。徴税するからといって、力に訴えたり議会を賄賂で買収したりする必要は生じない。

共和政の第二の長所はペインによれば、（議院内閣制と異なり）行政府と立法府が互いに独立しているという点にある。ペインは「健全な共和政体のもとでは（中略）権力部門相互の癒着（中略）は起こり得ない」と強調する（本書二七二ページ）。ペインが想定する議院内閣制の場合は、それとは対照的だ。「首相は（中略）、情実人事・恩給・贈賄を利用することによって議会多数派をいつでも意のままに操り」、そうすることによって法案を通過させる。そのような行政府と立法府の癒着は断ち切るべきだし、共和政を導入すればそれは実現可能だ。

ペインは共和政の第三の長所として、「戦争という陥穽に転落せずに済む」と指摘する。ペインに言わせると、共和政の国は平和志向の対外政策を追求する傾向にある。ペインはその理由を、共和政の仕組みは民意を尊重するようにできているからだ、と説明している（本書二八〇ページ）。

「ただちに共和政を」と訴えているのか？

ところで、『人間の権利』第一部は、英語版に続いてフランス語版も出版されている（一七九一年五月）。当時のフランスは革命の渦中にあった。しかも著者のペインは、小冊子『コモン・センス』でアメリカ人に「独立に向けて決起すべし」と訴えかけた人物である。それらの点を踏まえると疑問が湧いてくる。『人間の権利』第一部はイギリス王政ないし王政一般を批判しているだけなのか。フランス人を決起させるための檄文と解釈する余地はないのか。

結論から先に述べると、フランス人に対する檄文として見た場合、『人間の権利』第一部は筆致が弱いと言わざるを得ない。そうなった原因はおそらく三点ある。

第一に、自由の闘士ペインといえどもイギリス当局の反応を恐れないわけにはいかなかった。というのも、よしんばフランスのことを念頭に置いているという体裁であっても、「革命万歳!」とか「王政をただちに廃止せよ!」などと叫べば、イギリス官憲から手荒い扱いを受ける可能性があったからだ。また、印刷所が後難を恐れて出版を拒否するという事態も予想された。

第二に、『人間の権利』第一部においては、相対的に革命初期のフランスの諸改革に対する評価が甘くなった。それは、イギリス王政の欠陥を衝くことによって王政一般を否定するという論理構成になっているからである。特に、英仏憲法の比較をおこなった第四章では、ペインはイギリス王政を批判したい一心で、フランス憲法(厳密に言えば、当時の個々の法令(デクレ))によって定められたさまざまな措置を好意的に紹介した。

ペインが賞賛するのは、選挙権を得るための条件（すなわち納税額）が低めに設定されたこと、宣戦と講和の権利が国民にあると定められたこと、爵位や十分の一税が廃止されたこと、などである。ペインはフランスにおけるこれらの措置を高く評価し、それとの対比においてイギリス王政の欠点を浮き彫りにしようと努めている。しかしそのような筆法では、未完のフランス革命を肯定しているかのような印象を読者に与えてしまう。それでは檄文にはならない。

『人間の権利』第一部が檄文としては迫力不足になった原因は、ほかにもある。考えてみれば、そもそもペイン自身がフランスにおいて共和政をただちに実現すべきと考えていたかどうか疑わしい。確かにペインは、一般論ないし原則論としてアメリカ型の共和政を最善の統治体制と見なしていた。それがペインの持論であることは間違いない。しかし、一七九〇年五月一日付のジョージ・ワシントン（一七三二～九九年）に宛てた手紙の文面から判断すると、当時のフランスに関しては、ペインは依然としてボン・ロアを許容していたようである。ボン・ロアとは、貴族を排除して国王と国民が直接同盟を結ぶとき、国家の栄光がもたらされるという考え方である（小松、一三四～一三五ページ）。当時のフランスは憲法の形成過程が始まったばかり。九〇年末の時点でようやく新憲法の片鱗が見えてきたところであった。ペインの差し当たりの関心は、信頼に足る立憲君主政が誕生するかというところにあったのではないか。少なくとも、フランスにおける共和政の実現に向けて具体的な構想や腹案をほとんど示していないのは事実である。目立つのは、議会は一院制にすべきであるという提案ぐらいである。そのような姿勢では、フランス人を共和政に向けて立ち上がらせることなど、望むべくもない。

ペインは『人間の権利』第二部においても、フランスにおいて共和政を即時樹立すべしと訴えるようなことは避けた。第二部が出版されたのは一七九二年二月。フランス語版の出版時期は同年三月から四月にかけてであった。ペインはここでも第一部の立論を繰り返すにとどめ、フランスにおける共和政の樹立を焦眉の急の問題としては提起していない。これは、前年（一七九一年）のヴァレンヌ逃亡事件を念頭に置くなら、やや奇異な感じがする。ヴァレンヌ逃亡事件とは、九一年六月、ルイ十六世が家族とともにオーストリア（王妃マリー・アントワネットの出身国）に逃亡を図って失敗したことを指す。これにより、個人としてのルイ十六世ばかりかフランス王政までもが国民の信頼を失う結果になった。

このときペインはたまたまフランスにいた。ペインはこうした事態の進展を、王政の廃止と共和政の樹立をフランス社会に働きかけるための好個の機会と捉えた。そして、ジロンド派（穏健共和派）の立役者コンドルセ（一七四三〜九四年）らとともに「共和政協会」を設立、ビラや機関紙を通じてフランス王政の廃止を訴えた。わが国におけるペイン研究の第一人者である小松春雄はこれについて、次のように指摘している。「国王の逃亡事件によって、ペインの革命に対する考えは大きく変わった。（中略）王の愚行を見て、やはり共和政こそが革命の目標であらねばならないと考えるようになった」（小松、一五八ページ）。

ペインはヴァレンヌ事件に対して、実践活動のレベルではこのような態度を示しながら、どうしたわけか『人間の権利』第二部にはそれを反映させず、王政の即時廃止を唱えることは差し控えている。ペインの胸中を推察するなら、やはり「イギリス当局の弾圧が怖い」ということだったのだろうか。実際、『人間の権利』第二部の出版直後、イギリス政府は「人心を惑わす出版物の著者および印刷業者を摘発する」という趣旨の布告を発している。ペインはこの布告にもとづいて王座裁判所で裁かれることになった。『人間の権利』第二部の原稿を執筆していたときペインは、王政の即時廃止を唱えれば官憲を刺激するだろうとの予測のもと、そこまで踏み込まないよう自制していたのであろう。

ペインの面目躍如——近代的な社会福祉政策の提言

しかし、『人間の権利』の第二部はすべてが第一部の焼き直しだったわけではない。ペインは第二部の最後の章（第五章）で、第一部には見られなかった斬新な論点を提示している。いつもながらの王政批判を社会福祉論へと結びつけたのである。それは、二十世紀のイギリスに登場する本格的な社会福祉政策の先駆けであった。ペインの評伝を著したエイヤーはペインの弱者救済案を高く評価し、次のように述べている。「ある意味では一九〇六年の自由党内閣、一九四五年の労働党内閣によって遂行された改革をも凌ぐものである」（エイヤー、一六九ページ）。

ペインは第二部第五章で、まず王政の浪費性をあらためて俎上に上げる。ペインは王政が莫大な無駄金を食う原因を、次のように説明する。宮廷が外交の主導権を握り、他の君主国の王位継承に積極的に干渉するようになると、それ自体、工作費を要する上に、王位継承をめぐる戦争に巻き込まれた場合にそなえて多大の軍事費を見込まなければならない。そして、そういった費用をまかなうために税が引き上げられ、国民の生活は貧しくなる。政府の義務は国民を幸福にすることにあるのに、王政の政府はおのれの義務に反して行動することを余儀なくされる。ことにイギリスは、一七一四年にドイツから国王を迎えてハノーヴァー朝を立てたときからそうした傾向を強めている（本書四五八ページ）。

議論がここで終わっていたら、すでに論じたことを繰り返したにすぎない。しかしペインは、この後、話をさらに一歩進め、次のように力説する。王政を廃止し共和政を採用すれば無駄な国家支出を抑えることができる。そうすれば、浮いた資金で社会的な弱者（老人および低所得者）を救済できる――。『人間の権利』の全体を通じて繰り広げられてきた王政批判は、ここで一気に、弱者の人権を守るための具体的な提言へ飛躍する。ペインの提言を抽象的に要約すると、「国家は個人の福祉のために積極的に配慮すべきである」となろう。これは生存権という用語こそ使っていないが、実態的には生存権の尊重を説いているのである。生存権は二十世紀になってようやく認識されるようになった概念である。フランスの「人権宣言」を含め十九世紀までの人権概念は、自由権と参政権の範囲にとどまっていた。それだけに、ペインが十八世紀末の時点で生存権への配慮を訴えたという事実は、啓蒙時代の最後をかざる金字塔として高く評価されるべきだと思う。

ペインが示す社会的弱者の救済策は、数字を延々と羅列するので非常に分かりにくい。そこで、その最重要部分をここに抜粋し、五項目から成る箇条書きの形で紹介しよう。ちなみに、当時のイギリス通貨一ポンドの価値を推定するのは難しいが、一七九〇年ごろの一ポンドは今日の八十ポンド弱に相当するようだ。[3] 仮に円ポンドのレートが一ポンド＝二百円とすれば、当時の一ポンドは今日の一万六千円弱ということになる。なおイギリスの総人口に関しては、ペインはそれを約七百万人と推定している。

（一）既存の救貧システム（年間二百万ポンドの救貧税を徴収して救貧手当に回す）を廃止する。

（二）貧困家庭二十五万二千世帯（一世帯あたり五人として、百二十六万人）を対象に、十四歳未満の子女一名につき四ポンドの養育費を支給する。一世帯あたりの子女の数を二・五人として、恩恵をこうむる児童は六十三万人。合計二百五十二万ポンド。

3 当時のポンドを今日のポンドに換算するにあたっては、以下のURLの計算機能を利用した。https://www.nationalarchives.gov.uk/currency-converter/#

（三）貧困家庭とまでは言えない低所得の家庭の子女に、学費の足しとして補助金を支給する。対象となる児童は四十万人。合計二十五万ポンド。
（四）五十歳以上六十歳未満のすべての貧民と没落商人その他（推定で計七万人）を対象に、一人につき年金六ポンドを支給する。合計四十二万ポンド。
（五）六十歳に達しているすべての貧民と没落商人その他（推定で計七万人）を対象に、一人につき終身年金十ポンドを支給する。合計七十万ポンド。
ペインの提言どおりに弱者救済策を講じた場合、（二）から（五）の新規措置に充てられる政府支出は、合計で三百八十九万ポンドになる。これだけでも、当時の政府が支給していた救貧手当のほぼ二倍に相当する。

個々の貧困家庭にとっては、ペイン案のありがたみはどの程度のものだったのであろうか。当時の低所得者の代表として農・鉱業労働者と職工・労働者を例にとると、その平均年収はそれぞれ四十五ポンド（約七十二万円）と四十八ポンド（約七十七万円）程度だったようだ（村岡ほか編著『イギリス史3』一三ページ）。このような家庭に仮に子どもが二人いて、上記（二）のとおり年間に合計八ポンド（約十三万円）支給されたとすれば、それは非常に手厚い支援になったであろう。

ペインは諸手当の支給による弱者救済のほかに、ロンドン、ウェストミンスター両市に授産施設を設けて失業者に就労を斡旋するという案も併せて示している（本書四九一〜四九二ページ）。ただ単に失業手当を給付しただけでは、かえって失業者の勤労意欲を殺ぐことを見越しているのである。よく練られた政策提言である。

ペインの配慮は社会的弱者だけに向けられているわけではない。ペイン案は、救貧税を負担する社会階層（たとえば、ヨーマンと呼ばれる独立自営農民）からも大いに歓迎される性質のものであった。というのも、救貧手当の財源である救貧税を廃止することを前提としているからである。

現実の救貧税はペイン案とは対照的に、その後も増加の一途をたどり、そのためにヨーマンは十九世紀半ばまでに甚大な打撃をこうむった。それは、イギリス政府が一七九五年にスピーナムランド制を導入したことによる。スピーナムランド制は、労働者の賃金が公定の標準賃金を下回った場合、当局が差額を労働者に支給することを定めていた。だが、この善意の措置は裏目に出た。労働者はかえって勤労意欲を失い、労働の効率は低下した。また、雇用主の側も労賃の公的補塡に対する依頼心を強め、賃金の引き上げには消極的になった。こうして政府は、労賃を補塡するために救貧税の引き上げを繰り返すことになった。一言で言えば、十九世紀初めのイギリスの社会政策は、意図に反して労働生産性を低下させると同時に、救貧税を負担する社会層を苦しめる結果になったのである。スピーナムランド制は破綻し、イギリス政府は一八三四年、救貧法の大幅改正を余儀なくされた。スピーナムランド制の末路に照らせば、救貧税の廃止を前提とするペイン案の先見性や合理性が、あらためて認識されるというものである。

ところでペインは、このような政策の財源をどのように確保するつもりでいたのだろうか。ペインの試算によれば当時のイギリスの税収は千七百万ポンドで、そのうち経常費に回されていたのは八百万ポンド。ペインは、宮廷の維持にかかる費用や、軍事費および国外での工作費、議会を買収するのにかかる費用などをカットすれば、そこから最大で四百万ポンド浮かせられると主張している（本書四六〇ページ以下）。

このうち軍事費を削減する手立てについては、ペインは次のように説明している。まず、英仏両国において国民を代表する政府が樹立されれば、好戦的な宮廷外交は過去のものとなり、両国政府は関係改善に向けて動き出すであろう。このようにして英仏が同盟し、そこにオランダの参加も得て、ヨーロッパ各国の海軍に対し軍備の一部制限や全面的な撤廃を提案すれば、(ヨーロッパの三大海軍国が提案するからには) 他国もそれを見習うであろう。たとえば、英仏蘭三国の音頭でヨーロッパのすべての国が軍艦の新規建造を断念し、次に、各国が現在保有する海軍の規模を現有勢力の十分の一にまで縮小したとしよう。その場合、英仏両国は相対的な勢力比を現在のままにして、それぞれ少なくとも年に二百万ポンドは節約できるだろう (本書五三八〜五三九ページ)。

このようにペインは、『人間の権利』第二部を締めくくるにあたり、王政廃止論をイギリスにおける社会福祉論に結びつけ、社会保障政策の財源としてヨーロッパの海軍軍縮の見通しまで論じたのであった。

先見の明があった政教分離論

『人間の権利』には、社会福祉論と並んでもう一つ読みどころがある。それは政教分離論である。日本人にとっては理解しにくいところであるが、西ヨーロッパ (特に、フランス) は人権を確立するにあたり、キリスト教とのあいだで政教分離の大闘争を余儀なくされた (樋口、一七八ページ)。フランス革命も一面においては政教分離の試みであった。ペインは『人間の権利』で、イギリスにおいても信仰の自由を政教分離の原則にもとづいて実現すべきだと主張している。ペインの言う政教分離は、イギリスの国教制度の廃止を意味する。以下、ペインの政教分離論を紹介するのに先だって、イギリスにおける政教の関係をおおざっぱに説明しておこう。

まず頭に入れておかないといけないのは、国王ヘンリー八世（在位一五〇九～四七年）が一五三四年に国内の教会を国教会（Anglican Church）としてローマ教皇から独立させ、みずから国教会の首長を兼ねたという事実である。国教会の成立により、イギリスにおいて非国教徒はさまざまな面で差別、迫害されることになった。政治的差別の最たる例は、一六七三年の審査法（審査律）に見出せる。審査法により、非国教徒は文武の官職に就くことを禁じられた。また、一六七八年には、上下両院の議員を対象として同じような制限が設けられた。イギリス国教会はプロテスタントの立場にある。カトリック教徒が審査法の主たる差別の対象となったのは言うまでもない。しかしプロテスタントであっても、非国教徒（すなわち、長老派(プレスビテリアン)や分離派などの清教徒(ピューリタン)）であれば、やはり差別を免れなかった。そのような差別や迫害をのがれてアメリカに渡ったピューリタンが、ニューイングランド植民地の基礎をつくったことはよく知られている。

十八世紀半ば、ウォルポール政権はこうした差別の解消に向けて動いたが、その努力は徹底していなかった。一七五六年以降、国の役職については時限立法によって審査法を無効にするという手続きを繰り返したが、審査法そのものを廃止するには至らなかった。それというのも貴族院（上院）の運営にあたり、国教会の主教（二十六名）をいわば組織票として手厚く扱う必要があったからである（松園、一五七～一五八ページ）。このような差別は常に、非国教徒の国外流出を促す潜在的圧力となる。『人間の権利』においてペインが政教分離を唱えた背景には、以上のような事情があった。

ペインは本書で政教分離を唱えるにあたり、まず、宗教が不寛容になる原因についてこう問いかける。「すべての宗教は本質的に穏やかで優しいものであり、道徳律と表裏一体の関係にある。（中略）宗教は、説くこと、勧めること、範を示すことから始まった」。そうだとすると、宗教はなぜ往々にして不寛容になるのか。なぜ他の宗派の信者を弾圧、迫害するのか（本書一五一ページ）。

ペインはその原因を国教体制に求め、宗教的迫害は「すべての法定宗教（法によって制定された宗教）に共通する歴然たる特徴である」と断言する。ペインは、宗教に起因する迫害に終止符を打つためには、国家は宗教に対して絶対的な中立性を保たなければならないと主張する。当然のことながら、特定の宗教を国教に指定することは許されない。ペインはこの点について、アメリカを見習うべき手本と考え、次のように述べている。

法による制定をやめれば、それぞれの宗教はもともとの穏やかさを取り戻す。アメリカではカトリックの司教は善良な市民、善良な社会人、善良な隣人である。アメリカ聖公会の牧師も同様である。アメリカの聖職者のこのような性向は、個人の人柄とは無関係である。それはむしろ、アメリカが法によって制定された教会を持たないことの帰結である(本書一五二ページ)。

ペインの政教分離論は、基本的には人道上の配慮にもとづくものであるが、それだけを動機としているわけではない。ペインは、宗教上の迫害や弾圧がもたらす経済的な損害にも着目している。ペインが観察するところでは、差別や弾圧をこうむった人びとは国外に逃げ出す。それは貴重な産業の国外流出につながるから、国の経済に多大な損害を与える。ペインはまさにそのような事態を憂慮し、次のように指摘している。

世俗的な観点から眺めれば分かることだが、政教の一体化は諸国民の繁栄に悪影響を及ぼしてきた。教会と国家が一体化しているために、スペインは富を失った。フランスでは、ナントの勅令が廃止されたために絹織物業がイギリスへ流出した。そのイギリスでは現在、政教一体の国家を嫌って、綿織物業がアメリカおよびフランスに流出しつつある（本書一五二～一五三ページ）。

結局のところ、ペインの政教分離論はイギリス政府の採用するところとはならなかった。イギリスの国教制度は解体されることなく今日に至るまで維持されている。しかし審査法の廃止（一八二八年）に象徴的に示されるように、イギリスは十九世紀、国教会以外の宗教や宗派に対して寛容の方向に進んだ。すなわち、国教会という制度を残しながらも、ペインの求めていたことを徐々に実現していったのである。非国教徒に対する法的な差別は、一八四四年の非国教徒礼拝堂令によって全廃された。カトリック教徒も、一八二九年のカトリック解放法により公民権を認められた（浜林、二一一ページ）。ユダヤ人に対しても、差別は次第に廃止された。一八二六年にはロンドン市民になる権利が認められ、一八五八年には庶民院（下院）議員になる道もひらけた（浜林、二一二～二一三ページ）。

こうして現在のイギリスでは、国教制度を保ったまま国家がすべての宗教や宗派に対して平等な地位を認めるという方向で、信仰の自由を保障するようになった。ペインの政教分離論は宗教的寛容の重要性を強くアピールすることにより、イギリスにおいて信仰の自由が実現するのを後押ししたと評価できるだろう。

その後のペイン

さて、本稿を締めくくるにあたり、その後のペインについて触れておこう。『人間の権利』の出版はペイン自身の運命を変えた。同書の王政批判がペインのフランス行きを促すことになったからである。まず、『人間の権利』第二部の出版直後、すなわち一七九二年六月、ペインは社会不安を煽ったかどで王座裁判所に出頭を求められ、十二月の審理開始を申し渡された。そのままイギリスにとどまっている場合、逮捕される公算が高まった。ペインがまさにこのような苦境に追い込まれたとき、フランスから救いの手が差し伸べられた。フランスの立法議会（国民議会に代わる立法機関）から、カレー選出の議員として立法議会に加わるよう招請されたのである。ペインは応諾し、同年九月フランスに渡った。これにより、イギリス官憲がペインを逮捕することは不可能になった。

ペインの渡仏直後、フランスの立法議会は廃止され、代わりに国民公会が成立した。ペインは国民公会の議員として華々しいスタートを切った。しかし翌一七九三年になると、フランス革命は急進化の一途をたどり始めた。この年の初め、ルイ十六世が断頭台で処刑された。国王処刑に先立っておこなわれた国民公会の討議で、ペインはひるむことなく国王の助命を嘆願したため、ロベスピエール率いるジャコバン派（急進共和派）から仇敵として扱われるようになった。ジャコバン派は六月、ジロンド派（穏健共和派）の幹部を相次いで逮捕し、独裁を開始。その後、ジャコバン派による政敵の粛清はとどまることを知らず、フランスは恐怖政治一色に染まった。

これは、フランス革命を人権宣言の精神に立脚するものと見なしていたペインにとって、まったく予想外の事態であったろう。ペインは国王処刑から間もない一七九三年四月、トマス・ジェファーソン（一七四三～一八二六年）に宛てた手紙の中で、フランス革命に対する幻滅を次のように述べている。「この革命がその原理原則と矛盾することなく遂行されていれば、ヨーロッパの大部分に自由を伝播させる見込みも十分あったが、現在の私はこの期待を放棄した。（中略）憲法制定の過程を見届ければ、ヨーロッパから永遠におさらばしようと思う」（アンガー、二五四ページ）。ペインは また、同年五月にたまたまパリの街頭でジャコバン派の大物ダントン[4]（一七五九～九四年）に出会ったとき、次のように胸の内を打ち明けたと伝えられている。「ヴェルニヨ[5]がフランス革命はサタンのように、自分の子をむさぼり食うと言ったのは正しかったね」（小松、二二二ページ）。ここには、バークの予言が的中したことを認めざるを得なかったペインの苦衷（くちゅう）が感じられる。

ペイン自身も怒濤のような歴史の流れに翻弄され、一七九三年末、ジャコバン派によって敵性外国人として逮捕、投獄された。ルイ十六世の処刑に反対したのが祟（たた）ったのである。ペインは処刑の一歩手前まで追い詰められたが、九四年十一月、モンロー駐仏アメリカ公使（後の第五代アメリカ大統領）の尽力によりアメリカ市民として釈放され、かろうじて命拾いした。このときペインはすでに五十七歳。獄中生活のためにすっかり衰弱していた。その後は、『理性の時代』第二部の出版（一七九五年）が目立つ程度で、政治の世界でも文筆の世界でも大きな活躍はできなかった。最晩年はアメリカで不遇の日々を過ごし、一八〇九年、満七十二歳と四カ月で亡くなった。

参考文献一覧

青柳かおり『イングランド国教会 包括と寛容の時代』彩流社、二〇〇八年。

アンガー、ハーロー・ジャイルズ『トマス・ペイン「コモン・センス」と革命家の生涯』森本奈理訳、白水社、二〇二三年。

今井宏編著『イギリス史2』山川出版社、一九九〇年。

4　当時は、一七九一年憲法に代わる新憲法の制定に向けて、ジロンド派とジャコバン派がそれぞれ憲法草案を準備しつつあった。

5　ピエール・ヴェルニヨ（Pierre Victurnien Vergniaud 一七五三〜九三年）。ルイ十六世の死刑を決めたときの国民公会の議長。ジロンド派の中心的人物。ロベスピエールとの闘争に敗れ、一七九三年十月、死刑に処せられる。

エイヤー、アルフレッド・J『トマス・ペイン　社会思想家の生涯』大熊昭信訳、法政大学出版局、一九九〇年。

工藤庸子『宗教vs.国家　フランス〈政教分離〉と市民の誕生』講談社現代新書、二〇〇七年。

小松春雄『評伝トマス・ペイン』中央大学出版部、一九八六年。

澤登文治「フランス人権宣言とアメリカ権利章典の相互影響に関する一考察」(三)『南山法学』二三巻四号、一九九九年、三七〜七七ページ。

柴田三千雄ほか編著『フランス史2』山川出版社、二〇一一年(一九九六年)。

高木八尺ほか編訳『人権宣言集』岩波文庫、二〇二〇年(一九五七年)。

田中秀夫「独立革命とトマス・ペインの共和国像」『アメリカ啓蒙の群像』名古屋大学出版会、二〇一二年、四二一〜四四一ページ。

東京大学社会科学研究所編『1791年憲法の資料的研究』一九七二年。

バーク、エドマンド『フランス革命についての省察』二木麻里訳、光文社古典新訳文庫、二〇二〇年。

浜林正夫『イギリス宗教史』大月書店、一九八七年。

原剛「イングランド救貧法再訪」『城西大学大学院研究年報』九号、一九九三年三月、一七～二九ページ。

樋口陽一『個人と国家――今なぜ立憲主義か』集英社新書、二〇一五年（二〇〇〇年）。

ヒッチンス、クリストファー『トマス・ペインの「人間の権利」』中山元訳、ポプラ社、二〇〇七年。

フィルプ、マーク『トマス・ペイン　国際派革命知識人の生涯』田中浩ほか訳、未來社、二〇〇七年。

深瀬忠一「一七八九年人権宣言研究序説（一）」『北大法学論集』一四（三・四）、一九六四年、五二〇～五三八ページ。

待鳥聡史『代議制民主主義　「民意」と「政治家」を問い直す』中公新書、二〇一五年。

松園伸「一八世紀議会政治と教会、宗教の関係」『産業社会の発展と議会政治　18世紀イギリス史』早稲田大学出版部、一九九九年、一三八～一八一ページ。

村岡健次ほか編著『イギリス史3』山川出版社、一九九一年。

モランジュ、ジャン『人権の誕生　フランス人権宣言を読む』藤田久一ほか訳、有信堂、一九九〇年。

トマス・ペイン年譜

＊は関連事項を示す。

一七三七年
イングランドのノーフォーク州セットフォードで、クエーカー教徒の一家に生まれる（一月二九日）。

一七四四年　七歳
グラマースクールに通い始める。

一七五〇年　一三歳
グラマースクール退学。父親のもとでコルセット（胴着）製作の見習い職人となる。

一七五三年　一六歳
家を出て船の乗組員になろうとする。

一七五六年　一九歳
七年戦争の勃発を受けて乗組員を募集していた私掠船に乗る。

一七五七年　二〇歳
私掠船を降りる。ロンドンでコルセット職人として働く。この頃からヴォルテールやルソーの思想について、知り合いの博士から手ほどきを受けるようになる。

一七五九年　二二歳
二月、ドーヴァーに移り、コルセットを販売するために店を構える。九月、メアリー・ランバートと結婚。

一七六〇年　二三歳

一二月、妻メアリーが急逝。ロンドンの収税吏養成所に通い始める。＊イギリスでジョージ三世即位。

一七六一年　二四歳

夏、故郷セットフォードで収税吏見習いとなる。

一七六二年　二五歳

一二月、収税吏としてリンカンシャー州グランサムに赴任。＊フランスでルソーの『社会契約論』が出版される。

一七六三年　二六歳

＊七年戦争終わる。

一七六五年　二八歳

八月、職務上の違法行為を理由に免職処分に。＊八月、アメリカで印紙法施行。

一七六六年　二九歳

ロンドンで外国人に英語を教えて糊口（ここう）をしのぐ。

一七六八年　三一歳

二月、サセックス州ルイスで収税吏として復職。クエーカー教徒であるオリブ家に下宿。

一七七一年　三四歳

三月、オリブ家の娘エリザベスと結婚。

一七七二年　三五歳

収税吏の待遇改善運動が起こり、指導者に推される。パンフレット『収税吏の窮状』を起草、上下両院の議員に送る。

一七七三年　三六歳
＊アメリカで茶法施行。ボストン茶会事件起こる。

一七七四年　三七歳
四月、ふたたび免職処分に。六月、妻エリザベスと別居（事実上の離婚）。ロンドンに出て、ベンジャミン・フランクリンから女婿あての紹介状を受け取り、一一月、アメリカ（フィラデルフィア）に渡る。＊フランスでルイ一六世即位。アメリカで第一回大陸会議開催。

一七七五年　三八歳
一月、月刊誌『ペンシルヴェニア・マガジン』の創刊を手伝い、巻頭論文を執筆。秋まで同誌の編集にたずさわる。三月、地元紙に奴隷制反対の論文を寄稿。＊レキシントン、コンコードの戦いによりアメリカ独立戦争始まる。

一七七六年　三九歳
一月、『コモン・センス』を刊行。七月、革命軍に志願して入隊。一二月、パンフレット『アメリカの危機』を刊行。＊六月、バージニア権利章典採択される。七月、アメリカ独立宣言。

一七七七年　四〇歳
四月、大陸会議外務委員会書記（外務大臣相当）に任ぜられる（七九年一月まで）。＊フランスのラファイエット侯、義勇軍を率いてアメリカ独立革命軍を支援。

一七七八年　四一歳

＊フランス、アメリカの独立を承認。

一七七九年　四二歳
一月、ペンシルヴェニア州議会書記（事務方のトップ）。

一七八〇年　四三歳
一二月、パンフレット『公共財』を刊行、各州が主張する土地所有権は、連邦政府が一元的に管理すべきと説く。

一七八一年　四四歳
三月、ローレンス大佐に随行してフランスに渡り、借款の供与を求めるための外交交渉に臨む（渡航費は自己負担）。

一七八二年　四五歳
二月、国民を啓蒙するために（すなわち著述活動に励むために）、中央政府の機密費から年に八〇〇ドル支給されることが決まる（翌八三年まで）。三月、『アメリカの危機』第一〇号で、各州は主権を中央政府に委譲すべきと主張。

一七八三年　四六歳
ニュージャージー州のボーデンタウンに引っ込む。＊イギリス、パリ条約でアメリカの独立を承認。

一七八五年　四八歳
新式の鉄橋の考案にふける。

一七八六年　四九歳
二月、パンフレット『政府・銀行・紙幣』で、連邦政府の政治、経済活動における銀行の役割を擁護。

一七八七年　五〇歳
五月、鉄橋建設のアイデアをたずさえてフランスに渡る。八月、フランス科学アカデミーから鉄橋の独創性を認定される。九月、イギリスに帰り、鉄橋の売り込みを図る。九一歳になっていた母親と再会。一〇月、パンフレット『ルビコン』でイギリス政府に対仏宥和を説く。年末、フランスに数週間滞在。

一七八八年　五一歳
四月から六月にかけてふたたびフランスに滞在。八月、新式の鉄橋のアイデアで特許を取得。エドマンド・バークの知遇を得る。＊イギリス国王ジョージ三世、精神疾患による発作を繰り返す。

一七八九年　五二歳
秋、フランスに渡る（翌九〇年三月まで）。ラファイエット侯と面会、バスチーユ監獄の鍵をワシントン大統領に渡すために預かる。＊フランス革命勃発。七月、バスチーユ監獄が襲撃される。八月、人権宣言発布。イギリスで摂政制の危機。

一七九〇年　五三歳
一月、バーク宛ての手紙で、「フランスの革命がヨーロッパの革命の先駆けとなる」との見解を披瀝（ひれき）。三月、イギリスに帰る。秋、フランスに滞在するも一一月には帰国。＊一一月、バーク著『フランス革命についての省察』が出版される。

一七九一年　五四歳
三月、『人間の権利』第一部で、『フラ

ンス革命についての省察』に反論。＊フランス国王ルイ一六世、六月に国外逃亡を図るも失敗（ヴァレンヌ逃亡事件）。九月、フランス憲法成立。

一七九二年　五五歳

二月、『人間の権利』第二部刊行。六月、社会不安を煽ったかどで王座裁判所へ出頭させられ、一二月審理開始を申し渡される。八月、フランス名誉市民となる。九月、フランス立法議会の議員に選出されたのを機に、フランスに逃亡。その直後、立法議会に代わって成立した国民公会の議員となる。一〇月、フランス憲法制定委員会の委員に任命される（他のメンバーにシェイエス、ダントン、コンドルセら）。一二月、イギリス王座裁判所で欠席のまま裁かれる。反逆罪による有罪判決で、すべての法的権利を剝奪される。＊九月、フランス第一共和政成立。

一七九三年　五六歳

一月、フランス国民公会でルイ一六世助命嘆願の演説をおこなうが、その甲斐なくルイ一六世は死刑に。一〇月から『理性の時代』を執筆。ジャコバン派が優勢になるにしたがって政治的影響力を失い、一二月、敵性外国人であるとの理由で逮捕、投獄される。逮捕される直前、『理性の時代』の原稿を友人に託す。＊フランスでジャコバン派による恐怖政治がおこなわれる。一〇月、ジロンド派処刑される。

一七九四年　　五七歳
『理性の時代』第一部が春以降、ロンドン、ニューヨーク、パリで出版される。一一月、ジェームズ・モンロー駐仏アメリカ公使の尽力により釈放される。病気で衰弱していたため以後の一年半、モンロー邸で暮らす。＊四月、フランスでダントン処刑される。七月、テルミドールのクーデタでロベスピエール処刑される。ジャコバン派没落。

一七九五年　　五八歳
春からフランス国民公会に復帰。秋、『理性の時代』第二部刊行。

一七九六年　　五九歳
二月、『農地問題の正義』刊行。四月、『イギリス財政制度の衰退と崩壊』刊行。

一七九七年　　六〇歳
一二月、ナポレオンと面談。

一七九九年　　六二歳
＊ブリュメール一八日のクーデタによりフランス革命終結。

一八〇二年　　六五歳
九月、アメリカに向けてフランスを出発。一一月、メリーランド州ボルティモアに到着。ワシントン特別区に滞在。

一八〇三年　　六六歳
二月、ワシントン特別区を離れてニュージャージー州ボーデンタウンへ移る。秋、ニューヨーク州ニューロシェルに移る。『理性の時代』で理神論を唱えていたことが災いし、無神論者と誤解されて住民からしばしばいやがらせに遭う。

一八〇六年　六九歳

春、ニューロシェルの地方選挙で、アメリカ市民権がないとの理由で選挙管理人から投票を拒否される。ニューヨーク市内へ転居（以後、市内で転居を繰り返す）。八月、卒中で倒れる。回復したものの、以後次第に健康を失う。

一八〇九年　七二歳

六月、死去。

訳者あとがき

本書『人間の権利』の原文は、同じ著者による『コモン・センス』とはやや文体の趣（おもむき）が異なる。第一に、論敵を攻撃するために言葉をとめどなく吐き出すせいか、文の個々の文が長大になりがちである。第二に、論理的に話を運ぼうと力む箇所で、文の組み立てが複雑化する。第三に、ところどころで使われる、過度に気取った文学的表現が、読者の理解を難しくする。第四に、おそらく推敲していないのだろう、文章が粗い。文法的な間違いにも無頓着である。

このように、必ずしも平明とは言えない原文を正確に解析するためには、既訳の参照は欠かせない。というわけで今回は、西川正身訳（岩波文庫）にお世話になった。だから、西川先生には感謝しないわけにはいかない。ちなみに、弟子でもないのに先生と呼ばせていただくのは、これまで私淑してきたからにほかならない。まだ三十代だった頃、ヘンリー・ジェームズの『デイジー・ミラー』など、西川先生が注釈を付けられた教科書で独学したのが懐かしい。

西川先生は岩波文庫版『人間の権利』の「あとがき」で次のように述べておられる。「ペインの［文章］はルーズである。（中略）だが、それでいて、著者の言おうとするところは易々と分かって、読む者に強く訴えてくるから不思議である」（四三一ページ）。しかし、実際に『人間の権利』の原文を読んでみると、「易々」とはいかない。「ん？　何のことを言っているんだろう？」と、頻繁に熟考を迫られる。頭をフル回転させて考え抜かないと、達意の訳文にならない。ご参考までに第一部第二章の或る一節を取り上げ、その部分の訳文を手短に検討してみよう。まずは、西川訳から。丸数字は引用者（角田）が挿入した。
●西川訳　①自然はバーク氏に対して、氏が自然に対するよりも親切であった。②氏は、苦悩が憐れみを催させる実体には動かされないで、苦悩が想像力を刺戟してくれる華やかな外見によって動かされる。（中略）③氏から氏自身を盗み去った貴族の手に接吻することに慣れた結果、氏は人工の模造品に堕し、真正な自然の魂は氏を見捨てる。（『人間の権利』岩波文庫、四二～四三ページ）

原文はこうだ。

①Nature has been kinder to Mr. Burke than he has to her. ②He is not affected by the reality of distress touching upon his heart, but by the showy resemblance of it striking his imagination. (…) ③Accustomed to kiss the aristocratical hand that hath purloined him from himself, he degenerates into a composition of art, and the genuine soul of nature forsakes him.

訳文を原文と照らし合わせながら検討してみよう。まず、①の「親切な」の原語はkindである。確かに、ついつい「親切な」と訳したくなる。しかし文脈に照らすならば、この場合のkindは「親切な」ではなく、「従順な」ではないだろうか。悪いニュアンスなら「言いなりになって」と訳せそうだ。そうであるならば、①の幹にあたる部分の西川訳は、次のように置き換えることができるだろう。「自然はバーク氏に対して親切であった」→「自然はバーク氏の言いなりになっていた」→「バーク氏は自然を自分に都合よく扱っていた」。

次に、③の「貴族の手に接吻する」はこの場合、実際にキスをするわけではあるまい。辞書を引けば分かることだが、kiss a person's hand(s) という熟語には「〜に対して敬意を表する」という意味がある（大塚高信編『新クラウン英語熟語辞典増補新版』三省堂）。ここでは、「貴族に対してへりくだる」のように訳すと分かりやすい。また、「(バーク) 氏から氏自身を盗む」というのはペイン独特の文学的表現である。これは文脈から判断すれば、「バーク氏らしさを奪う」とか「バーク氏を骨抜きにする」といった意味であると推測される。

以上の点を踏まえ、ついでに②にも手を加えるなら、問題の箇所は全体として次のように訳せるだろう。

●拙訳①バーク氏は物事(ものごと)をありのままに受け入れるよりも、むしろそれを自分に都合よく解釈する。②氏が動揺するのは、現実としての苦難に心を動かされるからではなく、人目を引く苦難の様相に想像力をかきたてられるからである。（中略）③バーク氏は、貴族にへりくだることに慣れて、おのれの本領を忘れ、血の

かよわぬ人造人間と化し、本来の純粋な心を失っている。（本書六六ページ）

以上のとおり『人間の権利』の文章（原文）の解釈は、一筋縄ではいかない。そのようなわけで、翻訳の過程で解釈に苦しむたびに、勤務先（防衛大学校）で同僚だった先生方を質問で煩わせた。特に、次の方々には大変お世話になった。堀江智子(さとこ)准教授。大久保良子(りょうこ)准教授。サイモン・トーマス・クレイ（Simon Thomas Clay）学習院女子大学教授兼防衛大学校非常勤講師。お三方には、この場を借りて厚く御礼申し上げたい。

また、編集者の皆様にもずいぶん助けられ、いつもながら感謝に堪えない。今回お力添えくださったのは、前回と同じく光文社の中町俊伸氏と辻宜克氏。そして、フリー編集者で古典新訳文庫の名参謀であった今野哲男氏。

今野氏は令和六年六月に急逝された。初めてお目にかかったのは、古典新訳文庫の発足に際して、駒井稔編集長（当時）とともに横須賀市走水(はしりみず)の防衛大学校にご来訪いただいたときだった。あれからほぼ二十年が経つ。本書『人間の権利』も含めて古典新訳文庫から訳書を出版する際は、印刷前の訳稿を今野氏に読んでいただくのが通例であった。もうこれからは貴重なコメントを頂戴できない。残念である。

＊　＊　＊

本書の翻訳にはずいぶん時間がかかってしまった。当初は在職中に出版できるかもしれないと予想していたが、考えが甘かった。二年半かかってようやく全体の四分の三まで訳稿を作ったところで、あえなく定年退職となった（令和五年三月末）。しかし残り四分の一は、退職後の三カ月余りで訳し終えることができた。今振り返ると、勤めのかたわら翻訳に励むという、二足のわらじには少々無理があったのかもしれない。

退職後は、毎日午前六時には机に向かい、正午まで六時間みっちり翻訳するのが日課になった。四百字詰め原稿用紙で三枚分の戦果が上がる（戦っているつもりだから、戦果）。午後は一転して、ロシア語作文やラテン語の和訳で楽しく遊ぶ。気が向けば、自宅近くの横浜・平潟（ひらかた）湾あたりを散歩する。まったく起伏のない毎日だが、自分にとってはほぼ理想どおり。とても充実している。ローマの哲人セネカ（『人生の短さについて』の著者）だったら、きっと褒めてくれるに違いない。これからもこのような規則正しい日課を守り、次回の翻訳こそは、完成までの所要日数を大いに減らしたいものである。

令和六年八月三十日（金曜日）、台風十号が近づく朝、横浜市金沢八景の自宅にて

人間の権利

著者　トマス・ペイン
訳者　角田安正（つのだ やすまさ）

2025年2月20日　初版第1刷発行

発行者　三宅貴久
印刷　新藤慶昌堂
製本　ナショナル製本

発行所　株式会社光文社
〒112-8011東京都文京区音羽1-16-6
電話　03（5395）8162（編集部）
03（5395）8116（書籍販売部）
03（5395）8125（制作部）
www.kobunsha.com

落丁本・乱丁本は制作部へご連絡くだされば、お取り替えいたします。
ISBN978-4-334-10571-6 Printed in Japan

いま、息をしている言葉で、もういちど古典を

長い年月をかけて世界中で読み継がれてきたのが古典です。奥の深い味わいある作品ばかりがそろっており、この「古典の森」に分け入ることは人生のもっとも大きな喜びであることに異論のある人はいないはずです。しかしながら、こんなに豊饒で魅力に満ちた古典を、なぜわたしたちはこれほどまで疎んじてきたのでしょうか。

ひとつには古臭い教養主義からの逃走だったのかもしれません。真面目に文学や思想を論じることは、ある種の権威化であるという思いから、その呪縛から逃れるために、教養そのものを否定しすぎてしまったのではないでしょうか。

いま、時代は大きな転換期を迎えています。まれに見るスピードで歴史が動いていくのを多くの人々が実感していると思います。

こんな時わたしたちを支え、導いてくれるものが古典なのです。「いま、息をしている言葉で」――光文社の古典新訳文庫は、さまよえる現代人の心の奥底まで届くような言葉で、古典を現代に蘇らせることを意図して創刊されました。気取らず、自由に、心の赴くままに、気軽に手に取って楽しめる古典作品を、新訳という光のもとに読者に届けていくこと。それがこの文庫の使命だとわたしたちは考えています。

このシリーズについてのご意見、ご感想、ご要望をハガキ、手紙、メール等で翻訳編集部までお寄せください。今後の企画の参考にさせていただきます。
メール　info@kotensinyaku.jp

★続刊

弁論術　アリストテレス／相澤康隆・訳

説得力のある言論の考察を通じ、説得の技術としての弁論術を論じた書。善や美、不正等の概念から説き、すぐれた洞察力で人間の感情と性格を分類して、比喩等の表現の技巧についても考察を深める。後世に多大な影響を与えた最強の説得術。

楽しい川辺　ケネス・グレアム／麻生九美・訳

純朴なモグラと人生経験豊かな川ネズミの冒険、カワウソやアナグマさんとの交流、そして後先考えずに行動するヒキガエルが巻き起こす騒動の行方は？　美しい英国の田園を舞台とした動物物語。ジョン・バーニンガムの挿絵収録。

エミール 1　ルソー／斉藤悦則・訳

思想家ルソーが小説の形式で書いた教育論。エミールという架空の人物を設定し、みずからの思想を盛り込んで、一人の人間を「自然」という偉大な教師のもとで自由な人間に育てる方法を論じた。現代にも通じる子育て物語。全3巻。